》叢書・歴史学研究《

悪党と海賊

日本中世の社会と政治

網野善彦著

法政大学出版局

まえがき

本書は十三世紀後半から十四世紀にかけての時代、鎌倉後期及びいわゆる「南北朝動乱期」に関して一九五九年から一九九四年までに発表してきた論文、研究ノートなどを、それぞれに若干の修正・補足などを加え、できるだけ形式を統一して集成したものである。

序章として「悪党」及び「南北朝動乱」について、これまで発表したいくつかの研究史のノートを並べ、第Ⅰ部は鎌倉後期の社会と政治、第Ⅱ部は鎌倉末・南北朝期の社会と政治とし、おのおのに関わる論文、ノートなどを配列してみた。そして終章には、本書の書名とした「悪党と海賊」についての現在の考えをまとめた小論を置いた。

序章の付論1、第Ⅰ部の付論1・2・3、第Ⅱ部の付論3は、いずれも三十年以上も前に発表したもので、現在の時点に立って見ると、まことに未熟であり、誤りも目立つが、この時期の問題を長年、テーマとしてこだわってきた私の立場がそれなりに素直に表現されていると思われたので、本文にはほとんど手を加えず、史料引用の誤りは別として、明らかに誤った見方とすべき点についても、とくに補注を付することなく、そのままにしてある。

その他の論文については、現段階において必要と考えた補足すべき点を、末尾に補注として付した。

いうまでもなく、「悪党」とこの時代に対する私のとらえ方は、三十五年という長い年月の間に少しずつ変化して現在にいたっており、本書はいわばそうした私の模索の跡そのものということもできる。その結果、ようやく到達した現時点での「悪党と海賊」についてのとらえ方を、大方のきびしい御批判をいただきつつ、今後の勉強の中でさらに正確なものにしてゆきたいと思っている。

本書の基礎となった史料については、とくに東京大学史料編纂所、京都府立総合資料館、国立公文書館内閣文庫、島原市立図書館松平文庫等に架蔵された文書、影写本、写真本などを使用した。閲覧に当って多大な便宜を供されたこれらの諸機関に厚く御礼を申し上げたい。

一九九四年十月十五日

網野善彦

目次

まえがき

序章　いわゆる「南北朝動乱」の評価をめぐって

序　章　いわゆる「南北朝動乱」の評価をめぐって……三
——『歴史学研究』の特集「戦後四十年の時間をはかる」によせて——
付論1　一九六三年歴史学研究会大会報告にふれて……亖
——「悪党」の評価の変遷を中心に——
付論2　悪党の評価をめぐって……三〇
まえがき　30
一　戦前の研究——中村直勝と竹内理三　32
二　戦時中の研究——清水三男と石母田正　33
三　戦後第一期（一九五五年まで）の研究——松本新八郎を中心に　38
四　戦後第二期（一九五五年以後）の研究　44

むすび　47

第Ⅰ部　鎌倉後期の社会と政治

第一章　「関東公方御教書」について……五九
第二章　文永以後新関停止令について……八一
はじめに　81
一　文永以後新関停止令　82
二　文永の西国新関河手停止令　86
三　関所をめぐる幕府と朝廷　89
むすび　92
第三章　豊後国六郷山に関する新史料……九六
付論1　「元寇」前後の社会情勢について……一一四
付論2　農村の発達と領主経済の転換……一二五
はじめに　125
第一節　農民経営と村落の発展　126
一　農業生産力発達の状況　126

二　農民の「分解」の様相　128
三　地縁的村落の成長　131
四　名主職の得分権化　133
第二節　在地領主経済の転換　136
一　在地領主経済の構造　136
二　「下地」支配の発展と領主的所職の得分権化　137
三　在地領主経済の新動向――所職の流動　140
四　在地領主支配の変貌　142
第三節　荘園領主経済の動揺　145
一　年貢・公事収取体系の変動　145
二　収取体制の再編　148
むすび　151
付論3　十三世紀後半の転換期をめぐって……一六〇

第II部　鎌倉末・南北朝期の社会と政治

第一章　鎌倉末期の諸矛盾……一八七
一　まえがき　187

二　幕府体制の完成と硬化　189
三　悪党と得宗御内人　193
四　モンゴル襲来と矛盾の激化　197
五　一円領の形成と職の流動――荘園公領制の発展　201
六　悪党海賊鎮圧令と本所一円地　206
七　む す び――元弘・建武の内乱の前提　209
第二章　悪党の系譜――『太平記』を中心に――……二一七
在地領主か傭兵集団か　217
悪党的な戦闘　217
飛礫と撮棒　219
「ばさら」な「いたずらもの」　220
楠木正成　222
名和長年　222
赤松円心　224
異様な花押　225
悪党の時代の残照　226
第三章　楠木正成に関する一、二の問題……二二九

まえがき　229
一　和泉国若松荘と正成　231
二　内大臣僧正道祐　234
三　正成とその所領をめぐって　238
むすび　239

第四章　鎌倉幕府の海賊禁圧について
――鎌倉末期の海上警固を中心に――　……二四六
まえがき　246
一　国衙軍制と水軍　248
二　鎌倉幕府の海賊禁圧と水軍動員　252
三　元応の海上警固　257
四　元亨四年の悪党海賊禁圧令　262
むすび　264

第五章　造酒司酒麹役の成立――室町幕府酒屋役の前提――　……二七三
序　273
一　中世初期の造酒司とその経済　274
二　元亨の洛中酒鑪役　278

三　貞治・応安の酒麴売役興行　284
四　永和・永徳の大嘗会酒鑪役　289
五　明徳の幕府新制　293
結　295

第六章　元亨の神人公事停止令について……三〇九
——後醍醐親政初期の政策をめぐって——

第七章　倉栖氏と兼好——林瑞栄『兼好発掘』によせて——……三二一
一　はじめに　321
二　倉栖氏と下河辺荘　322
三　倉栖氏の出自と性格　326
四　兼好と『徒然草』に即して　327
五　むすび　328

付論1　建武の所出二十分一進済令……三三一
付論2　建武新政府における足利尊氏……三三六
付論3　青方氏と下松浦一揆……三三八

終章　悪党と海賊

終章　悪党と海賊……………………………………………三六一
はじめに　361
一　十三世紀までの流通と神人・悪僧　362
二　十三世紀後半以降の社会の転換と悪党・海賊　364
三　「悪党」の悪とはなにか　368
むすび　370

あとがき
初出一覧
索　引（人名・地名・事項）

序章　いわゆる「南北朝動乱」の評価をめぐって

序章　いわゆる「南北朝動乱」の評価をめぐって

――『歴史学研究』の特集「戦後四十年の時間をはかる」によせて――

この文章は、『歴史学研究』の特集「戦後四十年の時間をはかる」に当って、その依頼に応じて執筆したものである。それから十年、ソ連及び東欧のいわゆる「社会主義」諸国の崩壊と消滅、民族紛争の噴出、さらに自民党政権の交替、自社連立政権の成立という激動を経た現在の時点に立ってみると、つけ加えるべき点も少なからずあるが、それは本書の全体、及び終章において行うことを期し、ひとまず、「悪党」をめぐる旧稿二編を付し、これを序章とする。

ただ、元来の題名「南北朝動乱の評価をめぐって」を変更し、「いわゆる「南北朝動乱」の評価をめぐって」としたのは、この十四世紀の動乱を「南北朝動乱」としてきた従来の常識的な表現が、明らかに不適切であるからにほかならない。この動乱はたしかに「南朝」と「北朝」の対立を、その一つの要因としているとはいえ、それをはるかに越える深さと広さを持ち、日本列島の社会全体に及ぶ大きな転換期であったことはいうまでもない。とはいえ、現在、社会に通用しているこの表現に代る動乱の名称として、「十四世紀の動乱」とするのも一つの案であると思うが、なお落ちつかないところがあるので、ここでは「いわゆる「南北朝動乱」」という表現に変えるにとどめておいた。今後の学界の討論の中で、さらにこの点を考えることが必要であろう。

I

日本史の時代を区分するいくつかの動乱の中で、建武新政にはじまり、足利義満による南朝吸収にいたるまでのいわゆる「南北朝の動乱」ほど、その評価の定まらぬ時期はないといってよかろう。

一九一一年（明治四四）の南北朝正閏論争の結果、北朝の流れをくむ明治天皇が南朝を正統として以後、(補注)教科書においては「南北朝」ということすら許されず、「吉野朝時代」ということを強制された第二次大戦前の南朝中心史観が、敗戦後、大きく転換したことはいうまでもないが、その後四十年の間、この動乱の評価については、これを時代区分上の画期とする見方と、中世という時代の中の一つの段階にすぎないとする見方とに見解は分れ、いまもなお一致を見ていないのである。しかしその間隙をぬって、再び戦前以来の南朝中心主義が頭をもたげ、復活する気配をみせている現在、(1)この動乱の歴史的意義について、根本的に考えてみることは、緊急の課題といわなくてはならない。

それだけではない。この動乱が日本列島における人間社会の歴史、その中で形成されてくる複数の民族と国家の歴史の中で、重要な意義を持っていることは間違いのないところで、動乱の実態を深く解明し、その意義を確定することは、新しい日本史像の創出のためにも必要不可欠の課題と私は考える。そして、この課題に接近するために、戦後の中世史研究の中で、この動乱がいかに考えられてきたか、その足跡を辿り直し、さきの対立する二つの見解はどこにその根を持っているかを明確にし、さらに南朝中心史観がいまなお執拗に主張される根拠がどこにあるのかを明らかにしておくことは、決して無意味な作業ではないと思う。

与えられた課題からやや外れるとはいえ、特集のテーマ「戦後四十年の時間をはかる」には、一応、沿うことができると思うので、(2)以下、戦後史学史の中での南北朝動乱の評価をめぐって考えるところをのべ、大方の御批判を仰ぎたいと思う。

II

戦後の中世史研究に、まず決定的な影響を与えたのが石母田正の『中世的世界の形成』[3]であることは、だれしも異論のないところであろう。ところが、この書には「悪党」についての言及はあるが、南北朝動乱については全く言及されていない。それは「悪党」に対する消極的、否定的な評価とも関わる石母田のこの動乱に対する姿勢をよく物語っていると思われるので、その後のすべての著作を通じて、石母田は一度も南北朝動乱に正面からふれたことはないといってよかろう。

その理由を軽々にあげつらうことはできないが、これは、第二次大戦期を通じて跳梁した平泉澄を中心とする「皇国史観」に対する激しい嫌悪と憤りの中で[4]、石母田が古代世界に対する中世的世界の担い手として、武士団—領主制をその根底にすえて中世社会をとらえたことの、おのずからの結果ということができる。それは石母田の中世史に関わる最後の力作となった『中世政治社会思想』[5]上の「解説」にまで一貫した視点であり、そこでは古代に対する「叛乱者」として出発した在地領主が公権力として自己を確立してゆく過程が、法の歴史を通じて見事に叙述されているのである。石母田はこの論文で、鎌倉幕府を「東国に成立した新しい『国家』またはその端緒」と明確に言い切り、「主権が全国の戦国諸大名に分裂したことが、御成敗式目から戦国家法にいたる中世法の展開の歴史的帰結」とのべているが、ここに、石母田の目がどこに焦点を合わせているかをよくうかがうことができる。

石母田は在地領主制、幕府・戦国大名等の武家の権力の法を通じて、間違いなく日本の社会が生み出した国家——畿内を中心に成立した律令国家・王朝国家とは異なり、それに対する「叛逆」を通して成立した国家を追究しているのである。そしてそれが「皇国史観」と正面から対決し、これを拒否し抜いた石母田の姿勢に根ざしていることも、また疑いない、と私は考える。

しかし、この観点に立つ限り、南北朝の動乱はせいぜい鎌倉幕府を室町幕府に発展させた戦乱、在地領主の独自な法がその中から姿を現わしてくる動乱にとどまり、それに中世社会の歴史の中での一画期以上の評価を与えることは、困難にならざるをえない。たしかにこの立場から、公家とは別個の武家の権力を前面に押し出すことによって、南朝中心主義、天皇・公家中心の史観を拒否することはできるが、しかしそれは、この内乱の結果として確実に起こった天皇の権力の決定的な失墜、その権威の著しい低落、にも拘らず天皇家が滅亡することなく存続したという、まぎれもない現実の意義を問う視点をも合わせて失う結果をもたらさざるをえないことになろう。

これは、「草深い農村」から出発した在地領主と、その成長のための格闘を追究しつづけた石母田が、中世の商業、都市にほとんど言及することなく、また被差別部落についてもついにふれることのなかった点とも深い関わりがある。[6] 石母田の中世社会像、中世国家論はこの意味で、日本の社会の一部の現実に根ざす、すぐれたものであるにも拘らず、決してそれを全面的にとらえ切ることなしに終ったといわなくてはならない。あえていえば、それは東国的、農村的な色彩の濃厚な中世史像ということができよう。

III

こうした石母田の中世史像が戦後の歴史学に及ぼしつつあった強い影響に、あたかも反発、対抗するかの如く、古代天皇制国家を没落させ、鎌倉幕府と王朝との二重政権を克服し、封建的な体制を切りひらいた革命的な内乱として、南北朝動乱の意義を高く評価する主張を前面に押し出したのは、松本新八郎であった。

この内乱を通じて、惣領制の基礎にあった家内奴隷制が解体し、封建的小農民が広汎に成立するという定式の上に立って、松本はこの動乱を推し進めた諸勢力の中で、「地主的商人を骨ぐみとする甲乙人」をはじめとする党・一揆、「惣」など、封建的小農民を背景に持つ勢力に、最も革命的な動きを見出し、「悪党」についても、それに重なるものとして高い評価を与えたのであった。そして、狂言やお伽草子をこの動乱—「革命」の中から生まれた文学・演劇としたのをはじめ、民話・民謡の重要性を強調しつつ、松本は文化の上での大きな転換がこの時期にあったことを主張したのである。(7)

これが、石母田の視野から落ちていた、日本の社会、国家をめぐる重要な問題を表面に浮かび上がらせたことは間違いない。石母田に比べて、その理論性、実証性においては格段の粗さがあるにも拘らず、独特の勘に裏づけられた松本のこの主張が、石母田のそれと並んで、戦後第一期—一九五五年前後まで、歴史学、文学等の分野に強い影響力を持ちえた理由の一つはここにある。実際、松本自身が「厖大な身分法史料」を戦前に提供された「畏友」といっている佐藤進一——その学風は本来、松本とは全く異質といってよい——ですら、一時期の論文には松本の影響をうかがうことができるのであり、(8)周知のように、永原慶二、稲垣泰彦をはじめ、この時期の中世史研究者は、もとよりそれぞれに個性的であるとはいえ、この対照的な二人の矛盾・対立する学説の影響下に、その学問を形成させていったのである。

しかし、この松本の主張をその意図とは多少とも異なった形で見事にうけとめ、独自な史風をひらいていったのは京都の林屋辰三郎であった。

戦前以来、独特な伝統を持つ京都においては、同じく南朝中心主義とはいいながら、平泉流とは異なる南北朝動乱に対するとらえ方がなされていたことはよく知られている。それは三浦周行、西田直二郎の史論をうけつぎつつ、一方で座、供御人、有徳銭等を論じ、他方で宋学や鎌倉新仏教の祖師信仰に目を向け、この動乱を境に「米穀経済から貨幣経済へ」「仏神から人間へ」(9)——米から金へ、神から人への社会的な転換のあったことを強調する中村直勝の史論に端的に現われている。石井進の指摘する通り、中村は悪党を荘民の味方と見て、石母田からきびしく批判されたのであるが、(10)たしかにそうした「甘さ」が目立つとはいえ、中村が石母田の切り落した悪党の一面に着目していたことは事実といわなくてはならない。

そして、清水三男が中村の見方を支持しつつ、地頭の圧迫に抗して村民独自の世界をまもろうとする野伏的な一揆衆、名主とその支配下の村人の一揆が建武政府を支えたことを高く評価しつつ、そうした村民を支配する守護領国制に道をひらいたとして、建武政府の歴史的役割に積極的な意義づけを与えたこと、さきのように平泉流の後醍醐論を忌避・嫌悪する石母田がこうした清水の見解に鋭い批判を加えたことについては、すでに別の機会にのべた通りである。(11)

しかし石母田に反発する松本のさきの議論は、おのずと中村・清水の見解に通ずるものを持っていたのであり、その史風をうけつぐ林屋が、松本の主張に応ずる形で、茶寄合、狂言、「ばさら」等の文化史的な問題に即して、その見解をつぎつぎに発表していったのは、自然な流れであったといってよかろう。

その流れの中で林屋は、言語について、日本人が古くからすべて言語を同一にしていたとするのは「皇国史観でも基礎にしない限り、科学的には殆んど想像することができない」と断じ、「方言は決して同一のものが分裂して出来たものではなく、差異のあるものが統一の過程をたどりつつあるもの」であるという見解を強調しつつ、女性により創造された仮名文字の民衆への普及の中に「はじめて民族意識を萌芽させる地盤が培われた」という注目すべき指摘をしているのである。そして、惣村と商業都市の発達の中に、それを支える新たな郷土意識の成長、さらにはさきのような民衆文化の展開が進行したとして、その転機を南北朝の動乱に求め、また一見、神国思想の浸透とみられる伊勢信仰が、じつは民衆の抵抗の中から生まれてきたのだという重要な問題を提起した。(12)

これはたしかに、松本のさきの主張を受けとめた形になっているとはいえ、京都の学問の長い伝統をふまえた林屋独自の見解であり、なにより林屋の松本と決定的に異なる点は、「ながい封建社会を通じて、民衆運動の先端に立ったものが、他ならぬ部落民だった」という発言の示す通り、被差別部落に対する注目が、その問題提起の冒頭にすえられていることにある。実際、楠木正成と散所長者との関係にふれた著名な論稿によっても明らかなように、林屋の南北朝動乱に対する関心は、被差別部落形成史の研究史上、画期的な意義を持つその「散所論」と不可分の関わりを持っていた。(13)

これは専ら、奴隷制、農奴制等の社会構成に焦点を合わせていた松本の議論には、全く欠落していた観点であり、この動乱の社会史的、文化史的、民族史的な意義について、さきの中村の指摘をはるかに深く掘り下げた重大な問題を提出したものといわなくてはならない。

それゆえ、こうした社会構成史的な次元の問題に即して、きわめて透明かつ徹底した安良城盛昭の南北朝封建革命説に対する批判が出現したことによって、松本の説がそれとしては成り立ち得ないことが明白となり、松本が狂言や民話の研究などに専ら力を注ぐようになった一九五五年以後も、林屋の提出したこれらの問題は、横井清などによって継承・発展させられ、いまも被差別部落形成史、商工業史、芸能史等々の分野で、その生命を保ちつづけており、とくにその後の京都の歴史の解明に林屋の果した役割は決定的といってよい。その意味で、さきの石母田の学風に対比していうならば、林屋のそれは都市的、京都ないし西国的ということができる。そして南北朝動乱がこうした社会史的・民族史的な視点の中で大きな転換期とされている点に注意しておく必要がある。

Ⅳ

中世史研究が戦後第二期に入ってからの南北朝動乱の研究は、実証的に目ざましい発展をとげた。

なかんずく、特筆しなくてはならないのは、佐藤進一・笠松宏至によって、主として室町幕府―武家に即した政治史・制度史の基礎がしっかりと確立されたことである。「室町幕府開創期の官制体系」(14)以後、松本の影響から完全に脱し、主従制的支配権と統治権的支配権という中世国家の二元的な支配原理を発見、確定した佐藤は、さらに「室町幕府論」[15]を通じて幕府の制度的骨格、幕府による王朝権力の吸収の過程を明らかにする一方、不朽の名著『南北朝の動乱』[16]を叙述した。これはこうした研究成果に基づいて描かれた、戦後はじめての動乱の概説であり、いまもなおこれを越えるものは現われていないといってよかろう。

また笠松も、佐藤の学説を継承しつつも、独自な鋭い分析を通じて建武式目、観応の擾乱等について、新たな問題を摘出、解明した。[17]細部にいたればともかく、これらの研究によって、少なくとも幕府に即しては動乱史の不動の枠組ができ上ったといっても、決して過言ではなかろう。

しかも、佐藤はそれにとどまらず、さきの『南北朝の動乱』で、後醍醐の政治、建武新政についても、従来の水準をはるかにこえる綿密な実証の上に立って、その本質をえぐる具体的な叙述を展開し、後醍醐の政治の特異な性格を浮彫りにしたのである。こうした佐藤のすぐれた叙述が、「超歴史的歴史家」平泉澄はもとより、名を捨てて実をとった結果、実をも失った田中義成まで越えて、「明治・大正期の素朴ではあるが自由な史論に多くのものを学ばなければならない」とする佐藤の姿勢に裏づけられていることを、われわれは知っておく必要がある。[18]かつて松本が山路愛山の『足利尊氏』を高く評価し、岩波文庫版の解説を書き、[19]ごく最近、石母田がその最後の文章となった岩波文庫版『中世的世界の形成』[20]によせて、この書の「思想上の観点」にふれ、同じく山路愛山、幸田露伴の史論を当時としては画期的なものとしつつ、平泉澄の「皇国史観」と戦うためにこの書が書かれたとのべているのと、佐藤のこの姿勢とは、符節を合せたように一致している。この事実は「戦後四十年」を本当に考えるためには、近代、さらに前近代にまで遡る史学史を根底から明らかにする必要のあることをわれわれに教えるとともに、すぐれた歴史叙述、歴史研究がいかなる姿勢に立ったときに生まれてくるのかを、よく物語っているといえよう。いずれにせよ、佐藤の著書は、戦後第二期におけるこの分野の最大の成果の一つであることは間違いない。

それとともに、さきにふれたような伝統を背景に、独自な視点に立って着々とユニークな研究を進めてきた林屋が、それを集約しつつ、六人の人物を描く形で小概説『南北朝』[21]をまとめたことも、同様に注目しておかなくてはならない。「日本という感覚で」東北・九州・京都・東国を「一つに考えると大きな間違いをおこす」という序章にはじまり、正成と散所長者を再論、延元元年（一三三六）に三人の天皇のいたことを指摘、「紀元節復活」をきびしく批判、「鹿苑天皇」とよばれた足利義満を「日本の二千年の歴史のなかで、天皇の地位に立向ってここまで迫ったものは、他に誰一人として記録することができない」と断ずる林屋のこの書は、まことに個性的で、前述した第一期の問題提起の一つの結実、第二期の動乱史の重要な研究成果といわなくてはならない。とくに「婆沙羅」な大名佐々木道誉をとり上げ、そこに守護大名の典型を見出しつつ、茶寄合、立花、狂言など、室町期以降に開花する芸能、文化の源流がこの動乱の中にあることを解明したのは、まさしく林屋ならではの感を強くする指摘といってよかろう。

これに少しおくれて、大隅和雄が「内乱期の文化」[22]において、思想・文学等、多方面からこの動乱期の文化を論じ、天台教学がその「正統」としての立場を失ったこと、仏教的な世界の後退と現実的思想の成長等々の注目すべき事実を指摘し、「南北朝時代は、その同時代の文化の達成の高低とは別の問題として、日本の前近代の文化を二分する画期」であったと結論しているのも、林屋の指摘に、その独自な学風と研究を通じて相応ずるものといえよう。南北朝の動乱が、思想・文化・芸能等に即して考えた場合、大きな転換期であったことが、期せずしてここでも明らかにされているのである。

これに対し、社会経済史、国家史の分野での研究を通して、この時期、永原慶二と黒田俊雄が、対照的な中世社会論、中世国家論を体系化していった。

永原は、周知の労作「荘園制解体過程における南北朝内乱期の位置」[23]をはじめとする諸論文、諸著作を通じて、荘園制社会の特質の解明につとめ、南北朝動乱期を境に荘園制は解体過程に入ることを強調、封建社会の成立過程での大きな転換期、古代的な色彩の強い荘園制社会から封建的な大名領国制社会への、また職制国家から封建国家への画期をそこに見出した。これは石母田の在地領主制論を継承しながら、松本の強調したこの動乱による天皇制権力の凋落という事実を生かし、鎌倉幕府成立から江戸幕府崩壊にいたる時期を全体として封建社会ととらえようとする試みにほかならない。

しかしこの論理構成からいえば、鎌倉時代までの天皇制権力は、当然、「古代的」ということにならざるをえないので、事実、永原はこの立場から、後醍醐の建武新政を復古的、反動的な政治ととらえているのである。とすると、鎌倉期の社会、国家—荘園制、職制国家もまた、古代的、ないしそれにつながる本質を持つものと規定せざるをえなくなり、永原の体系は否応なしに歴史的事実そのものと矛盾し、論理的矛盾をはらむことにもなると思うが、これについては別にたびたびふれたので[24]、ここでは繰り返さない。ただ、いうまでもないが、永原のこうした積極的な問題提起により、荘園制、大名領国制についての実証的研究が深化し、さまざまな問題点が鮮明に浮かび上がってきたことは、第二期の大きな収穫であった。

これに対し、黒田俊雄は早くから、悪党についての石母田、さらには永原の評価に批判を加えつつ、これと一向専修、天狗等との関係に着目しており、建武新政についても、「立川流の邪法の大成者」文観を重用した後醍醐のいわゆる「反革命」が、なぜ「可能であったか、そしてその政治がなぜ低調で混乱にみちたものにおわったかが、問題なのである」とし、後醍醐と「悪党的」な諸現象との「想像以上」の「密接なつながり」を指摘していた[25]。悪党を十五世紀の足軽、十六世紀の「野武士」と合わせてとらえ、これを西欧の「野武士」、盗賊騎士などと対比しうるものとするこの黒田の見方が、悪党にある種の肯定的評価を与えようとしていることは明らかで、その点では松本の見方と接近し、また大きく見れば中村・清水・林屋の流れをくんでいるといえよう。やはり早くから乞食・非人に着目し、やがて第二期の被差別部落形成史の研究に時期を画する著名な論文を発表してゆく黒田の姿勢[26]は、そのことをよく物語っているが、しかし黒田は中世社会のとらえ方については、松本とは異なり、むしろ結果的に石母田の時代区分に接近することになっており、その点を含めて林屋等とも一定の距離を保ちつつ、周知の権門体制論を提起し、自らの立場を明らかにしていった。

鎌倉・室町時代を通じて、中世国家を権門体制ととらえ、荘園制社会が最終的に克服されるのは十六世紀の戦国時代とする黒田の場合[27]、南北朝の動乱がその中での一画期程度の意義しか持たないことになるのは自然の成り行きであるが、この黒田の立場は、鎌倉幕府が独自な国家であることを否定し、これを一個の軍事権門と限定する点で[28]、石母田、さらには佐藤・石井進と決定的に対立し、また中世の天皇を古代の天皇と異なり、武家を含む諸「権門の知行の体系の頂点、すなわち封建関係の最高の地位（国王）にあった」とする点で、永原とも対立する。

そしてこの観点に立ち、黒田は建武新政をこうした中世の王権強化＝天皇親政思想として理解する必要のあることを説き、「建武政権を『古代政権の復活』と断ずるほどの勇気があるなら、むしろ封建王政を意図したものと解すべきだと考える[29]」として、これに積極的な評価を与えたのである。

黒田のこうした主張は、それまでの在地領主、武家に偏っていた中世社会論、中世国家論に対する強烈なアンチテーゼであり、公家、とくに寺社勢力の中世における役割の大きさを強調することによって、研究の空白を鮮明にしたことは間違いない。第二期の後半から、寺院史、公家の政治史・制度史の研究が急速に活発化し、この空白が埋めはじめられるのは、明らかにこの黒田の問題提起を一つの契機としている。

中世社会を全体としてとらえる道はこれによってひらかれてきたのであるが、天皇に即しても、黒田はこれを「中世的権威＝国王」と明確に規定し、「天皇家に生れた者がやがて天皇家なる権門の家長たらんと欲するときしばらく演じなければならぬ、尊厳ではあるが、意志を圧殺され拘束にあけくれる地位である[30]」とすることによって、天皇の儀礼的な側面、その観念的な権威に目を向ける必要を強調、権力者としての天皇の側面のみに主として批判を加えてきた戦後の歴史学の盲点を衝いたのである。さきの被差別民に対する着目とともに、こうした黒田の仕事は、第二期の中世史研究の中で、特異な光彩を放っているといってよかろう。

とはいえ、建武新政前後の公家と武家の死闘、南北朝の動乱を通じての天皇の権力の完全な失墜という事実は、この黒田の構想の中からは、ほとんど欠落せざるをえないことになる。それは、黒田が鎌倉期までの天皇を、権威の側面からのみとらえたことの当然の結果であるが、後鳥羽はもとより、後嵯峨、亀山、伏見等々を「意志を圧殺され拘束にあけくれ」た天皇といいうるかどうか、疑問といわなくてはならない。そして、東国の自立的志向、武家の権力についても、黒田の見方ではその一面のみしかとらえることができない、と私は考える。

このように黒田の体系によっても、中世の社会、国家の問題を全体的にとらえることはできないので、すでにこれに対しては永原・佐藤の批判が行われているが[31]、私自身はとくに、さきのような意味で、黒田の南北朝動乱についての積極的な見解を是非とも知りたいと思う。

V

第二期の中世史研究の中では、以上のほかに小泉宜右・佐藤和彦等によって、悪党あるいは惣荘一揆等の研究が進められた[32]。小泉には石母田の、佐藤には松本の影響をうかがうことができるが、これによって動乱期の社会の問題が、さまざまな角度から明らかにされつつある。

また、動乱期の守護の動きを綿密かつ詳細に追究し、着々と成果をあげてきた小川信が、それを大著にまとめるとともに[33]、佐藤進一の研究を継承しつつ、「後醍醐天皇が試みて空しく敗れた、あらゆる権力機構の頂点として君臨する王権の樹立は、半世紀以上にわたる内乱を経て、足利義満によって、みごとに達成されたのである」と結ばれた南北朝内乱論をまとめた[34]。これはこの分野での第二期の研究の見事な集約であるが、一方、公家側の諸制度について、詳細な研究を進めていた森茂暁も、その成果を一書にまとめており[35]、動乱期の政治史・制度史の研究はこの時期を通じて著しい深化を遂げたということができる。

さらに横井清をはじめ、林屋の学風を継承する人々によって、文化史・芸能史に即して多くの成果が積み重ねられており[36]、南北朝動乱論を大きく飛躍させうる条件は整ってきたといってよかろう。

たしかに最初にふれた通り、戦後四十年を経てもなお、この動乱についての二つの異なった評価の対立は決して解消されていないが、この間の議論を通じて、これを克服するための道筋が多少とも見えてきたと私は考える。

まず二つの対立する見解の最大の論点が天皇の問題にあることは、前述した通り、明らかといってよい。この動乱に時代区分上の重要な画期を見出す松本・永原が、鎌倉期までの天皇を権力者の側面からとらえるのに対し、天皇を権威の側面からとらえる黒田が、動乱にとくに大きな画期を認めていないことに、それは端的に現われている。そしてこの論点は、後醍醐と建武新政の評価の違いに集約されてくる。前者はこれを復古的・反動的とみなすのに対し、後者は封建王政を意図したものとして、積極的な評価をこれに与えるのである。

興味深いのは、この評価の違いが天皇制を擁護し、天皇の存続を願う立場からの主張にも、逆の形で現われてくる点である。戦前以来の皇国史観はもとより、「後醍醐帝なくして明治大帝なし」とする最近の村松剛[37]にいたるまで、権力者としての天皇を天皇制の理想とする見方からは、後醍醐こそ天皇らしい天皇であり、南朝こそ正統という高い評価がでてくるのに対し、不執政こそは天皇の本質とする石井良助の立場からは、後醍醐は天皇本来のあり方からはずれた最悪の天皇の一人ということになってくるのである[38]。

この交錯した状況が、天皇の実体が真に見きわめられていないことからでてくることは明らかで、天皇、天皇制を批判的に克服するためには、この状況をのりこえ、一切のタブーを排して、その実態、権威と権力のあり方について、徹底的に究明し抜くことが必要であり、動乱についての見解の分岐も、その中で克服されなくてはならない。佐藤進一が近著『日本の中世国家[39]』で律令国家から王朝国家への推移、鎌倉期の王朝の制度の究明を通じて、後醍醐の政治の異常なほどの専制的性格を浮彫りにしたことは、こうした課題の解決に向っての重要な一歩をふみ出したものといえよう。(40)

私自身は、鎌倉末期、古代以来の王朝―天皇制の崩壊の危機の中から、このような異常ともいえる天皇、後醍醐が現われ、その執念が南朝を六十年にわたって存続させ、足利義満もついにこれを正面から滅亡させることができず、「南北朝合一」という形をとらざるをえなかった点に、天皇がともあれ現在まで生きのびた一つの理由があることは事実と考える。

そしてこのことの意味を明らかにするためには、非人、遊女、一部の芸能民・海民など、室町期以降、賤視された人々と、天皇、神仏との関係の深みにまで立ち入る必要がある。実際、南北朝動乱を重要な転換期として、これらの人々がかつての聖別された存在から社会的な賤視の下に置かれるようになることと、天皇を含む聖なるもの――神仏の権威の低落とは切り離し難い関係にあると見なくてはならない。中村、林屋、横井あるいは大隅の強調する思想・文化・芸能の分野での大きな転換がこれと表裏をなしていることはいうまでもなかろう。

そしてそこに、村と町の本格的形成、林屋のいう民族的意識の成長があるとするならば、この転換を民族史的転換ということも、決して的外れではなかろう。しかもそれが、林屋のいうような伊勢信仰の民衆化や、天皇伝説の流布を伴っていることを、われわれは直視しなくてはならぬ。こうした分野の研究の深化は、いまわれわれが脱皮を迫られている日本人の「民族的体質」を自覚し切るためにも、とくに必要なことと私は考える。(41)

それとともに注目すべきは、石母田の場合に典型的に見られるように、東国に根ざした中世史像の中で、この動乱がほとんど意義を与えられていない点である。たしかに東国史を辿ってみるとき、北畠親房の敗退後の東国の動乱は、南北朝の対立とは異なる位相で進行したといってよかろう。(42)このことは、本州・四国・九州の社会をまきこんだこの動乱の、諸地域による意味の違いを、それぞれに究明する必要のあることを物語っており、それはさらに進んで、地域に即した多元的な時代区分の定立に道をひらくことになろう。

　こうした試みが、公家と武家とそれぞれに別個の時代区分を立てた新井白石に遡ることは周知の通りで[43]、あえていえば、鎌倉幕府の成立、江戸幕府の成立をもって時代区分上の画期とするのは東国的な区分、南北朝動乱を画期とする見方は京都ないし西国的な区分とすることも、決して根拠のないことではない。実際、前述した諸学説の対立にも、こうした地域的な個性の作用は明らかにうかがうことができるのである[44]。

　もとよりこの点は、今後さらに東北、九州等々の各地域に即して考究される必要があるが、沖縄に琉球王国が成立し、北海道の少なくとも道南を含む地域と関わりを持ちつつ「夷千島王」を自称する人の現われてきたことも、この動乱と決して無関係ではなかろう[45]。

　かつて林屋の指摘したように、日本民族を当初から単一で均質な存在とするドグマから離れ、列島をこえる周辺の地域との関連・交流を通じて、多様な個性を持つ列島社会の中から、諸民族、諸国家が形成されてくる過程を明らかにすることは、現在のわれわれに課された課題であり[46]、南北朝動乱の意義の解明も、そのための重要な課題の一つと考え、さきのような方向で、今後とも模索してゆきたいと思う。

Ⅵ

　「戦後四十年」と一口にいわれるが、私はこれを敗戦直後の十年間と、それ以後とに区分するのが適当と考える。戦後歴史学を第一期と第二期とにあえて分ける理由もそこにあるので、敗戦後の混乱の中にあった第一期は、混沌の中で、社会も、政治も、学問・思想・文化も、きわめて多様な可能性を秘めていたと思う。

　事実、現在では自民党から新左翼にまで色わけされる人々が、そのころはすべて左翼の戦線に立っていたのである。それがいま、自民党三〇八議席に見られるような、全く逆転した事態に立ち至ったのはなぜか。「戦後四十年」の中に、まずわれわれはそのことの意味を深く問うてみる必要がある。そしてそのさい、第一期の中に豊かにはらまれながら、結局、第二期に入って以後、全く無視され、忘れられ、圧殺されていったさまざまな可能性、すぐれた試みや指摘を、もう一度、とらわれない目で思いおこし、その中にひそむ、継承され、生かさるべきものを追究してみなくてはならない。

そしてさらに「戦後四十年」を近代、また日本史全体の中に位置づけ直すことを通して、この「圧倒的」な劣勢を、圧倒的な優位に逆転させなくてはならない。「戦後四十年の時間をはかる」という課題を与えられ、私はいまこのように考える。

(1)「日本を守る国民会議」による教科書がこの立場をとっているだけでなく、今谷明『室町幕府解体過程の研究』(岩波書店、一九八五年)が、その序章(三頁)で指摘したことのある『国史大辞典』(吉川弘文館)の元号表記の原則変更において、すでにこの動きは明瞭にその姿を現わしている。「南北朝時代は北朝の年号を用い、必要に応じて南朝の年号を( )内に付け加えた」(同書第一巻、例言)という原則に立っていたこの辞典が、第四巻以後「南北朝時代は、項目により北朝または南朝の年号を用い、必要に応じて南朝または北朝の年号を( )内に付け加えた」(同巻、例言)と変更した事情の背後には、南朝中心主義に立つ勢力による、外部からの圧力があり、この原則変更に関連して、中世の編集委員全員が辞任、新委員に交替した、と私は聞いている。「必要に応じて」とは「南朝方であることの明らかなもの」についてである、と私自身は指示されたが、楠木正儀の例を持ち出すまでもなく、五度十度、主を変えてあやしまなかった当時の人々の動向を考えれば、このことを確定すること自体、当時の現実そのものから見てきわめて難しく、選択者の立場によって、拡張解釈の余地は広く残されることになる。また、もしも南朝の元号についてこのような原則を立てるならば、源頼朝、鎌倉最末期の幕府、南北朝動乱の南北両朝と異なる元号、さらに足利持氏をはじめ戦国期に東国に見られる異元号等々、異元号を立て、あるいはそれを用いた人々のすべてに、この原則は適用されなくてはならない。琉球王国についてももちろんのことである。

この疑問に対する十分な答えを編集委員から得られなかったので、私自身はこの辞典の執筆を、以後、すべて辞退したが、現在の中世関係の編集委員が学問的良識を持つ人々であることを重々承知した上で、この事実はやはり看過し難いと思うので、あえてここに記し、名を捨て実をとることが、やがては実をも失うことに決してならぬよう、今後に心から期待したいと思う。

ただ、年号表記については、何人のものでもない自然の時間を、人間が自ら定めたなんらかの基準によって起点を定めて表示するものであり、歴史的にみれば、それに宗教的、政治的な意味が付着していることは避け難いといわなくてはならない。そうした本質的な矛盾の中で、当面、最も適当な方法として、私は、すでにその起点自体が事実でないとされており、最も広く世界に通用している西暦を、前述したことを含む日本暦との矛盾を十分考慮しつつ、便宜使用するのがよいと考えるが、これについては、さらに学問的な考究が必要であろう。

(2) 与えられた課題は「戦後歴史学における『社会史』」であったが、「社会史」については、戦前以来の問題に立ち入らなくてはならないので、このような形になった。御海容いただきたいと思う。

(3) 伊藤書店、一九四六年。岩波文庫として、一九八五年再刊。

(4) 敗戦前の平泉澄を中心とする皇国史観の人々の跳梁、とくに東京帝国大学国史研究室における学問の自由に対する甚だしい抑圧については、永原慶二『皇国史観』(岩波書店、一九八三年)にも若干言及されている。私自身は直接経験することはなかったが、敗戦後、先輩たちから語られる実状は想像を絶するものがあり、この経験を経た石母田をはじめとする日本史家に、このことの及ぼした影響は他からたやすく推しはかれないものがあると思う。

(5) 岩波書店、一九七二年。

(6) 石母田が被差別部落の問題に関心を持たなかったわけでは決してない。石母田の死去の半年ほど前、石母田邸を訪ねた私に対し、病苦の中にあって、石母田は漁村研究の重要さを強調するとともに、自らの郷里に被差別部落のあった事実を最近知ったことを語り、異民族でなく、同一民族の中で現われるこうした差別の問題について、インドの問題にも言及しつつ、私に対し、熱心に論じてやまなかった。石母田にもっと長い生命が与えられていたならば、われわれはこうした問題にまで及ぶ石母田の中世社会論を必ずや聞くことができたものと私は考えている。

(7) 松本『中世社会の研究』(東京大学出版会、一九五六年)第五、南北朝内乱の諸前提、第六、南北朝の内乱、『中世の社会と思想』下(校倉書房、一九八五年)所収「狂言の面影」、「狂言における都市と農村」など参照。

(8) 「厖大な身分法史料」を松本が佐藤から「借覧」したことについては、前注『中世社会の研究』一九八頁参照。佐藤が『幕府論』(中央公論社、一九四九年)で、奴隷制的な将軍と御家人の主従関係、血縁的結合原理に基づく惣領制と、守護制度の発達に見られる地縁的結合原理とを、「対立物」としてとらえ、「鎌倉幕府政治の専制化について」(竹内理三編『日本封建制成立の研究』吉川弘文館、一九五五年）で「鎌倉幕府の支配体制は」「主人の従者に対する奴隷制的人身支配の原理に発する」「人身支配原理に基づく御家人制と土地支配原理に基づく地頭制とを二大支柱」とすると指摘しているのは、佐藤独自の重厚な実証の積み重ねから導き出されたものであるとはいえ、松本の影響なしとはいえない（上記佐藤の論文は『日本中世史論集』岩波書店、一九九〇年、に収められている）。

（9）中村『吉野朝史』星野書店、一九三五年、前篇第一章、第二章。

（10）注（3）前掲、岩波文庫版『中世的世界の形成』の石井進「解説」参照。

（11）拙稿「悪党の評価をめぐって——日本中世研究史の一断面」『歴史学研究』三六二号、一九七〇年（本書序章、付論2）。

（12）林屋『中世文化の基調』（東京大学出版会、一九五三年）所収「民族意識の萌芽的形態」。

（13）林屋『古代国家の解体』（東京大学出版会、一九五五年）所収「古代国家の崩壊過程」「散所　その発生と展開——古代末期の基本的課題」等。

（14）石母田正・佐藤進一編『中世の法と国家』（東京大学出版会、一九六〇年）所収。

（15）岩波講座『日本歴史7』中世3（岩波書店、一九六三年）所収。

（16）『日本の歴史9』中央公論社、一九六五年。

（17）『シンポジウム日本歴史8　南北朝の内乱』（学生社、一九七四年）の「建武政権・室町幕府の評価——建武式目をめぐって」の報告、のち『日本中世法史論』（東京大学出版会、一九七九年）に「建武式目の成立」として収む。

（18）前掲『南北朝の動乱』八—九頁。

（19）岩波書店、一九四九年。

（20）注（3）前掲、四四五—四四八頁。

（21）創元社、一九五七年。

（22）岩波講座『日本歴史6』中世2、一九六三年。

（23）永原『日本中世社会構造の研究』（岩波書店、一九七三年）、同『日本の中世社会』（岩波書店、一九六八年）など。

（24）注（17）『シンポジウム日本歴史8　南北朝の内乱』二「荘園制の転換と領国制の形成」報告、拙著『日本中世の非農業民と天皇』（岩波書店、一九八四年）序章II等。

（25）黒田『日本中世封建制論』（東京大学出版会、一九七四年）別篇、「悪党とその時代」。

(26) 黒田『日本中世の国家と宗教』(岩波書店、一九七五年)所収、「中世の身分制と卑賤観念」、「『七乞食』と芸能」。
(27) 同上「中世の国家と天皇」。
(28) 同上「鎌倉幕府論覚書」。
(29) 注(27)論文。
(30) 同上。
(31) 注(23)永原前掲書所収「日本国家史の一問題」。佐藤「武家政権について」『国史研究』六四・六五号、一九七六年。
(32) 小泉宜右「伊賀国黒田荘の悪党」(稲垣泰彦・永原慶二編『中世の社会と経済』東京大学出版会、一九五八年)、小泉『悪党』(教育社、一九八一年)、佐藤和彦『南北朝内乱史論』(東京大学出版会、一九七九年)等。
(33) 『足利一門守護発展史の研究』(吉川弘文館、一九八〇年)。
(34) 「南北朝内乱」(岩波講座『日本歴史6』中世2、岩波書店、一九七五年)。
(35) 『南北朝期公武関係史の研究』(文献出版、一九八四年)、『建武政権』(教育社、一九八〇年)。
(36) 横井清『中世民衆の生活文化』(東京大学出版会、一九七五年)、守屋毅『中世芸能の幻像』(淡交社、一九八五年)のほか、そうした仕事は多い。
(37) 『帝王後醍醐――中世の光と影』(中央公論社、一九七八年)。
(38) 石井良助『天皇』(山川出版社、一九八二年)。
(39) 岩波書店、一九八三年。
(40) 歴史学研究会編『天皇と天皇制を考える』(青木書店、一九八六年)などをはじめ、この課題の解決のための努力が最近ようやく顕著になってきたことは、まことに慶賀にたえない。
(41) こうした問題については、拙著『異形の王権』(平凡社、一九八六年)で、多少なりとも言及した。なお安良城盛昭「天皇と《天皇制》」(注(40)前掲書所収)では、拙論を津田左右吉、石井と本質を同じくする議論として批判しているが、本書及び本稿、山口昌男との対談「歴史の想像力」(『思想』七三一号、一九八五年)、「インタヴュー　中世民衆と天皇像からの照射」(『天皇制の現在』日本評論社、一九八六年)等々において、種々のべたように、また注(24)前掲拙著でも強調したように、前近代についていえば、建武新政ないし南北朝期までの天皇は権力者としての側面と、権威―儀礼的な側面を兼ね備えたものと当初から私は考えており、室町幕府の南朝吸収後、天皇は権力を失ったとするのが正確と思われる。この意味で、安良城の拙論に対する批判は全くの的外れであり、また日本は「島国」の故に異民族支配をうけなかったことが、前近代の天皇を長期にわたって存続させた、という安良城の主張は、まことに底の浅い俗論を出ていないと思う。このような俗論にとどまることなく「《天皇制》研究」を「ライフスタディ」とする安良城による、古代から鎌倉期までの天皇制、建武新政等についての、本格的な実証的・理論的研究の出現を待望したいと思う。（安良城の死によって、この願いの実現は永遠に不可能となった。冥福を心から祈りたいと思う）。

(42) 常陸の場合を具体的に考えてみるならば、親房敗退によって、この国の南北朝動乱は終ったといってよかろう。新田英治「南北朝・室町時代の常陸・北下総」（『茨城県史』中世編、一九八六年）。

(43) 『読史余論』。

(44) 拙著『東と西の語る日本の歴史』（そしえて、一九八二年）、拙稿「民族と都市の萌芽」（『中世の都市と民衆』新人物往来社、一九八六年、所収）。

(45) 注(41)前掲拙著参照。

(46) 拙稿「日本論の視座」（『日本民俗文化大系第一巻　風土と文化』小学館、一九八六年、拙著『日本論の視座』小学館、一九九〇年、所収）は、林屋の四十年近く前の問題提起を、私なりに現在の時点で考え直してみたものにすぎない。塚本学「中央と地方」（『日本文化の深層を考える』日本エディタースクール出版部、一九八六年）も、こうした方向に向っての試論を提起しているが、こうした視点に立ってなすべき仕事はきわめて多い、といわなくてはならない。

（補注）一八九一年の皇統譜の編纂に当たって、図書頭児玉愛二郎は北朝五代を皇統に加えず、南朝を正統とする凡例を提出したが、明治天皇はすでにこのときこれを承認している（拙稿「天皇の代数」『日本史大事典』4、平凡社、一九九三年、「天皇」の項）。

付論Ⅰ　一九六三年歴史学研究会大会報告にふれて
――「悪党」の評価の変遷を中心に――

最近、日本中世史の研究に、ある種の転機が次第に熟しつつあることは、すでに様々な面から指摘されているが、本年度の大会報告もまた、それ自身こうした認識の上に立って行われたといえるであろう。戦後の歴史学を「歴史思想の変化との関連で、深部より検討してみること」が意図され（内田実「大会報告についての一、二の論点」『歴史学研究』二七六号）、その席上では現在の中世史を研究する者の姿勢に対するきびしい批判と反省を通して（坂口勉報告）、「現代における中世史研究の課題と方法」を歴史教育・歴史叙述の舞台の中で考えることが提唱されたのであった（三木靖報告）。それとともに、これらの報告のいずれもが、日本史研究会を中心として得られた最近の成果をなんらかの意味で意識の上においていた点が注目されたので、それはいま熟しつつある転機を醸成した地盤の一つがどこにあるかをおのずからに示すとともに、今後の問題として考えるべき点を残したともいえよう。

このような状況を、戦後の封建ないし中世史部会の歴史の中において考えるという課題に正面から答えることは、部会に関係したある期間（一九四九―一九五三年）、誤謬をおかしたことのある私のような者にはその資格がないといわれようし、またあえていまそれをするとしても、現在の私にはその力が足りない。ただここでは、佐藤和彦の報告（『歴史学研究』二七九号所載）でふれられた「悪党」の評価について、従来の諸説にふれて考えたことをのべつつ、多少なりともその課題に近づくことでお許しいただきたく思う（この点は別の視角から、拙稿「鎌倉後期における東寺供僧供料荘の拡大」『日本史研究』六九号、一九六三年〈拙著『中世東寺と東寺領荘園』東京大学出版会、一九七八年、所収〉でものべた)。

戦後の史学史の中で、石母田正の『中世的世界の形成』(1)(伊藤書店、一九四六年)が果した役割については、大会でもその指摘があったが、当面この「悪党」の問題に限ってみても、それをはじめて中世史の本質にふれる問題として提起したのは、やはりこの書であった。石母田は黒田庄の悪党の動きの一面に「古代的なものに対する中世的なものの抗争」(二九〇頁)、地域的封建制＝「守護領の形成を志向する在地の地侍の運動」(二九六頁)を見出しつつ、しかしそれが「悪党」といわれる限り、その行動の主要な側面は「倫理的な頽廃と庄民全体から切離された行動の孤立性」(二七五頁)にあったとする。そして東大寺の「古代的」政治の頽廃を分かち合うことを余儀なくされた人々の苦悩を描き、地域的封建制の組織者＝守護を拒否し、東大寺の支配に従ったこれら悪党たちの敗北に、その根強い「寺奴の血と意識」を見出し、そこに痛切な教訓をひきだしつつ、この書を閉じたのであった。

ここには石母田自身の戦時中の体験にねざす、深い慨嘆と憤りがほとばしっているので、このゆえにこそ、この書は当時多くの人々の心をゆり動かす力をもちえたのであった。と同時に、ここで示された石母田の見解は、一方では中世史全体についてのかなり包括的な見通しを与えており、この書全体をふくめてそこに貫かれている明快な論理は、この書の他面の魅力として、以後の鎌倉・南北朝期の評価に長く影響を与えることとなった。

しかし問題は、この書のこうした魅力そのものにあった。少なくともこの悪党の評価と叙述に、黒田庄の「資料の導くところに従って事実の連関を忠実にたどってゆく対象への沈潜」の中からでてくるそれとは違った性質の「大胆さ」(同書序)が、多少なりとも入っていたことは明らかで、それがそのままにうけいれられていったところに、その後の問題のでてくる一つの理由があったといえよう。

しかしこれにすこしおくれて(一九四七―一九四八年)、松本新八郎は、ある意味では石母田と全く対象的な評価を悪党に与えた。松本は「小農民層を主体とする名主・自営農らの党・一揆」(『中世社会の研究』東京大学出版会、一九五六年、三二八頁)、「地主的商人層を骨ぐみとする甲乙人の腕力的な組織」(二八二頁)こそ、惣領制度を足場とする鎌倉幕府やそれよりいっそう反動的な古代政権を打倒した、「真の革命的な勢力」(三〇二頁)であったことを強調したのであり、そこから「鎌倉初期の内乱にもまして、南北朝の内乱こそが古代社会と封建社会とを区切るいっそう重要なそして最後的な革命だった」とし、室町時代を「史上まれにみる明るい時代」と評価する松本の主張を展開したのであった。

あからさまにはいわれていないが、この主張の一面に、石母田の所論に対する一定の批判のあったことは明らかであろう。いわばここに、悪党の暗い側面に対して、明るい側面がとくに強調されたといえるので、狂言に対する松本の評価もまた、同じ主張の中から生れてきたのであった。

しかしこのような批判が、松本によって提起され、その後数年間の歴研の活動に大きな影響を与えた「民族の問題」の展開(一九五一年)においても、ある形で貫かれていた点は案外見落されている事実ではなかろうか。当時石母田の所論の一面にひそむ図式化の傾向は、次第に拡大され、生気のないその模倣を一部に生み出しつつあったので(当時それは「社会経済史的」、あるいは「社会構成史的」と表現されていたと思う)、その現状に対する強い反撥と批判が、この問題提起とその後の一時期の運動の背景にあったことを考慮にいれておかなくてはならぬ。(2)

そしてこの運動は、たしかに一面ではそれ以前にとかく視野の外におかれがちだった文化の問題を前面におし出し、民話・民謡・民族芸能に対する関心をかきたてたのであり、その中で真摯な努力を続けた人々によって、一定の成果を生み出したことは事実であろう。しかしこの運動の本質は、『中世的世界の形成』における石母田以上の「大胆さ」を人々に要求する点にあった。もっと「大胆に」史料を解釈すること、もっと「大胆に」先学の業績を批判すること、そしてもっと「大胆に」人民の中に入ることが、強く求められたのである。その結果、どのような事態がもたらされたかは周知の通りであり、この運動を推進した一人であった私自身も、苦い誤謬の経験を味わった。

そしてまた、こう考えてくれば、石母田と松本の所論が一面に矛盾をもちつつも、本質的には共通の地盤に立っていることも明らかであろう。当面する問題に即してのみいえば、鎌倉から戦国にいたる「中世」を、どこまでそう考えるかには違いはあるが、一応古代的なものと封建的なものとの対立の時期ととらえる点では、両者とも共通しているといってよかろう。(3)

そしてこの点をある角度から鋭くついたのが安良城盛昭であった(「太閤検地の歴史的前提」『歴史学研究』一六三・一六四号、一九五三年)。中世から近世への境はここにくっきりと示され、「中世」を一個の時代としてとらえる道は、あらためてここにひらかれたといえるので、安良城自身は一応それを、アジア社会の特殊な発展の結果として出現する、家父長的奴隷制によって基礎づけられた「荘園体制社会」と考えたのであった。もとよりそれは、安良城もいっている通り、自らのテーマを追究するための理論的前提として展開された「大まかな見取図の如き試論」(前掲付記)だったので、本来それ以前の「通説」を根底から覆しうるような性質のものではなかった。ただ従来の諸説の弱点を鋭くつき、新たな理論的問題を提起するとともに、「通説」に対する反省の契機を与えた点、やはりその後の大きな収穫への緒口をひらくものであったといわねばならない。

安良城に対しては当初、安良城自身も自認しているその実証的根拠の薄弱さをつき、従来の諸説を修正しつつ継承する立場からの反論が集中されたが、その中で悪党の問題も再び取り上げられてくる。永原慶二・稲垣泰彦・島田次郎による評価があらためて試みられたのであるが、(4)ここでは悪党の「鎌倉幕府=荘園体制への直接的な叛逆」という性格が指摘される一方、その孤立性・頽廃性ないし「絶望的な闘い」が並行して注目されている。

これは明らかに松本・石母田の見解の継承であるが、そこには両者にみられた力点と迫力を欠いた、一種の「折衷」が見出せるように思われ、安良城の批判以後の中世史の研究が、たしかに実証的側面では大きな成果をあげたとはいえ(この面では小泉宜右等の成果がある)、一面に「停滞」という指摘がされねばならなかった理由の一つは、このような点から探ってゆくことができるように思われる。

しかし一方、ほぼ同じ時期に、黒田俊雄の新たな問題提起の行われていることに注目しなくてはならぬ（「悪党とその時代」『神戸大学教育学部研究集録』第一四集、一九五七年）。それは安良城の批判等を契機に、戦前の清水三男等の業績に新たに注目しつつ、戦後の歴史学のあり方に対する深い反省を通して進められつつあった日本史研究会を中心とする精力的な研究を背景にもつものであり、主として石母田及び永原等の所論に対する批判として展開されたものであった。その中で、「悪党を在地領主層ないし地侍層という特定の階級だけの問題としてではなく、また東大寺など特別の『古代的』権力による支配下の問題としてでもなく、広く鎌倉末期の社会全般の矛盾の表現」（七一頁）として考えようとする方向が提唱されたのである。黒田はさらに、「この時代の領主層がつねに打算的で、しかも上級支配者に対して妥協的である」という「俗物的欲望」を示すことに注目し（七二頁）、こうした「悪党的」傾向は、「この時代の全社会的特質」（七六頁）であったことを指摘しており、悪党の評価に新たな視野をひらいた。これはこの分野の研究をはじめて実りある軌道にのせたものであり、そこにはすでに荘園体制を一概に「古代的」とみることに対する疑問も提起されているが、ただ一方で、鎌倉末期を領主・地侍層の荘園体制に対する「勝利の段階」とされ、そこにおおいがたくなってきた「封建制が内部にもつ敵対的関係」が悪党を発生させたといっている点（七五頁）、なお多少の問題を今後に残している。

そしてこう考えてくると、本年度大会における佐藤和彦の報告は、ほぼ松本説の線上において考えることができると思う。佐藤は南北朝内乱期に荘園体制の崩壊を予想し、新たな体制＝国人領主制の創造に向って試行錯誤を続ける在地領主の行動として「悪党」をとらえようとしているのであり（『歴史学研究』二七九号論稿）、ここには永原の最近の成果も生かされているが、別に多少のべた通り、私自身はこの見解には従えない（拙稿「東寺供僧供料荘の成立と発展」『歴史学研究』二八一号、一九六三年〈前掲拙著『中世東寺と東寺領荘園』所収〉）。

ここにのべてきたことはすべて、「積極的批判になっていない」といわれるであろうし、またここであげた先学にとってはすでに旧説ともいうべきものをあらためて取り上げた非礼はおわびしなければならない。事実、これらの先学の成果には十年を経た今も、なお学ぶべきことは多いのであり、悪党も東大寺も問題を解決すべき力をもたなかった。無政治的な数十年間を黒田庄に見出した石母田の指摘、また松本の党・一揆的な勢力と商品流通の関係についての鋭い着眼等は、いまあらためて考え直してみる必要があると思われる。先学の業績からあらためて学びつつ、今後とも勉強を続けてゆきたく思っているが、ただ私にとって、戦後の史学史は、いかなる場合に歴史学が人の心を動かすようなものになりうるかを考えさせてくれるとともに、またさきにのべたような「大胆さ」を要求する「情熱」が、いかに多くの人を傷つけ、また貴重なエネルギーを殺し、浪費させるかをも痛切に教えてくれた。そしてこのことは、ある意味でも今もなお決して解決ずみの問題ではないように思われる。この問題の広い背景について考えることは、遠い将来の課題として残さなくてはならないが、ここでは限定された範囲で失礼をも顧みず、一言感想をのべてみた。批判を得られれば幸いである。

（一九六三・八・一九）

（1）この書が「伊賀国南部の山間地に存在した荘園の歴史」として描かれたことは、その後の一時期に個別荘園の研究を盛行させる直接的要因となった。しかし石母田自身がすでにその序においてある程度反省しているように、この書を「黒田庄の歴史」ということは、素直にそれを読む限り不可能であろう。極言すれば、それは黒田庄を一つの素材として、一方では石母田自身の戦前来の研究によってえられた構想を展開し、他方その苦悩と憤りを表現したものといえよう。もとよりその限りにおいて、これは戦後最大の収穫の一つといえようが、にも拘わらずこの書が「荘園の歴史」として著者によって提出され、またその言葉通りにうけいれられていった点にこそ、その後の個別荘園研究が、一方に一種の図式化を生み出し、他方には史実を無視した一個の「物語」をつくり上げつつ、ついに行き詰り、停滞していった理由があったと思われる。

（2）もとより、「民族の問題」の提起そのものは、より広い背景の中で考えられねばならぬことはいうまでもないが、歴史学自身の問題として、これがそのような一面をもっていたことに注意する必要があろう。と同時に、これは石母田の他の側面と直ちに結合しうるものであったことも、またいうまでもなかろう。

（3）松本よりも少しおくれて、石母田に対する批判を試みた鈴木良一は、その著書が真に被抑圧者の立場、働く人民の観点で貫かれていないことを指摘する一方、この書では「『構成』だけが自分自身でうごいて、人間はその要素にすぎ」なくなっているといった（「敗戦後の歴史学の一傾向」『思想』二九五号、一九四九年、四三頁）。公民を「奴隷」と規定することに対する疑問等をふくめ、これはたしかに石母田に対する適切な批判であったと思われる。鈴木はこの批判を「純粋封建制成立における農民闘争」（『社会構成史体系1』所収、一九四九年）として具体化し、南北朝室町期の農民闘争こそ純粋封建制を成立せしめた原動力であったことを強調した。しかし鈴木が、名主・国人は農民の「反封建闘争」を利用しつつ、自らの「封建支配」を確立していったと説く一方、奴隷から自営農民へ成長しながら、なおたえず苦労して闘い、いつも裏切られ利用されてゆく農民の姿を描いてゆく時、鈴木自身の批判した石母田の弱点は、別の形でここにも受けつがれているといわざるをえない。それはやはり農民に対する一種の観念的な理解といいうるのではないかと思われ、結局は石母田・松本と共通の地盤の上にあるものといわなくてはならぬ。

（4）永原『日本封建社会論』東京大学出版会、一九五五年、一八〇頁、稲垣「南北朝内乱をめぐって」（『歴史と民衆』岩波書店、一九五五年、所収、五五頁）、島田「建武の政変」（『日本歴史講座2』東京大学出版会、一九五六年、所収、二六五頁）。

付論2　悪党の評価をめぐって

まえがき

鎌倉中期から南北朝内乱期にかけて、おもに畿内とその周辺地域で活発な動きをみせる「悪党」とよばれた人々については、すでに戦前から注目の対象となっており、とくに戦後、さまざまな角度からとりあげられてきた。最近の日本中世史研究の分野における、最も注目すべき成果である永原慶二『日本の中世社会』（岩波書店、一九六八年）でも、その一節が「悪党」についてあてられているが、そこで永原はこれまでの「悪党」の研究を整理し、その評価をめぐって、荘園体制に反抗し、地域的な封建領主制を下から形成しようとする発展的な動きと見る見方と、鎌倉末期社会の構造的矛盾が生み出す社会的頽廃現象ととらえようとする説との対立があることを、指摘している。(1)

このような整理の仕方は、数年前、一九六五年度歴史学研究会大会にむけて発表された小泉宜右の論稿「悪党について」（『歴史学研究』三〇〇号、一九六五年）にもみられ、(2)またごく最近発表された佐藤和彦の「悪党についてのノート」（『月刊歴史』一三号、一九六九年）でも、多少異なった形であれ継承されていて、(3)すでに一個の定式となった感がある。

しかし、この評価の対立は決して最近になっておこってきたのではない。佐藤も注意しているように、それは一九五〇年前後、石母田正と松本新八郎の間にみられた悪党についての評価のちがいまで遡りうるので、永原の整理の順序でいえば、後者は石母田の、前者は松本の評価をうけつぐものということになろう。[4] とすると、われわれはそれからじつに二十年もの間、この二人の悪党に対する規定から、基本的にはぬけでられなかったとすら極言できよう。問題の一つはここにある。一九五五年以降の中世史研究の「躍進」にもかかわらず、その反面に、なんともならぬ「停滞」がよどんでいたことを、この事実そのものが物語っているといえるのではなかろうか。

しかも、この石母田と松本の間にみられた見方の違いがどこからでてくるのかについて、上掲の三者とも、必ずしも掘り下げていないようにみえる。最近、この点に永原が目を向け、[5] 佐藤も注意してはいるが、[6] それはなお、悪党そのものの評価に生かされているとはいえない。さきの問題と深く関連する、他の一つの問題はこの点にあるので、一九五五年当時曖昧にされたまま、次第に忘れ去られ、ある場合には意識的に切りおとされてきた問題が、ここにひそんでいるように思われた。それはしかも単に戦後の問題にとどまらず、戦前にまで遡って考えてみなくてはならぬ問題であり、すこし大きくいえば、歴史と社会に対する史家の姿勢にもかかわることのように思える。そして、その点に切りこんで考えてみることなしに、さきの「停滞」を真に克服しうる道はひらかれない、と私には思われてならなかった。

現に活躍中の諸先学の過去の議論をとりあげ、あれこれあげつらう非礼をここであえてしようとするのは、このように考えたからで、以下、戦前以来の悪党についての評価の変遷を中心に、気がついたことをのべ、大方の批判を仰ぎたく思う。じつはこれについて、かつて短い文章を書いたことがあり、[7] ここでのべることも基本的にはそれをでるものでないが、合わせて参照していただければ幸いである。

一　戦前の研究——中村直勝と竹内理三

悪党を単純な夜討・強盗の類としてではなく、一個の社会問題として取り上げようとする観点がでてきたのは、大正から昭和にかけての時期——マルクス主義の影響が、それに対する肯定・否定は別として、歴史学に本格的に及んできた時期であった。

その観点から、悪党の性格について、はじめて一つの規定を与えたのは、荘園史・南北朝史の研究に大きな仕事を残した中村直勝であったと思う。中村はその見解を、おもに大著『荘園の研究』（星野書店、一九三九年）所収の「荘民の生活」と「伊賀国黒田荘」で展開しているが、大正末年に書かれた前の論文では、「悪党なるものは実際悪人ではなく、荘民の味方であり、荘民の利益を計ったもの」とされ、「悪」は「強い」という意味であると解している。(8)その一方で、中村は悪党をやはり社会秩序の破壊者であったとしているが、その源流は浮浪人などにあり、こうした動きのでてくる究極的な原因は荘民の生活の困窮に求められねばならぬ、と指摘する。

しかし、一九三九年（昭和一四）発表の「伊賀国黒田荘」では、搾取関係を否定する意識的な発言が表に現われ、こうした見方はうすれてくるが、他方、ここでは黒田悪党の経過が詳細かつ具体的に辿られ、その間に、黒田荘における「有得交名」と悪党との関連についての指摘がでてくる点にむしろ注目すべきであろう。(9)これは『吉野朝史』（星野書店、一九三五年）所収の「有徳銭と拝金思想」（一九三三年）などで中村がすでに強調した、南北朝期を土地経済から貨幣経済への転換期とみる見方に基礎をおいており、さきの見解をより深めたものとみることができよう。そして、それと並行しつつ、播磨国大部荘に現われる河内楠入道と楠木正成との関係についての指摘などを通して、悪党を南朝と結びつけて考えようとする志向が現われてくる（「楠木正成の祖先と後裔」一九三四年、『吉野朝史』所収）。

このような中村の見解の推移のなかに、大正末年から昭和初期にかけての時代の変転の影響を明らかに読みとることができるが、同時に、この見解が、後述するように、悪党の評価の仕方の一潮流に基礎を与えたものである点に、とくに注目しておかなければならない。

これに対し、ほぼ同じ時期に、寺院経済の究明を行ないつつ、荘園の手堅い研究をすすめていた竹内理三もまた、悪党を問題にしている。『日本上代寺院経済史の研究』（大岡山書店、一九三四年）では黒田荘に、『寺領荘園の研究』（畝傍書房、一九四二年）では大部荘にもふれつつ、竹内は悪党を荘民の反抗と荘官の武士化の動きとしてとらえ、古代以来の伝統的権威を負う東大寺の支配の没落過程のなかにおいて、それを理解しようと試みている。(10) ここには、さきの中村のそれとは明らかに違った見方がうかがわれるので、やはりそれ自体、後年の悪党についての評価のもう一つの源流といわれるであろうが、ただこの両者の見方の相違は、必ずしも意識化された論争の形をとることはなかったように思われる。

そして、そのちがいは、一方が清水三男に、他方が石母田正によって、ある形で継承され、理論化されるとともに、かなりくっきりとした対立に発展していったのであった。

二　戦時中の研究——清水三男と石母田正

清水は、直接、悪党について多くを語っていない。しかし名著『日本中世の村落』（日本評論社、一九四二年、のち『清水三男著作集』第二巻、校倉書房、一九七四年復刻）に収められた「建武中興と村落」（以下Ⓐ）や、「中世村落研究の歴史」（以下Ⓑ）のなかに随所にみられる指摘から、その見解が中村のそれを継承するものであったことを知ることができる。

(B)のなかで、清水は中村の仕事についてふれ、それが「朝河貫一氏の所説、マナーの農民の如く、領主の農奴ではないといふわが国の荘民の性質を、東大寺文書により一層具体的に描き、悪党と称せられた土豪的な荘民の活動について報告し、建武の頃、之等荘民が叡山の後醍醐天皇の輦下に馳せ参じた事を述べ」荘園研究に新しい面をひらくとともに、国史研究をより国民大衆の深い層の理解の上に立たしめた、と高く評価したのであった。[11] これは朝河の研究と、清水のそれとの深いかかわりを考えるためにも、興味深い指摘であるが、[12] さらに(A)において、清水は野伏的な一揆衆、名主とその支配下の村人の一揆が地主＝地頭・荘園領主の圧迫に抗して村民自身の独自な世界をまもったことを明らかにしつつ、それが建武政権を支えたことに、大きな評価を与えたのである。そして、そうした村民たちを支配する守護領国制に道をひらいた点を強調し、建武政権の積極的意義を、そこに見出したのであった。[13]

これらの論文が書かれた時点のなかに、清水のこの主張をおいてみると、それが戦時中の天皇制支配をより開明された形で支える一面をもち、清水自身の意図の一つも、またそこにあったということは、否定すべくもない事実である。[14] それは中村の戦時中の仕事には、もっと露骨な形で現われているといわねばならぬ。[15] しかし他方、われわれは中村によってひらかれた視野——悪党の中に当時の荘民そのものの動きを見出そうとする観点が、清水に継承されることによって、さらに豊かにひろげられていったことも、決して見落すべきではなかろう。清水は(A)・(B)をふくむさきの著書の全体を通じて、荘園制・領主制等の「制度」の外被のもとに脈々と生きつづけた素朴で健康な庶民の世界——自然村落を執拗に追い求め、それを愛情深く描き出そうとしているので、[16] そうした観点から、講・座・神人等々がとりあげられ、貨幣流通の問題にも新たな光があてられたのである。「国衙領と武士」(『上代の土地関係』伊藤書店、一九四三年、所収)もまた、こうした清水の観点と深い関連をもつといわなくてはならない。[17]

だがこのように考えてくると、清水の仕事がその誠実な人柄からにじみでたすぐれたものであればあるだけに、[18] 逆にある意味で、その戦時下に果す役割はきわめて危険なものがある、という見方がでてくるのも当然といわれよう。

そしてその点を鋭くつき、きびしく批判を加えたのが石母田正であり、『日本中世の村落』と双璧をなすともいうべき著書『中世的世界の形成』（伊藤書店版、一九四六年、東京大学出版会版、一九五七年、岩波文庫版、一九八五年）が書かれた意図の一つは、そこにあったということすらできるように思われる(19)。

最近、石井進がふれているように(20)、この書は「中世的世界の敗北」あるいは「未成立」を徹底的にあばき出すことを通して、逆に「中世的世界の形成」を見事にえがき出したものということができるが、なかんずく、石井のいう「ネガの像」――中世の敗北の過程を、力をこめて書き上げたのが、第四章黒田悪党の部分であった。石母田はそこで悪党を「庄園の内部的矛盾の直接の表現」ととらえ、黒田悪党をなによりも「在地武士団と東大寺との対立として理解」すべきであると強調する。そして、それが「平安末期以来の黒田庄の基本的矛盾をなしていた東大寺対関東御家人の対立の延長の一面をもつ」とともに、悪党が単に孤立的なものでなく、在地武士団そのものと東大寺との対立として展開してくるところに、この時代の新たな特徴を求めた(21)。いいかえればこれは、悪党の時代を古代権力に対する在地領主階級の闘争の一段と発展した段階としてとらえようとしたものにほかならないので、竹内の観点はより一層深められ、悪党の問題ははじめてここに中世史全体の流れのなかに一つの位置づけを与えられたのであった。

しかし石母田はそうした前提の上に立って、「悪党を荘民の味方」とした中村の見方をきびしく批判しつつ、在地領主階級の闘争のなかで、悪党のもつ固有の意義を強調してゆく。そしてそれは、清水の描いた「牧歌的」ともいいうる村落、そこに密着した名主的地主の在地性を克服した、領主階級によってのみ、中世はひらかれうるのだとする石母田の主張と密接につながる追究であった(22)。清水に対する石母田の批判は、まさしくこの点にもっとも鋭くあらわれているといってよい。

悪党の運動がついに荘民全体のそれになりえなかった点、その行動に住民に対する殺害・刃傷などの山賊・強盗的な無頼の徒、浮浪人的な面のあったことを確認した石母田は、そこにおおい難い「倫理的な頽廃と庄民全体から切離された行動の孤立性という二つの性格」があったことを強調し、悪党の段階と土一揆の段階との区別を明らかにしようとする。そして石母田はその「頽廃」の根源を、東大寺が「在地においてすでに武士と村落の中世的秩序が確立していたにも不拘、彼等の祖先が東大寺の寺奴であった数百年以前の事実を唯一の根拠として、彼等を寺家進止の土民として支配」している事実、そうした政治そのもののなかに求めたのであった。それゆえに悪党は、東大寺にかわるべき新しい体制を確立しえず、東大寺とともに没落すべきものとされたのである。「悪党はそれ自体として無秩序の中から何物も学ぶことも、成長することもできず、庄民のために歴史的なものは何ものこすことはできなかったのである」。そして石母田は、このような特殊な東大寺の支配下にありながら、悪党それ自体のなかにもそだち、また黒田荘の外部の世界でより順調に成長しつつあった在地領主の新たなあり方、真に中世をひらく道を、武士の地域的連合――地域的封建制としての守護領国への道に求めつつ、この書を結んでいる。「吾々はもはや蹉跌と敗北の歴史を閉じねばならない。戸外では中世はすでにおわり、西国には西欧の商業資本が訪れて来たのである[23]」。

われわれはここに、単なる悪党についての論議をこえて、暗黒の時代にあって、真理をまもるために苦闘しぬいた、石母田の激情のほとばしりを読みとる[24]。人民から孤立し、閉ざされた世界で闘うことによって悲しむべき頽廃に陥らざるをえなかった集団に対する、複雑な感慨をこめた批判は、悪党の評価を通して、われわれの心を強くゆさぶらずにはおかない。「有力者に対して追従怯惰、百姓に対しては猛悪な人間」、「中世において最も腐敗せる人種であった」とされた神人・公人に対する石母田の評価からは、統治者の腐敗を自らのものとして分かちあわなくてはならなかった人民のなかに、孤独に生きた人の、心底から吐き出されてきた怒りを読みとることができる。石母田の悪党についての見解が戦後の悪党論に決定的な影響を与えた理由は、まさしくここにある。

だがしかし、中村・清水に対する批判をその根底で支えた、この石母田の強烈な主張が、同時に、悪党の別の側面、それこそ中村・清水が追究しようとした側面を全く切りおとし、結果として、悪党を特殊な世界のなかに生れる現象としてしまったことも、見落すことはできない。[25] 石母田のこの評価によって、悪党の泥臭くも貪欲で、雑草のようにエネルギッシュな側面に目を向ける道は閉ざされてしまったのである。その道を追究しようとするものにとって、「頽廃」という言葉は、たやすくこえがたい壁となったといわなくてはならない。

そして、まさにその点で、石母田と清水とは、ひとしく知識人的であるとはいえ、対蹠的であるといえよう。単に悪党の評価というだけではない。そこには、二人の互いに深い尊敬を失わなかったすぐれた歴史家の、戦時中の生き方にもかかわる問題がひそんでいる。素朴な庶民の世界を愛するがゆえに、それを美化し、むしろ天皇制専制支配を支える役割を果さざるをえなかった清水。知識人としての純潔を全うしたがゆえに、孤独のなかで、天皇制に対するきびしく批判的な見地をつらぬき通しえた石母田。この二人の歴史家の生き方が提起している問題は、いまなお異った形でわれわれの前にあり、解決を迫っているといえるのではなかろうか。

それはまた、単に史風の問題のみにとどまるものではない。石母田がこの書を通して達成しようと試みたのが、「古代末期以降の時期についての科学的把握」であり、史的唯物論の立場からする、日本の「中世的世界の形成」につらぬく法則性の究明であったことは、あらためていうまでもなかろう。[26] しかしそれが、さきにみたような「悪党」の一面を切りおとした上に立てられているとすれば、それは日本の社会の基底に存在する、見のがすことを許されぬ「なにものか」を、鋭利なメスで切りおとした上に立てられた「法則」であり、「科学」であったことになろう。[27] 戦後、石母田が自己批判せざるをえなかったのは、まさしくこの点にかかわる問題に石母田自身が気づいたからであろう。そして、最近石井進が指摘しているように、この書が「日本におけるヨーロッパの発見」の、いわば「最良のもの」の再発掘であった、という点と、[28] この「なにものか」の切断とは、深いかかわりをもっている。

もとより、清水によって、その一面が完全に明らかにされているわけではない。しかし、マナーと荘園とを同一視する、ヨーロッパの史実の安易な日本への適用に強い反撥を示しつつ、日本の庶民の生きた世界に執拗な接近を試みた清水の姿勢のなかに、石母田が切りおとしたもののなかから、「なにものか」をさぐり出そうとする強烈な意欲を、われわれは感じとることができる。しかも、同時にそれが、これもまたある意味で西欧的な、朝河貫一の主張に接近しつつなされていることも、また見落されてはなるまい。

最近、活発に展開されている「近代化論」への批判がそれとして大切な問題点をついていることを、もとより否定するものではないが、これを完全に克服するためには、この清水の強烈な意欲そのものをのりこえるだけのものを、われわれは身につけなくてはならぬであろう。(29) 「紀元節」「明治百年」「教科書検定訴訟」についても同様である。二十年前の石母田の用語にこだわり続けるような姿勢からは、決してそれを克服しうる力は生れえないであろう。

しかし、この「なにものか」に少なくとも若干はふれ、またそれを追究するための道をひらこうと試みた動きが、戦後、現われた。当面するこの分野について、それを主導したのは松本新八郎であり、「民族の問題」、「民族の文化」の問題は、まさにそのことを意図して提起されたのであった。

三　戦後第一期（一九五五年まで）の研究――松本新八郎を中心に

敗戦後まもなく世に問われた『中世的世界の形成』が日本中世史研究に与えた大きな影響については、ここであらためてのべるまでもない。戦後の研究は、この書を出発点としているといっても、決して過言ではないが、しかしそれをいかにうけとり、自らの研究の出発点としていったかについては、様々なものがあったといわなくてはならない。それをあえて大きくわけてみれば、ほぼ二様のうけとめ方があったといってよかろう。一は前述したような石母田の激しい内心の吐露そのものに強く心を動かされて中世史研究に身を投じ、他はそれとともに、むしろこの書で石母田が展開した領主制の理論、中世的世界形成の論理にひかれて研究に入っていった。そして、自己の戦中・戦後の体験を通してえた問題意識のうえに立ちつつ、どちらかといえば後者の方向で研究をすすめ、すぐれた成果を生み出していったのが永原慶二や稲垣泰彦等であったことはいうまでもなかろう。

しかしそれとともに、悪党の問題をはじめ、南北朝内乱の評価をめぐって独自の見解をおし出し、戦後の中世史研究に石母田と同様、強烈な影響を与えたのが松本新八郎であったことを、ここで思いおこしてみる必要があろう。一九四六年に発表された「くにのあゆみ」に対するきびしい批判を通して、松本は「南北朝内乱の諸前提」(一九四七年)、「南北朝の内乱」(一九四八年)の諸論文(いずれも『中世社会の研究』東京大学出版会、一九五六年に所収)を発表し、いわゆる「南北朝内乱封建革命説」を展開していった。そこで松本は、建武政権は反革命政権にほかならず、古代天皇制権力の最後の遺構である公家政権と、惣領制度という未熟な封建的関係を基礎とする権力である武家政権——二重政権——に対し、第三の真に革命的な勢力として、畿内近国の党・一揆——封建的小農民の成長にともなう、惣村・貨幣経済の発展を背景とする新たな勢力の存在を強調した。南北朝内乱＝封建革命の根底を担ったのはまさしくこの勢力であり、悪党はそれと重なるものとしたのであった。[30]

とすれば、この見解は石母田の悪党論と真向から対立する一面をもっていたことになろう。いわば、石母田が切りすてた中村・清水の観点、そこで注目された悪党の泥臭く「庶民的」な側面、それこそが「革命的」なものとして前面におし出されていったのであり、その意味でこれは、石母田ないしそれに影響された当時の悪党についての見方に対する正面からの批判であったといわねばならない。

石母田の著書に対する批判は、まもなく鈴木良一によっても行われる。通常、石母田・鈴木論争といわれるこの論争[31]は、在地領主制論との関連で、最近、しばしばとりあげられており、たしかに鈴木の批判も松本のそれに共通するものをもっているといえよう。[32]しかしこの論争が注目されているのにくらべて、松本の批判は、松本がそれをあからさまにいわなかったこともあって、意外に注意されていない。[33]だが、それにはまた、それなりの理由があったのである。

松本のこうした主張は、すでに石母田によってひらかれた中世社会論を基礎に、中世史を新しくとらえ直そうとしていた永原・稲垣にも影響を与えていった。とくに稲垣の論文「日本における領主制の発展」(『歴史学研究』一四九号、一九五一年)には、それが顕著であるといってよい。(34)そしてこの両者の研究によって、戦後の中世史研究には一つの方向が与えられた。最近では「在地領主制論」といわれている立論の仕方の源流は、ここにあるといってよかろう。しかし考えておかねばならぬ点は、この両者の立論の仕方それ自体が、松本が石母田の批判を通して主張しようとし、またのちに石母田がそれに答えようとしたもの――その論点とは、ある意味で異なった次元のうえに立ってなされていたことである。松本の石母田批判がそれとして注意されず、むしろ領主制の評価、時代区分上の問題として注目されているのは、そこに理由があるように思われるので、その、まさに同じ点に、のちに「マルクス主義のアカデミズム化」といわれた傾向の萌芽を求めることができる、と私には考えられる。そして、早くもこのごろ、こうした立論の仕方を模倣し、その弱点を拡大してゆくような研究が現われていたのであり、(35)そうした動向のなかでは、石母田と松本の間にあった論点は、問題とさるべくもなかったといわねばならない。

この状況に対して、松本が全身の力をこめて提起したのが「民族の問題」・「民族の文化の問題」だったのであり、(36)それをうけて、石母田の一種の自己批判の書ともいうべき『歴史と民族の発見』(東京大学出版会、正＝一九五二年、続＝一九五三年)が出現したのであった。(37)

松本はすでに「玉葉にみる治承四年」(『文学』一七―一〇、一九四九年)で、こうした傾向に対する一種皮肉な批判を加えているが、(38)一九五〇年に入るや、さらに自由とも大胆ともいえるような奔放な主張を、整合的で形の整った議論に対してぶっつけた。地頭的、初期的、封建的等々……の領主制をめぐる議論――当時、批判の意をこめて「範疇論」といわれた議論に対し、松本は民話・民謡の発掘を提唱し、狂言・お伽草子等々を「革命的」な文学とする主張をもち出し、これを攪乱した。また「反封建」という主張に対しては、「封建的」といわれているものも、また民衆の闘いを支え、それに寄与しうると主張して、その盲点を指摘しようとしたのである。(39) 当時、これは一部に「奇矯」とうけとられ、著しい反撥をよびおこしたのであり、それはまた当然ともいいうるが、(40) ただここで確認しておかなくてはならないのはこのときの松本の主張に一貫しているものが、一種のアカデミズムに対する反撥であり、マルクス主義そのものの「アカデミズム化」に対する、いらだたしさをこめた批判だったという点である。(41)

そして、悪党を「革命的」勢力とするさきの松本の主張もまた、同一の根から発するものであった。ある意味では、石母田が「頽廃」としてしりぞけた、まさにその面を、松本は「革命的」と見ているといってもいいすぎではないので、そこには、両者の「民衆」に対するとらえ方そのものの差異がきわめてはっきりと現われているということができよう。(42)

しかし、石母田は恐らくこうした松本の批判的な主張に答える意味をもこめて、自らの戦後の活動について自己批判を加えた。石母田はそれが周囲の大衆との緊張した関係を失っていた点で、戦時中よりもむしろ後退していたと反省する一方、精緻な実証主義に対してきびしい批判的な態度を表明しつつ、学風そのものを大衆のなかできたえ直すことを提唱したのである。(43) いま再読しても、問題の所在を鋭く指摘した、すぐれた文章をふくむ、さきの正・続の著書は、この自己批判の具体化の過程で刊行された。そして、それが松本の激しい気魄をこめた主張とともに多くの人々の心をとらえ、実際にはやや異なる性格を内蔵しているこの二つの流れが、一見一つの流れとなって、国民的歴史学の運動の波を起こしていったのであった。

この運動がいかなる経過を辿ったか、またそれをどのように考えるべきかについて、全面的にとりあげることは、ここでの課題ではない。(44) ただ、当面するこの分野についていえば、それが前節でのべた「なにものか」に切りこもうとする意図をもっていたことは間違いなかろう。マルクス主義にとって、いまなお未解決な「民族」の問題、また、依然としてその最大の弱点の一つである「文化」の問題を、それは自らの前においたのである。

もとより、この時、この運動は最初からそれを解決しうる力量などもっていようはずはなかった。問題は提起されたばかりであり、その所在すら、まだ明確でなく、それを模索しようとする試みが、ようやくはじめられようとしていた状況だったのである。にもかかわらず、この運動の主導者たちは、性急に人々を書斎からひきずり出すことに全力をあげたのであり、苦闘のなかから生み出されようとしていたものを、運動それ自体の力で圧殺しさえした。その重い抑圧的な力にたえ、また運動の周辺にあって自己を失わなかった史家たちによって、この運動の提起した問題は、わずかにある形で生かされはしたが[45]、運動そのものは、はじめから本質的に、荒廃と疲労のみをひろげてゆく性質のものだったことは明らかである。そして、私自身はこの時、圧殺者そのものであった。

一九五三年に発表された安良城盛昭の論文[46]は、こうした運動による荒廃が、一部で次第に頂点に達しようとしていた時期に現われ、中世史研究に強烈な衝撃を与えた。

安良城の鋭い批判の鉾先は、まず石母田・永原の在地領主制＝農奴制説に、ついで松本・稲垣の南北朝封建革命説にむけられ、それを通して、新たに中世社会を家父長的奴隷制の上に立つ社会ととらえ、それが二重の生産関係によって成り立っているがゆえに、二つの封建的進化の道がありうるという、いわゆる安良城理論が打ち出されてきたのである[47]。安良城は当時それをまことに謙虚に提出したのであるが、さきのような「荒廃」の状況下に、この明晰で論理的な理論が出現したという事情が、「旋風」といわれるほどの事態をよびおこしたのであった。

もとより、安良城のこの理論は、前述してきたような石母田・松本の当時提出していた問題――さきの「民族の問題」の切りこもうとしていた次元とは異なる次元の上に立ち、むしろ、当時「範疇論」として批判されていた方向を逆に徹底的に貫くことによって、従来の議論の不自然・不透明さを見事についたものであった。

とすれば、それが国民的歴史学の運動の側から、「民衆不在」等々の激しい非難を加えられる結果になったのは当

然のことで、事態は安良城の意図を真にくみとる方向とは全く異なる方向に進んでいった。(48)

そして一九五五年五月、『歴史と民衆』を共通テーマとしてひらかれた歴史学研究大会は、「南北朝内乱」をめぐる稲垣泰彦と島田次郎の報告を用意し、多少の修正を加えた南北朝封建革命論を再びおし出した。それは、当時すでに低迷状態におちいりつつあった国民的歴史学の運動の、いわば最後の回復のための努力ともいうべきもので、その矛盾はこの大会の報告の随所に現われているが、(49)悪党の問題はここであらためて両者によってとりあげられたのである。稲垣はそこで、悪党を地域的領主連合を背景とした反公家・反幕府的な動きととらえ、その背後に農民の闘争のあったことを強調し、島田はそれを、在地領主の尖鋭かつ絶望的な闘いととらえている。(50)前者は松本説を根底にすえて、石母田説を加味しており、後者はより石母田説に接近しているといえようが、両者の主張の喰違いはともかく、本来、全く対立するはずの石母田と松本の説が、混在して現われてくる点に、すでに運動そのものの生命力の枯渇は顕著といわねばならない。(51)しかも、本来安良城説と正面から対立するはずの、また恐らくはそれを批判することに一つの目標があったとすら思われるこの大会の席上で、安良城説への言及がほとんど全くといってよいほどみられない点は、奇妙であると同時に、崩壊前夜のこの運動の状況の一面と、その本質そのものをよく示しているといえよう。(52)安良城の主張の核心をなすものともいえる「二重の生産関係」論が、以後長く、中世史研究のなかでかえりみられなかった、という事情は、この辺から考えてみる必要があるのではなかろうか。(53)

この大会の二カ月後、この運動は崩壊し、中世史研究もまた、新たな転機を迎える。(54)

この運動はたしかに、そのなかに身をおいたものを、多少なりとも「荒廃」させ、「疲労」させた。しかし、それ以上に重要なことは、これがそのような本質をもつ運動であり、また、それゆえにこうした崩壊を迎えたあと、当初、この運動自体が自らの前におこうとした問題そのものを、その崩壊とともにおし流していってしまった点である。この運動のおかした誤りは、それが本格的にとりあげられる時期を、はるかにおくらせたといえよう。

もちろん、前述したように、この運動そのものに、理解ある批判的立場を堅持した史家によって、この問題はある形で生かされている。たとえば、その一人として林屋辰三郎をあげることができよう。もともと、松本の主張がさきにのべたような点で石母田批判であった以上、中村・清水の学風をうけつぐ林屋によって、それが共感をもって迎えられたのは当然であろう。松本に対しても批判的立場を保ちつつ、林屋はこの時期に、楠木正成と散所民との関係、商工業とその担い手としての賤民、それと南朝との結びつき、さらには狂言についての研究等々、独自な史風を展開させ、南北朝史研究のために、ゆたかな地盤をつくり出していった(55)。

また佐藤進一も、一定の留保をしつつ、松本の主張、さらには清水の見解に、この時期、深い理解を示し、佐藤独特の中世史に対する把握を築いていったように思われる(56)。

さらに、松本の南北朝封建革命説は、後述するように、永原によって、新しい形で生かされていった(57)。だが、林屋の場合は多少異なるとしても、一九五五年以降、さきにふれたような問題に肉迫しようとする意識的な努力はなく、また、それの存在すら忘れられていったように思える。「国民的歴史学」の運動それ自体と、一九五五年の転換そのものにひそむ問題はそこにある、と私には思える。

四　戦後第二期（一九五五年以後）の研究

これまで「荒廃」といってきたが、中世史研究の全体からみれば、それはやはり一部のことといわねばならない。手堅い実証的研究は各地で着々と積み重ねられつつあり、国民的歴史学の運動の周辺にも、前述した人々のすぐれた成果がすでに生れていたので、別の角度からみれば、一九五五年以降に全面的な開花をみせる諸研究の地盤が、静かにそこに用意されつつあったということもできよう(58)。悪党についても、その個別的・実証的研究は着々と進められつつあったのである。[59]

その間にあって、これまでの諸研究を総括しつつ、中世社会についての自己の見解を、早くも体系的に提示したのは永原慶二であった。一九五五年に刊行された『日本封建社会論』（東京大学出版会）は、その結晶であるとともに、戦後第二期の中世史研究――在地領主制を軸に中世社会をとらえようとする潮流の、いわば「道標」ともいうべきもので、以後充実の度を加えてゆく永原の見解の骨格は、すでにここに形づくられているといってよかろう。それは、国民的歴史学の運動のなかで、「範疇論者」として批判されていたと思われる永原が、その批判にたえて、自らの論理を思い切って展開したところに成立した書であった、と私には考えられるので、それがのちの研究の「道標」たりえた理由は、ここにあるといわねばならない。

悪党についても同様である。永原はこの書で、悪党を、地域的結合をとげつつある在地領主たちに一部の名主・農民が呼応したものと規定し、それが半古代的な鎌倉幕府＝荘園体制への直接的叛逆であった点を強調しているが、同時に、形成期にあるこの領主層には、宿命的な孤立性がともない、農民に対しては暴力的な残虐性をもたざるをえない、と指摘している。[60] これは、この稿の最初でふれた整理の仕方をふくめ、現在の永原の悪党についての見解の出発点となったものであり、前述した小泉・佐藤（和）の仕事も、[61] その基調の上に展開されてきたものといってよかろう。

しかし、こうした同書の画期的な意義を充分に認めたうえでもなお、この体系を組み立てた永原の視野には、さきの石母田・松本の議論の根底にある問題がはいっていないこと、むしろそれを最初から落としているところに、この体系が成立しえているという点を、指摘せざるをえない。それは全くやむをえないことであったとはいえ、この書を「道標」とする一九五五年以後の研究から、否応なしに、この問題は落ちてゆかざるをえなかったのである。

一方、すでに一九五五年以前から新たな方向を模索していた黒田俊雄は、一九五七年に「悪党とその時代」[62] を発表し、正面からこの問題をとりあげた。悪党を在地領主層のような「特定の階級の問題としてではなく、また東大寺など特別の〝古代的〟権力による支配下の問題としてでもなく、広く鎌倉末期の社会全般の矛盾の表現」と考えようとする黒田の見方は、実際に悪党の実態をとらえようとすると、それが特定の集団をさすものといえなくなり、訴訟に登場する当事者の双方――ある場合には、かなり高位の僧侶までが悪党となってしまう、という事実認識にもとづくものであったと思われる。そして黒田は「この時代の領主層がつねに打算的で、しかも上級支配者に対して妥協的である」という俗物的欲望を示すことに注目し、こうした悪党的傾向がこの時代の全社会的特質であったことを指摘する。さらに黒田は、悪党の「孤立と頽廃」を封建領主としての本質からくるものと強調しつつ、一方では、悪党が対立するとされていた荘園制を「古代的」と規定することにも疑問を提起した。ここには、のちの「権門体制論」を生み出す地盤がはっきり用意されている、と思われるが、黒田はすすんで、四一半打、天狗、時宗の徒と悪党との関係にふれ、その独自な史風を展開してゆくのである。

しかし、こう考えてくると、黒田のこの史風の背後に、中村・清水・林屋等の学風への意識的な回帰があったことは、明らかなように思われるので、それによりつつ、黒田は石母田・永原に対する批判を展開していったのであった[63]。これは黒田のみのことではない。日本史研究会中世史部会を中心に、このころからめざましく進められていた研究は、清水の仕事を一つの重要なよりどころとしつつ、第一期の研究に脱落していた研究の分野をつぎつぎに開拓していったのであり[64]、一九五五年以降の主要な潮流の一つは、こうして形成されていった。

これはきわめて自然なことであり、さきの永原の仕事を道標とするもう一つの潮流に対して、ここに東西の学風の差異がくっきりと現われてきたことも、むしろ問題の所在を明確にした点で積極的な意味をもつ、というべきであろう[65]。だが同時に、この動きが、この差異の根深さ、少なくとも石母田と清水との間にあった問題について、どの程度に自覚的であったかは疑問であり、清水自身の主張に内包される様々な問題について、充分考えぬいたうえに立っていたかどうかも、やはりもう一度たしかめられなくてはならぬように思われる。そしてそうであるとすれば、この場合も、石母田と松本の対立の底にひそむ問題について、当初は全く視野の外においていた点では、さきの永原の場合と同一の平面に立つものといえるであろう。それは一九五五年の転換自体のもつ制約から、もとより自由ではありえなかったのである。

一九六〇年代にさしかかるころになると、この平面の上に見事な開花をみせつつあった中世史研究のなかで、「石母田・鈴木論争」が再び意識されるようになってくる。この論争はさきの石母田と松本の問題に通ずるものをもっていたのであるが（前述）、それを契機に、歴研大会を中心に考えると、「領主制」論から「人民闘争」論への転換が進んだように思われる。そして、東アジア世界のなかに日本をおいて考えようとする志向もそこに加わり、さきに「東西の学風の差異」といってきた問題は、学問それ自体に即して深められ、すでに「東西」にかかわらぬ、中世史に対する二様の把握の仕方として発展しつつある。さきにしばしばふれてきた残された問題――それをふたたび「民族問題」といい直しても、さして的はずれではあるまい――の究明に、本格的にとりくもうとする試みも、その間に進められつつあるように思われる。(66)

しかし問題の所在はかなり明らかになってきたとはいえ、一五年の「停滞」は決して克服されているわけではなく、長い間の立ちおくれが回復されたわけでもない。(67)こうした空白を多少なりともうずめ、すでに永原・小泉・佐藤（和）等による批判に答えうるようになるため、私もこの新たな動きの末尾にあって、一層、努力したく思う。

むすび

いままで、一九五五年以降の研究の共通して立っている「平面」といってきたが、それは新しいアカデミズムともいい直すことができよう。それに対する批判を通して、一九五五年以前の様々な動きが再び思い起こされ、注目されるようになってくる可能性は充分あり、またそれは必要ですらある。

一九五五年の転換は、たしかに起こるべくして起こり、またそれ以後の研究に豊かな実りを約束するものであったことは間違いない。そこに蓄積されてきた厖大な成果を、もし、ひとしなみに「抑圧的」としてしりぞけようとする試みがあるとするならば、それはやはり一面的な、なにものをも生み出しえぬ、ひ弱きわまる姿勢でしかない。しかし一方、さきの転換に当って、「政治主義」という、一面全く正当な批判によって、切りおとされてきた大切な問題があるように、私には思えてならなかった。そしてその問題に目をふさぎ、ときにタブーとしてしりぞけるようなことがもしもあったとすれば、豊かな実りは、たちまち救い難い「停滞」を支える重圧に転化してしまうのではなかろうか。

まだ、私自身、ぼんやりとしかわかっていない問題についてあれこれのべ、多くの失礼をあえてしたのは、きびしい批判を通して、この問題を少しでも明確にとらえたかったからである。忌憚のない叱責を心からお願いしたく思う。

（1）同書、Ⅲ四―三「悪党について」参照。

（2）小泉はこの論稿で、悪党に対する「衾宣旨」による追究、悪党と山僧・神人などとの深い関係等について興味ある諸事実を指摘したが、悪党はやはり「反荘園制的・反鎌倉幕府体制的なものであり、次の社会を荷うべき萌芽的な要素を内蔵する」動きであった、と結論づけており、鎌倉時代後期の「社会全般が頽廃におおわれ、それ故に南北朝・室町期に至るまで社会経済的発展が停滞する、特に荘園制解体は進行しない」とする見方（黒田俊雄と網野）、悪党の行動を「たんなる荘園内部の所職争いにすぎなかった」とし、「この時期の諸階層全般が自己の利害のみに追われた頽廃におおわれた」とする考え方（網野）を批判している。

（3）ここでは、南北朝期・室町期を「革命と躍進」の時期とみるか、「停滞と混迷」の時代ととらえるかに、論点があるとされている。

（4）後者の「頽廃」という言葉が、石母田『中世的世界の形成』（伊藤書店、一九四六年）に出発点があることはいうまでもなく、また前者の「荘園体制」への反抗――反荘園制・反幕府的という規定は、「革命的」といいかえれば、松本「南北朝内乱の諸前提」（『歴史評論』一一号、一九四七年、のち『中世社会の研究』東京大学出版会、一九五六年に収む）に、その源流をもっている。

小泉と永原は、この後者の論者の一人に私をあげている。たしかに、「頽廃」という言葉を私も使ったことは事実であるが、そこではむしろ、石母田のいったような意味での「頽廃」という規定を批判するつもりであった（例えば拙稿「鎌倉後期における東寺供僧供料荘の拡大」『日本史研究』六九号、一九六三年、二九頁参照）。その意味で、この批判は誤解にもとづくものといわざるをえないが、永原も指摘しているような、私の「積極的な見解」の不明確さが、このような誤解をもたらしたことは明らかであり、いずれ別の機会に、その点を多少なりとも明らかにしたく思っている。

（5）最近永原は「松本新八郎『中世社会の研究』」（『歴史評論』二三三号、一九七〇年）で、この点にふれ、「一見非合理で泥くさい民衆の野性的エネルギーのもつ可能性を、その一切の曲折・混乱をふくめて評価する」松本に対し、「峻厳で神経質」に、「民衆の行為といえどもつねにいわば折目正しいものでなければならない」とする石母田の民衆にたいするとらえ方を対置しつつ、松本の見解に、一九四七―四八年という「時代の影響」を見出している。以下にのべようとする論点は、まさしくこの点にかかわる問題であるが、そこには単に「時代の影響」とするだけではすましえない問題があるように見える。

（6）佐藤前掲論稿参照。

（7）「大会にふれて――『悪党』の評価の変遷を中心に」（『歴史学研究』二八三号、本書序章、付論1）。

（8）『荘園の研究』七〇〇頁、この見方は、八代国治以来の見方であり、八代は弘安の役後に「高麗征伐」に動員されようとした「悪徒」を武勇の人と解している（『国史叢説』吉川弘文館、一九二五年、参照）。しかしこのような理解の仕方は、再考してみる必要があろう。

（9）同右書、五一一頁。

（10）『日本上代寺院経済史の研究』の黒田荘についての叙述。

（11）『日本中世の村落』三九一頁。

（12）同右書三八九頁以下で、清水は朝河の所説を紹介し、荘園が村落団体でないことを明らかにした点に共感を表明しつつ、朝河説が充分吸収されなかったことを嘆いている。

（13）この清水の論稿には、鎌倉大番役にかわる守護役の出現、守護による神社の修理、祭礼の負担責任のひきうけ、国内検地の守護による施行等、注目すべき指摘が多いが、これは後述するような国衙領に対する清水の着目と、同じ視点からでてきたものと思われる。
(14) 同右書、「序　中世村落の研究について」にも、それは充分うかがうことができる。ただこのことを、清水の「一歩後退」と評価してよいのかどうか。むしろそのように評価するよりも、清水の本来の学風そのものの、一つの帰結をそこに見出すことが必要であるように思われる。
(15) 例えば当面のテーマについていえば『随筆楠公』(星野書店、一九四三年)など。
(16) 民俗学や地理学に対する清水の深い関心も、もとよりそこからでてくるので、江戸時代の学者の村落研究に対する関心も、また同じ根をもつと思われる。民俗学者が多くこの著書に高い評価を与えるのは、このような清水の学風そのものに共感するからにほかならない。
(17) この論文の冒頭で、清水は西洋中世史の知識によって中世社会を荘園制度の時代と考えることの独断をいましめているが、それはさきの著書で保・村・郷に意識的に目を注ぐ観点と全く同様である。おのずと荘園ではなく国衙領が、武士の領主的側面よりも、国家的・公的な「治安の維持者・擁護者」の側面が、地頭よりも守護が、注目されてくるのである。
(18) 清水の論稿を戦後に集めて刊行された『中世荘園の基礎構造』(高桐書院、一九四九年)の末尾に、藤谷俊雄が力をこめて書いた「清水三男の生涯とその業績」を参照されたい。それは戦争によって、その生命を失わねばならなかった、すぐれた魂をもつ歴史家の一生を、簡潔かつ見事にえがいている。
(19) もとより、この書が書かれたのは、永原が前掲の論稿(『歴史評論』一八四号所載)でふれているように、「戦前の渡部義通氏らの『日本歴史教程』を継承し、その線上には古代末期以降の時期についても科学的把握をうちたてようという意図をもって、史的唯物論の立場から書かれた」ものであることはいうまでもない。
(20) 「日本近代史学史における『中世』の発見」(『月刊歴史』八号、一九六九年、石井『中世史を考える』校倉書房、一九九一年所収)。
(21) 『中世的世界の形成』(伊藤書店、一九四六年)、二七〇—二七二頁。
(22) 例えば、同右書一一六頁以下、一一九頁以下の「武士団の成立」の節をはじめ、それはこの書を貫く一本の赤い糸であるといってもよい。「神人」について、清水を批判した二〇六頁以下の項にも、両者の方法・観点のちがいは、よくあらわれている。
(23) 同右書、第四章第三節、参照。
(24) 小山靖憲が「戦後日本『中世史』研究の視点について」(『歴史評論』一五三号、一九六三年)でいったように、それを「読み取ることはさして困難ではない」。そして、小山の指摘通り「石母田氏の抵抗の姿勢が、きわめてアカデミックな科学的分析」にあったことも、後述する通り、一面の事実であろうが、それを「アカデミック」といっただけでは決して解決できぬ問題がここにはある、と私には思える。

(25) そこに、この書の、またいま「激情」といい、「怒り」といってきた、この書を支えたものそのものの問題があると思う。むしろ考えてみる必要のあるのは、その点ではなかろうか。

(26) 注(19)参照。

(27) 「中世史研究の起点」(『中世的世界の形成』増補版に収む)で、石母田が「中国の中世における生産力の停滞を念頭においての安易な比較」を行った点を反省したこと、また後述する「民族の問題」に関連する自己批判は、この点にかかわってくると思われる。

(28) 注(20)の石井論稿。

(29) 朝河貫一の主張が、ライシャワーの発言との関連で堀米庸三によって最近あらためて注目されていることは周知の通りであるが(「封建制再評価への試論」『展望』八七号、一九六六年)、これを「近代化論」として批判し切るためには、それだけの用意が必要であろう。

(30) 「楠正成」(川崎庸之編『人物日本史』毎日新聞社、一九五〇年)なども参照。こうした主張の基礎に、松本の戦前の力作「名田経営の成立」や「郷村制度の成立」(いずれも『中世社会の研究』所収)があったことはいうまでもなく、またこれらの論稿が、渡部義通を中心とする、藤間生大・石母田等との共同研究のなかから生れたものであることは、よく知られている。

(31) 鈴木「敗戦後の歴史学における一傾向」(『思想』二九五号、一九四八年)、及びこれにこたえた石母田「封建制成立の特質について」(『思想』三〇二号、前掲書所収)。石母田はこの論稿のなかで、鈴木の批判に答えつつ、自著の力点がどこにあったかにふれているが、前述した清水に対する批判点がそこであげられていることに注目する必要があろう。

(32) 例えば小山前掲論稿、黒田俊雄「戦後歴史学の思想と方法」(『歴史科学』一号、一九六四年)など参照。

(33) 小山の論稿では、世界史の基本法則の適用という点で、松本と石母田は並列して考えられており、このような理解が一般的であろう。

(34) 永原「封建時代前期の民衆生活」(『新日本史講座』中央公論社、一九五〇年、のち『日本封建制成立過程の研究』に所収)にも、それをうかがうことができる。

(35) 拙稿「若狭における封建革命」(『歴史評論』五一号、一九五一年)などは、その適例である。

(36) 松本のこのときの問題提起は、体系的に発表されてはいないが、『歴史における民族の問題』(歴史学研究会一九五一年度大会報告、岩波書店)六四―六九頁、『民族の文化について』(同会一九五二年度大会報告、岩波書店)一六六―一六八頁などにみられる松本の発言から、よくうかがうことができる。

(37) この書には、松本の問題提起以前の論稿もふくまれているが、全体として、このようにいってもよかろう。

(38) 古代的権力と当時はあたりまえのように考えられ、中世の形成に当って打倒の対象となるべきものとされていた大寺院を「当時としてもっとも自由な解放条件があたえられていた」とし、寺社の僧衆を「はじめてみずからの組織をもち、革命的なものとしての秩序をもつに」いたっていたとするなど、各所で当時の「常識」を打ちこわそうとする意図がみうけられる。ただこの面の研究は、最近、黒田俊雄によって開拓されつつあるが、いまなお、著しく未開拓な分野といわなくてはならない。

(39) 松本「中世の民族と伝統」(前掲『歴史における民族の問題』一九〇頁以下)参照。これは私自身にも文責がある部会での報告要旨であり、正確なものではないが、当時の松本の主張の一端は伝えていると思われる。茶の湯・生花を高く評価した松本の主張も、もとより同じ根からでている。なお、歴史学研究会委員会「一九五二年度大会について」(『歴史学月報』一七号)も、民族の文化の問題が提起された事情、それが国民的歴史学の運動に発展してゆく経緯を考える場合、参考になろう。

(40) このような反撥は、前掲の一九五一・五二年度大会報告の討論によくあらわれている。永原は「戦後における日本封建制研究の思想的背景」(『歴史評論』一八四号、一九六五年)で、この大会においては「的を射たとはいえぬ試論がしばしばくり返された」とし、この時期は「戦後颯爽たる問題意識をもって発足した封建制研究が、現実の進展の中で転換をよぎなくされながら、次の目標と方法とを確立しえない混迷の時期」であったとのべている。また遠山茂樹は『戦後の歴史学と歴史意識』(岩波書店、一九六八年)のなかで、一九五一年度の大会テーマ――民族の問題が提起されてくる過程を、スターリン「言語学におけるマルクス主義について」と、それに関連する石母田「歴史学における民族の問題」(民主主義科学者協会東京部会シンポジウムにおける報告、のちに『歴史と民族の発見』に所収)、及び同じく石母田によって提起された「英雄時代論」の流れのなかでとらえているが、一九五二年度の大会については「学問を政治に奉仕させる政治主義の誤り」が「報告と討論の非生産性をもたらした」(一三七―一三八頁)としている。これらは、恐らくは永原・遠山の当時における感想、ないしこの問題のうけとり方を示しているともいえるので、充分な根拠をもつ指摘ではあるが、遠山自身、五二年度の大会の評価について、考える余地を残しているように、こうした評価だけですましておくわけにはいかぬ問題が、そこには残されている。

(41) 松本の批判は前注でのべたような、遠山・永原の見解そのものに向けられていたといってもよかろう。そして、この「いらだたしさ」にこそ、最大の問題があったといわなくてはならぬ。それは一つには、松本自身の問題であろうが、同時にまた、政治情勢について誤った判断にもよる、といえよう。

(42) 注(5)参照。

(43) 『歴史と民族の発見』正・続の「序」、「歴史学の方法についての感想」など、この書は全体としてそうした提唱になっている。

(44) この点については、遠山前掲書に詳しくのべられており、当面、ここではそれにゆずりたい。

(45) 後述する林屋辰三郎をはじめ、分野は異なるが、川崎庸之・太田秀通の仕事等、このような成果は決して少ないわけではない。

(46) 「太閤検地の歴史的前提」(『歴史学研究』一六三・一六四号、一九五三年)。

(47) 社会経済史学会編『封建領主制の確立』有斐閣、一九五七年、二〇五頁。

(48) 菊地武雄「戦国大名の権力構造」(『歴史学研究』一六六号、一九五三年)が安良城の論稿の発表された年に、これをうけとめる形で発表されているが、一九五四年度の歴史学研究会大会には、中世史の報告はついにあらわれず、また五四・五五年には、『歴史学研究』を中心として見る限り、上横手雅敬の論稿を除き、中世史関係の論文はほとんど現われていない。そして安良城の問題提起を中心に、五四年の社会経済史学会大会は、注(47)の書を結実させている。ただ、日本史研究会は、この年、楠瀬勝「南北朝内乱をめぐる諸階級とその動向」(『日本史研究』二四号)を中心に大会を行っており、南北朝内乱についての積極的評価をおし出している。ここには神宮経済の問題や、悪党と散所とのかかわりなどの指摘も見出せるが、むしろ安良城説に対して率直に、「南北朝内乱封建革命説」を強調したものといえよう。こうした京都を中心とする安良城説批判は、黒田俊雄や上島有によって五五年以降も精力的に進められ、上島の諸論稿や、後述する黒田の所説を生み出してゆくのである(「『日本史研究』一〇〇号の歩み」(中)『日本史研究』一〇一号、一九六八年、六四―六五頁、参照)。
　ここにみられるように、日本史研究会はほとんど中絶することなくその活動をつづけており、この点、歴研の場合と多少ちがっている。そこには、林屋辰三郎を中心として一九四七年からつづけられていたという史料研究部会の存在や、すでに一九五四年に国民的歴史学の運動のあり方について一定の反省を試みている黒田俊雄の努力があったものと推測される。しかし、逆にこの時期の黒田・上島等の安良城批判が、その「二重の生産関係」論に正面からとりくむ批判とならず、一種の不徹底さを残していったことも、この点と関係があるように思えるが、いかがであろうか。

(49) 遠山前掲書一八一頁以下、参照。

(50)『歴史と民衆』(歴史学研究会一九五五年度大会報告、岩波書店)。稲垣は悪党が荘民によって積極的にまもられていたことを強調しており、その点、島田の主張と明らかに違っている(五四―五五頁)。また島田は、京都・鎌倉両政権を本質的には古代政権としているが、そうすると建武政権を反革命と規定することは矛盾するとして、安良城説をとりいれ、両者の対立は上からの封建的進化のコースの差異ではないか、としている(五六―五七頁)。

(51)意図としては国民的歴史学の運動の流れをくみ、その回復を狙ったものでありながら、実際にはこの両報告は、一五年を経た現在の「悪党論」にむしろ直接つながっている。さらに、「大会席上」の議長(鈴木良一)の発言にみられるように、「東西」――東京と京都の学風の差異がはっきり意識にのぼってきたのも、この大会でのことであった。

(52)注(50)の、安良城説を肯定した島田の発言のほかに、藤岡(当時京大学生)が、南北朝封建革命説を主張しながら、安良城説を正面切って反駁・批判しないのはなぜか、という、まことに率直かつ的を射た発言をしているだけにとどまっている。

(53)これには、さきの注(48)でふれた問題も関連している。

(54)遠山は前掲書で「六全協によってこの運動が終熄するという形をとったことは、問題の前進的解決に資するものではなかった」(二二六頁)と指摘しているが、まさしくこの辺に、考えてみる必要のある問題があろう。

(55)「茶寄合とその伝統」、「狂言に現われた中世的人間像」(『中世文化の基調』東京大学出版会、一九八三年、所収)、「散所 その発生と展開」(『古代国家の解体』東京大学出版会、一九五五年、所収)、「狂言における笑い」(『古典文化の創造』東京大学出版会、一九八五年、所収)などは、松本の問題提起に対する林屋独自の解答であったといえよう。地方史・女性史・部落史に注目してゆく林屋の史風は、もとよりそれ自体、独自のものであるとはいえ、やはり、中村・清水の学風をもっともよくうけつぎ、前述した問題に迫ろうとする一面をもっているといえよう。

(56)「幕府論」(『新日本史講座』中央公論社)や「鎌倉幕府政治の専制化について」(竹内理三編『日本封建制成立の研究』吉川弘文館)(いずれも佐藤の著書『日本中世史論集』岩波書店、一九九〇年、に収む)など参照。周知のように、佐藤は南北朝内乱の評価については、この時期とは違ったとらえ方をしているが、『南北朝の動乱』(『日本の歴史9』中央公論社、一九六五年)でも、松本・林屋等の見方に注目している箇所が随所に見出される。

(57)一九五五年以降、この三人を中心に中世史研究が豊かに開花しているのも、決して偶然なことではない。

(58)一九五五年に、竹内理三・飯田久雄・佐藤進一・渡辺澄夫・松岡久人・安田元久・永原慶二らの論稿を収めた『日本封建制成立の研究』(吉川弘文館)、黒田俊雄・井ケ田良治・宮川満・高尾一彦・竹田聴洲らによる柴田実編『庄園村落の構造』(創元社)

が刊行されていることは、この年の意味を象徴している。ここでふれる永原の著書、林屋の『古代国家の解体』（東京大学出版会）がまとめられ、水上一久がつぎつぎに注目すべき論稿をこの年まとめて発表していること（『中世の荘園と社会』吉川弘文館、一九六九年に収む）なども、見落すことはできない。

(59) 小泉宜右「播磨国矢野荘の悪党」（『国史学』六六号、一九五六年）、「東寺領大和国平野殿荘の悪党」（『国史学』七〇号、一九五八年）、「伊賀国黒田荘の悪党」（永原・稲垣編『中世の社会と経済』東京大学出版会、一九六二年）など。

(60) 同書一八〇―一八二頁参照。

(61) 佐藤は「鎌倉末・南北朝期における領主制展開の要因」（『歴史学研究』二七九号、一九六三年）、「南北朝内乱と悪党」（『民衆史研究』7、一九六九年）など、旺盛に研究を進めた。

(62) 『神戸大学教育学部研究集録』一四集所収。黒田は「『国民的科学』の問題と歴史研究」（『歴史評論』四六号、一九五三年）で、すでに国民的歴史学の運動のあり方に批判を加えており、一九五四年には「太平記の人間形象」（『文学』二二―一一、一九五四年）を書いている。

(63) 「中世の国家と天皇」（岩波講座『日本歴史6』中世2、一九六三年）で展開された建武政権論も、清水のそれを継承するものといえる。

(64) 国衙領についての研究、武士の公権とのかかわりをはじめ、座・講や神人などについての研究は、もとより、長い伝統をもつ学風を全体として背景にもっていることはいうまでもないが、一応、このようにみることはゆるされよう。

(65) この点については「一九六七年の歴史学界」（『史学雑誌』七七―五）所収の石井進「日本（中世）」一の項参照。また拙稿「中世前期の社会と経済」（『日本史研究入門Ⅲ』東京大学出版会、一九六九年）でも、ふれた。

(66) 例えばイデオロギー問題に注目する河音能平、非農業的な生産にたずさわる人々に目を向ける戸田芳実の仕事のなかに、それをうかがうことができる。

(67) 「人民闘争」の視角も、そこに掲げられている「人民」の実態を、よほど精密かつ具体的に考えぬ限り、直ちにこの課題を解決するための有効な視点とはなりえないように思われる。

（付記） この稿の要旨は一九七〇年二月三日、日本史研究会中世史部会の席上で発表し、御出席の諸氏から、種々御批判いただいた。厚く御礼申し上げたい。

（一九六九・一二・二八稿、一九七〇・三・三補正）

第Ⅰ部　鎌倉後期の社会と政治

第一章「関東公方御教書」について

1

このような表題を掲げると、ひとは室町時代の関東公方について、筆者がなにごとかをのべようとしている、と思われるかもしれない。しかし、これから考えてみようと思うのは、鎌倉時代後期の「公方御教書」についてである。

つぎの二群の一連文書をまずみていただきたい。

〔I〕

(イ)異賊降伏御祈事、於武蔵・伊豆・駿河・若狭・摂津・播磨・美作・備中国等寺社、可致慇懃祈禱之由、普可令
下知給之旨、被仰下候也、仍執達如件、

弘安二(ママ)年十二月廿八日　　駿河守在御判

謹上　相模守殿

（「東寺百合文書」な函二四号）

(ロ)異賊降伏御祈事、御教書案文如此、於当国中寺社、付顕密可致祈禱之由、可被相触別当神主等、且御祈之次第、
可被進注文候、依執達如件、

弘安七年正月四日　　加賀権守在御判
沙　彌在御判
右衛門尉在御判
若狭国守護御代官殿
（「東寺百合文書」な函二五号）

(ハ)異賊降伏御祈事、公方御教書案幷公文所御教書如此、早任被仰下之旨、於当国中寺社、可相触別当神主等、兼又御祈次第可被執進注文之状如件、
弘安七年正月六日　　平在御判
若狭国守護政所殿
（「東寺百合文書」リ函一五号）

〔II〕
(イ)異国降伏御祈事、先々被仰畢、武蔵・上野・伊豆・駿河・若狭・美作・肥後国一宮国分寺宗寺社、殊可令致精勤之由、相触之、可執進巻数之旨、可令下知給之由、被仰下候也、仍執達如件、
正応五年十月五日　　陸奥守御判
進上　相模守殿
(ロ)異国降伏御祈事、御教書如此、任被仰下之旨、可致精勤之由、相触若狭国中、可令執進巻数給之旨候也、仍執達如件、

正応五年十月十三日　　右衛門尉在判

沙　彌在判

左衛門尉在判

工藤右衛門入道殿

(ハ)異国降伏御祈事、関東公方御教書幷公文所御執(施)行如此候、仍案文早任被仰下之旨、令致御祈禱精勤、為進上関東、

可送給巻数之旨、御領内宗寺社禰(宜)可別当可有御下知歟、謹言、

十一月十二日　　沙彌西念在判

遠敷郡地頭御家人預所殿御中

来十二月一日二日之比、可進関東候、御巻数于今月中可送給候歟、

（以上三通、「東寺百合文書」リ函一九号(一)〜(三)）

ことさらいうまでもなく、この〔I〕〔II〕の一連の文書は、幕府の指令によって行われた諸国の寺社における異国降伏の祈禱の事実を伝える著名な文書であり、得宗分国の一、若狭国に対する指令伝達の経過を示しているだけでなく、〔II〕については、これまで国司によって管掌されてきた一宮・国分寺が、幕府・守護の支配下に入るようになった事実を端的に示すものとして、つとに相田二郎によって注目されてきた[1]。それだけでなく、〔I〕〔II〕の(イ)二通については、それ自体、得宗分国の目録の意味をもつ文書として、佐藤進一をはじめ種々の考証に利用されてきた[2]。

表題に掲げた文書名は、〔I〕〔II〕それぞれの(ハ)に関連してくるのであるが、その問題に入るまえに、考えておかなくてはならないことが一つある。

2

〔Ⅰ〕の(イ)は、ここに示した通り、ふつうは「弘安二年」と読まれており、相田はこれによりつつ、「幕府が守護人の手を経て諸国の社寺をして異国降伏の祈禱を致さしめた事実の初見」としている。しかし、ここで将軍家の仰を奉じた「駿河守」については、当時、連署が欠員であった事実に注意を向け、「連署ではないが執権に次ぐ地位にあった」人物であろう、と考えたのである。(3) しかし、これについて佐藤進一はさらに補注を加え、弘安二年（一二七九）当時の駿河守が何人に当るかは明らかでなく、あるいはこの文書は弘安三年の誤りであり、同年十一月に越後守から駿河守に転じた北条業時がその人に当るのではないか、という推定を行っている。(4)

ところが注目すべきことに、山田安栄編『伏敵篇』はこの文書の年紀を「弘安六年」とし、「駿河守」に、「北条業時」と傍注して、「東寺文書」からこれを収載しているのである。(5) 山田はその引用書目のなかで「東寺文書」と「東寺百合古文書」とを区別しており、(6) 後者がいわゆる「白河本」をさすことは間違いないので、(7) この「東寺文書」はそれとは別の写本――恐らくは和学講談所本から引用されたのではないかと考えられるが、(8) とすればこの年紀の違いは原本からの影写・転写のさいに起こったこと、と考えざるをえない。もしもそうであるならば、この問題は文書の原本を確かめることによって、直ちに氷解するはずであるが、周知のような事情によって、「東寺百合文書」の原本はいま未公開の状態にあり、(補注1) それを果たすことは一般のものには不可能であるため、当面は他の方法――周辺の文書ないし当時の事情を検討することによって、いずれをとるべきか、判定するほかない。(9)

しかし、ひとたびこのような疑問をもって、弘安二年説を再検討してみるならば、この年紀をとることの不自然さは、佐藤の補正を加えたとしても、なお明らかなことのように思われる、連署の地位にない人が将軍家の仰を奉じている点の異例さを、たとえ認めたとしても、この御教書を施行した文書が、いまのところ全く見出されていないといいう事実は、この説をとることの無理をおのずと示しているのではなかろうか。それは、佐藤の補正に従って弘安三年とした場合にも、同様のように思われる。

これに対し、弘安六年説をとるならば、これらの不自然さは直ちに解消してしまう。駿河守業時はこの年四月十六日に連署となっており[10]、『伏敵篇』の編者の推定通り、この御教書を奉じている人を業時とすることには、なんらの無理もない。また相田も引用しているように、弘安七年には豊後・肥前・摂津でも、守護人が国内の社寺に充てて異国降伏の祈禱を命じた関東御教書を施行しており[11]、なにより、〔I〕の(ロ)(ハ)[12]が、問題の(イ)と「異賊降伏御祈事」という冒頭の事書の文言を共通している点からみても、前年の御教書を直接施行したものと断じて、全く不自然ではない。そしてこのように考えたうえで、あらためて東京大学史料編纂所架蔵の影写本によってこの文書を見直すと、年紀を「弘安六年」と読むことも充分に可能、と思われるのである。

以上のような理由から、私はこの御教書を弘安六年の文書とすべきであると考える[13]。

3

この推定が認められるならば、〔I〕〔II〕のおのおのの(ハ)によって、〔I〕(イ)は公方御教書、〔II〕(イ)は関東公方御教書といわれたことを確認することができるわけで、ここにわれわれは、二通の公方御教書を得たことになる。

しかし、この文書は、様式上、一般の関東御教書となんらかわるところはなく、ただ、本来それを連署とともに奉ずるはずの執権が充所に現われ、連署のみの奉書となっている点に、特殊性を求めうるにすぎない。そして(ハ)で公文所御教書、あるいは公文所御執《施》行といわれた、〔I〕〔II〕のそれぞれの(ロ)には、(イ)の文書は単に「御教書」として現われるのみであり、(ロ)をさらに施行した(ハ)において、(ロ)と区別する意味において、さきのように「公方御教書」とよばれているのである。とすれば、この文書名は様式上のそれではなく、得宗公文所奉書（(ロ)の文書）と、将軍家の御教書とを区別するために使用された、と一応解することができる。

では得宗が執権の職にあった場合、その人を充所とする関東御教書は、つねにこのような名称でよばれたのであろうか。得宗分国である若狭国に幕府が指令を発した例として、文永九年十月二十日の諸国田文調進を指令した御教書(A)をあげることができる。このときも、連署左京権大夫政村が将軍家の仰を奉じ、執権＝得宗、相模守時宗充にこの指令を伝えている。それは同年十一月三日、北条時宗袖判同氏家令平頼綱奉書によって、若狭国守護代渋谷十郎経重に施行され(B)、経重はさらに翌年二月二十日、「御教書案二通」を包枝進士太郎入道光全に施行、「当国在庁御家人」に触れさせた(C)。ついで三月十七日、光全は「関東御教書」を郡郷庄保政所充に伝達(D)、「文永九年十月廿日関東御教書案、同十一月三日相模国司御教書案文」を三月廿四日に請け取った瓜生（脇袋）右兵衛尉範継は、瓜生荘分の田文を翌廿五日に注進しているのである。(14)

さきの例に准ずるならば、(A)が当然、公方御教書とよばれてよいはずであるが、(C)(D)(E)の各文書において、(A)は単に「御教書」、あるいは「関東御教書」とよばれていて、「公方」という言葉は使われていないのである。同時に、それと相応ずるように、〔I〕〔II〕の(ロ)に当る(B)が、公文所奉書でなく、北条時宗袖判御教書であることも、注目すべき点と思われるが、(15)それはさておき、これによって文永十年（一二七三）には「公方御教書」という文書名はまだ使用されず、弘安六年（一二八三）にいたって、はじめてその名称が現われる、という事実を確認することができる。(16)とすると、あたかも二回のモンゴル襲来をその間に含むこの十年間こそ、「公方」という言葉が、幕府の公式の文書に現われてくる時期、ということになろう。

しかし、この決して偶然のこととは思われぬ問題について考えるまえに、いましばらく、「公方御教書」の用例について、気がついたものをあげておきたい。

その一は、吉田家本追加に現われるつぎの傍例である。(17)

一　雖為執事御方御下知、依無仰詞、被棄置法事、奉行矢野兵庫允、越後国沼河郷内白山寺供僧與地頭備前々司殿御代官相論、当寺為公方御祈禱所之条、北条殿并右京大夫殿御下知炳焉之由、供僧等雖申之、依無仰之詞、不被准公方御下知、被棄置供僧訴訟畢

鎌倉後期のものと思われるこの傍例は、沼河郷地頭代によるなんらかの干渉に対して、北条時政・義時の下知――「執事御方御下知」を根拠に、公方祈禱所であることを主張してその不当を訴えた白山寺供僧の訴訟が「仰之詞」――将軍家の仰を奉ずる「依仰」の詞がないため、「公方御下知」――将軍家の御教書には准じられぬ、として却下されたことを物語っている。この地頭「備前々司殿」が、恐らくは北条氏一門の人と思われる点も注目すべきことであろうが、さしあたりこの傍例は、このころ「執事御方御下知」と「公方御下知」――執権乃至得宗の命と、将軍の命とが混同される傾向にあったのに対し、この両者を明確に区別すべきことを明らかにしたもの、とみることができよう。[18]

しかしこの「公方御下知」は、決してさきの「公方御教書」のような特定の文書――執権職にある得宗充の、連署のみによる奉書をさしているわけではない。それを関東御教書、あるいは関東御下知といいかえても、なんら不自然でない一般的な文書名として用いられているのであり、「公方」という用語がことさらに使われたのは、「執事御方」と将軍家とを、とくに区別するためであったと考えられる。このことは「公方御教書」という文書名が現われてくる事情、ひいては将軍が公方といわれるようになる背景を多少とも物語っているると思われるのであるが、次の用例も、やや不明確ながら、その点を考えるために、若干の参考になろう。

文保元年（一三一七）九月、関東御祈禱所大隅国台明寺の雑掌長慶は、守護代安東景綱の代官惟村以下、在庁官人等の狼藉と、目代盛範の悪行を訴えているが、その申状のなかに、[19]

就中申成公方御教書、付進守護御方時、曾不及異儀、乍被請取之、景綱令引汲敵方盛範、捧訴状之由、載請文之

条、今案参差之沙汰、尤可足賢察哉、

という一節がみられる。この公方御教書が三月十五日、盛範の悪行を訴えた衆徒の申状に対し、恐らくは大隅国守護北条時直に対して「可注申子細」と令した御教書であることは、まず間違いないところであるが[20]、果してそれが関東御教書であったかどうかは、必ずしも明らかとはいえない[21]。ただ台明寺が「将軍家御祈禱所」、「関東御祈禱所」であったことをかねがね強調している点、この雑掌の申状が、訴訟を守護――これも北条氏一門である――の沙汰（検断沙汰）として扱おうとする守護代安東景綱に対し「所務狼藉共以不能守護方御沙汰哉」と主張していることに注目すべきで、この「公方」という用例も、やはり将軍家をさすものとして使用された、とみてよいのではなかろうか[22]。そしてさきの傍例では否定され、この場合はそれを強調しているという違いはあれ、二つの事例がいずれも関東御祈禱所＝公方御祈禱所に関係し、北条氏一門が一方の当事者として現われることも、私には全く偶然とは思えないのである[23]。

この問題について関心をもちはじめたのが最近のことなので、気づいた用例は以上の二つにとどまるが、参考のために掲げ、御教示を得たい。

4

このように考えてくると、弘安六年（一二八三）以後の鎌倉後期、将軍家を「公方」とよぶことは、かなり一般的になっていたように思われ、それはとくに、執権―得宗との関係を意識してのことのようにみられるのであるが、ではこのことは、鎌倉幕府の制度の変遷のなかで、なんらかの意味をもっているのであろうか。

いま、佐藤進一・池内義資編『中世法制史料集』第一巻によって、鎌倉幕府法を通観してみると、さきの傍例をのぞき、「公方」という語のでてくるのはただ一カ所、弘安七年五月廿日に制定された「新御式目」三十八カ条のなかほどに、「條々公方」とあるのみである。しかもそれは、近衛家本式目追加と貞応弘安式目だけにみられるのであって[24]、後世の注であることも充分に考えられる。

しかしこの新式目全体をみたとき、この注記はかなり重要な意味をもっている、といわざるをえない。三十八カ条に及ぶこの式目は、この注記を境として、明らかに前半十八カ条と後半二十カ条とにわけることができるからである。それは、この前半部と後半部とが同一の問題について、それぞれ異なった規定の仕方をしている、という事実を根拠にしている。

(イ) 寺社領を旧の如く沙汰し付けらるべきことを規定した第一条前段と九国社領回復令といわれる第十九条

(ロ) 新造寺社を止め、古寺社に修理を加えらるべきことを定めた第一条後半と、諸国々分寺一宮興行令ともいうべき第二十条

(ハ) 倹約について規定した第九条と第二十一条

(ニ) 在京人幷四方発遣人についての第十一条と第二十五条

(ホ) 臨時公事に関する第十七条と第二十七条

(ヘ) 御領御年貢にかかわる第十八条と第二十六条

すべてではないが、これだけの事例が見出される、ということは、前半部と後半部が規制しようとした対象、ないし目的が異なること、この前後二群の条々が、一つの式目として並列されるよりも、むしろ対応しあう別箇の式目とみなしうるのではないか、という推測をおのずと導き出さざるをえない。

そしてその違いは、前半部が将軍の私的・個人的な問題を規定する、という性格をもつのに対し、後半部はその公的な活動を規定する、やがて法令として公布さるべき条々である、という点に求められる。(イ)(ロ)の場合、これは一見して明らかであるが、(ニ)について前半部では進物を「可被停止」とし、後半では「所領年貢、可有御免」となってい

ること、(ホ)に関しても、前半では止めらるべしとなっているだけであるが、後半では「不可被充御家人」としていることなどが、その推測を裏づけている。

しかも、それは全体として通常の法令の形をとっていない。「可被……事」という、いわばこの時期、将軍が私的・公的になすべきことを規定した式目なのであり、そこにもこの新式目の特異性を見出すことができる。(25)ではさきの「公方条々」は、前半・後半のどちらにかかるのか。これもそれ自体一個の問題であるが、この種の注の一般的なあり方からみて、まず後半にかかるもの、とみるのが自然であろう。とすると、公的な幕府の首長としての将軍を、「公方」といったことになるので、弘安七年あるいはそれ以降(26)、このような意味でこの言葉が使われたことは、これによって明らかであろう。そして、それが「公方御教書」の出現と、ほぼ時期を同じくしていることは、やはり偶然とは思えないのであり、あるいはこれは、この新式目そのものと深い関連をもつのではないか、という推測をすることは、さほど的はずれではないように、私には思われる。

新式目が制定された弘安七年(一二八四)五月二十日といえば、二回に及ぶ蒙古襲来に対し、得宗の権力を強化、幕府の統治権を拡大・深化させつつ、全力を振るって正面から立ち向い、これを乗り切った指導者、執権北条時宗の急死後、約一カ月半たった時点であった。しかも、現存する法令によってみる限り、弘安四年(一二八一)の襲来を撃退して以後、時宗はほとんど戦後の処理について、表立った方針を示していない。わずかに弘安六年に、いよいよその課題を前にして本格的に動きはじめようとした矢先(27)、死が彼を襲ったかにみえるのである。とすれば、この新式目こそ、彼自身が生前に用意し、自らの名において発するはずであった新たな諸方針であった、とみることができるのではなかろうか。そして、山積する戦後の処理問題、なお去りやらぬ第三次襲来の脅威のなかで、執権＝得宗の急死というきわめて重大な局面を迎えた幕府の首脳部によって、時宗の遺志をつぎ、しかも新たな時代が開始されようとすることを告知すべく、この式目は発せられたのではないだろうか。

事実、それはまことに重要な意味をもつ条々をふくんでいた。すでに佐藤進一が詳細に分析しているように、第十九条の九国社領回復令と第二十四条の「鎮西九国名主、可被成御下文事」が、その実施過程において、鎮西最初の合議訴訟制度を創出していること[28]、またさきの相田の指摘にあるように、国分寺・一宮が幕府・守護の支配下に入っていく直接の出発点が、この式目第二十条にあることなどが、まずすぐに想起されると同時に、この国分寺一宮興行令の施行過程において「往古子細、当時次第、并管領仁及免田」を注進せしめるという措置をとっていること[29]、また第十八条・第二十六条(ヘ)にもとづく処置とみられる関東御領の整備に関連して、「当知行之交名、田畠在家員数」の注進を、幕府が諸国の守護に指令している点[30]にも注意を向ける必要があろう。翌弘安八年二月二十日、諸国に発せられたとみられる田文調進令は、いわばその「系」にほかならない。それが「神社仏寺国衙庄園関東御領等」について、注進を命じている事実は、そのことをよく示している[31]。式目に直接よっているかどうかは明らかでないが、弘安七年六月三日、河手・津泊市津料・沽酒・押買禁制が発せられていることも注目しなくてはならない[32]。そしてこれらの諸法令の趣旨は、第十一条・第二十五条(ニ)にみえる四方発遣人によって、諸国に徹底せしめられていったが、それは「徳政之御使」とよばれていた[33]。

これだけの点をみても、この式目の重大な意味は明らかであろう。それはモンゴル襲来を契機に飛躍的に強化された、幕府の全国統治権を体制化してゆく「徳政」だったのである。「公方」という用語がこのころ現われ、使用される意味も、このことを背景において考えなくてはならない。

しかし、それだけではない。新式目は将軍家の経済的基礎についても、いくつかの重要な規定を行っている。その一々について立ち入るだけの用意はないが、とくに目をひくのは、前述した関東御領についての規定である。大御厩・東国御牧を止め、贄殿御菜の収取を制限する一方で[34]、式目は御年貢の怠納については「可被召所領」という著しくきびしい態度でのぞみ、関東御領を基礎に将軍家の経済を維持してゆく方針を明確に示しているのである。

恐らくそれは、但馬国広谷荘[35]にみられるように、本家と下地を分割し、領家・地頭両職を一円に保持、給主を補任して支配する、いわば本所一円領と同質なものとして、関東御領を編成してゆく方向をもつものであったろう。遠国は翌年七月、近国は三月中に年貢を究済させ、たとえ未進がなくても納期に間に合わなければ、「別納之地」は「政所例郷」に落し、「例郷」は所帯を改易せしむべし、という具体的な管理方針が、式目の実施過程で示されている。[36]

しかしこのような厳格な年貢徴収が、将軍家の独自な力によって行なわれたとは到底思えない。すでに周知のように、二回にわたるモンゴル襲来を契機に、専制化の傾向を著しく強めていたといわれる得宗―北条氏が、関東御領の管理についても、実質的にその権力を駆使したと考えるのは、一応は自然であろう。関東御領が転じて北条氏所領になる例が多くみられることに注目した石井進の指摘[37]の背景には、このことを考えておく必要があろう。

そして、新式目制定の前後は、得宗の権力にとってもまた、時期を画するものがあった。「御内」と注された、北条氏の法令が、姿を現わすのが弘安六年であること[38]。また、得宗公文所奉書といわれる三人の奉行の連署によって発給される文書の現われるのがこのころである点等[39]から、それをうかがうことができる。その点から、この新式目自体を、得宗専制化の過程における重要な画期とみなすことも可能であろう。実質的な支配権を掌握した得宗、その上に立つ、本所一円領としての関東御領の本所、統治権者たる公方＝将軍家、この形こそ得宗専制体制そのものであった[補注2]。

5

だがしかし、それは決して直線的に理解されるべきではない。もし、このときに、将軍を公方とよぶようになったということこれまでの推定が認められるならば、さきの「公方御教書」そのものが示しているように、この言葉はまさしく、得宗より上位者としての将軍の存在を鮮明にするために用いられた、といわなくてはならない。公文所奉書がそれに対応するために整えられたのだとすれば、それには得宗の私的利害の強調というより、むしろ得宗と区別された将軍の立場を明らかにする意図が貫かれていたとみなくてはなるまい。

事実、新式目はそうした点に特色があった。かつて、将軍に進めた「諫誡の意見書」といわれ、特異な、諮問に対する答申の如き形式をもつこの式目は、一貫して、武家の首長として統治権の中枢を掌握する将軍家に、その立場にふさわしい節度正しいあり方を求めている、といわなくてはならない。(40)とくにその前半部はすべての条々がそれにつきる、ということができる。そして後半部はそうした節度ある将軍が公的に行うべき施策だったのである。佐藤進一が指摘したように(41)、建武式目の先蹤ともいうべきこの新式目それ自体には、得宗の私的利害など、探す余地すらないと極言できる。

それどころではない。いま将軍の公的施策といった後半部には、まさに将軍にふさわしく、御家人保護の方針が貫かれている、といってよい。第二十二条の闕所についての御恩、第二十三条の越訴の事(42)、第二十四条の鎮西九国名主への下文の下付、第二十七条の「臨時公事、不可被充御家人事」などの条々は、端的にそのことを示している、それのみではない。さきに関東御領の注進についてふれたが、それは「非御家人幷凡下之仁、或称相伝号請所、或帯沽券質券等、多以領作」という事態に対してとられた処置であり、そこには関東御領を御家人が管理するという原則の強調がうかがわれる(43)。また、幕府は弘安七年八月十七日に、訴訟手続について「十一ヶ条新御式目」を定めているが(44)、それは引付衆・奉行人にきびしく公正な態度を要求する一方で、「貧道御家人」「無縁」のものなどについて「急速可申沙汰」と規定し、「奉行人緩怠、殊可令加精好」といましめるなど、貧道の人々に深い理解を示しているのである。

だがそれは決して、御家人を甘やかす性質のものではなかった。いまの貧道御家人が富有の輩に対し、内に沽却質券状を渡し、外には親子契約の譲状を誘い取るという「表裏證文」のことについての規定でも、一方では本主に返し与うとしつつ、他方では闕所たるべし、というきびしい処置を忘れていない。御家人が沽却し、質入れした所領についても、「年貢は分限に随い進済すべし」としつつも、「有限公事者、相加本領主跡、可被致其沙汰」という断乎たる態度を貫いている。[45]そして、山賊・海賊・悪党の取締りについて、弘安七年五月二十七日、「守護人幷御使可存知」とされた条々のなかでも、とくに御家人にして博奕をもてあそび、悪党の風聞をたてられた者に対しては、厳重な処罰を以てのぞんでいる。[46]こうした「公正」ともいうべき姿勢は、同じ条々で関東御分の犯人在所について「守護之綺雖無先例、於今度者、可致其沙汰」として、自らに厳格な規制を課している点にも、よくあらわれているといわなくてはならない。さきの鎮西最初の合議訴訟機関について、佐藤が注目した慎重な配慮もそこに想起されねばならぬ。使者・合奉行の人選に六カ月の日時を費やし、三名の東使と九州の有力守護三名を組み合わされて設立されたこの機関において、有力守護はいずれもその任国と異なる国を管轄すべく配置されているのであり、さきの場合と同様の公正な態度が、ここにも鮮明に貫かれているのである。[47]

これはまさしく執権政治そのもの、否、右大将頼朝以来の幕府の基本精神をうけつぐもの、とすらいえるであろう。得宗の実質的権力が著しく強化されたこの時期、このような式目を判定し、強力かつ厳格な改革を実施しえた人は一体だれなのか。私は躊躇なく、安達泰盛その人をあげる。

執権時宗の舅として幕府政治の枢要にたずさわり、時宗とともにモンゴル襲来の危機を切り抜けた泰盛、鎌倉古武士の風貌を伝えつつ、学芸に通じ、「道」を知る人と兼好によって評された城陸奥守泰盛は、多賀宗隼により「執権政治とその興亡を共にした」といわれる安達氏の人であり、[48]最近、石井進によって「執権政治体制の最後の護持者」と評された人物であるが、[49]この新式目と弘安の改革こそ、時宗の死後幼い新得宗貞時の叔父として、泰盛が全力を傾けて実行しようとした改革ではなかったか。これまでにふれてきた諸政策のすべてに、彼の影は鮮やかによみとることができる。「富有之輩」にたよることなく、自らの首をかけてただひたすら恩賞を求める竹崎季長に破格の待遇と恩賞を与えた剛腹な、気骨を愛する泰盛の風貌を、われわれは『竹崎季長絵詞』によってよく知っている。それはさきの十一カ条新御式目にみられた、貧道御家人、無縁の人々に対する深い配慮として、端的に現われているのではないか。鎮西の合奉行に、すでに多くの国々の守護職を掌握していた北条氏の人をただの一人もいれず、そのかわりに自らの任国肥後の守護代たる子息盛宗には肥後を管轄させず、伝統ある御家人大友・少弐の両氏をたてた配慮は、まさしく泰盛の苦慮をよく物語っている、といえぬであろうか。北条氏——というよりその御内人の専横に対する深い憤りが、その底にひそんでいたとは考えられぬであろうか。関東御領を私する、といわれた非御家人のなかに果して御内人はいなかったであろうか。

「公方」という称号も、その一端の噴出とすら理解することができる、とすれば、これはまことに容易ならぬ意味をもつ称号、といわなくてはなるまい。

6

泰盛はしかし、悲劇の人であった。それは彼の施策が、当然のことながら御内人たちの激しい反撥を招き、ついにその生命を奪った、ということのみにあるのではない。彼が深い理解をもち、そのあるべき姿を示そうとした御家人たちそのものが、すでに彼を完全に支えるものではなくなっていた点にこそ、悲劇がある。悪党の風聞をたてられ、博奕にふけり、富有にして「奸謀」をこととする御家人は、現に多くいたのである。任国以外の国に公正な姿勢をもって臨むよりも、むしろ任国の管轄を望むような風潮は、彼の細かい配慮をこえて、自然なものになっていた。それはもはや、不可避的な時代の流れであり、新しい時代はその奥底にすでに胎動しはじめていたのである。いかに彼が公正たらんとしても、それは不満を招き、厳正な姿勢が否応なしに専制とうけとられざるをえなかった。この改革の失敗の原因はそこにあり、「悲劇」といった理由はその点にある。

霜月騒動はこうして起こり(50)、彼とともに、執権政治を過去の時代に流し去った。多賀が詳細に調査したこの乱における多数の死者の交名は、それ自体、彼の死をあつくとむらうものである。また、その交名には自らの名を連ねずとも、心底深く彼へその共感をひめていた一御家人、竹崎季長が、蒙古襲来の実況を目のあたりわれわれに伝えてくれる唯一の絵詞を作り、泰盛を追憶したことについては、すでに、石井が見事に描き出している[51]。

泰盛の死、霜月騒動をもって、得宗専制時代の開始と断じた佐藤の指摘は[52]、この意味で深い含蓄のある指摘といわなくてはならぬ。これをいまは、霜月騒動によってしか得宗専制の時代はひらきえなかった、といいかえておきたい。泰盛の存在は、彼が倒れたあとでも、長くその体制を制約しつづけたからである。

その全く一つの例として[53]、本章の主題たる「公方」の称号がある、得宗はついに公方という称号を正式には名のることはなかった。否、名のりえなかった。多くの倒れた御家人たちとともに、安達泰盛は、まだそこに生きていた[補注3]。

7

だがわれわれの問題はここから新たにはじまる。もとより「公方」という語は、泰盛の創り出したものではなかろう。また、単に将軍のみをさすものではない。

これ以後、さほど遠からぬ時期に、寺家・社家等の本所一円領の支配者をさす言葉として、「公方」という言い方は次第に一般化し[54]、戦国期にいたって、荘園の本年貢が多く「公方年貢」といわれるようになることはすでに周知のことである[55]。

恐らくそこには「公田」、あるいは「公平《くひょう》」などとも関連する問題がひそんでおり、いわゆる「統治権的支配権」にかかわる論点もあろうと思われる。そこにみえる「公」の問題は、もはや思想史上の問題ともいわれるであろうが、ただそれだけではすまされない。現実的基礎と切実な意味とをもっていたと考えられるので、その面については、私のようなものにも、なお追究しうる問題は残されているように思う。

思いつくまま、まことに瑣末な問題をとりあげ、論点が多岐にわたってしまったが、今後さらに、このような方向で考えつづけてゆきたく思う。きびしい御批判、御教示をいただければ幸いである。

(1)『蒙古襲来の研究』吉川弘文館、一九五八年、第三章参照。
(2)『増訂・鎌倉幕府守護制度の研究』東京大学出版会、一九七一年、駿河・伊豆の項等。
(3)注(1)前掲書、一〇〇頁以下。
(4)同右、一〇〇—一〇一頁。佐藤は注(2)前掲書では、これを弘安二年として扱っている。かくいう筆者自身『講座日本史』3、東京大学出版会、所収拙稿「鎌倉末期の諸矛盾」(本書第II部第一章)で、やはり弘安二年説をとっており、この点についての疑問を最終的に晴らしえた、と思ったのは、じつは本稿を草している過程のことであった。前掲二書の改訂再刊の前に気づき、御批判を仰げなかったのは、まことに残念というほかない。
(5)『伏敵篇』巻之五、一〇頁参照。
(6)同右書、引用書目三頁。
(7)現在、国会図書館に架蔵されている一八八冊の白河本は『東寺百合古文書』という表題を各冊ともに有しているが、この文書は明らかに「弘安二年」と写している。
(8)内閣文庫蔵の三十冊本。それを転写した二十九冊本の東寺文書が蓬左文庫に架蔵されているが、この本によれば、この文書は「弘安二年」とも「弘安六年」とも読みうる写し方をしている。
(9)このような点をふくめ、整理に直接携わっておられる方々のご労苦に、心からの敬意を表しつつも、東寺百合文書の原本の、公正かつ適切な全面的公開が一日も早く行われることを、切に望んでやまない(補注1参照)。
(10)『鎌倉年代記』参照。
(11)弘安七年三月二十五日、豊後国守護大友頼泰が同国六郷山供僧に「関東御教書」を施行(『編年大友史料』)、同年四月二十八日、肥前国守護北条時定も同様の施行状を発している(『八坂神社記録』下)。摂津については注(13)参照。
(12)相田の著書には、あるいは気づかなかったのか、引用されていない。
(13)この推定が承認されるとすると、弘安二年をもって、幕府が守護人の手を経て諸国の社寺に異国降伏の祈禱をさせた事実を初見とする相田説は成り立たぬことになるが、すでに、佐藤が前掲書七八頁で指摘している建治元年(一二七五)九月十四日の佐々木泰綱充の関東御教書、及び同年十月七日、守護代施行状（「敏満寺目安」）によって、その初見はこの年までひきあげることができよう（第Ⅰ部第三章参照）。

　またこの文書を弘安六年とすることによって、得宗分国目録の年紀が変るため、佐藤の各国守護考証にも、わずかながら影響が生じ、摂津・播磨・備中等に若干の修正が必要となろう。そのうち、備中については弘安二年を同六年に修正すればよいわけであるが（一六七頁）、摂津・播磨については若干問題が起こる。というのは摂津について、この御教書はつぎの文書によって施行されている。

（端裏書）
「賀古河殿御施行案」
異国降伏御祈事、関東御教書案文二通并此（如）、任被仰下之旨、付顕密可致御祈請之忠勤之由、令相触摂津国中寺社別当神主等、
且御祈之次第、早速可被執進注文状如件、
　　弘安七年正月廿九日　　　　修理亮（北条兼時）在御判
　安東平右衛門入道殿
（『箕面市史』史料編一、勝尾寺文書三〇五号）

事書はこの場合は「異国降伏」となっているが、「付顕密……」以下の文言は〔Ⅰ〕(ロ)とほとんど等しいので、さきのように考えてよかろう。しかし同じ得宗分国として、最初の御教書（〔Ⅰ〕(イ)）にあげられながら、若狭と摂津では、施行の手続が明らかに異なっている。〔Ⅰ〕(ロ)に当るとみられるこの施行状の前に、二通の関東御教書が発せられているのであるが、〔Ⅰ〕(イ)以外に(イ′)ともいうべき御教書が発せられた理由は、恐らくは、佐藤が守護と考えた北条兼時の位置づけと関連があろう（なおこの時の兼時は、まだ異賊警固の任をおびて賀古河にあり、六波羅には入っていないので、この文書を「六波羅施行状案」とした『箕面市史』の文書名は修正を要する）。

　同じことが播磨についてもいえる。この国も得宗分国のなかにあげられているにもかかわらず、佐藤が引用した兼時に関する六波羅守護次第の記事には「弘安七年十二月二日自播州元守護也賀古川入于六波羅」とあり、兼時は「守護」とされているのである。これは、得宗時頼の孫にあたり、異賊警固という特殊な任務についていたこの時期の兼時の立場を考慮しないでは理解できないことである。兼時は制度上からいえば守護ではなく、やはり守護代とすべきであろうが、通常の守護代とは意味を異にし、得宗の分身として、事実上の守護として扱われていたので、さきの施行手続上の若狭と摂津との相違点に、そのことがよく現われている、といいえよう。

そしてそう考えてくると、摂津の守護は弘安七年十二月兼時が六波羅に入るまでは得宗、それ以後は兼時とともに六波羅北方の管理に入ったとみられるのではあるまいか。また播磨国守護も弘安七年まで得宗、以後を六波羅北方とすることができよう。

(14) 「東寺百合文書」ア函二五号(一)～(三)、フ函七号(一)、石井進『日本中世国家史の研究』岩波書店、一九七〇年、一五〇―一五一頁参照、この手続に従って〔I〕〔II〕を検討してみると、〔I〕の場合は(イ)―(A)、(ロ)―(B)、(ハ)―(C)と対応し、(D)以下を欠き、〔II〕の場合は(ハ)―(D)となり、(C)に当る文書を欠く。奥富敬之「得宗家公文所の基礎的素描」『日本史攷究』十六号、一九七〇年で指摘された、相田の誤り（沙弥西念を工藤西念とみる）は(ハ)―(C)とされたために起こったので、奥富のいう通り、西念は工藤杲禅の代官、佐東入道西念である。

(15) 後述するように、(ロ)の様式の得宗公文所奉書が現われるのは、恐らくこのころではないかと思われる。奥富前注論稿参照。

(16) なお、延慶三年（一三一〇）二月二十日の最勝園寺入道充の関東御教書は〔I〕〔II〕の(イ)と同様、異国降伏御祈を命じているが、この御教書と、現存しない公文所奉書、守護代施行状を合わせて明通寺院主充に施行した、若狭国税所代・守護代（又代）連署施行状（明通寺文書）は、この三通の文書を「関東御教書幷公文所書下副守護御施行」とよんでいる。これはすでに貞時が出家し、執権の地位にいなかったため、さきの御教書が執権・連署の奉ずる通例の関東御教書となりえたことによるのであろう。とすれば、様式だけを問題にする限り、得宗以外の執権にあてた関東御教書も、公方御教書とよばれた可能性もでてくるが、いまのところその例を知らず、また恐らくそうはいわれなかったであろう。

(17) 佐藤進一・池内義資編『中世法制史料集』第一巻、鎌倉幕府法、参考資料九九条、三七四頁。

(18) 備前々司については、佐藤前掲書一一八頁参照。「殿」という敬称をつけてよばれている点からみて、恐らくそこでのべられている名越時章の弟時長の流れであろう。

(19) 大日本古文書家わけ第十六、『島津家文書之一』（台明寺文書）、一八九号。

(20) 同右、一八七号、文保元年五月七日、大隅守護代安東景綱請文、及び一八八号、同年五月八日、大隅守護北条時直請文。

(21) この御教書が現存していないため、明らかにしえないので、鎮西探題御教書であった可能性も、全く否定するわけにはいかない。とはいえ、本文でのべたように、私はその可能性はまずありえないと思っている。

(22) それは盛範の狼藉の根源が正税物より起こっていること、在国守護代官惟村自身が狼藉を訴えられていることが理由であった。

(23) 瀬野精一郎編『肥前国彼杵荘史料』六一号、嘉暦四年七月三日、東福寺領肥前国彼杵庄文書目録（正慶乱離志紙背文書）に「右訴陳状者、自公方引付大友方へ申渡者也」とあるのも参照。

(24) 同書二五一頁、頭注参照。
(25) この点については、佐藤・池内編『中世法制史料集』第二巻、四〇六頁以下の建武式目についての解題参照。
(26) もしものちの挿入であったとしても、余り遠くない時期のものだったと思う。
(27) 『中世法制史料集』第一巻、追加法四九〇条に、はじめて「御内」と注された法令がみえる。もとよりこれは現在の法令の残存状況によるものともいえるので、なお後考を期す。
(28) 佐藤進一『鎌倉幕府訴訟制度の研究』(畝傍書房、一九四三年、岩波書店、一九九三年再刊)二八七頁以下参照。なお佐藤は「鎌倉幕府政治の専制化について」(竹内理三編『日本封建制成立の研究』所収、『日本中世史論集』岩波書店、一九九〇年、に収む)で、この法令が鎮西社領回復令と同様に㈠沽却質券地の取戻を含むものであること、㈡九州一円の御家人に対して、丁度東国御家人の根本下文と同じ意味をもつものとして名主職安堵の下文を交付し、併せてこの機会に御家人の沽却質券地は取戻させた上でこれを安堵しようとするものであって、これはとりも直さず幕府の主従制＝人身支配を通じて土地支配を獲得しようとする試みに外ならないと主張している。とすれば、ことは一層重大であるが、㈡については笠松宏至が疑問を提出しつつ、批判を加えており(「幕府法覚書」㈠『中世の窓』二号、一九五九年)、なお評価が定まったとはいえない。
(29) 『中世法制史料集』第一巻、参考資料補八条。
(30) 同右、追加法五二九条。
(31) このときの田文調進令については、石井進注(14)前掲書第二章第一節参照。この文言は注(29)追加法補二条。
(32) 同右、追加法五四〇〜五四三条。河手・津泊市津料は「統治権的支配権」と深いかかわりがある点については、別の機会に多少ふれた。なおこの法令の趣旨は追加法五七二条の「周防国三箇所河手」についても貫かれている。
(33) 『編年大友史料正和以前』弘安八年九月晦日、大友頼泰書状。注(28)でのべたように、九州については沽却質券地取戻しが行われたのであるが、笠松宏至「永仁徳政と越訴」(竹内理三博士還暦記念会編『荘園制と武家社会』吉川弘文館、一九六九年)で指摘されているように、弘安八年をさして遡らぬ頃「本銭を弁ずる要なく、売買地の取戻しを可能とした立法」が存在しており、これもこの新式目に発するもの、と考える道も可能であろう。
(34) 将軍家のこのような方面における経済的基礎については、これまでほとんど注目されていないが、東国に対する将軍家の支配権と関連して、今後充分考えられなくてはならない。
(35) 『続々群書類従』第十六雑部、弘安八年十二月日、但馬国大田文。

(36) 前出『中世法制史料集』第一巻、追加法五四九条。これには「御内」という注記はついていないが、これとほぼ同じ規定を、われわれは四九〇条に見出すことができる。佐藤が詳しく解説したように（同書三九六頁）、これが北条氏の法令であることは明らかであるが、いまのべた類似点、また「政所」とある点等から考えると、私はこの法が、御内御領について規定したとみるより、関東御領を管理する北条氏の被官の動きを規制した法のように思えてならない。しかし逆に、四九〇条から、五四九条を御内法と解する道もありうるので、なお、これについては後考を期す。

関東御領に関連する法令としては、五六八条、関東御領知行後家幷女子事に関するきびしい停止規定をあげておく必要があろう。

(37) 「九州諸国における北条氏所領の研究」（注(33)前掲『荘園制と武家社会』所収）。石井進はその一つの契機として、弘安合戦を考えており（三七五—三七六頁）、後述する論旨のなかにおいてみると、このこと自体、きわめて注目すべき指摘といえよう。

(38) 前出、四九〇条。

(39) 注(15)参照。

(40) 学問・武道に心がけ、僧女の口入を止めること、倹約をむねとし、殿中の人々の礼儀礼法を直すこと等々。これは御新制三カ条としてさらに具体化された（『中世法制史料集』第一巻、追加法五六三—五条）。

(41) 注(25)参照。この問題はもっと考えられてよいのではなかろうか。荻野由之の説を批判しつつ、佐藤が展開した論旨は、すでにその方向をさし示している。

(42) 越訴の制が、得宗権力にとって「放置し得ざる障害」となった点については前掲注(33)笠松論稿参照。

(43) さきの追加法四九〇条が、このような方向に対する北条氏側の対応——自己規制と解することはできないだろうか。時宗はまだこのときは生きていたのである。

(44) 『中世法制史料集』第一巻、追加法五四八—五五八条。

(45) 同右、五三〇条。

(46) 同右、五三二—五三九条。

(47) 注(28)佐藤前掲書参照。

(48) 多賀『鎌倉時代の思想と文化』目黒書店、一九四六年、八、「秋田城介安達泰盛」参照。

(49) 「『竹崎季長絵詞』の成立」『日本歴史』二七三号、一九七一年。

(50) 注(48)多賀前掲書、十「北条執権政治の意義」。
(51) 注(49)論稿。
(52) 注(28)前掲『鎌倉幕府訴訟制度の研究』九六頁。
(53) このような制約の、もっとも本質的な点については、前掲笠松論稿に鋭い指摘がある。越訴制自体についても前述したように、新式目中にみられるが、泰盛自身、越訴奉行であった経験をもっていたのであり、得宗権力の障害となったこの制度にも、泰盛の影を見出すことができる。
(54) こうした例は数多いが、例えば『東寺文書之三』と一二五号、暦応三年正月廿三日、祐舜伊予国弓削島在鯨方所務職請文など。
(55) 大山喬平「公方年貢について」『人文研究』第二十二巻第四分冊、一九七一年、勝俣鎮夫「六角式目における所務立法の考察」『岐阜大学教育学部研究報告人文科学』一七、一九六八年等参照。
(補論) なお、注(2)前掲、佐藤進一『増訂鎌倉幕府守護制度の研究』六三—六四頁所載、「秩父神社文書」中の二通の文書によって、武蔵国寺社事に関する命令支配系統が公方(将軍)—御内(得宗)—目代—寺社であったこと、この指令の実態を示す文書として、「公方ヨリ相模入道殿ヘノ成下候御下知一通正安四　七　十二」が存在していたことを明らかにすることができる。この文書が前述してきた公方御教書であることは間違いないところであり、この実例によって、先述した論旨をさらに補強することができると思われる(本稿の成稿後、後藤紀彦氏の御指摘によって気付いたので、厚く謝意を表するとともに、ここに付記する)。

(補注1) いうまでもなく現在はすべて公開されており、原本に即し、すでに弘安六年であることが明らかになっている。

(補注2) この新式目に関する拙論に対し、五味文彦「公方」『ことばの文化史』中世3、平凡社、一九八九年、によって批判が加えられている。

(補注3) 安達泰盛のこうした評価に対し、村井章介『アジアのなかの中世日本』校倉書房、一九八八年、の批判がある。

(付記) 本稿を草するに当り、佐藤進一・笠松宏至の両氏から、種々ご教示をいただいた。心よりお礼を申し上げたく思う。

(一九七一・一一・七稿)

第二章　文永以後新関停止令について

はじめに

中世の関所については、戦前、相田二郎『中世の関所』[1]、徳田釼一『中世における水運の発達』[2]という画期的な労作が公刊され、研究の基礎が強固に固められた。しかしこの二書が博捜された史料の上に立った、余りにも堅固なものであったためか、逆にその後、この分野に新たな挑戦を試みた研究は少なく、僅かに戦後、佐藤堅一「幕府の関所統制をめぐって――室町幕府将軍権力の一側面」[3]、豊田武「中世における関所の統制」[4]、小林保夫「南北朝・室町期の過所発給について――室町幕府職制史の基礎的考察」[5]が発表されたのみで、部分的な言及は少なからず見られるとはいえ、さきの二書に新たなものを加えた仕事は、きわめて少ないといわなくてはならない[補注1]。

しかし、すでに相田によって示唆され、佐藤・小林がそれぞれ目を向けているように、関所の設定・停廃権は、過所発給権と表裏をなし、さらに勧進認可権とも結びつく交通路の支配権そのものであり、それは統治権の所在、そのあり方を解明するための要といってよいほどの比重を有している。それゆえ、そうした権限の所在、その及んだ地域の範囲等を追究することは、政治史の研究を深化させる上に、重要な意味を持つといってよかろう。

しかしこの課題を本当に解決するためには、関の立つ場の特質、関料徴収の根拠、その徴収権を与えられた人、徴収の実務に携わる人々の性格、徴収の具体的な手段・方法等が解明されなくてはならない。さきの二書をはじめとする前掲の諸研究によって、これらの問題を考えるための手がかりは与えられているが、これは境での手向け、初穂の貢納、寺社や橋・港などの造営の持つ意味、勧進と聖の役割、海賊・山賊との関連など、広く社会史的な視野の中でとらえる必要のある分野であり、未解決な問題もまだ多く残されている(6)(補注2)。

そうした課題の全面的な解決は今後を期さなくてはならないが、ここでは当面、これまでの研究が多少とも空白の部分を残してきた鎌倉期の公家・武家の関所政策について考えてみたいと思う。

一　文永以後新関停止令

相田はさきの著書の第六「北陸の要津越前国三国湊と関所」において、正和五年（一三一六）五月日、三国湊雑掌教顕申状(7)を引用し、長谷寺が三国湊において津料を徴収しているのは、「文永以後新関」ではあるが院宣を帯していたからであることに注目するとともに、このころ、武家があらためて津料停止の下知を発し、それを執行するために武家の使者が不入の禁制に背き、無断で入部した事実にも目を向けている。そしてこの「文永以後の新関停止といふは幕府の法令資料等にも、又古文書等にも見えないものゝ如く、それがこゝに始めて現れてゐるのは、幕府の関所政策を考察する上に於て重ずべき資料である」という的確な指摘をしているのである(8)。

このように、文永以後新関停止令に着目したのは相田が最初であるが、これとは別に、佐藤もまた前掲の論稿で、元弘二年（一三三二）三月日の東大寺衆徒等申状土代(9)をあげ、この法令に関説している。摂津国神崎・渡部・兵庫三ケ津商船目銭について、八年の年紀が三年間残っているのに、住吉社の競望により、半分を他所に充てられることになった不当を訴えた衆徒たちは、訴状の中で、嘉暦元年（一三二六）十一月のころ、「為関東御沙汰、或被停止文永以後新関之最中也」とし、この目銭も新関であるが、塔婆造営のため年紀を延年すべしとの綸旨が関東に下り、関東・六波羅もそれを施行したとのべている。これに注目した佐藤は、嘉暦元年十二月二十九日の関東御教書[10]に、「於所々関所等、可停止関手河手之由、元応年中被成御教書」とある法令こそ、この停止令に当たるものと推測する。そして「幕府沙汰による『文永以後新関停止』は、少なくとも正和年中にはいまだ沙汰されていないこと」は、さきの申状に、東塔雷火の修理料所として三ヶ津商船目銭が東大寺に寄付されていることによって明らか、としているのである。

しかしこれは、恐らく佐藤が相田のさきの指摘を参照しなかったための速断と思われるので、文永以後新関停止令が正和五年以前のある時点に、幕府によって発せられ、正和五年五月までにさらに「厳密被加御下知」ていたことは確実であり、元応年中の御教書は、またあらためてそれを再令したものとみるべきであろう。

ではこの停止令は、いつ幕府によって発せられたのであろうか。

『八坂神社記録』二には、元亨三年（一三二三）二月十日、法眼晴顕によって記された「社家条々記録」が収められているが、その大覚寺殿（後宇多天皇）[11]の項に、

> 正安二年十一月、越前国野坂経政所給主被召放顕尊法印、感晴法印拝領之処、文永以後新関事、被仰合関東一向被停止之処、社領備後国小童保（中略）被成闕所、為野坂経政所替、嘉元二年三月九日、被下　院宣、被付執行栄晴（下略）

とある。これによって正安二年（一三〇〇）以後[12]、嘉元二年（一三〇四）までの間に、文永以後の新関について、関東と朝廷との間で交渉があり、停止令が発せられたことは間違いないといってよかろう。

その交渉過程の一端は『吉続記』乾元元年（一三〇二）十二月廿日条、同廿五日条によって知ることができる。廿日の夜「国々津料関米停止事」を含む三通の関東事書が、藤原経長の許に、入道相国西園寺実兼より届けられ、経長は後宇多、亀山の意向を聞いた上で、この点について「国々津料関市舛米、所々勧進、文永已後任院宣（マヽ）旨之旨、可停

止、厳密可禁遏」という事書を書き進めている。そして廿五日、「国々津料已下、文永以後停止口宣」が宣下されたのである。

この停止令が、関東—幕府の発議により、その主導の下で宣旨の形で発せられたことは、この記事によって明らかであり、恐らくはこれより前、すでに同趣旨の関東下知が六波羅、鎮西に下っており、宣旨はそれを追認したものであったと思われる。

実際、正安元年（一二九九）、元帝の国書を一山一寧がもたらしたのを一つの契機として、翌年、幕府は鎮西の訴訟機関の充実を推進、異賊防禦の指示、諸国の一宮・国分寺をはじめとする寺社に異国降伏祈禱令を発し、鎮西諸国に検断使を置くなど、異賊警固にかけて訴訟制度の充実、海賊追捕の促進をはかっている。[13]

そして正安三年（一三〇一）、異国の船が薩摩南方海上に姿を現わし、武士たちが博多に馳せ参じているが、まさしくこの異賊襲来の風聞を背景とする多少とも緊張した状況の中で、西国における交通の障害除去を名目として、幕府は文永以後新関停止令を発したに相違ない。そして乾元元年（一三〇二）にいたって、朝廷による正式の承認を得たとみてよかろう。

しかも前述したように、この停止令はこれ以後もその徹底をはかるべく、再三にわたって指令された。このうち、さきに正和五年以前といった法令の内容、発令の年月日は不明であるが、正和四年（一三一五）九月十二日、「淀河・尼崎・兵庫島・渡辺等関所条々事」についての関東事書を六波羅が大井美作五郎に施行し、[14]尼崎の東大寺神輿造替料船別百文、兵庫島の同寺八幡宮修造料雑物二百文、同社神輿造替料石別一升雑物二百文等が、新関として停止されている点[15]からみて、正和四年九月をさほど遡らぬ時点に、新関停止が再令されたとしてよかろう。もとよりさきの三国湊への武家両使入部も、この法令に基づく行動であった。

これにつぐ停止令が元応年中に発せられたことは、佐藤・豊田の指摘する通りである。前掲正和四年の関東事書で、院宣・関東御教書・六波羅施行を帯した兵庫島の東大寺八幡宮修造料石別一升が認められた事実によって、公武の正式な承認を得た関所に停止令が適用されなかったことは明らかであるが、元応二年（一三二〇）十二月十六日の律明上人に充てた関東御教書が[16]、同年六月廿六日の院宣に基づき[17]、播磨国福泊嶋築料升米の関務を認めているのは、この元応令の適用についての朝廷との交渉の結果を示すものであろう。

そして同じ福泊嶋升米についての、元亨二年（一三二二）閏五月十六日、元亨三年九月、元徳二年（一三三〇）三月十七日の関東事書も[18]、それに引き続く停止令適用あるいは免除に関わる措置であり、前述した東大寺の摂津国三ヶ津商船目銭に関する嘉暦元年（一三二六）の公武の折衝[19]、同年の東福寺造営材木運送についての摂津国兵庫嶋、美作国河下所々関所の乱妨停止[20]、さらに豊田の指摘する内蔵寮領長坂口率分の武家による停止も[21]、すべてこの元応の停止令に基づくものとみてよかろう。そして東大寺衆徒が、元弘二年（一三三二）、新関停止令を前提とした申状を提出している点からみて、それが幕府滅亡まで継続したことは間違いない。

この停止令の適用に当たって、幕府はたしかに院宣・綸旨を尊重する姿勢を保っているとはいえ、それが幕府との折衝の結果、その承認を示す関東御教書・六波羅施行が発せられることによって、はじめて効力を持ちえたことを考えるならば、幕府はこの法令により、西国の関所の停廃・設置の権限を事実上手中に掌握したといっても決して過言でなかろう。正安年間の異国襲来の風聞が世上に与えたであろう恐怖は、こうした重大な天皇の西国統治権に対する干渉を可能にする条件だった、と一応はいえるであろうが、しかしなぜこの法令が新関停止を「文永以後」に限定したかが、ここであらためて問われなくてはならない。

佐藤は幕府の寺社本所領不介入の原則からみて、神社・仏寺による経済的関所の領有が顕著にみられるようになる弘安年間以前の時期に、新関停止令の存在を求めることはできない、としているが、荘園整理令等のあり方からみて[22]「文永以後」といわれている以上、文永年間のある時点に、新関停止に関わる基準的な法令が幕府によって発せられたことは確実といってよかろう。

二　文永の西国新関河手停止令

文永年間、幕府が関所停止を命じた法令そのものは、いまのところ見出されていないが、以上のように考えてきたとき、直ちに想起されるのは、『菅浦文書』の建治元年（一二七五）六月二十日及び同年九月二十七日の、六波羅充の二通の関東御教書(23)である。

前者は「西国新関河手等事、可停止之由、先日被下知之処、有違犯所」として、重ねてその停止を令し、後者は、「門司・赤間以下所々関手」を悉く停止しているが、この前者で先日下知されたといわれ、かなり以前からの関所であった、赤間をはじめとする関手停止の根拠とされた西国新関河手停止令こそ、まさしく文永の新関停止令ではなかったか。そしてそれが「先年」ではなく「先日」といわれている点から、その発令はこの年の中、建治改元の四月廿五日以前の文永十二年、と私は考える。

この法令を幕府が発した直接の契機が、前年の第一次モンゴル襲来であったことは明白であろう。「異賊」の再襲に備え、あるいは高麗への発向準備のために、鎮西・西国に所領を持つ御家人は続々と西下しつつあり、兵粮米など、北九州、中国地方西部へ向けての緊張度の高い交通の活発化は、その障害としての関所の撤廃を必要とした。こうした異常に緊迫した状況の下で、幕府の発した新関停止令は、否応のない措置として受けとられたに相違ない。

ここでとくに注目すべきは、この法令が「西国新関河手」を停止するとしている点である。これは関所の設定・停廃について、この停止令以前、東国と西国ではその扱いが異なっていたことを暗示しており、私は、東国については幕府―将軍、西国については朝廷―天皇という権限の分割が、これ以前すでに行われていた、と考える。

東国における関所の設定・停止に関する史料はきわめて少ないが、視野を過所発給、勧進の認可、それと同じ意味を持つ棟別銭賦課[24]など、交通路支配に関わる権限の発動まで拡げてみれば、ある程度の状況をとらえることが可能となる。

事例を列挙すれば、治承五年（一一八一）正月、源頼朝下文によって走湯山五堂燈油料船の関手免除が諸国御家人、関々泊々沙汰人に命ぜられたといわれ、その下文が文永九年（一二七二）十二月十二日の関東下知状で証拠文書として認められていること[25]、建久二年（一一九一）十二月十一日、頼朝が文覚による勧進を認め[26]、東海道、北陸道、陸奥・出羽にその権限が及んでいること[27]、多少降って、文永年間、周知のように、忍性が「飯島の津まで六浦の関米を取る」と日蓮によって非難されているが、この関所設定が関東独自に行われたとみられる点などをあげることができよう。

また文永以後については、徳治二年（一三〇七）、和賀江関所沙汰人、極楽寺行者随縁・法住等の関米狼藉についての訴訟が、問注所で裁決されていること[28]、延慶三年（一三一〇）、甲斐国柏尾山大善寺造営のための信濃国棟別拾文銭が、宣旨・院宣等と関わりなく関東下知状によって賦課されたこと[29]、元亨四年（一三二四）遠江国天竜河、下総国高野川両所橋の造営、恐らくそのための勧進が、関東御教書によって称名寺長老釼阿に命じられたことなどが目に入る[30]。

これに南北朝・室町期、東国の関所が鎌倉公方によって寺社の造営・修理料として寄進・保証されている事実[31]をあわせ考えるならば、東国の交通路支配権が鎌倉幕府―将軍の掌握するところであったことは明らかといってよかろう。その起点は、もとより寿永二年（一一八三）十月「路次を塞ぎ」美濃以東を「虜掠」するという、まさしく交通路支配権の公然たる奪取の恫喝を背景に、頼朝が獲得した東国支配権にある[32]。そして境はそれ自体交通路でもあったことを考慮すれば、この交通路支配権が「西国堺相論の事」は「聖断」に対し、東国堺相論の事は将軍の裁断という、佐藤進一によって確定された堺相論裁断権[33]にそのまま照応することも明らかといえよう。

もちろん、東国支配権の確立に一進一退があったように、幕府の東国交通路支配権についても、一挙に実現されたわけではない。そうした経緯の中で、建暦年間が一つの画期であったことは、すでに相田、佐藤堅一、豊田などによって指摘された通りである。このときの幕府は専ら地頭による関渡での津料・河手の徴収に規制を加えており、建暦二年（一二一二）九月十三日、蔵人所燈炉作手の諸国市津関渡における煩いを停止した将軍家政所下文[34]も、承元四年（一二一〇）の院宣を施行する形で「諸国関渡地頭等所」に充てて発せられている。この時期の幕府が権限を行使し得たのが、その統制下にある関渡地頭であったことを、これらの事実はよく物語っているといえよう。そしてもとより将軍家政所下文なしに東国における自由な通行ができなかったことは間違いない[35]とはいえ、五畿七道諸国の市津関渡を煩いなく通行しうることを認めた過所は、蔵人所牒の形で、天皇によって発給されたのである。

しかし承久の乱は、一応落ち着いていたこうした状況を大きく変えた。守護・地頭の新儀関渡津料徴収による紛争が激増し、貞応二年（一二二三）幕府はこれを規制する下知を発しているが[36]、乱後、交通路支配に即しても、東国は幕府―将軍、西国は朝廷―天皇という形が、鮮明に現われてくる。

たしかに、さきのような蔵人所牒の発給は、なおしばらくは行われているが、注目すべきは牒、将軍家下文、あるいは国司庁宣などを施行する形で、六波羅探題過所がしばしば発せられている点[37]で、もとよりこれが西国の守護・地頭による市津関料の煩いを排除するための過所であったことはいうまでもない。それとともに、宝治二年（一二四八）十二月、弘長二年（一二六二）十二月の左方燈炉作手及び同惣官に充てた牒[38]が、一般的には諸国七道の市津料、守護・地頭の煩いを停止しつつ、具体的には西国の門司・赤間・嶋戸・竈戸・三尾等の関をあげて、その新儀狼藉を停止していること、また弘長の牒では、関東・北陸道に逃げ下った、東国に移住した鋳物師については惣官の力が及ばないと強調されている点に注意しなくてはならない。これらの事実に、さきに列挙した事例をあわせて考えるならば、承久以後、交通路支配権の東国と西国の間での分割は、かなり截然としてきたといってよかろう。

そしてこうした経緯の中に、さきの文永西国新関河手停止令を置いてみると、これは幕府による天皇の西国統治権、交通路支配権に対する重大な干渉、侵害であり、文永の第一次モンゴル襲来に当っての、西国本所領家一円地の住人の動員と軌を一にする動きといわなくてはならない。それは異国警固を至上命令とした、幕府の統治権の西国への伸長を端的に示す措置であった。

つづく弘安の第二次モンゴル襲来の直前、弘安四年（一二八一）四月二十四日、津料河手について、地頭の押取を停止する法令が諸国守護充に発せられているが、[39]ここに「先年被留畢」とあるのは、文永停止令をさすものと思われ、それをうけたこの停止令もまた、「異賊」の襲来に備えた処置であったと推測される。ただ、そこでは「於帯御下知者、不及子細」とされていたのが、弘安七年（一二八四）六月三日、さらに徹底され、河手・津泊市津料を禁制、とくに河手については「帯御下知之輩者、不及子細之由、先日雖被仰下、同被停止畢」として「諸国平均停止」の原則が確立されたことは、[40]すでに指摘されている通りである。

もとよりこれによって関所のすべてが停止されたわけではなかったことは後述する通りであるが、モンゴル襲来を契機としたこれらの度重なる停止令によって、幕府が東国のみならず、文永以前には朝廷―天皇の支配権の下にあった西国の関所の停廃・設立についても、強力な発言権を獲得したことは明らかといわなくてはならない。

三　関所をめぐる幕府と朝廷

すでに相田が詳細に明らかにした通り、[41]弘安以降、勧進上人の発議、請負による、寺社造営を目的とした西国の関所は、むしろ活発に立てられるようになった。

商品流通、水上交通の活発化などがその背景にあったことはいうまでもないが、注意すべきはこの関所設定に当って大きな役割を果したのが、得宗と深い結びつきを持つ律僧、とくに西大寺流律宗の上人であった点である。

例えば弘安三年（一二八〇）に開始された東寺の塔婆修造に当って大勧進となったのは、泉涌寺の律僧願行上人憲静であるが、憲静はこの事業を始めるに当って、まず関東に下り、得宗北条時宗の援助をとりつけ、その口入によって、修造料所として「淀津之升米」の朝廷による東寺への寄進を得ているのである。(42)また、播磨国福泊嶋の修築のための艘別津料が、得宗御内人安東蓮性の援助により、蓮性と密着した久米田寺行円上人を勧進聖として設立されたことも周知の通り(43)で、文永・弘安以降の関所は恐らくその殆んどがこのような人脈によって立てられたものと思われる。(44)

とすると、形の上では朝廷による設立・寄進とみえるこの時期の関所は、実はこうした幕府―得宗と結びついた律僧の力に依存し、その筋を通じて幕府の口入、承認を得た上で、はじめて実効を持ちえたといわなくてはならない。(45)そして逆に、弘安以降、幕府と密着する律僧による勧進、関所設立が目立ってくるのは、もとより律僧自身の特質をその根底に持っているとはいえ、文永・弘安の停止令により、西国の交通路、関所に対する発言権を幕府が得たことを前提として、はじめて自然に理解することができるといえよう。

そして正安から乾元にかけての時点に発せられた前述の文永以後新関停止令は、こうした公武のあり方を明確に制度化した意義を持っている。関所の設定に当って、院、天皇は、院宣・綸旨によって、まずそれを関東に「仰せ合せ」その意向を窺ったのち、関所の認定に関する多少とも様式を整えられた関東事書、認定されたものについての関東、六波羅の施行を得て、はじめて院宣・綸旨を実効あるものになしえたのである。こうした手続の円滑な進行のために、律僧―勧進上人の奔走があったことは、もとよりいうまでもない。

しかしこのように、西国の交通路支配権に対する干渉・侵害が進み、幕府の手中にその実権が掌握されていく過程で、朝廷側になんらかの反撥があったことは十分に考えられる。

恐らくは正安二年（一三〇〇）あるいは翌年に発せられたとみられる文永以後新関停止令に、朝廷が承認を与えたのが、前述した通り、乾元元年（一三〇二）であったと推定されることにも、その一端を窺うことができるが、とくに親政開始後、幕府に対する批判を強め、「謀叛」の計画まで進めた後醍醐天皇が、こうした事態に強い不快を抱いたであろうことは当然予想しうる。

実際、元徳二年（一三三〇）閏六月十五日に発せられた後醍醐の関所停止令[46]は、まさしくその端的な現われであり、幕府の交通路支配に対する公然たる挑戦であった。後醍醐は民間の飢饉、穀価の騰躍を理由に、関東になんの連絡もなしに綸旨を発し、「諸関升米幷兵庫嶋目銭」を停止したのである。一応の弁明を追而書に付しているとはいえ、交通路支配の奪回をはかる後醍醐の企図は明瞭といわなくてはならない。

後醍醐の謀反失敗[47]により、この企図も一旦潰えるが、建武新政下、後醍醐がこの関所停止令を津料停止令としてそのまま維持したことは、すでに指摘されている通りであり[48]、まさしくそれは「天下一同之法」として貫徹されようとしたのである。

新政の崩壊とともに、後醍醐の企図は雲散霧消するが、ここで強調しておきたいのは、後醍醐のこの関所停止令が、決して突如として彼の創意によって出現したのではなく、鎌倉後期の幕府による停止令の存在を前提とし、その上に立って発せられた法令であったことで、やがて室町幕府が成立するや、足利直義の主導下に、関所停止令はあらためて発せられるようになってゆく[49]。

むすび

相田二郎の前掲著書『中世の関所』は、関所の実態を詳細に明らかにしただけではなく、明確にはいわれていないとしても、関所の諸相を通じて、中世の政治史あるいは社会史に重要な問題を提起する幾多の示唆を秘めている(50)。ここではそのごく一端の継承を試みてみたのであるが、相田の残した問題はきわめて大きく、また多様である。はじめにあげたいくつかの問題もそれであるが、本章でとりあげた関所停止、設定に関わる問題にしても、室町時代に入れば、単に公家・武家の関係にとどまらず、幕府内部の対立、室町公方と鎌倉公方との対立などと結びつけて考えるべき余地はまだ残っているといえよう。今後は、これらの問題を一つ一つとりあげ、できるだけ解決してみたいと思っている。

(1) 畝傍書房、一九四三年、吉川弘文館より一九八三年再刊。
(2) 一九三六年、豊田武の増補を付し、巌南堂より一九六六年に再刊。
(3) 『北海道私学教育研究協会紀要』一八号、一九六九年。
(4) 『国史学』八二号、豊田武著作集第三巻『中世の商人と交通』吉川弘文館、一九八三年に収む。
(5) 名古屋大学文学部国史学研究室編『名古屋大学日本史論集』上巻、吉川弘文館、一九七五年。
(6) これらの問題については、拙稿「中世『芸能』の場とその特質」日本民族文化大系第七巻『演者と観客』小学館、一九八四年、及び「中世の旅人たち」同上第六巻『漂泊と定着』同、一九八四年(いずれも『日本論の視座』小学館、一九九〇年、所収)においても若干言及したが、今後さらに追究する必要がある。
(7) 国立公文書館蔵「大乗院文書」正和・文和・元応雑々引付(福井県立図書館・福井県郷土誌懇談会共刊『小浜・敦賀・三国湊史料』一九五九年、所収)。

(8) 注(1)相田前掲書、二二五—二二六頁。
(9) 「東大寺文書」第四回採訪三一。
(10) 前田家所蔵「東福寺文書」。
(11) 同記録、後深草院の条に、正応四年（一二九一）祇園社造営料所として、越前国敦賀津料が六カ年の年紀で寄付され、顕尊法印が奉行したとあり、同上記録、清喜法印自筆記案の「持明院殿」（伏見天皇）の条には「越前国敦賀津着岸升米、為当社修造料所、限六ケ年被寄附之、但津料内野坂経政所以両所被寄附当社」とある。野坂経政所は敦賀津升米と不可分の関係にあり、関として停止の対象となったのであろう。
(12) 同右記録の清喜法印自筆記案の「大覚寺殿」の条には、これを正安三年十一月とする。
(13) 拙著『蒙古襲来』日本の歴史10、小学館、一九七四年、参照。
(14) 「東大寺文書」第四回採訪三〇。
(15) 同右。
(16) 花園大学福智院家文書研究会編『福智院家文書』五二号(六)。
(17) 同右、五二号(三)。
(18) 同右、五二号(四)。この中に「元亨三年九月被遣事書了」とあるが、この事書自体は伝わっていない。
(19) 注(9)前掲文書。
(20) 注(10)前掲文書。
(21) 「宮内庁書陵部所蔵文書」元弘三年五月廿四日、内蔵寮領目録案。
(22) 例えば、寛徳二年（一〇四五）荘園整理令を基準に、「寛徳二年以後新立庄園、永可停止」といわれ、保元元年（一一六五）の新制を基点に、建久二年（一一九一）「保元已後新立庄々」を注進せしめている点など。『東寺文書之一』は七三号、若狭太良荘預所書状案に「文永いこのしやうがうのちをこそさたある事にて候へと申候」とある点も、荘園整理令を考える上に注目すべきである。
(23) 滋賀大学経済学部史料館編纂『菅浦文書』上巻、六〇・六一号。
(24) 棟別銭は勧進の変化した形態である。この点、拙著『中世東寺と東寺領荘園』東京大学出版会、一九七八年、第Ⅰ部第三章第一節参照。それゆえ、棟別銭賦課は交通路の支配権なしには行いえなかった。

(25)「伊豆山神社文書」。この治承五年の頼朝下文は伝わっていない。
(26)「東寺百合文書」て函二号㈠、建久二年十二月十一日、源頼朝袖判御教書案。
(27)「賜盧文庫文書」年未詳九月八日、源頼朝書状写。
(28)「金沢文庫文書」徳治二年六月十八日、鎌倉幕府問注所執事太田時連・明石行宗連署奉書案。
(29)「大善寺文書」、延慶三年五月五日、関東下知状写。
(30)「金沢文庫文書」、元亨四年八月廿五日、関東御教書。
(31)拙稿「鎌倉の『地』と地奉行について」(『三浦古文化』一九号、一九七六年)。
(32)佐藤進一『日本の中世国家』岩波書店、一九八三年、七五頁。
(33)『鎌倉幕府訴訟制度の研究』畝傍書房、一九四二年、第一章第一節。
(34)「阿蘇品文書」(名古屋大学文学部国史研究室編『中世鋳物師史料』法政大学出版局、一九八二年、第一部一—四号)。
(35)「東寺百合文書」ゐ函六一号㈡、建暦三年十一月日、蔵人所牒案(同右、一—五号)にも「任代〻御牒幷将軍家下文」とある。
(36)『吾妻鏡』安貞元年閏三月十七日条。
(37)「真継文書」承久三年九月廿四日、六波羅探題過所写(前掲『中世鋳物師史料』一—六号)はやや疑問があるが、「阿蘇品文書」承久四年三月廿九日、六波羅探題過所案(同上、参考資料一号)や「離宮八幡宮文書」貞応元年十二月十七日、六波羅下知状など参照。
(38)「真継文書」(前掲『中世鋳物師史料』一—一一号、一二号)。
(39)佐藤進一・池内義資『中世法制史料集』第一巻、鎌倉幕府法、追加法四八五条。
(40)同右、五四〇—五四三条。
(41)注(1)相田前掲書、九〇—九七頁。
(42)注(24)前掲拙著、第Ⅰ部第三章。
(43)前掲『中世鋳物師史料』参考資料一一号、解説参照。
(44)東寺の勧進上人となった覚阿、知元、実融などはみなそうした人であった。注(30)前掲文書の釼阿も、もとより同じ性格の人である。
(45)三浦圭一『中世民衆生活史の研究』思文閣出版、一九八一年、第一篇第三章、拙著『無縁・公界・楽』平凡社、一九七八年、一五節参照。

(46)「東大寺文書」。

(47) 国立公文書館蔵「大乗院文書」建武元年六月日、坪江郷雑々引付に「諸国津料已下、悉為天下一同之法、被停止候」とある（福井県立図書館・福井県郷土誌懇談会共刊『北国庄園史料』所収）。

(48) 豊田武前掲論稿。

(49) この点については、すでに前掲、豊田、佐藤堅一、小林の論稿に詳しく追究されている。

(50) 例えば、相田は東国と西国の社会、慣習の差異について早くから注目しているが、注(6)所掲拙稿でも若干ふれた、庭銭・接待所の問題などもその一例である。

（補注1） 最近、新城常三の大著『中世水運史の研究』（塙書房、一九九四年）が刊行されたが、その第六章は関所の変遷にあてられている。

（補注2） これについては、拙著『増補　無縁・公界・楽』（平凡社、一九八七年）に補論として収めた「初穂・出挙・関料」などで言及したが、桜井英治「海賊と関所」（『中世を考える　職人と芸能』吉川弘文館、一九九四年）が問題の所在を的確に指摘している。

第三章　豊後国六郷山に関する新史料

一

竹内理三の文字通り超人的な努力によって、いまやわれわれは鎌倉時代までの古文書のほとんどすべてを活字で見ることができるようになりつつある。最近の鎌倉時代史の研究の盛行がはっきりと物語っているように、それは日本中世史の研究に測り知れぬ貢献をしているといってよかろう。この事業をうけつぐ『南北朝遺文』の刊行も着々と進行しつつあり、竹内の努力は後輩たちによって、さらに大きな実を結びつつある。

しかし平安時代の文書すら、いまなお新たに見出される場合があり、鎌倉時代以降ともなれば、『鎌倉遺文』の目の届かなかった文書が少なからずあることはいうまでもない。とくに紙背文書については、なお未知のものが多くあり、すでに注目すべき文書がいくつか紹介されているが、それとともに、江戸時代の写本として残されている中世文書の中にも意外に見落されてきたものがあるように思われる。

ここに紹介する豊後国六郷山に関する鎌倉時代の文書群もその一事例で、別に紹介した常陸国中郡荘関係の史料(1)と同じく、肥前国島原藩の藩主松平氏の蔵書中の一冊として写されたものである。中郡荘関係文書の紹介にさいしてふれたように、この写本も、一九八七年九月、「職人歌合研究会」による島原市立図書館の「松平文庫」の調査のさいに見出したもので、そのさい藤原良章によって撮影された写真焼付について、この分野の専門家渡辺澄夫、中野幡能、飯沼賢司等の教示を得たところ、これまで全く知られていない文書群であることが判明した。もともと六郷山については全く不勉強であった私などに、こうした文書の意義を的確にとらえるだけの力はないのであるが、以下、これを紹介し、大方の参考に供しておきたい（各文書の右肩の（　）は、紹介者が便宜のため付した数字である）。

二

（表紙）「自坂東御教書之写」

六郷山大井開基以来、養老弐戊午ヨリ文禄二年迄八百七十六年也

（一）同月　小城山　仁王講百座

右、任　関東御教書幷守護所施行、於六郷山権現八幡大菩薩之霊場、抽丹誠、勤修上件経王行法、□（致）祈精　公家・将軍家御息災安隠殊異國征伐之由伏（状）如件、謹言

正應四年三月十八日　　六郷山執行兼権別当円位

（二）異國降伏御祈禱函二合永仁二二王四分（三カ）事、可入見参候、恐々謹言

永仁二四月廿一日　　前因幡守在判

六郷山執行御房御返事

（三）異國降伏御祈禱御巻数函七合正安二三乾元二分、慥到来候、可令注進関東候、恐々謹言

乾元二九月廿日　　左近将監在判

六郷山執行御房御返事

(四)
異賊事、可襲来之由有其聞、殊抽丹誠可致懇祈之旨、相觸豊後國為宗寺社惣官、早速可被執進請文候也、仍執達如件

延慶二年二月廿六日　前上総介(金沢政顕)御判

大友出羽守(貞親)殿

(五)
異賊降伏御祈禱可抽丹誠由事、今月廿六日博多御教書如此、早任被仰下之旨、可被致懇祈候也、仍執達如件

延慶二年二月廿七日　出羽守(大友貞親)在判

六郷山執行御房

(六)
巻数候畢、丁寧之至神妙候、恐々謹言

仁治二十二月一日　在御判

六郷山権別當執行御房御返事

(七)
豊後國六郷山事、為將軍家御祈禱所捧巻数之上者、向後無諸方妨、執行可令安堵之旨、依鎌倉殿仰執達如件

安貞二年十二月八日　武蔵守(北条泰時)御判
相模守(北条時房)御判

（八）
巻数可逐給候了、丁寧御祈禱為悦候、恐々謹言

五月十一日　　　　　　　　実政（金沢）御判

豊後國六郷山執行御房御返事

（九）
御祈禱御巻数一合入見参候訖、仍執達如件

正長（嘉）元年六月十八日　　　　　　大和守在判

豊後國六郷山執行御房

（一〇）
豊後國六郷山所司等申當山執行領両子山院主職以下谷々石屋々々等事、為將軍家御祈禱所圓豪領知之處、兼直法師等令濫妨、成御願違乱之由、所司等訴申之間、被尋下之處、如豊前大炊助入道寂秀（大友親秀）今年九月日注進状者、雖相觸兼直法師等不及是非散状之由、執申上者、停止兼直法師等濫妨、任所司解状、如元當山執行圓毫（マヽ）可領知之旨、依鎌倉殿仰下知如件

安貞二年十一月廿五日　　　　武蔵守（北条泰時）了
　　　　　　　　　　　　　　相模守（北条時房）同

（一一）
守護所下　　六郷山執行圓豪

可早任鎌倉殿御下知状領掌致御祈禱忠、豊後國六郷山執行領両子山院主職以下谷々等事

右、安貞二年十一月廿五日関東御下知状今月廿五日到来偁　豊後國六郷山所司等申中間略之者、任鎌倉殿御下知状、停止兼直法師等濫妨、當山執行領両子院主職以下谷々等事、圓毫（ママ）可令領掌之状如件

安貞二年十二月廿七日　　　　沙弥寂秀（大友親秀）了

（一二）豊後國六郷山所司申當社以下堂舎破事（損脱カ）、訴状如此、子細見状、為被寄料所、検見損色次第、可令注進之状、依鎌倉殿仰執達如件

寛喜二年六月五日　武蔵守（北条泰時）〻

相模守（北条時房）〻

豊前（大友親秀）大炊助入道殿

（一三）豊後國六郷山申源太子代官包直法師并神宮（官）昌重等号宇佐宮領成石屋石室妨事、所司解状遣之、子細見状、早尋明是非可被注進之状、依鎌倉殿仰（執脱）達如件

安貞二年八月十六日　武蔵守（北条泰時）〻

相模守（北条時房）〻

豊前（大友親秀）大炊助入道殿

（一四）六郷山雑掌解謹以給預候了、彼両子寺院主職事、去年執行円豪賜関東御下知候、就于状令施行候了、雖以後候（脱アルカ）可仰関東御成敗候、以此趣可有御披露事候歟、寂秀恐惶謹言

安貞三二月廿七日　沙弥寂秀（大友親秀）請文

（一五）豊後國六郷山事、為將軍家御祈禱所捧巻数之上者、向後無諸方妨、執行可令安堵之旨、依鎌倉殿仰執達如件

安貞二年十二月八日　武蔵守（北条泰時）〻

相模守（北条時房）〻

（一六）
天台無動寺末寺六郷山申状案副證文如此、子細具于状候、任先例可停止狩猟已下狼藉之由、（脱アルカ）可御下知麓地頭等之旨
（慈源）
座主御房所候也、恐〻謹言

寛元〻五月四日　　法眼泰承奉

謹上　（北条重時）相模守殿

（一七）
天台無動寺領豊後國六郷山申麓地頭等不拘関東御制禁企狩猟狼藉由事、重訴状副具書謹以下給候了、此事如如（衍）雑掌等進之守護代請文者、地頭等未及散状、重可觸遣云〻、随彼左右可尋明候、以此旨且可有御披露候歟、恐惶謹言

（寛元二年）
五月十七日　　相模守平重時裏判

（一八）
豊後國六郷山執行令勤行御祈之由被聞食畢者、依鎌倉殿仰執達如件

安貞二年十月十八日　　（北条泰時）武蔵守在御判
（北条時房）相模守在御判

六郷山執行御返事

（一九）
旁巻数給候畢、丁寧之至神妙候、恐〻謹言

寛元三八月廿日　　在判

六郷山執行御房御返事

(二〇)
巻数一枚給候畢、丁寧之至難盡候、故入道状見給候畢、恐々謹言

寛元四八月廿日　在判

六郷山執行法橋御房御返事

(二一)
所進御巻数入見参候畢、仍執進如件

弘長元七月七日　前對馬守(三善倫長)在判

六郷山執行御房御返事

(二二)
異國降伏事、致慇懃之祈精、可抽丹誠之旨、今年九月十四日関東御教書今日到来、案文如此候、所詮任被仰下之旨、不日可令致勤行給也、仍執達如件

建治元年十月廿三日　前出羽守(大友頼泰)在判

(二三)
天台無動寺別院領豊後國六郷山衆徒申為麓地頭等背関東度々御下知状企狩猟致狼藉由事、座主(慈源)御房御教書副衆徒解状具書等遣之、子細見于状、所詮任関東御教書之旨、可止彼狩猟狼藉也、若又有別子細者、可弁申之由相觸彼地頭等、可令取進散状之状、如件

寛元々年五月十二日　相模守(北条重時)〻

守護代

(二四)
豊後國六郷山執行圓然申同國御家人岐部三郎入道円如苅取当山燈油料麦致狩猟狼藉由事、就訴状被尋下之處、如

円如請文者、彼畑山為岐部庄内本所弥勒寺領也云々者、為當山領哉将又為岐部庄内否、河野四郎相共不日遂検見、且尋明子細、且載地形於繪圖、以起請之詞分明可令注進也、仍執達如件

延慶四年五月五日　前上総介(金沢政顕)了

竈門孫次郎殿

(二五)

豊後國六郷山執行圓増代定什申當山千燈嶽畑以下事

所(右)如所進承元五年改建暦二月廿八日右大臣(源実朝)家御下知者、六郷山所司申四至内狩猟事、且任注文召下手張本、且向後可加禁制云々、如同日被成下于大宰小弐(武藤資頼)并豊後左衛門尉(大友能直)等両通御教書者、子細同前、爰同國伊美郷一方地頭又五郎入道浄意跡乱入千燈嶽以下所々、致狩猟剰切霊山於畑、焼拂之条無謂之由、定什就訴申度々尋下之上、以八坂孫五郎入道々西相觸之處、如語(所カ)進浄意跡胤長去年嘉暦四改元徳九月廿九日請文者、企参上明申云々者、胤長捧自由請文于今不参、難遁違背之咎、然則任承元御下知御教書等、云狩猟段云山於畑之篇、停止之、寺家領掌不可有相違矣者、依仰下知如件

元徳二年四月十日　修理亮平朝臣(北条英時)了

当國者義直ヨリ義述迄廿一代也、於高麗義康様依御末陣、当國ヲ自六月大閤召上畢、吉弘統運裏モ、六月六日自高田表乗船了、椎田江借宿逗留了、同七月十六日ヨリ國東郡ヨリ検地始リ、当郡ハ八月廿五日ニ調了、竿者一定弐尺四寸也、五間六十間ヲ為一段ト

表紙に「自坂東御教書之写」という題を付されたこの写本には二十五通の鎌倉時代の文書が写されているが、冒頭の小書に、六郷山の開基された養老二年（七一八）から文禄二年（一五九三）まで八百七十六年とあり、末尾にも、大友吉統、義述父子が、朝鮮での戦争における行動の責任を問われ、豊臣秀吉によってその領国、豊後国を没収された文禄二年の出来事が、やはり小書で記されている点から見て、この写本が文禄二年に成立したことは、まず間違いないといってよかろう。

この末尾の記事によって、このときに行われた豊後国の検地の実情が判明することも注目すべきであるが、そこに「当郡」とあるのがいずれの郡であるか、なお明らかにしえず、何故、また何人によってこの写本が作成されたのか、その原本はいかなる状態であったのかなどについても、いまのところ不明とするほかない。

ただ二、三の目につく点をあげておくと、(一)号文書が前闕のまま写されていることから見て、原本は巻子本であったとも考えられるが、もとより確言できるわけではない。また、安貞二年（一二二八）十二月八日の関東御教書が(七)号と(一五)号とに重複して書写されている点により、少なくともその一部が具書案であったのではないかと推測されるが、その原型を復原することは困難である。一応、(一)号〜(五)号文書は異国降伏祈禱関係の文書としてのまとまりを持ち、(一六)号、(一七)号、(二三)号の文書は一連の文書であり、とくに六郷山が将軍家御祈禱所となった安貞二年を中心とする文書群が目立つが、これらの文書の配列の意味を明確にすることは難かしい。さらに「在判」「在御判」と書写された場合と「〽」の如く写された場合とがあり、前者を案文、後者を正文とすることができるかもしれないが、これも断定できない。

このように原本の状況は未詳というほかなく、書写のさいの誤脱も若干見うけられるが、しかしこの写本が文禄二年当時には現存した鎌倉時代の文書に基づいて作成されたことは確実であり、これによって六郷山に関する多くの新たな事実を知りうるだけでなく、鎌倉幕府に関わる政治史、制度史についても、新知見を加えることができる。

以下、時代を追って、ここに写された文書について、私の力の及ぶ限り、解説してみたい。

四

写本の表題にもある通り、この文書群は全体として六郷山と鎌倉幕府との関係を示しているが、これらの文書を通して最初に確認しうる事実は、(二五)号文書に引用された承元五年(一二一一)二月二十八日の「右大臣家御下知」―将軍源実朝の下知状(下文カ)である。

この下知は六郷山所司の訴えに応じて、四至内の狩猟を禁じ、下手張本の輩を注文に任せて召すことを命じたものであるが、注目すべきは同じ日付で、大宰少弐、豊後左衛門尉のそれぞれに充てて、これを施行する関東御教書が下されている点である。このうち、大宰少弐が武藤資頼であることは、すでに石井進が考証している通り[2]、推定してまず誤りなかろう。また、豊後左衛門尉は『明月記』建保元年(一二一三)四月廿六日条に、後鳥羽上皇が法勝寺に行ったとき、南西の大門を守護した豊後左衛門尉能直―大友能直であることは確実である。

この二人がいかなる立場にあったかについては、さまざまに考えることができようが、少なくともこれは大友能直の豊後国守護としての活動の徴証になりうるであろうし、さらに一歩進めて、二人を鎮西奉行ととらえることもできる。後代の文書写に引用された文書なので、断定は憚らざるをえないが、この文書が、従来、佐藤進一・石井進・瀬野精一郎の間で論じられてきた鎮西奉行、豊後国守護の問題[3]に一石を投ずる史料であることは間違いない。

これにつぐ、写本に写された文書の中で最も年紀の古いのは、源太子代官包(兼)直法師と神官昌重が、宇佐宮領として石屋々々に妨をなすことを訴えた所司等の解に対して、是非の尋明を守護大友親秀(寂秀)に命じた(一三)号文書、安貞二年（一二二八）八月十六日、関東御教書である。源太子とその代官包直法師については未詳であるが、昌重は「益永文書」貞応元年（一二二二）十一月日、関東下知状に宇佐宮氏人として姿を現わす糸永次郎昌重に比定しうる。

これに応じ、大友親秀は九月に兼（包）直法師等に触れたが、「是非の散状に及ばず」と注進し、それに基づいて、六郷山執行領、「両子山院主職以下谷々石屋々々等」については兼直法師等の濫妨を停止し、執行円豪が領知すべきことを認めた(一〇)号文書、安貞二年十一月廿五日、関東下知状が下り、(一一)号文書、同年十二月廿七日、豊後国守護所下文[4]によって円豪充に施行され、執行領については決着がついた。

この下知状が下る少し前の(一八)号文書、同年十月十八日、関東御教書は、祈禱を勤行したとの執行の報告に対する返事であり、これは「長安寺文書」に安貞二年五月日、六郷山諸勤行并諸堂役祭等目録写として伝わる「豊後国六郷満山谷々別院霊寺窟仏事神事等将軍家御祈禱巻数目録」の注進に対する巻数返事と見て間違いなかろう。

執行円豪[5]はこのような幕府への接近を通じてさきの下知状を得たのであるが、さらに(七)号及び(一五)号文書、同年十二月八日、関東御教書は、六郷山を将軍家御祈禱所として正式に認めるとともに、「向後、諸方の妨なく、執行安堵せしむべし」と、執行の立場を保証した。安貞二年という年が、六郷山、とくに執行と幕府との結びつきを固める上での画期的な年であったことは、これらの文書によって明らかといえよう。

しかし六郷山の幕府への訴えはなおつづいており、(一四)号文書、安貞三年（一二二九）二月廿七日、沙弥寂秀（大友親秀）請文は、雑掌解を受け取ったとするとともに、さきの円豪への関東下知状を施行したことにふれ、以後も「関東の御成敗を仰ぐべし」とのべている。これは将軍家祈禱所となった六郷山に関わる訴訟については、関東の成敗によることを守護として確認した請文と見ることができる。

ついで(一二)号文書、寛喜二年（一二三〇）六月五日、関東御教書は守護大友親秀に充てて、六郷山所司の堂舎破損についての訴えに応じ、料所を寄せるために損色の次第を検見し、注進すべきことを命じている。「六郷山年代記」[6]

によると、この前年、山門、文殊楼、経蔵が焼けたとあり、これはその後の再興のための動きを示すものであろう。その後の結果は明らかでないが、恐らく幕府による造営料所の寄進が行われ、六郷山と幕府との関係はさらに密になったものと推測される。

六郷山の将軍家祈禱所としての活動は(六)号文書、仁治二年（一二四一）十二月一日、某巻数返事によって知られるが、日下の署判をこの写本は「在御判」としており、ここにはあるいは北条泰時その人の花押が署されていたのではなかろうか。

六郷山が天台無動寺の末寺であったことについては、中野幡能の研究等[7]により、すでに周知の通りであるが、(一六)号文書、寛元元年（一二四三）五月四日、天台座主慈源御教書は、その関係を示すもので、慈源はここで六郷山の申状に基づき、先例に任せて麓地頭等の狩猟以下の狼藉を停止すべしと、六波羅探題北条重時に命じている。これに応じ、(一三)号文書、同年五月十二日、六波羅御教書によって、重時は守護代に充てて、狩猟狼藉を停止せしめるとともに、別の子細があれば弁じ申すべしと麓地頭たちに触れよと命じている。

これに関連する(一七)号文書、五月十七日、六波羅探題北条重時請文は、座主慈源に対する請文であるが、六郷山の重訴状、及び地頭等が未だ散状に及ばず、重ねて触れ遣すべしとした守護請文をふまえたもので、恐らくは翌寛元二年（一二四四）の文書であろう。ここに「関東御制禁」といわれているのは、さきの承元五年の源実朝の下知をさすのであろうが、とくに注目すべきは「麓地頭等」という言葉で、これは六郷山と地頭等との関係を考える場合に、留意しておく必要のある表現である。

以後、(一九)号文書、寛元三年（一二四五）八月廿日、某巻数返事、(二〇)号文書、寛元四年八月廿日、某巻数返事、(九)号文書、正嘉元年（一二五七）六月十八日、大和守某巻数返事、(二一)号文書、弘長元年（一二六一）七月七日、前対馬守三善倫長巻数返事と、巻数返事がつづく。いずれも執行充であり、このうち前二者は直状の様式で、

「在判」とされているが、これはやはり北条経時（一九）号）、北条時頼（二〇）号）の花押ではあるまいか。

これに対し、後二者は「見参に入れ候畢」という文言のある、奉書と見るべき様式になっており、宝治から建長にかけて、六郷山の巻数に対する幕府の対応が変化したことを示している。恐らくこれは将軍が天皇家出身の宗尊親王となったことによる変化とみてよかろう。ただ、（二一）号の倫長は当時評定衆であったことを知りうるが[8]、（九）号の大和守については未詳で、いかなる立場の人が六郷山の巻数を請け取ったのかは確定できない[9]（補注）。

（二二）号文書、建治元年（一二七五）十月廿三日、豊後国守護大友頼泰施行状は、異国降伏祈禱を命じた同年九月十四日の関東御教書を施行したもので、充所を欠くが、恐らく六郷山執行充であったろう。これまで幕府による最初の全国的な異国降伏祈禱令は弘安六年（一二八三）とするのが通説であったが、すでに佐藤進一は「敏満寺目安」建治元年九月十四日、関東御教書を引用して、それを建治元年に引きあげうることを示唆していた[10]。

いまこの施行状に見える関東御教書も、これと同月同日であり、いずれも写であるとはいえ、ここにこの日、幕府が全国の「御祈禱所寺社」に異国降伏のための「慇懃之祈精」を、守護を通じて命じたことを確定しえたといってよかろう。

相田二郎が言及した[11]同年十月二十一日の伊勢神宮、宇佐八幡宮への幕府の所領寄進、同年十一月二十一日の常陸国鹿島社への北条時宗の巻数返事も、この動きに関わることは確実であり、村井章介が強調した[12]、この年の末の守護の大量交替をも伴ったと見られる「異国征伐」にそなえた幕府の緊張が、この祈禱令の背景にあったことはいうまでもない。

これにつぐ弘安六年十二月二十八日の祈禱令[13]は、翌弘安七年（一二八四）三月二十五日、守護大友頼泰により六郷山供僧充に施行され、翌年九月日、執行法橋円位は、六郷山異国降伏祈禱巻数目録を送っている[14]。

さらに正応四年（一二九一）二月三日の関東御教書による異国降伏祈禱令を、同年三月八日、大友頼泰が六郷山別当執行充に施行したことも、相田氏等によってすでに指摘されており、(15)(一)号文書、正応四年三月十八日、執行兼権別当円位異国降伏祈禱巻数目録は前闕であるが、まさしくこれに応ずるものであった。

執行円位がここまで健在であったことも、(16)この文書によって明らかになったが、これ以後、六郷山は異国降伏の祈禱を主眼とするようになり、(二)号文書、永仁二年（一二九四）四月廿一日、前因幡守某巻数返事、(三)号文書、乾元二年（一三〇三）九月廿日、左近将監某巻数返事はいずれも「異国降伏御祈禱」の巻数の請取となっている。このうち(二)号文書の前因幡守は「永仁三年記」の六月二日条以降に引付衆として現われる「因州」ではないかと推定され、前述した奉書形式の巻数返事と同じ様式を持っているので、これは関東からの返事と見ることができる。

これに対し、(八)号文書、年未詳五月十一日、金沢実政巻数返事は直状の形式をとっており、鎮西探題の立場での返事と考えられるが、(三)号文書は「関東に注進せしむべく候」とあり、関東に取りつぐ立場に立った鎮西探題府の返事であることを知りうる。永仁七年（一二九九）十月四日、鎮西引付番文(17)によると、二番引付に安富左近将監、久野左近将監が見えるので、この文書の左近将監も恐らくそのいずれかであろう。とすると実政の直状形式を持つ(八)号文書は、実政の探題に就任した永仁四年（一二九六）から引付の整備される永仁七年（正安元）までの間の文書と考えてよいと思われる。

村井章介が指摘した鎮西探題と鎌倉幕府との間の不安定な関係(18)は、こうした巻数返事の様式の変化からもうかがうことができるが、この問題を考えるうえで注目すべきは、(四)号文書、延慶二年（一三〇九）二月廿六日、鎮西探題御教書及び(五)号文書、同年七月廿七日、豊後国守護大友貞親施行状である。(四)号文書と同一の日付で、肥前国守護代充に異国降伏祈禱を命じた鎮西御教書(19)があり、翌日の肥前国守護代の施行状(20)のあることはすでに知られていたが、この(五)号文書が「今月廿六日博多御教書」をうけた施行状である点から明らかなように、これは関東とは関わりのない、鎮西探題独自の異国降伏祈禱令であった。

それがこの年の初めに帰朝した「唐船」の伝えた「異賊襲来」の風聞に直ちに応じた指令であったことは、御教書の文言によっても明瞭であるが、嘉元三年（一三〇五）九月以降の関東による鎮西探題の確定判決権剝奪という村井の推定した事態をここに置いてみると、この祈禱令は鎮西探題の独自な立場の意識的な強調と見ることもできよう。「異賊蜂起の風聞と軍事的緊張」を鎮西探題への「確定判決権の再付与」に結びつけた村井の推定[21]は、これによってさらにその正確度を増したといえよう。

（二四）号文書、延慶四年（一三一一）五月五日、鎮西御教書はその後の探題の訴訟指揮を示している。御家人岐部三郎入道円如が六郷山の燈油料を支える畑山を弥勒寺領岐部荘内として、麦を苅取り、狩猟狼藉をしたという執行円然の訴えをうけて、この御教書は竈門孫次郎に充てて、河野四郎とともに検見を遂げ、六郷山領か岐部荘内かを尋ね明らかにし、地形を絵図にのせて注進せよと命じた。

この円然は永仁四年（一二九六）に他界した執行円仁の子息で、都甲氏の一族であり[22]、嘉元三年（一三〇五）「都甲庄地頭職以下田畠所職等」について、都甲惟遠（妙仏）を相手取って訴訟を起こし、翌年二月十一日、これを取り下げた人である[23]。また岐部三郎入道円如は、弘安八年（一二八五）の豊後国図田帳に岐部浦の領主として現われる岐部三郎成末、法名円妙その人かもしれない。河野四郎は豊後国立石村を所領とする河野氏の一族で[24]、建武四年（一三三七）六月一日、六郷山本中末寺次第幷四至等注文案に大折山、津波戸山を押領したとされる河野四郎と同一人物かその先代であり[25]、竈門孫次郎は弘安図田帳の竈門荘の地頭、御家人同又太郎貞継法師のあとの人で、嘉暦三年（一三二八）八月廿八日、僧有範請文にみえる竈門孫次郎入道はその後年の姿であろう。

この訴訟で注目すべきは「畑山」の麦の苅取りが問題になっている点で「畑」と表記されていることを参照すれば、これは焼畑と見てまず間違いなかろう。検見のさい、地形を絵図にしなくてはならなかったのもそのためと思われる。

そして最後の（二五）号文書、元徳二年（一三三〇）四月十日、鎮西下知状は六郷山におけるこうした焼畑の実態を知りうる、珍しくまた貴重な史料である。これは執行円増の代官定什による伊美郷一方地頭又五郎入道浄意跡の胤長に対する訴えに裁決を与えたもので、定什は前述した承元五年（一二一一）の下文、御教書を進め、胤長が千燈獄以下所々に乱入し、狩猟をしただけでなく「霊山を畑に切り、焼き払」ったと訴えた。これに対して探題府は八坂孫五郎入道道西に命じて胤長の参上を促したが、結局、胤長は請文を捧げながら参上しなかったので、定什の主張を認め、「狩猟の段と云い、山を畑の篇といい」[26]、これを停止するとの裁許が下されたのである。

円増は正和五年（一三一六）に執行となった人[27]、又五郎入道は弘安図田帳の伊美郷に地頭として見える伊美兵衛次郎永久の流れを汲む人物、これに代った胤長は確定しえないが千葉氏の一族であろう[28]。八坂孫五郎入道も弘安図田帳に八坂本荘の領主として現われる八坂氏の一族とみられるが、この文書によって、さきに「麓地頭」といわれたこの辺の領主たちが、山を切り焼畑とすべく、山の木を焼き払うという挙に出ていたことを確認することができる。

ここでも焼畑は「畠」ではなく「畑」と表現されているが、これは中世における「畑」は焼畑をさすという、黒田日出男の指摘[29]を支える事例といえよう。

五

以上の程度の拙い考証によっても、この写本の文書群がほぼ正確に原本の姿を伝える写であり、従来の鎌倉時代史、六郷満山史をごく僅かなりとも変えうるだけの貴重な内容を持っていることは、明らかにできたと思う。

六郷山、とくに執行は、これまで考えられていたよりもはるかに密接に、鎌倉幕府と深く結びついていたのであり、まさしくそれゆえに、これらの文書は鎌倉幕府、六波羅探題、鎮西探題の動きにまで及ぶ内容を持ちえたのである。

そしてこの史料によって、六郷山自体の動き、代々の執行の動向を辿るための緒口が得られただけでなく、狩猟、焼畑などにいろどられたこの地域の個性の一端をうかがうことができるようになったのも、大きな収穫といえよう。

今後、この地域の歴史、民俗にさらに詳しい研究者によって多角的に利用、研究されるならば、この文書群はさらに大きな力を発揮するに相違ない。この紹介と解説が、そのための捨石の役割を果たすことができれば幸いである。

また、最初にもふれたように、われわれが見落してきたものはまだまだ数多くあるのであり、新しい史料の発掘のための努力は、怠ることなく続けられなくてはなるまい。

（1）拙稿「常陸国中郡荘の新史料」『信濃』四〇―三、一九八八年。

（2）石井進『日本中世国家史の研究』（岩波書店、一九七〇年）Ⅰ、第三節、注(22)で、建保五年（一二一七）に資頼が大宰少弐とよばれており、さらに「藤瀬文書」承元四年（一二一〇）六月十三日、武藤資頼下文の差出書に「大宰少弐」とある事実が指摘されている。

（3）佐藤進一『鎌倉幕府訴訟制度の研究』（畝傍書房、一九四三年、岩波書店、一九九三年、再刊）第五章、『増訂鎌倉幕府守護制度の研究』（東京大学出版会、一九八四年）第八章、豊後の項、石井進前注著書、瀬野精一郎『鎮西御家人の研究』（吉川弘文館、一九七五年）第二章等参照。

（4）豊後国守護大友氏が発給した守護所下文は珍しい事例ではないかと思われ、これも大友氏が鎮西奉行であったとする推定を支える事実といえるのではなかろうか。

（5）『豊後国都甲荘』1（大分県立宇佐風土記の丘歴史民俗資料館、一九八八年）に、飯沼賢司によって紹介された「六郷山年代記」によると、円豪は仁治元年（一二四〇）に上洛したとある。

（6）前注参照。

（7）中野幡能『八幡信仰史の研究』（増補版）下巻（吉川弘文館、一九七五年）第五章。

（8）「関東評定衆伝」。

（9）評定衆には見えないが、引付衆の一員ではあるまいか。恐らくこうした人々の中で、寺社の巻数を請け取る人は定まっていたのであろう。

（10）注(3)前掲『増訂鎌倉幕府守護制度の研究』第三章、近江の項。

（11）相田二郎『蒙古襲来の研究』（吉川弘文館、一九五八年）第三章、四。

(12) 村井章介『アジアのなかの中世日本』(校倉書房、一九八八年)第二部、Ｖ。
(13) 拙稿「『関東公方御教書』について」『信濃』二四―一、一九七二年(本書、第Ⅰ部第一章)。
(14)『太宰管内誌』所載、六郷山文書。
(15) 注(11)前掲書。
(16)「六郷山年代記」によると、円位は建長五年(一二五三)執行に補任されている。同記は正応二年(一二八九)に幸尊が執行になったとしているが、この文書によって明らかなように、円位は権別当を兼ねつつ、なお執行の地位にあったのである。こうした「年代記」との喰い違いは円豪についてもあり、「年代記」では安貞二年の執行は良全ということになる。執行が複数いたと考えるべきなのかもしれないが、この点は後考を期す。
(17)『薩摩旧記』前集七。
(18) 注(12)前掲書。
(19)「実相院文書」。
(20) 同右。この場合の鎮西御教書は、肥前国守護書下と見ることができるので、書止めの文言が(四)号文書と異なり、「……状如件」となっている。しかしこの施行状はこれを「御教書」とよんでいるので、いまは本文のようにしておく。
(21) 注(12)前掲書。
(22)「都甲文書」徳治二年三月日、都甲荘地頭職相伝系図。
(23) 同右、嘉元四年二月十一日、六郷山執行円然請文。
(24) 石野弥栄「鎌倉末期の河野氏と九州」『国学院雑誌』八三―五、一九八二年。
(25) 注(7)前掲、中野幡能著書。
(26) これは、「山を畑に切る」を意味する語であることは間違いないが、一応このままにしておく。
(27) 前掲「六郷山年代記」。
(28)「千葉支流系図」(『群書類従』第六輯上)の木内氏の流れに、元弘三年に討死した胤長がみえるが、あるいはこの人か。
(29) 黒田日出男『日本中世開発史の研究』(校倉書房、一九八四年)第一部、等二章、付論3。
(補注) 前対馬守(三善倫長)、大和守の地位は御所奉行のような立場とも考えられる(佐藤進一氏のご教示による)。

付論Ⅰ　「元寇」前後の社会情勢について

1

鎌倉時代がほぼ「元寇」を境として前期と後期とに分けられることは、すでに周知のこととしてよいであろう。そして、それがなぜそうなるかについてもいろいろな角度からの指摘がなされており、いわゆる「惣領制」はこのころから変質しているといわれ、また「本名体制」の変質の時期もほぼこの時期にあてて考えられている。たしかに社会の根底をゆるがすほどの動きがここではじめて表にあらわれてきているのであって、それをいかに考えるかによって「元寇」そのものの歴史的意義も、南北朝以後の社会の動きもはじめて見とおすことができるのではないかと思われる。

しかし、そこで注意しなくてはならないのは、この時期がまた商工業の発展に一時期を画しているといわれている点である。従来このことはまだ十分に社会全体の動きのなかでとらえられたとはいえないと思うが、この点を加え考えてみることによって、この時期の農村の動きも、また政治の動向もかなり明らかになってくる点があるのではなかろうか。「元寇」そのもののもたらした影響も、またそのなかで理解することもできるのではないかと思われる。従来すでにそうした指摘もあり、(1)ここではそれに蛇足をつけ加えることになるのをおそれるが、最近試みた二、三の荘園の勉強のなかで感じたいくつかの点を整理し、批判をあおぎたいと思う。

ほぼ文永にはいるころから、荘園の百姓の動きには明らかにそれ以前とちがったものがみられるようになってくる。年貢の未進が目立ち、さらに「損亡」ということがしきりにいわれて、減免が要求されるようになってくるのは畿内といわずかなり広汎な地域にみられる事実である(2)。もとより、こうした動きはすでに文永以前からそのきざしをみることはできるので、正嘉の飢饉はその一つの時期であったように思えるが(3)、はっきりした動きのでてくるのはやはりこのころといってよいであろう。

2

しかし一面この時期は、一般的にいっても、また直接この動きのでてくる地域に即してみても、むしろ農民の積極的な生産力の向上をうかがわせる事実がみいだされる時期ともほぼ一致している。いうまでもなく二毛作の普及、品種の改良などがその例としてあげられようが、このことは未進・損亡を単に農民の窮乏からでてきた単純なものと考えることに疑問をいだかせる。しかも、こうした生産力の発展はさきにのべたような社会的分業のより一層の発展という形であらわれ、商人・手工業者の独立がすすんだ一つの画期をつくりだしているのであり、そのこともまたこの疑問をさらに深めさせるのである。事実、年貢が部分的ではあれ銭で収められるようになり、土地の売買に貨幣が使われるようになってくるのはやはりこのころからといわれ(4)、そうした発展が農村のなかにすでに強く影響を及ぼしていることは明らかなのである。そう考えてくると、一切の動きはむしろ農民自身の前進、社会の前進のなかからでてきたものとみる方が自然であるとしなければならぬ。

このような見方にたって荘園の百姓の動きを少し細かくたどってみると、名主といわれた人々に代表された彼らの動きが意外に独自に政治的であることに気がつく。守護・地頭と預所、また領家と本所といった錯綜した支配者相互の利害の対立のなかにあって、実力あるものの力をかりつつ一方の支配に抵抗してゆくことについては彼らはきわめて現実的な動きをしているので、未進や損亡減免の要求はそのなかで起こっている場合が多いのである。(5)そこにどの程度の建設的なものがあったかは別としても、少なくともそれはこの時期以前にはみられなかった新しい独自な動きとみなくてはならない。そして、いま支配者相互の対立ということをいったが、逆に承久以後、もとより矛盾をはらみながらも一応それなりの安定をたもっていた支配者相互の関係をくずしていったのは、本質的にはまたこの動きそのものだったともいえるのである。未進にともなう収入の減少から、その分け前をうばい合う人たちの間にどのようにして対立が生まれていったかについては、個々の例に即してすでにのべる機会があったのでここではとくにふれないが、(6)すべての関係がここで不安定なものにかわってくる。

農民と名主との関係が変わってきたことについては、すでに多くの人々の指摘がある。そこで「独立した小農民」が広汎に生まれてきたのかどうかについてはいままさに議論の集中しているところであって、結論をいそぐことはもとより危険をともなうが、ただ、いままで名主の背後にあってなんらかの形でその支配下におかれていたとみられる人々の姿が表に現われてくるのが、少なくとも畿内周辺ではこの時期からである点、またなお不安定なものであったとはいえ、これらの人々が集団として自らを名主によって代表させる「惣百姓」「惣」といわれる動きのでてくるのもまさにこのころからのことであることは事実として誤りないであろう。「本名体制」の変質といわれていることもそのことをさしているのであろうが、こうした転換にともなう農民自身の動揺のなかで、それによって支えられていた名主と預所あるいは地頭との関係、庶子と惣領との関係、さらには預所と領家・御家人と幕府との関係もまた急速に不安定になり、対立的な冷たいものに変わってゆくのであった。(7)名主たちはすでに預所ないし地頭を唯一の主と頼まない。少し強くいえば、自らの利となる相手ならばだれでもよいという態度を示してくるのであり、こうした態度はこの時期の支配者間の関係にも共通したものになってきているように思われる。預所はすでに一個の徴税請負人としてしか領家に対そうとはしないし、領家もまた同様の目で彼らをみた。ある意味ではすでに実力のある者のみがその地位をたもちうるような関係ができているのであるが、それが解体しはじめた古い権威の力となお根深くからみあって、はげしい混乱がはじまってくる。広い意味でのかつての主従関係のすべてがここで大きく変質しはじめてきたのであった。

では、なにがこうしたことをもたらしたのだろうか。ここで現われてきた新しい関係の特徴は、どこにあったのだろうか。私はさきにふれた商工業の発展という観点をそこにいれて考えてみる必要があると思う。荘園内の市場が目立ちはじめ、そのなかで年貢が銭にかえられるような動き、問丸が荘官の性格を脱してくる点、借上といわれる人々の出現など、商品流通の発展を示す例はこのころになるとかぎりなくあげることができようが、いまのべてきた関係自身のなかにも貨幣のにおいが明らかに感じられるのである。いわば貨幣の流通に刺激されて名主をはじめとしてすべての支配者が新たな富に対する欲望にとらえられはじめているのではないだろうか。土地そのものが、すでにこうした意味での富として考えられるようになっているのではなかろうか。事実、さきにのべた名主の未進・損亡減免の要求自身のなかにはむしろ彼ら自身の独自の欲望がうかがわれるのであって、もともとこの動きのなかで彼らのなかからのびてきたとみられる借上・問丸・梶取などの人々の動きが、すべてそれで貫かれていることはもとよりいうまでもなかろう(8)。また一方、その時期以後に特徴的になってくる地頭ないし預所、その代官たちの暴力的といってもよいほどの貪欲な搾取にも同じ欲求を見出すことは誤りないであろう(9)。例の悪党・海賊、あるいは倭寇といわれた人々の動きにも当然同様なことがいえるので、すでにいわれているように、それはこの時期の武士一般の動きそのものといっても極言ではなかろう。その間にあってはげしい収奪に苦しみ、土地を、また子供を質入しなくてはならぬような人もあらわれているが、この人々自身、その地位に甘んじようとはしていないのである(10)。「惣百姓」の動きは、こうした人々のやみがたい不満に支えられていたとしなくてはならぬ。

ともあれ、鎌倉初期の主従関係になおみられた一種「素朴」といってもよいような感情はここに大きく変ってゆこうとしている。鎌倉前期と後期を区別する特徴の一つはここにもみいだすことができるのであるが、それは日本の歴史全体のなかで考えてみても大きな転換の時期ではなかったか。すでに指摘されているように、この時期が血縁的な社会関係がぬぐいさられてゆく上にもきわめて重要な一時期をなしていることがそこで考えあわせられるので、初期の武士団になおのこる氏族的な関係が注目されてくるのである。すでに種々論議されているこうした問題は今後私自身の課題として勉強してゆきたいと思っているが、他方ここで新たに発展してきた商品流通がどの程度の深さで社会をとらえてきたかもまた明らかにされる必要があろう。南北朝・室町期の社会はもとより数々の紆余曲折があったにせよ、やはりこの時期にその出発点を求めねばならぬと思われるだけに、その究明はやはり今後の課題として考えてゆきたいと思う。言い古されたことをいい直したにすぎないことであり、すべては今後にゆだねなくてはならないが、ここではこのような動きのなかで元寇がどのような位置と役割をしめたかに焦点をおいて、気のついた点をのべてみたいと思う。

3

鎌倉幕府の歴史のなかでも、正嘉の前後のころは一つの注目すべき時期であるように思われる。承久以後の幕府の政策は領家と地頭、京都と鎌倉の分野を定め、広い意味での主従関係を確定してゆく方向に向けられたといってよかろうが、それが強化された幕府自身の権力を支えとして一定の安定をみたところに、泰時・経時時代の政局の安定がえられたのであった。幕府の法令をたどってみるとき、この安定のくずれるきざしのみえてくるのがこのころのことではなかったかと思われる。飢饉と疫病の流行という事態がその原因となったともいえようが、建長ごろからとくに商人・手工業者を規制する法令がはじめて目についてくる点、(11) またとくに地頭の非法がこまやかにいましめられている点(12)などを考えてみると、原因はやはりより深いところに求めなくてはならぬであろう。飢饉とともに夜討強盗、諸国の悪党が本格的な追捕の対象になってきているのである。[13]そうしてみると、前々からのことであったとはいえ、時頼の時代にとくに過差がいましめられ、節倹が強調されていることも、[14]またそれ以前とは別のひびきをもってくるように思える。

前節でみてきた社会の前進と変質は、こうした形で幕府の政策にもひびいてきているのであろうが、やはり文永にはいるとともに動揺はさらに深刻さを加えてくる。御家人の所領の売買について幕府が本格的に干渉しなければならないような事態がでてきているのであって、周知のように文永四年（一二六七）からはじまる一連の所領回復令はすべてそれに関連したものであった。[15]しかも、それはすべての犠牲を非御家人や凡下の人々に強いるような形で進行しているのである。新しくのびようとする力はこういう形でおさえられようとし、そのなかで領家と地頭との分野の安定もまたくずれだしてゆくので、「御家人領復興」ということがいわれて、こうした法令が現地にも作用してくる点についてはすでにふれる機会があった。[16]

モンゴルの脅威は、まさにかかる事態のなかで加わってきたのである。時宗を主とする政権は全力をふるってこれに対処してゆこうとしたといえるが、それはまた当然いまのべてきたような非御家人・凡下の犠牲による御家人保護の政策が、最も強力に実行されてゆく結果を生んだといえる。襲来にそなえて御家人の鎮西下向がおしすすめられ、また動員態勢の整備のために諸国に田文の調進が命ぜられたのは周知の事実である。しかし、それは一方には悪党の鎮圧をめざし、また売買・質入の原則を無視した御家人の所領の一方的な回復と、その確定を意図したものであった点に注意する必要があろう。[17]幕府の権威はこのように高められようとしているのであるが、それは文永の役にさいしての非御家人の動員、荘園の年貢米の徴発、点定にいたって、ついにその頂点に達したといえる。もとより、それは非御家人に対して新たな地位を与えてゆくようなものではなかった。恩賞の約束はあったが、現実にこの人々がどの程度にむくいられたかははなはだ疑問であって、[18]逆に警固番役・石築地役などのより直接的な抑圧と負担が、新たに彼らの上にかかってくることになったのである。すぐにくずれかけていた荘園の内部における分野の安定も、またさらに大きくくずれるきっかけが与えられた。ある意味では、幕府自らがその安定をやぶっていったのだともいえる。[19]外部からの強い圧力が直接の原因となって、すでにきざしていた幕府の専制はこうしてここに不自然なまでに強く高められることになっていった。たしかに、これだけのことがともあれ実行にうつされたことが、ともすれば統一を欠くきらいのあった元軍に対する幕府の強みであったことはいうまでもなかろう。[20]しかし、また熟しつつあった矛盾は、ここに意外に早く表面化の機会を与えられることにもなったのである。「元寇」の意義は、まさにそこにあったとしなくてはならない。

弘安の役にはいるころには、すでに周知のような庶子たちの独自な動き、守護に対する武士たちの不満などが幕府の当局者の目にもうつるようになっていたが、[21]やがて外部の脅威の遠ざかるにつれ、すべての矛盾はもはや抑えがたく表にでてきた。前節でみたような動きが本格的に展開してくるのであって、よくいわれる恩賞問題にみられる武士たちの執拗にしてあらわな欲望もさきにみたような観点からも考えてみる必要があると思う。[22]そして、徐々に動揺してくる農村では、あくことない欲望がもつれ、衝突しはじめ、訴訟はとどまるところを知らず起こってくる。「訴人雲霞のごとし」といわれた事態[23]はこのなかで出てきたのであって、すでに訴訟の性質そのものが以前とは変わってきているのである。訴訟の裁決はいちじるしく長びくようになってくるが、弘安から正応ごろまでの時期は、そのなかで起こった幕府内部の内紛（霜月騒動）をふくめて、幕府がこうした動きの処理に全く追われつづけていた時期だったように思われる。

そして、それにつづく永仁にはいってから数年、徳政令の発布にいたる期間は、内紛の処理のあとをうけて一挙に矛盾を解決し、再び権威を高めようとする幕府の最後の試みが行われた時期ではなかったろうか。なによりも徳政令自体、いままで述べてきた幕府の政策が最も思い切った形で実行にうつされようとしたことではなかったか。非御家人・凡下、富を蓄積しすでに御家人を圧倒するほどになっていたこれらの人々の犠牲において、すべてをふりきって新たな立て直しが行われようとするのであるが、もとよりそれは現実に対する認識を全く欠いたものであったことはいうまでもない。その破綻が明らかになってより以後、幕府の政治は急速に頽廃のなかに沈んでいった。なおいくつかの波はあったが、時代の流れは抗すべくもなく幕府自身をもまきこんでゆくのである。そのなかでも、平政連のような意見をもった人(24)がなかったわけではないが、その意見自体が積極的には過差をいましめ、節倹を強調するにとどまっていることも注意されねばならない。

すでに、得宗自身、またその御内人自身、さきにみた新たな欲望の渦中にあるのである。得宗の耽酒、御内人の専権、得宗分国におけるその目にあまるほどの横暴(25)はそのことをよく表わしているといえよう。しかもそのなかで、ある意味では彼ら自身もふくめてすべての武士が「悪党」となってゆくようなこの時期に、たびたび出されている悪党・海賊の鎮圧令はこう考えてみればもはや喜劇としかいえないであろう。完全に私的な権力と化した得宗の力の下にすべての動きはおさえられ、一種の停滞もそこにみられるのであるが、ついにそれが破砕されるとともに一切のおさえられていた欲望はせきをきって表に現われて激突する(26)。一つの権威はほろびた。南北朝の内乱は、そういう意味での大きな時代の前進の第一歩であったといえよう。そして、またいずれは爆発するものであったにせよ、それをこういう形にしていった直接のきっかけがやはり「元寇」に求められねばならない点、その後の歴史の動きをきめていった契機として、大きな意義が考えられなくてはならぬのではなかろうか。二、三の荘園の知識を裏づけとしたのみのきわめて粗雑なものになってしまったが、今後このことはさらに考えつづけてみたいと思っている。きびしい御批判をお願いしたい。

（1）　川崎庸之はすべての新旧の仏教を批判の対象においた日蓮の思想の特異な位置に注意しながら、非御家人・凡下などの動きに注目し、終局的に彼の思想を支えたのが商工業者であったことを指摘している(「日蓮」『人物日本史』毎日新聞社、一九五〇年、所収、「鎌倉仏教」『世界歴史辞典』平凡社、一九五二年)。また林屋辰三郎は元寇以後に広く社会に拝金主義のうまれた点を指摘している(『中世文化の基調』東京大学出版会、一九五五年、『南北朝』創元社、一九五七年、等)。

(2) この点については拙稿「鎌倉時代の太良庄をめぐって」(『史学雑誌』六七―四、一九五八年)、「大和国平野殿庄の所謂『強剛名主』について」(『歴史学研究』二一五号、一九五八年)にふれたが、同じ東寺領の伊予国弓削嶋荘でも同様の事実がみられる。

(3) 弓削嶋荘の場合には、このころ現地に一つの危機が現われている。

(4) 豊田武『中世日本商業史の研究』(豊田武著作集第二巻『中世日本の商業』吉川弘文館、一九八二年、所収)、佐々木銀弥「中世商業の発達と在地構造」(『史学雑誌』六一―三、佐々木『中世商品流通史の研究』法政大学出版局、一九七二年、所収)など参照。

(5) この点についても注(2)の前稿でのべたが、弓削嶋荘の百姓も預所をめぐる訴訟の間に立って、独自な動きをしている事実が知られる。

(6) 太良荘・平野殿荘における菩提院と東寺供僧、供僧と預所の対立等。

(7) これについては、当面太良荘の名主と預所、預所と供僧の関係などを頭においている。

(8) 例を太良荘にとれば、鎌倉末期になると小浜にすみながら荘の名主職を集積し、地頭得宗被官の給主代となり、現地の金融に大きな役割をはたし、元弘の乱後には荘の地頭方を請所とするほどの動きをみせたと思われる石見房覚秀の例があげられよう。例の実円・禅勝の動きも本質的にはそれにつながるものとみられよう。また弓削嶋荘では文永のころから梶取の未進がみられるが、この未進を彼自身の利害にもとづく「実力による売却」と考えることは充分根拠のあることと思われる(渡辺則文「中世における内海島嶼の生活」、魚澄惣五郎編『瀬戸内海地域の社会史的研究』柳原書店、一九五二年、所収)。

(9) やはり弓削嶋荘で鎌倉末期にみられた預所代弁房が塩の焼き出るにしたがって五俵、一〇俵とせめとり売り払い、寺に出す年貢は値の安い伊予の道後で買わせるという行動にでているが、それは一つの好例となりえよう(前注渡辺論稿)。

(10) 太良荘では鎌倉末期に「強盗」が現われるが、そこで借用証文がねらわれているらしい点、また一旦質物として下人に身をおとした人(時真)が建武のころ徳政と称して解放をのぞんだ例などがあげられよう。

(11) 『吾妻鏡』建長十四年十月十六日条に「沽酒禁制」といわれ、一屋一壺のみこれを許し悉く破却したとある点、同建長五年十月十一日条に炭・糖・薪・萱木・藁の値を定め、また材木の尺度を定めている点、など(この点、川崎庸之・北島正元『標準日本史』から示唆をうけた)。

(12) 建長五年十月一日、諸国郡郷庄園地頭代、且令存知、且可致沙汰条々(佐藤進一・池内義資編『中世法制史料集』第一巻、一七一頁)。

(13) 例えば、同書二一六頁。弘長二年三月二十二日、関東御教書。

(14) 同書一九六頁以下の弘長二年二月二十日付の関東新制条々は、こうしてみると興味深い。

(15) 同書二二五頁。文永五年十二月二十六日の法令以下文永五年七月四日、同年八月十日などの法令。

(16) 前掲『史学雑誌』所載の拙稿六九頁に少しふれた事態がそれで、むしろ本文にあとでのべた蒙古襲来にそなえる動員態勢の整備に直接関係してくることであるが、文永十年(一二七三)に「御家人跡事」ということがいわれ、やがて末武名に守護が点札をたて、非御家人に名を与えることを強硬にこばんでくる点、それが預所聖宴と藤原氏女の希望をうちくだく結果になっていることが注目される。建治二年(一二七六)の御家人の主張もまた同様の観点からみられよう。また、この時期の法令に直接関係した例としては、安芸国新勅旨田の例があげられよう。詳細は明らかではないが、ここでは文永四年(一二六七)の法令をきっかけとして、売買地を理由に守護代が荘の一部を押領したといわれ、この法令が破棄された文永七年(一二七〇)に雑掌の反撃が行われているが、この地の安定はこれを契機にやぶれたとみられる。

(17) 文永九年(一二七二)十一月二十日に「諸国田文事」が命ぜられるが、それにつづいて「他人和与領事」さらに翌年に「質券所領事」と法令がつづき、神社仏寺庄公領の注進とともに質券売買所々の名字分限と領主交名の注進が命ぜられている点に、それを知ることができる。前注の太良荘の例は、こうした動きに応じたものであったと思われる。

(18) 被官・若党が勲功をあげながら恩賞にもれた例は、『蒙古合戦絵詞』にその好例の見出されることは周知の通りである。また兵粮米として米穀を点定された「富有之輩」の場合も同様に考えることができよう(「弘安四年日記抄」、同年七月六日条)。

(19) 注(7)の例参照。

(20) 元軍の行動については、池内宏『元寇の新研究』東洋文庫、一九三一年、参照。

(21) 『中世法制史料集』第一巻、二四二頁「鎮西警固事」はその一例であるが、ほかに周知の例が多い。

(22) この点については、『蒙古合戦絵詞』によって知られる竹崎季長の行動を通して前にふれる機会があったが(拙稿「蒙古襲来す」『よみもの日本史』特集知性2、河出書房、一九五七年)、もとより例は枚挙にいとまがない。

(23) 「東寺百合文書」ル函二五一号、十二月十六日、定厳書状。

(24)　平政連諫草。

(25)　この例は若狭国に見出される。「東寺百合文書」ユ函一二号、文永二年十一月日、若狭国惣田数帳の朱注は黒田俊雄の指摘通り（『庄園村落の構造』創元社、一九五五年、所収論稿二〇三頁注1）元亨元年（一三二一）のころのものとみられるが、それによると岡安名・清貞名・是光名・利枝名などの領主たち、恒板保の公文はいずれも得宗被官によってその所領を奪われ、訴訟中であった。得宗領であった税所が国衙領を領していることも、また前掲拙稿でのべた太良荘の東寺と得宗被官の訴訟も、もとよりその例とすることができる。

(26)　こうした点は、周知のように太良荘によくみることができる。

付論2　農村の発達と領主経済の転換

はじめに

十三世紀後半から十五世紀前半、南北朝動乱を間にはさんだこの二世紀の間に、中世を前後に分かつ転換期があったことは、いまあらためていうまでもなかろう。農村の新たな発展が、在地の、また都市の領主たちに、否応のない経済の転換を迫っていったのであり、それについて考えることが、ここで与えられた課題である。

すでにこの方面の研究は、戦後活発に推し進められ、豊かな実りをみせている。とくに、この時期を日本の封建社会成立史上の重要な画期とみる見方から、(1)小農民経営の成長、封建的村落共同体の成立、地域的一円的な支配を行う封建領主の出現、荘園領主経済の崩壊等の評価を基礎づけるために、実証的な成果が積み重ねられており、そこに明らかにされてきた事実の多くは、動かしがたい重みをもっているといえよう。

しかし、これらの事実をそのものとしては認めるとしても、それをどの程度のものと考えるかによっては、また別の見方が入りうる余地が残されており、この見方に立ってみれば、それとは違った側面の事実が視野のなかに入ってくるように思われる。それは、中世をともあれ独自な運動法則に貫かれた一個の社会構成とみる見方であり、結局は戦前「封建制再編成説」といわれてきた見解につながるものともいわれよう(2)が、その観点からすると、この時期は中世社会が発展をとげつつ停滞してゆく時期としてとらえられることになろう。

ここでは、従来の諸成果からできるかぎり学びつつ、一応この後者の見方に立って、鎌倉末から室町期にいたる問題を考えてゆきたく思う。

ただ、多少視野をひろげてみると、この時期は前近代の社会を前後に分かつほどの意味をもつ転換期であったと思われる。原始社会の名残りともいうべき社会組織の血縁的性格は、ここに最終的な崩壊への道に入り、婚姻形態にも大きな変化が現われたとされており、思想史のうえでも重大な転換があったといわれている。(3) それはひとえに社会的分業の画期的発展、それにともない貨幣流通がはじめて本格的に社会をとらえたことにかかわる問題と思われ、経済史上はもとより、日本社会とその歴史の特質を考えるためにも、きわめて大切な問題といえよう。

いうまでもなく、この問題を考慮の外におくことはできないが、いまはそれに立ち入る余地はないので、主として農村の変化に焦点を合わせ、中世社会それ自身の発展のなかでこの時期のもった意味について、きわめて限られた材料に基づく一面的かつ粗雑なものでしかないが、私なりに考えを進めてゆくことでお許しいただきたく思う。

第一節　農民経営と村落の発展

一　農業生産力発達の状況

鎌倉中期以降、農業生産力の顕著な発展がみられたことは、すでに周知のことに属する。鉄製農具の普及、牛馬による犁耕の発展、肥料の使用、作物の品種の分化、とくに畑作の発展、二毛作の普及等々の事実が指摘されており（古島敏雄『日本農業技術史』上巻、時潮社、一九四七年、宝月圭吾「中世の産業と技術」、岩波講座『日本歴史8』中世4、岩波書店、一九六三年等参照）、このような農業技術上の新たな開拓によって、中世初頭までいちじるしい不安定を免れなかった耕地は、しだいに安定化する方向に向ったといわれている。

耕地の量的な拡大もなかったわけではない。小規模な新田畠の開発が進行してゆく過程は、多くの実例によって明らかであるが、しかし中世初期までつづいたといわれる、荒々しい「大開墾」の時代は一応ここに終りをつげ、社会の安定を背景に、獲得された耕地の充実、その安定・集約化がはかられていった点に、この時期の生産力発展の主要な方向があったと思われる。当然反当収量の増加はいちじるしかったと思われ、その一端は十三世紀中葉、すべての収穫を奪い去る「空佃」として百姓に拒否された若狭国太良荘の「二石佃」が、十四世紀初頭には、なんの抵抗もなしにうけいれられているような事実から窺うことができる（『東寺文書之二』ほ一七号、『教王護国寺文書』二八九号）。

こうした農業生産力の発展が、社会的分業の画期的な発展をおし進めたことも周知のことで、中世初期のそれとは違った新たな分業体系がしだいに姿を現わしてくるが、それがまた農業それ自体の発展を刺激していった。畑作物の多様化と充実、また漁業・林業等の農業以外の第一次産業の発展は、その面から考えてゆく必要があろう（拙稿「中世における漁場の成立」『史学雑誌』七二―七、一九六三年）。諸産業の様相は、ここに大きく変ってゆきはじめたといわなくてはならぬ。

中世社会本来の分配関係を変えていった根源の力がここにあったことはいうまでもないが、注目すべき点は、まさしくこうした発展が顕著になってきたと思われる時期、文永・弘安（十三世紀後半）のころから、百姓たちの領主に対する年貢・公事の未進・対捍、損亡減免の要求がしだいに目立ちはじめている事実であろう。

たしかに、いま耕地の安定化が進んだといったが、それを直線的に考えることは誤りを招こう。損免を要求した百姓たちがその根拠にした、自然の猛威による不可避的な災害は、もとよりある程度までは真実であったろう。加えて、そこには従来の生産関係の動揺にともなうさまざまな混乱が作用していたことも考えねばならない。正嘉の飢饉をはじめとする数々の飢饉も、そのなかで起こった事実であったことはいうまでもなかろう。

しかし一面、鎌倉末期の太良荘でみられたように、百姓たちがほとんど毎年、大雨・大風・大旱魃・大虫害等々、考えうるすべての災害を理由として損免を要求しているような動きのあったことに注意しなくてはならぬ。これを、百姓の言葉通り、自然の災害によるものとすることはとうていできないので、明らかにこの場合は「政治的」損亡であったということができる。(7)

とすると、この時期にはじまる未進・損亡の原因を、一概に単純なものとみることはできなくなってくるので、むしろそれは、生産力・社会的分業の発展の事実そのもののなかに求めらるべき性質のものであろう。そしてそれゆえに、この動きは、中世社会の矛盾を集中的に表現しているということができよう。

よく知られたことがらであるが、ここでは、まずこのことをあらためて確認することから、出発してみたい。

二 農民の「分解」の様相

従来、「親類・下人」、所従、一類等といわれ、本百姓の「家内に居え置かれ」、その耕作地は「年々充て作ら」されるような状況にあった小百姓たちの動向に、新たなものがみえてくるようになるのも、やはり文永・弘安のころからであった。(8)

彼らが「脇在家」として姿を現わし、領主の直接賦課の対象となるとともに、年貢を直納し、みずからの責任でそれを請け負うようになり、やがてその作田を「重代の所職」として一定の権利を主張してゆく過程のなかに、自己の農具をもち、特定の土地に対する占有を基礎とする新たな小農民経営の成長を考えることは、たしかに一面の事実として認められなくてはならぬ。(9) 小規模な新田開発がこれらの人々の手で進められ、その生活の新たな根拠をつくり出したことは、充分確認できることであり、その前提に鉄製農具がしだいに彼らの手に普及したことを考えることも可能であろう。さらにまた、なかには手工業・運輸等の農業外の分野に新たな生活の道を見出す人があり、近隣の市場に売買に現われるような人のあったことも事実である。

すべてそれは、生産力の発展が、それを生み出した人々自身の生活を前進させた、この時期の積極的な側面を示しているといえよう。かつては望むべくもなかった名主の地位を、その下人・所従といわれていた彼ら小百姓が要求し、好運に恵まれればそれをかちえていったような動きは[10]、このような前進があってはじめて可能となったのである。

もちろん、従来から本百姓といわれ、一―三町程度の田地の経営を行い、名田を与えられて公事負担の義務を負っていた人々の場合、道はさらに広く開けていた。

年貢・公事につまる百姓の代わりに、米・銭を「経入れ」、名主職を新たに手に入れ、手広く農業経営を営む一方、高利貸活動等を通じて、多くの米・銭を蓄積し、「有徳」な百姓といわれるようになってゆく人々の出てきたことは、よく知られた事実である。なかには、現地の争乱に当って兵粮米を供給し、人勢を集め、その功によって沙汰人・荘官となり[11]、さらには経済難に苦しむ荘園支配者に米・銭を立てかえ、代官にまで成り上ってゆく人すら現われる[12]。

農民の前進、社会的分業の発展は、この人たちの手に豊かな富を蓄積させることになっているのであるが、とくにそれが、米と銭貨の形態をとりはじめてきた点、この時期以降の問題を考える場合に注目されねばならない。

しかし、この反面に、本百姓といわず小百姓といわず、年貢につまり、多くの借物を負い、銭主に「せめはたられ」て、ついには名主職をはじめ、子供や自分自身までも質入れし、ある場合には耕作を放棄して逃亡しなくてはならぬような多数の人々のあったことも、あらためていうまでもなかろう。

これらの人々の生活がきわめて不安定だったことは当然で、ここには土地や農具を保有する小農民経営など、考えることもできぬような状況が推測される。自然の猛威は、こうした人々のうえに、もっとも苛酷であったろう。田畠の荒廃、年貢・公事の未進、飢饉による死亡・逃亡等は、この場合にはまさしく現実の事態であったので、先述した未進・損亡の頻発は、一つにはこの現実を背景にしていた。

しかし、この事実を損免の要求として提出し、未進をある程度までは領主に認めさせていった百姓たちの動きには、また別の一面が考えられなくてはならぬ。そこには、貧苦と困窮に迫られたぎりぎりの要求とはいいきれぬ、図太い積極性が見出されるのであるが、もとよりこれは、多くの場合、百性たちの先頭に立っていた有徳な人たちのものにほかならぬ。彼らは、開発された田畠を隠して損亡のみを注進し、彼ら自身の高利から生じたともいえる未進を、そのまま領主に認めさせようとする。またある場合には、現地に育ちつつある独自な流通の秩序を足場に、年貢・公事の銭納を要求し、有利な条件をかちとってゆく。生産力発展の成果は、こうして彼らのものになっていったので、時代をおし進める力は、当面ここに見出すことができるであろう。

しかし注目すべきことは、こうした状況の下で、実際に未進・損亡に苦しむ小百姓たち自身、けっして生活の不安におしひしがれきっていたのではなかった点である。もとより、この現実を理由にしてなされた有徳な百姓たちの要求は、彼らにとってこそ切実な生活の問題であった。有徳百姓の手で書かれた訴状の末尾に、拙ない略押を連ねて、彼らもまた広汎に訴訟に加わってゆく。

逃亡し、あるいはみずからを質入れしなくてはならなかった人々にしても、絶望にうちひしがれていたわけではない。市場住人の下人が、新たに地頭の一族の従者となり、富裕な百姓を襲うような動き（丹波国大山荘の弥六入道）は、この時期、けっして例外的なことではなかったろう。質入れされて「所従」とされた百姓が、「徳政」と称してその地位を脱しようとし、「盗賊」（じつは周辺の名主）と結託して銭主の借金証文を奪い去ろうとした事例（太良荘の藤三郎時真）も考えなくてはならぬ。『峯相記』の筆者のとらえた初期の悪党[13]、『太平記』に登場する山立・強盗・溢者・野伏たちに、野心にかられたこうした人々の姿をみることは、あながちいわれのないことではなかろう。

この点に、鎌倉末・南北朝期における農民の分解の問題があろう。たしかに「蕨・葛の根を掘り、身命を継ぐ」といわれるほどの、惨憺たる一面がそこに指摘されながら、他面、ある意味では「明るく」図太い空気が農村にみられたことを認めないわけにはいかない。富裕になってゆく人はもとより、没落する人もこの社会に対する期待を失っていないのであり、この時代が「革命」の時代でなく、なお「発展」の時期だったことは、このようなところから考えてゆくこともできると思われる。

三　地縁的村落の成長

中世初期に安定した本百姓相互の間に結ばれる共同体的な結合は、特定の土地に強固な根を下ろした、地縁的な村落共同体とはいいがたい面をもっていた。それはむしろ、擬制的なものをともなった族縁的な関係で結ばれる共同体であったと思われ、原始の共同体の名残りとすらいえる血縁的な性格が、なお色濃く残っていたといわれよう[14]。ここでは、農民の土地保有自体、なお不安定だったのである。

新たな事態の発展は、この共同体を激しく動揺させていった。文永・弘安ごろから南北朝期にかけて、多くは名主職をめぐる相論として現われてくる本百姓の一族間の、また本百姓とその所従・下人たる小百姓とのたえまない争い[15]は、このことを明らかに示している。それは農民の「分解」の結果であり、またこの動揺自体がそれをいっそう促進したといえるであろう。

そして、そこに目立ってくるのが「惣」・「惣百姓」の動きであり、前述した年貢・公事の対捍、損免の要求は、実際にはこのような集団によって行われたのであった。

それは、ときに夫役をともなう雑公事を拒否し、代官の追放を要求して、一味神水、集団的に逃散し、強訴するという激しい行動にでることもあったが、より恒常的には、一部百姓の未進を「惣」として立てかえ、さらには惣百姓として年貢・公事を請け負う（百姓請）ような役割を果したのである。

こうした動きの背景に、小農民経営の成長、農民の土地保有権の強化にともなう、地縁的村落共同体の発展を考えることは、たしかに可能であろう。二毛作の発展にともない、必要の度をましてきた肥料の給源として、また貨幣化しうる産物の採取の場として、新たに注目の対象となってきた山野河海等の入会地、あるいは川・池等の用水が、実際にそれを使用する人々の手によって組織的に管理されるようになってゆく点については、多くの実例をあげることができる。そのような基礎のうえに立って、やがて村掟を定め、独自に検断権を駆使するほどの動きが現われ、さらに一方では、この結合につながらぬ人は、たとえ荘内に名主職をもつ人であっても、外部のものとして惣百姓の連署からはずすような慣習[16]、また集団の利害に反する行動をとった人を追放し、きびしく排除するような規制も生れつつあった。これらの点から、この時期に、小農民経営を保証する条件として、近世に入ってその完成した姿を現わす村落共同体の起点をおくことは、承認されてよいと思われる。

のみならず、この結合が、一定の社会的分業の発展、貨幣流通の存在を前提として育ちつつある点も、あわせ注意される必要があろう。のちに、近隣の都市に出入しないでは、一日も成り立ちゆかぬといわれたような関係（『東寺文書之四』ぬ五二号）は、やはりこの時期にその淵源をもっていたと思われ、都市と農村、農村と漁村の真の分化にいたる萌芽を、ここに見出すことも可能であろう。

しかし、それが現実には、なお従来の荘園の秩序を単位とした「惣荘百姓」としてしか現われてこない点に、考えられるべき問題がある[17]。

いま入会地・用水の組織的な管理といってきたが、その主体が真に公然と姿を現わすのはなお後のことであり（戦国期であろう）、この時期の惣百姓の結合の主な契機は、むしろ先述した年貢・公事の減免、あるいはその立替・請負等の機能に求められなくてはならぬ。その中心にあった有徳な百姓たちの蓄積された富力、それを支える現地の新たな流通秩序が、こうしたことを可能にしていたのであるが、この力に依存することによってのみ、なおいちじるしく不安定であった小百姓の経営は維持されえたのではないかと思われる[18]。

本百姓はもちろん、小百姓たち自身の前進のなかで、従来この両者の間に結ばれていた保護・依存の関係――それはいわゆる「勧農」を媒介としていたとみてよかろう――が、このような内容に変ってきた点に、この時期の新しさがあった。自然それは、ある場合には貨幣を媒介とした一時的・打算的な関係になってきたと考えられるので、小百姓の自立性は、当然相対的に強まってきたといえるであろう。それとともに一方では、有徳な百姓たち相互の間に、金融面でのつながり（憑子）を含む新たな結びつきが育っていったのであるが、しかしここにみられる有徳な百姓と小百姓たちとの関係そのものを、ただちに新たな共同体の成立とみることはできぬであろう。

むしろそれは、従来の家族的な小共同体、さらには族縁的な共同体の発展とみなくてはならないので、この面では、所従・下人、あるいは家風・被官として人をとらえてゆく原理が、依然として維持されていたといえよう。新たな村落共同体は、しだいに成長しつつも、なおこの背後に潜在していた。[19]「惣荘百姓」という形が、この時期の百姓たちの結合として自然なものであったことの理由は、こうした点に求めることもできるであろう。

ただここで注意しておかなくてはならぬことは、この新たな村落共同体の成長が、一方に、外部の人々に対する閉鎖性をしだいに強めてゆく結果になっている点である。それはこの時期には、彼らの秩序を侵害する支配者に対する激しい反撥として現われる一面をもつとともに、他面、この共同体に新たに流入してくるような人々[20]に対する差別観を強めてゆくことにもなっている[21]ので、そこには、これ以後の農村を考える場合、無視することのできぬ重要な問題があるといわなくてはならぬ。

四　名主職の得分権化

生産力の発展、農民の分解、それにともなう新たな生産関係の成長が、いまのべてきた程度のものであったとすれば、それが従来の収取体制を本質的に変えうるほどの力をもたなかったことは当然であろう。その意味で、中世初頭に確立した収取の秩序、名体制[22]が、鎌倉末・南北朝期に分解あるいは崩壊し、それとは質的に異なる「新名体制」等が現われたとする見解[23]には、従うことができない。むしろ逆に、ここで注目すべきなのは、名体制がある程度の修正をうけることによって固定化し、名主職が一個の得分権として固まってきた点である。

たしかに新たな状況の進展は、名体制を動揺させた。名主の地位をめぐる相論が頻発し、その処理のなかで、あるいは半名・三分一名・四分一名等の形が現われ、あるいは別に新たな名が結ばれることのあったのは事実である。それを、農民の分解そのものとみることはできないが、その一端がこうした形で現われてきたとすることは、もとより誤りではなかろう。下人・所従といわれた小百姓が、新たに名主の地位をかちえることのあった点も（前述）、またその成長の一面を示すものということはできる。

しかし、こうした名の分割という処置そのものが、すでに本来の名の固定化を前提としてはじめて起こりえたことであり、新たに結ばれた名の場合にしても、多少長期的に事態の推移をみれば、少なくとも室町期まで、まったく固定している例がむしろ一般的であることが注意されなくてはならぬ[24]。とすると、この現象は、現実の農民の分解とはまた別の観点からとらえられる必要があろう[25]。

それはむしろ、名といわれた収取の単位、本来は生々しい主従関係そのものの表現でもあったこの単位が、しだいに一個の徴税単位として固定し、一定の収益を約束する利権に変ってゆく過程を示しているとみなくてはならない。社会の発展にともなって起こってきた、本百姓と小百姓との関係をもふくむ主従関係の全般的な動揺は、名体制を否応なしに修正・発展させていったが、けっしてそれを崩壊させはしなかった。むしろこの動揺のなかで、従来公事負担の義務を負うものとして、荘園内で一定の権威をもっていた名主の地位は、その権威以上に、地位に付随する免田・雑免からの収益、小百姓に名田を宛て作らせるに当っての収入（任料・請料）等を手中にしうる得分権として争奪の対象となり、かえって所職として固まってくるのである[26]。これは、すでに名の所職化、名主の荘官化として指摘されてきたことにほかならないが、ここでは、名主の地位に補任されることは、一定の収益をあげることを前提に、徴税請負の義務を負うことになってきている。(27)

そして、こうした収益の一部を加地子としてとり、実際の徴税の実務を別の百姓に任せるようなことも、そのなかで行われるようになってくる。鎌倉中・末期から現われる加地子名主職がそれであり（須磨千頴「山城国紀伊郡における荘園制と農民」、稲垣・永原編『中世の社会と経済』東京大学出版会、一九六二年、所収、参照）、加地子をとってなお名主得分を残しえている点に、生産力の向上が窺われるといえようが、事態の本質はこれによってなんら変るものではなかった。

このように得分権として固まった名主職が、農民の分解、主従関係の動揺、貨幣流通の発展にともなって激しく流動し、競合の対象となっていった点に、鎌倉末・南北朝期の特徴がある。そして、名主職が一面でなお何者かの補任によって保証されるという本来の性格を維持していたがゆえに、そのことがまた、主従関係の混乱に拍車をかけたのであった。

有徳な百姓といわれたのは、この流れにのって名主職を集積し、加地子あるいは名主得分を大量に手中に収めるようになった人々にほかならないが、一方こうした事態の進行とともに、借上、在地領主、さらには都市の荘園所有者までが、多くの加地子名主職・名主得分をその手に集めるようになってきていることに、(28)注意が向けられねばならぬ。

惣百姓は、このような人々をその連署に加えようとはせず、ときに、これを積極的に排除しようとする動きすら示す場合もみられたのであり、(29)そこに、現実に農業生産にたずさわる人々の独自な秩序の成長を窺うことはできるが、それがなお一面に、こうした錯雑した事態の進行を許していた点、この時期の社会の発展の限界があったといわれよう。

第二節　在地領主経済の転換

一　在地領主経済の構造

ここで在地領主というのは、多く開発領主の系譜をひき、中世初期までに地頭・下司・公文、あるいは預所・保司等の地位をえた人々のことを考えている。

彼らの経済の中心は、みずからの私宅の近辺を中心に、百姓たちを動員し、また彼ら自身の下人・所従たる小百姓を駆使して行う、かなりの規模の直接経営であった。そして、この力を背景に、彼らは種子・農料を下し、斗代を定めて名田を充行い、一色田を散田し、治水・灌漑の施設を整える等々の、いわゆる「勧農」を行い、それを通じて周辺の本百姓たちをも所従としてその支配下に従え(30)、日常生活に必要な「細々公事」を奉仕させ、反別の加徴米を徴している。彼らが一般の本百姓から区別される点は、ここに求めることができよう(31)。

その支配を支えている一つの力は、領主たちの一族組織であり、彼らもまた百姓のなかから身を起こした人である以上、当然それは百姓の家族的な共同体と同質の側面をもっていることはいうまでもないが、なによりそれは、一個の軍事組織として百姓に対立している点で、百姓の共同体と区別されなくてはならぬ。

しかしこの武力組織は、それ自体国家組織となりえず、国衙・荘園等の従来の国家機構を媒介とすることによって、はじめてそうなりえたのであり、領主の地位も、その内部に位置づけられ、地位に応じた一定の職務を負うことによってのみ、安定することができたのである(32)。

領主たちの直営地と、その支配下にある農民に対する権利は、一面「相伝」のものとされながら、公的には「所職」としてとらえられており、彼らが上層の支配者のために百姓たちから年貢・公事を徴収して送るという職務を怠り、あるいはその服仕する上層支配者自身の政治的地位に変動のあった場合等には、その「所職」を没収され、領主としての地位も追われなくてはならなかった理由はここに求められよう。それゆえにまた、一旦この国家機構が安定すれば、武力をもたぬ僧侶や女性も、機構自体に保証されて、このような「所職」を与えられ、一個の領主となりえたのであった。(33)

こうした支配のうえに成り立つ在地領主経済の性格をいかに規定するかについて、議論は多岐に分かれているが、(34)それにどのような規定を与えるにせよ、ここではそれが確立し安定した時期を、鎌倉幕府確立の時期（十三世紀初頭）におき、前節でのべた新たな発展にともない、それがいかに動揺し、またいかなる方向に発展していったかを、以下に考えてゆきたく思う。

二 「下地」支配の発展と領主的所職の得分権化

新たな分業体系の発展とともに、百姓たちが夫役・「細々公事」等の奉仕を嫌い、ときに公然とそれを拒否し、積極的に銭納することを要求するようになってゆく点についてはすでに多少のべてきた。

当然それは領主自身の直接経営を妨げるとともに、在地におけるその生活そのものをも、従来の方式のままに保つことをしだいにむずかしくしていった。加うるに、領主たちがそれぞれに負っている職務の遂行も、増大する未進・損亡を前にして困難の度を加えてくる。こうした困難の打開の道を、領主たちが、当面、一方で彼らの服仕する上級の支配者に対する年貢・公事の対捍に、他方では百姓に対する圧迫の強化による従来からの収取方式の維持に求めていったのは、自然のなりゆきであった。

鎌倉中期ごろから、請所であった荘園をはじめ、いたるところで地頭・荘官の未進・対捍が目立ちはじめるのは、これのみが原因ではなかったにせよ、その主因はここに求められよう。それとともに、在鎌倉あるいは在京の領主が、みずから現地に下り、百姓を夫役に動員して直接経営を拡大・強行し、房仕等の雑事奉仕を強要しつつ、多くの使を放って年貢・公事をきびしく督促するような事態も、一般的に起こったことであったろう。

しかし、この時期の百姓は、これにたやすく屈するほどひよわではなく、荘園所有者の抗議をふくめ、ここに激しい摩擦が生じてくる。しかも、活発化しつつある貨幣流通は、領主たちをもまた、その渦中にひきこみ、この摩擦をさらに激化させていった。

そのなかで、領主たちのあるものは、みずからの支配の隙を露呈して、あるいは訴訟に敗れ、あるいは所職を没収され、さらには訴訟の費用にたえかねて所領を質入し、ついには他人の手にわたすようになってゆく。と同時に他方では、このような領主の隙に乗じて百姓の動きをとらえ、所職に付随する権利の拡大を図るとともに、買得等の手段で、新たな所領を手中にする人も現われる。

中世初期に安定した彼らの支配分野は、こうしてしだいに崩れ出し、領主たちは互いに古証文を持ち出して争いはじめるので、それを「新儀非法」とうけとる荘園所有者や百姓たちとの対立も合わせ、無数の、はてしない相論・訴訟がここに発生してくるのであった[35]。

かつて正員と代官の関係にあった主従の間でも、また親子・兄弟・一族の間でも、露骨な敵意をもって互いに争うことは普通の例となり、従来の主従・一族の関係を支えていた「道理」は、この事態の前にはしだいに無力なものになってゆく。通常「惣領制」の動揺といわれている状況は、こうして起こってくるが、それは先述した百姓たちの家族的あるいは族縁的共同体の動揺と、同じ根をもつ動きであった。

こうして領主たちは、否応なしに新たな道にかりたてられてゆくが、そこに注目されるのが、この時期、彼らの「下地」に対する関心がいちじるしく高まってきた点であろう。相論に当って、領主たちが「下地進止」の権利を奪い合い、またそれを「下地中分」あるいは「下地分割」によって処理する方式が、しばしば採用されるようになってくるのが、文永・弘安以降の特徴的な動向であることは、すでに指摘されている(36)。

そして、そこに領主の一円的土地支配の成立を認め、初期領主制と異なる本質をもつ、地域的支配のうえに立つ封建的領主制、あるいは国人領主制が形成されてきたことを強調する見解が、従来からさまざまな形で主張されている(37)。この観点からする研究が明らかにしてきたように、錯綜し、重層する人的関係は、ここに整理され、単純化する方向に向ったといわれるであろうし、また、このような動揺の過程で、分散していた領主の所領が、その本拠を中心にある程度整理される結果になったことも、事態の一面を示す動きとして、否定しえぬ事実である。

しかし他面、こうした「下地」支配が、いまのべてきた主従関係の激動の始まりとともに「成立」している事実を考えてみる必要があろう。それは、いかなる意味でも新たな支配体制の「確立」を拒否する事態であったといえるのであり、まずその点についての疑問が解かれなくてはならぬ。そしてこの観点に立ってみたときにただちに注目される点は、ここで「下地進止」といわれた権利が、中世初期に「勧農」と表現されていた権利をさしているという周知の事例(38)であり、また「下地」の分割が、得分の分割にともなって行われる場合がしばしば見出されるという、これもよく知られた事実(39)であろう。さらに、中分され、確保された下地に対して、在地領主の流れをくむ人々の行った検注が、従来の検注の方式と本質的に変ったものではなかったという事実(40)も、考え合わせることができる。

これらの事実は、鎌倉末・南北朝期の「下地」支配が、従来の領主的所職の権利に完全に連続しており、むしろそこで領主たちの主要な関心の対象となっているのが、所職に付随する得分そのものであったことを示しているとはいえぬであろうか。

事態の新しさは、それを彼らが確定された「下地」によって表現しなくてはならなくなってきた点にある。そして、この点にこそ、主従関係の動揺の直接の結果があった。重層する人的関係によって維持されてきた所職の秩序と分野が崩れはじめたことが、領主たちの得分を不安定にした主たる原因だったとすれば、もはや彼らは動揺する人的関係に全面的にたよることはできなかった。それよりもまず、得分収取の対象となる土地を明確にしておくことが、当面彼らにとってもっとも緊急なこととなってきた。「下地」に対する関心の高まりを、こう考えてみることはできぬであろうか。

とすれば、ここで一円支配といわれていることは、なにより「所職」の一円化にほかならなかったので、そこに中世初期の「所職」のあり方の発展を見出すことはできても、新たな地域的な封建支配の成立をただちに考えることは、無理ということになろう。

むしろ、こうして一円化した「所職」が、それとして固定化し、課役賦課の単位となるとともに、一個の得分権として扱われるようになってきた点に、当面の注意を向ける必要があろう。「武家領」の実体は、このようなものだった(41)と考えられるが、それは名主職の得分権化と軌を一にする動きであったことはいうまでもなく、鎌倉末・南北朝期の動揺、「下地」をめぐる激しい相論は、この傾向をいっそう促進していった動きとして評価されなくてはならぬ。

三　在地領主経済の新動向——所職の流動

いま所職の固定化といってきたが、問題は貨幣流通の活発化、主従関係の全般的動揺のなかで、こうした所職自体、激しく流動しはじめた点にある。とすれば、この時期の領主たちが、新たに前進しはじめた百姓たちを、ただちにその強力な支配下におさえてゆくという、狭くかつ困難な道を選んだとするよりも、この流れにのって所職を集積し、得分を増加させることに、自己の経済を発展させる道を見出したと考える方が、より自然な見方といわれるであろう。

いままで保持していた所職・所領を失う危険性は、たえず足許を脅かしているが、逆にこれを新たに獲得しうる条件も、また広く開けているようにみえる。没落する人にもその回復の希望はあり、立身する人も、いつ没落の深淵に陥るかわからない。従来の人的関係の糸は、上下を問わず、すべてたぐり出され、利用されなくてはならぬ。鎌倉末・南北朝期の政治情勢の混乱は、こうして生れてくる。

そしてこの混乱のなかで、領主たちが新たにはっきりと認識したことこそ、貨幣の威力ではなかったか。これさえあれば、奉行を「すかして」訴訟を有利に進めることもできる。多額の任料・酒肴料を出すことによって、また窮迫した人の所領を買うことによって、新たな所職を手に入れることも可能である。また訴訟費用に困却し、経済難に陥っている荘園所有者たちから、費用提供を条件に、有利な所職を請け負うこともできる。「ばさら」といわれた奢侈生活は、もとよりこれによってのみ可能であったろうし、「いざ鎌倉」の時に当っての戦費、野伏・陣夫等の動員も、その力なしには行いえなかったであろう。

貨幣の魔力に彼らが完全に眩惑されたのは当然のなりゆきであった。むきだしの欲望をもって、彼らは、富――米・銭[42]――をめざして突き進んでゆくが、しかもそれを満たす道は従来の秩序の分解の中でいくらでも開けている。掠奪。もっとも原始的な富の蓄積方法は、ここでもなお可能である。山賊・海賊・夜討・強盗といわれる行為から、なんらかの根拠をもち、権威を背景とした武力的な乱暴狼藉にいたる暴力行為が、臆面もなく行われた。そして彼らの襲い、狙った場所が、しばしば商品流通のルートであり、またその結節点である市場・関等であったことは[43]、こう考えれば当然といえよう。鎌倉末には、すでに特定の集団をさすとはいえなくなった「悪党」という言葉は、まさしくこのような領主たちの動きそのものを現わしていたということができる[44]。

戦争。これもまたこの時期には有効な富の蓄積方法である。掠奪行為はこれによって合法化されるであろうし、首一つとり、刀疵一つでも受ければ、恩賞を要求し、新たな所職を手中にすることもできる。モンゴル襲来以降の武士たちの貪欲な恩賞の追求は、この観点からみたとき、本当にその意味をとらえうるであろう。

そしてこれらの手段を背景にしつつ、古証文を根拠に、あるいは新たに結んだ人的関係を理由に、富の威力を援用しつつ、訴訟等の合法的手段によって、新たな所職が追い求められたのであった。ある意味では彼ら自身の引き起した上層の支配者間の紛争・対立は、そのために無限の機会を提供しているので、従来の権威と秩序は、この目的達成のために不便とあらば露骨にふみにじられたが、逆に、そのために必要であれば、臆面もなく利用されたのである。この時代の武士たちの気風が「商人の如し」と評されたことの現実的な根拠は、まさしくこのようなところにあったといえよう。と同時に、こうした事情が、商人・高利貸的な性格をもつ富裕な人、山僧・山伏、借上、有徳な百姓等が、荘園を「借上」げ、領主的所職をかちとる道を一方に広く開いていたのであった。[45]

在地領主経済の転換が、このような方向で進められていったところに、十三世紀後半以降の問題がある。

いま一方で所職の固定化といい、他方でその流動についてのべてきたが、それはいわばこの動きの二つの側面にほかならず、しかも激しい流動・競合それ自体が、かえって固定化を促進してゆく関係にあった点に、この時期の特徴があった。[46]中世の社会秩序が、一種爆発的な混乱のなかで、一見まったく破壊されたかにみえながら、逆にある意味では発展をとげつつ維持され、やがて停滞してゆく理由は、この辺に求めなくてはならぬであろう。

四　在地領主支配の変貌

激しい競合のなかで、領主たちのかちえた所職は一様ではなかった。従来の領主的所職はもとより、下は名主職から、上は領家職にいたるさまざまな所職がその手中に入ったとしてよいであろうが、これらを通して行われる彼らの現実の在地支配が、この時期いかなる実態にあったかが、ここであらためて問われなくてはならない。

しかし注意しておきたい点は、これらの所職が、一様に得分権として固まってきた結果、従来の所職の区別がさほどの意味をもたなくなってきていることである。そして一概に一般化できないにせよ、室町期に入るころまでには、㈠得分を取得する所職の所有者、㈡その人によって得分の一部を与えられ、収取の責任をもつ、給主職あるいは所務職、㈢現実に在地して直接収取の実務に当る代官職の区別が、新たに現われてきた場合のあったことを指摘することができる。[47]

領主たちが、そのいずれを掌中にしたかによって事態は異なるであろうが、いまは、彼らがしばしば競望した事実がみられる荘園の代官としての彼らのあり方を通して、その在地支配の様相をうかがうにとどめるほかない。

代官という以上、その地位は給主または所職所有者の補任によってのみかちえられる。しかし、中世初期の正員と代官にみられるような、強いきずなで結ばれた主従関係は、ここにはない。かつての領主的所職は、彼らの祖先が開発し、あるいは血を流し、あるいは必死の訴訟によってかちえたものだったが、いまの彼らにとって、それは富をまし、地位を高めるための足がかりにほかならぬ。

とすれば、こうした所職に対する彼らの関係の仕方が、職務についての一定の契約による請負であり、多額な酒肴料・任料を出すことによって行われる、一種の「取引」=「契約」であったことは、自然なこととして理解されよう。ここでは領主たちは、一個の荘園徴税請負人として立ち現われているのである。

そして、彼らが現地の百姓に対し、かつての受領を思わせるような非法を恣にした理由の一つは、こうした彼らの立場に求めることができよう。直営地を拡大し、その経営に何百という百姓を、ある場合には海をこえてまで動員し、さまざまな名目で夫役に召しつかい、牛馬から農具、はては杵・臼・ひしゃくにいたるまで奪い去り、百姓の名主職を無体に召しあげ、その補任に当って多額な任料を責めとり、反抗する百姓を射殺し切り殺そうとする等々。[48]およそこの動きからは、農民の生産を保護し、それを発展させようとする「撫民」の思想など、毛筋ほども窺うことはできない。

しかしここから、彼ら領主たちの本拠における百姓支配のあり方を、ある程度推測することはできないだろうか。そこでの彼らのあり方が、依然として中世初期の領主と同様の「本宅敷地的直属地」を中心とした所領支配であった点については、すでに指摘されているが（注(31)前掲戸田芳実「中世の封建領主制」）、とすれば、ここで代官として現われた彼らの非法のなかに、そのもっとも露骨かつ暴力的な現われを見出すことも可能と思われる。

しかし一方、百姓たちもこうした乱暴を黙止してはいなかった。あるときは上級の支配者に、またあるときは当の代官と対立する領主にたよりつつ、みずからも一味神水して集団的に逃散する等の挙にでて、これに抵抗したことについては、若干前述した。

そしてこの動きに応ずる形で、この時期の領主と百姓の関係の、いわば新しい側面が現われてくる。従来の慣行をまもり、手作は多少は行うにしてもむしろ縮小し、定量化したもの以外、余計な夫役に百姓を召し仕わぬような人。また、有徳な百姓たちとともに年貢・公事を銭にかえ、上級支配者に送る際に、彼らと黙契を結びつつ一定の利益をあげ、百姓の力の及ばぬ銭の調達や農料のための「出挙利銭」の融通をしてくれるような人。さらにさまざまな支配者からの各種の賦課をできるだけ軽減し、違乱を排除しうるだけの力量――富力と武力――をもった人。百姓たちが喜んで迎えたのは、このような代官だったのであり[49]、このような機能の遂行のために生ずる負担は、百姓もまた当然のこととして受け入れたのであった。

かつて「勧農」といわれた行為が、このような方向に性質をかえていった点に、南北朝・室町期の領主の新たな側面があったと思われ、「流通機能を不可避的にその基礎の一部とする領主制」といわれたことは（工藤敬一「鎌倉時代の領主制」『日本史研究』五三号、一九六一年）、こうした点からも考えてゆけると思われる。そしてまた、ここに領主の「経営的性格」は失われて、しだいに「領有的性格」が強まってくる徴候があるともいわれよう（黒田俊雄「村落共同体の中世的特質」、清水盛光・会田雄次編『封建社会と共同体』創文社、一九六一年、所収）。

もちろん領主の果した役割が、この時期、このような一面に掠奪・暴力的な、他面でむしろ商人・高利貸的な機能のみであったとはいえぬであろう。生産に基礎をおいた地縁的結合を育てつつあった村落に密着しつつ、彼ら自身、一定の役割を果していたであろうことは当然考えねばならず、今後その点はさらに深く追究されねばならぬであろう[50]。

しかし、鎌倉中期から南北朝初期にかけて、活気にみちた発展をとげていたとみられる農業生産が、それ以後しばらく、一種停滞の様相を示してくるように思われる点、[51] 注意されなくてはならない。これは、戦国期に比して、室町期の支配層——幕府・寺社のみならず領主にも一様に見られる農業生産に対する関心の不足[52]とも通ずる問題であり、そこにいま掠奪的・高利貸的といってきた領主たちの新たな動向を関連させて考えてゆくことができるように思われるが、いまは今後の問題として残すほかない。

ただここで付言しておきたいのは、鎌倉末・南北朝期に活発化してくる党・一揆の性格である。従来それは、惣領制的・同族的結合にかわる新たな小領主の地域的連合と評価されており、[53] たしかにそのような傾向が潜在していたことは認めなくてはならぬ。しかしこの場合もやはり、その主要な側面は、先述した掠奪、あるいは戦争・訴訟の際の欲望で結ばれた結合という面にあったと思われるので、けっしてただちに農民を支配する恒常的組織たりうるものではなかった点が注意されなくてはならぬ。[54] 戦国期の一揆と、この時期の一揆とを区別する点は、まさにこの点にあったとすることができるであろう。

第三節　荘園領主経済の動揺

一　年貢・公事収取体系の変動

在地領主たちを服仕させ、その所職の任免権を掌握しつつ、機能に応じて国家機構の中枢を分担していた公家・武家の貴族、寺社の経済が、個々の家に属する荘園・国衙領から送られてくる年貢・公事収入を基礎としていたことはいうまでもなく、各家はその機能・地位に応じ、それぞれの規模をもつ年間の収支体系をもっていたと思われる。[55]

それは中世初期、国衙の武力機構を掌握した鎌倉幕府が確立したことによって、はじめて真に安定をみたのであるが、先述したような未進・損亡の増大、新たな分業体系の発展、たえまなくおこる相論等々により、鎌倉中期以降、早くもその安定は崩れる気配をみせてくる。その一例を、文永以降の東寺供僧供料荘にとり、年貢収入の変動を辿ってみると、次頁の図のようになる。(56)

曲線は全体として波を描き、波の上下が時とともにいちじるしくなっている点がすぐ目につくが、一方で訴訟費用の増大等、支出面からの動揺も加えて考えなくてはならない。それとともに、公事や未進年貢の銭納等、その内容自体にも変化がでてきた。

こうした動揺の進行とともに、収取を支えていた上層支配者間の重層する人的関係=「職の重層的体系」も動揺し、分解しはじめる。本家・領家・預所等として、一定の収入をある荘・保・名等に期待していた人々が、それぞれに収入の確保のために動きはじめるので、やがて、現地を掌握しうる荘務権をめぐって、彼らの間に激しい争奪がはじまってくる。(57)しかもその対立に、野心にもえる在地領主・百姓たちの動向がからみ、一種混乱といってもよいほどの事態が現われる。

しかし、注意しなくてはならないのは、この争奪に一応の「勝利者」となった人々によって、収取の一時的な増大がかちとられる場合のみられたことで、グラフの示す上昇とピークは、こうしてもたらされたのであった。しかもこの場合、これらの人々が、本来の「職の体系」内部で多少とも「蔑如」されるような地位にあったことを考えてみなくてはならぬ。(58)権力の高みから人を見おろすことになれた本所・本家とは違い、悔蔑のなかで現実に適応する力を養った人々の反撥を、そこに見出しうると思われるので、「本家職の領家職への切りかえ」(59)といわれた事態の背後に、このような激しい闘いがあったことは、見落されてはならぬであろう。鎌倉末・南北朝初期の荘園支配層は、なおその内部に、こうした闘いをなしうるだけのエネルギーを蔵していたのである。

しかし、このようなエネルギー自体、中世社会の内部以外からでてくるものではありえない。いま現実に適応する

東寺供僧供料荘年貢米の変遷

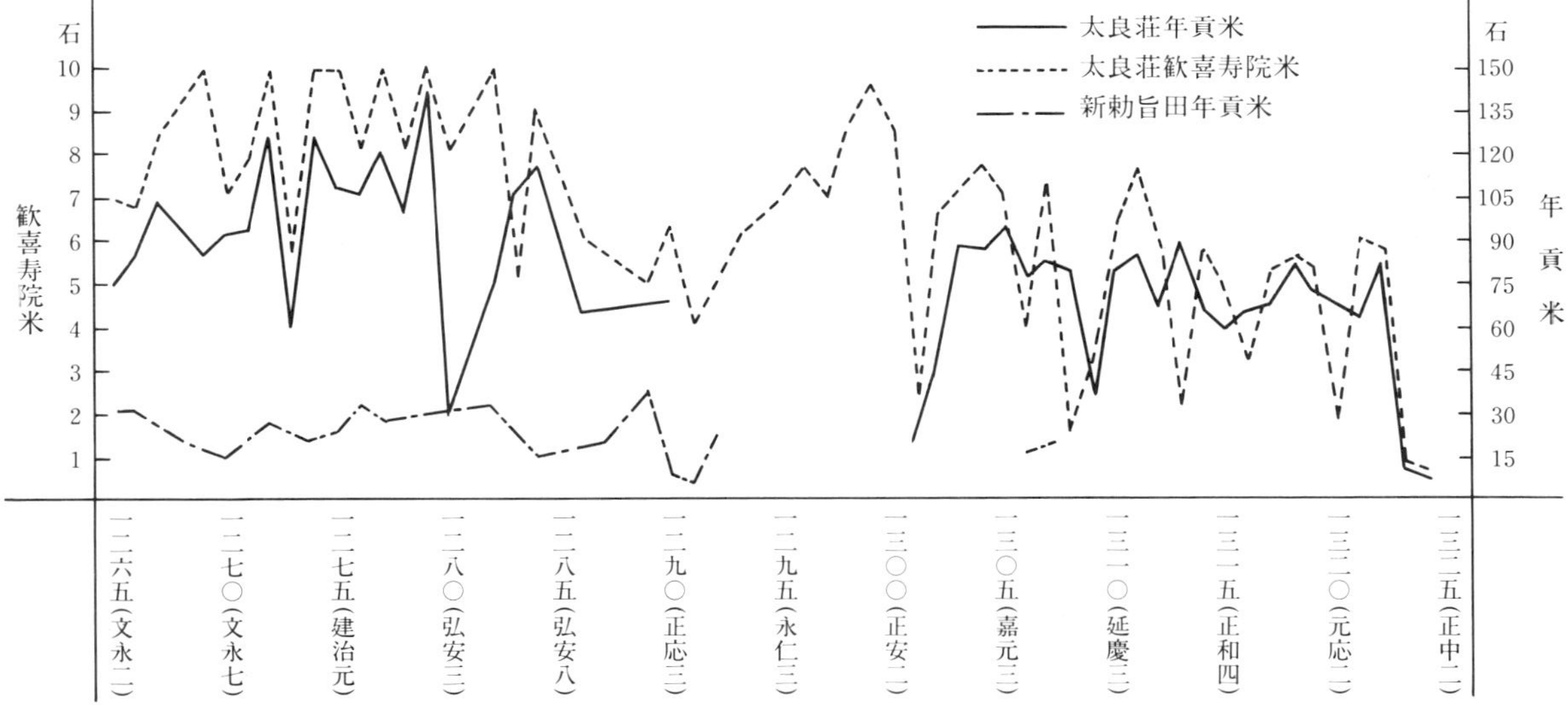

(注) (1) 本図は,「東寺百合文書」,『東寺文書』および『教王護国寺文書』に残る,年貢支配状,散用状,送文,請取状を中心に作成した.

(2) 太良荘の年貢米は,正米の数字である.

(3) 歓喜寿院米は,同荘の年貢の状況を間接に知りうるものとして,あわせ表示した.ただし,嘉元元年 (1303) 以降は,前年の未進分をふくむ数字である.

(4) 新勅旨田の年貢米は,雑用等を引いた残りである.

(5) 銭納の場合は,便宜上,1石を1貫文として計算しておいた.

(6) 史料の不足等から,必ずしも実情を伝えているかどうか,疑問のある年もあるが,一応そのままに表示した.

力といったのは、じつは彼らが在地領主・百姓たちの新たな動きを、より大胆にとらえた点にあったので、それ自体、社会の新たな前進にともなって生れてきた力にほかならなかった。

荘園所有者がなおこうしたことをなしえている点、この時期の現地の力の限界が現われているともいえようが、しかし一面、このような過程を辿って、在地領主や富裕な人々は、しだいに「職の体系」の奥深くに浸透してゆく。そして、すでに現地にうずまきはじめていた新たな欲望と混乱もまた、彼らとともにその内部にもちこまれ、否応なしに上層の支配者たちをも渦中にまきこんでゆくのであった。

やがてそれは、「職の体系」の最高の権威までも動かしはじめ、新たに成り上った人々がそれと結びつきつつ、ついに政治的な動乱を誘発していったのである。農民の前進は、こうして重層する職の体系の全体をゆるがし、社会を大きく転換させていったのであるが、鎌倉末期の両統迭立から南北朝内乱にいたる過程を、こうした観点から細かく辿ってみることは、なお今後の課題の一つになろうかと思われる。

二　収取体制の再編

荘務を新たに手中にした支配者は、年貢・公事収入の増加のために全力をあげてゆくが、そのなかで、在地領主の場合と同様、「下地」支配に対する強い関心が、この方面からも高まってくる。荘園の「下地中分」あるいは分割が、しばしば荘園支配者側の積極的な動きによって行われていることは、この点をよく示しているといえるので、それはやはり、得分を安定させるための、彼らの努力の結実にほかならなかった。そして、こうして分割され、あるいは進止権を確保して権利を保証された「下地」について、荘園支配者があらためて検注を行うことは、鎌倉末・南北朝初期に一般的にみられる処置であった(60)。

当然ここでは新たな実情が考慮され、同時に得分を確定するための体制整備がはかられたのであるが、各地の検注

に共通してみられる動向を二、三の点にまとめてみると、

(一)　新田畠が検注された例は多いが、従来行われなかった畠地の検注がはじめて行われた例（太良荘）のあることも注目する必要があり、いずれにせよ生産力発展の成果をできるかぎりつみとろうとする意図が窺われる。

(二)　名が結い直され、また新たに結われることのあった点は早くから注目を集めているが、これは、前述したような実情に応じて（第一節参照）、中世初期の検注で確立した名体制を修正・発展させた処置と理解されねばならぬ。[61]しかもここで修正された体制は、室町期を通じて、多くはもはやほとんど変ることなく固定したまま維持されている点、注目しなくてはならぬ。南北朝初期まで、なお一定の弾力性を備えていた荘園支配者が、しだいにそれを失ってゆく過程をここに見出すことができるが、他方またこのような状態を延々と停滞させていた被支配者側の問題も、充分に究められる必要があろう。

(三)　このような修正された名を基礎に、多くは銭納化した公事が確定される一方、年貢については、一筆ごとの田畠について上中下の斗代が定められた事例がときに見出される。この処置がとられた理由は、ある場合は百姓の損免要求に対して一々検見を行う手数を省くためといわれ（文保二年（一三一八）の丹波国大山荘の検注）、他の場合には、地下代官の「足手公事」を止める条件で、この処置が行われている（貞和五年（一三四九）の播磨国矢野荘の検注）。百姓の新たな要求にある程度こたえつつ、安定した収入を確保するための努力が貫かれた結果、従来の収取の方式が否応なしに修正されてゆく過程が、そこにはよく読みとることができる。こうして確定された年貢・公事は、たしかに従来とは内容も量も変ってはいるが、一面その基準量は、名体制の固定化にともなう必然的な結果として、南北朝・室町期を通じて、やはりほとんど固定したまま動かなかったのである。[62]それはこの検注によって、荘務権をもつ所職そのものが、名主職・領主的所職と同様、得分権として固まる方向に向ったことを示すといえよう。そしてその得分が、在地領主・山僧・山伏・商人等々を地下代官として採用することによって実現されたことは、すでにのべた（第二

節参照)。

こうして「寺社一円仏神領」・「本所一円知行地」は成立してくるが、本家職の系譜をひくにせよ、領家職の流れをくむにせよ、このような体制を整え得た限り、それは先述した地頭職・下司職、さらには公文職・名主職等々の所職となんら本質的に変るものではなかった。いずれもそれは一個の得分権にほかならなかったので、まさにすべての所職が、ここに利権として均質化してきたということができる。(63)

そして他の所職同様、得分権化した上級所職(領家職等)もまた争奪の対象となり、人の手から手へと流動していった。多くの所職を手中にしたものも、失ったものも、また本家・本所といわれた高位の人も、一荘の預所にすぎなかった人も、すべてが不安と期待にかきたてられて動きはじめる。在地領主、富裕な人々もふくめ、あらゆる所職について激しい競合が起こってくる。鎌倉末・南北朝期は、このような動きが頂点に達した時期であった。(64)

もとよりこの激動のなかで、とり残され、没落した荘園所有者たちは多かった。なかでも、みずからの独自な武力や神仏の権威をもたぬ公家貴族の場合、そのような運命におかれた人は多かったろう。(65)しかし一方、この流れにのりつつ多くの所職を手中にした人々もあった。その最たるものが、在地領主から成り上った武家貴族であったことはいうまでもなかろうが、伝統的な寺院のなかにも、従来の荘園をある程度維持したのみならず、新たに膨大な量の荘園を獲得し、そのなかの一部を「一円領」として確保し、領家職から名主職・公文職・地頭職等のさまざまな所職をかきあつめた東寺供僧のような例のあったことも、注意しておかねばならぬ。これは必ずしも例外とはいえないように思われるので、この時期に支配者としての地位を維持し、また新たに固めた人々に共通したあり方ではなかったろうか。

いま武家といったが、なかでも顕著な動きを示したのが、守護に任ぜられた人々であったことは周知のことである。掌握した国衙機構を背景に国衙領をおさえ、あるいは闕所を理由に、あるいは半済等の手段により、彼らは任国を中心に広く所職を集めていったが、ここにさきの東寺の場合と質的に異なる動きを考えることは困難であろう。彼らが手中にしたのも、やはり給主職・代官職や領家職等の得分権化した所職にほかならなかったので[66]、半済・三分一済等の形が現われたことは、所職の利権化がいっそう進行したことを示しているように思われる。すでに下地分割による得分権化が完了している南北朝期以降には、もはや「下地」よりも「得分」そのものの機械的分割でことたりたので、たとえ「半済方」・「領家方」と下地が区分されることはあっても、現地の生活の秩序はなんら変ることはなかった[67]。

それとともに、鎌倉末期以降には、新たにのびつつある商工業・交通関係の所職（関・市等々）の得分も重要な意味をもってくるであろうが、しかしその場合も、この時期の支配者にとっての主要な関心は、もっぱら得分そのものであり、生産と流通についての関心は、やはり稀薄だったのではなかろうか。

そしてこう考えてくると、南北朝動乱に社会構成を一変させるような「革命」を考えることはできないので[68]、それは中世社会の発展過程で起こった激しい流動と混乱の時期とみなすことができよう。

むすび

所職の利権化は、年貢を現地で完全に銭に交換しうる条件、それを可能にするだけの分業および交通の条件の成長とともに、その過程をほぼ完了する。それとともに、所職の流動もしだいに速度がにぶり、応安から明徳にかけて、職の秩序はしだいに安定してくる。しかし、所職の性質がそのようなものであった以上、この安定は不安定なもののうえに立っていたともいえるので、相対的なものであり、むしろ停滞といった方がよかろう。十四世紀末葉から十五世紀前半までの時期は、こうした時期であった。

都市をしだいに分離させ、その存在を前提としつつ、貨幣化した年貢を代償として支払うことによって、ある限度内でその独自な「自由」を保っている農村の惣百姓。そのうえに立ち、年貢の貨幣化とその送進に責任を負いつつ一定の得分を収める徴税請負人的な代官。そして庶民的・武家的・公家的な所職を、無差別に寄せ集めることによって、富を誇る支配者。非常に一面的ではあろうが、室町期を中世社会の停滞期として、このように描くこともできるのではなかろうか。

この停滞にたえて徐々に発展する生産力に支えられ、いよいよ活発化してゆく貨幣流通が、富の偏在を限度を超えていちじるしくさせていったとき、停滞は破れ、再び社会は激動しはじめる。在地の領主たちの目は、ここで本当に農村に向けられるようになり、職の秩序は完全な崩壊に向って歩みはじめる。永享・嘉吉から応仁にいたる争乱は、その転機であったとみられるが、こうした見通しを充実させることはすべて後日にゆだねるほかない。

しかし、このような経過で発展・崩壊してゆく日本の中世社会を、世界史の発展法則のなかでどのように位置づけるかは、今後の重大な問題であろう。それは、単に封建社会のみならず、前近代の社会のあり方全体を、あらためて考え直してみることによって、はじめて解決しうる課題である。

(1) 石母田正によって主張されたこの見方は、それに対する一定の批判を通して松本新八郎によってさらに明確にされ、永原慶二・稲垣泰彦・杉山博・島田次郎等によって、修正されつつ受けつがれて、豊かな実証的成果を生んできた。鈴木良一のこれに対する批判は、本質をついたものをもつ一面、「封建制再編成説」に対する批判的立場から、結局はこの見方に立つことになっている。

(2) 中村吉治が戦前から主張してきたが、それとは別の出発点から石母田正・松本新八郎の批判を通して安良城盛昭の達した結論も、結果としてはそれに通ずるものをもち、また最近、安良城の批判を契機に、それをも含む戦後の研究の批判をおし進めていった、日本史研究会を中心とする黒田俊雄・戸田芳実等の主張も、同様の見方に近づきつつあると思われる。こうした経過から当然、中世社会の評価については、前期封建社会とみる中村、家父長的家内奴隷制を基礎とする特殊アジア的な「荘園体制社会」とみる安良城、農奴制を基礎とするアジア的な特質をもつ封建社会とする戸田等、と見解は分かれている。

（3）　戦前の中村直勝の仕事のなかにも、こうした評価は現われているが、当面ここでは最近の高群逸枝『日本婚姻史』至文堂、一九六三年、大隅和雄「内乱期の文化」（岩波講座『日本歴史6』中世2、岩波書店、一九六三年）等の指摘を念頭においている。注(1)の見方も、じつはこのような変化をその基礎としてできたものということができる。

（4）　戸田芳実が「中世初期農業の一特質」（『国史論集』一、一九五九年、所収）等の労作で、この面を明らかにしている。もっとも、南北朝期の変革に重点をおく見方からは、当然異論のでてくることが考えられ、今後の論点の一つであろう。

（5）　大分時代は下るが、康正元年十二月十五日、東寺荘園斗升増減帳に基づいて、宝月圭吾の明らかにした太良荘斗の分量によって換算すれば、この二石は一・二六四石となる（『中世量制史の研究』吉川弘文館、一九六一年、二六三頁）。

（6）　太良荘・伊予国弓削嶋荘・大和国平野殿荘等で確認できるが、これは全国的な現象とみてよいであろう。

（7）　それは正安四年（一三〇二）以来、この荘の地頭となった得宗の権威を背景にした「損亡」であった。

（8）　この「本百姓」と「小百姓」の関係をいかに考えるかは、従来からの重要な論争点の一つであるが、ここではそれを、一応支配と隷属、保護・被保護の関係で貫かれながらも、なお相互に自己を失っていない人々の、擬制をともなった家族的な共同体的関係と考えておきたく思う。その隷属関係の側面から、これを「家父長的」な性格をもつということもでき、その方向はいよいよ決定的になりつつあったとはいえ、他面この共同体では、女性の地位もけっして無視されていたわけでなく、その点に注目して、高群逸枝はここに「母系制」の残存を見出そうとしている（前掲『日本婚姻史』）。この見解はなお深められる必要があろうが、いち早く古代に「家父長制家族」の確立したことを主張してきた従来からの通説に、強く反省を迫るものをもっているといえよう。

（9）　ただ、この場合も、農民の権利は、依然「作職」という「所職」の所有の形式以上のものになりえなかったことを、考慮しておかねばならぬ。中世の土地所有を、最後まで規定しつづけた、この「所職」のあり方を究明することによって、農民の土地私有の未熟さ、ひいてはこの社会のアジア的な性格に迫ってゆく道が開けると思う。

（10）　これも、弘安のころ、太良荘歓心名を望んで半名を得た所従重真、分割されて消滅した助国名の復活を要求し、ついに実現した逃亡百姓国安の例が、適例であろう。

（11）　丹波国大山荘の右馬允家安、播磨国矢野荘の実長（信阿）・輔房実円兄弟等。

（12）　小浜住人石見房覚秀・慈門寺公文重舜等。

（13）　「柿帷ニ六方笠ヲ着テ、烏帽子袴ヲ着ズ、人ニ面ヲ合セズ、忍タル体ニテ数不具ナル高シコヲ負イツ、柄鞘ハゲタル太刀ヲハキ、竹ナガヱサイ棒杖バカリニテ、鎧腹巻等ヲ着ルマデノ兵具更ニナシ」といわれた正安・乾元のころの悪党である。

(14) これを第一次的な村落共同体とし、灌漑・治水、あるいは山野河海の用益について、その果した役割を究明した最近の論稿に、戸田芳実「山野の貴族的領有と中世初期の村落」(『ヒストリア』二九号、一九六一年)、黒田俊雄「村落共同体の中世的特質」(清水盛光・会田雄次編『封建社会と共同体』創元社、一九六一年、所収)、大山喬平「鎌倉時代の村落結合」(『史林』四六巻六号、一九六三年)等がある。しかし永原慶二は「中世村落の構造と領主制」(稲垣泰彦・永原慶二編『中世の社会と経済』東京大学出版会、一九六二年、所収)、「荘園制支配と中世村落」(『一橋論叢』四七巻三号、一九六二年)等の論稿で、備後国大田荘・薩摩国入来院等の歴史地理的な方法による名・在家の復原を通して、村落共同体の存在に否定的な見解を明らかにしている。

(15) 太良荘・矢野荘等に、その経過を示す多くの事例が見出せる。

(16) 太良荘でこのような事情がよく観察できるが、この点については佐藤愿「惣村の成立と構造」(『文化』二五巻二号、一九六一年)参照。

(17) 彼らが「名」の名前を連署することによってみずからを表わした点にも、同じことが考えられる。太良荘・矢野荘・新見荘・弓削嶋荘等で見られる事実であるが、鎌倉末・南北朝期には、これが一般的であったろう。

(18) 「無力の百姓等、出挙利銭等を取り請け、農料と為し、勧農の業を遂ぐ」(「東寺百合文書」ヱ函五六号、暦応五年三月十五日、太良荘百姓等請文)といわれているが、この「出挙利銭」を提供したのは、後述する代官などとともに、有徳な百姓たちであった。

(19) 黒川直則は「十五・十六世紀の農民問題」(『日本史研究』七一号、一九六四年)で、惣百姓のもつ二つの機能、荘園領主に生産諸条件や年貢・公事についての要求をする面と、用水・入会地等に関する活動の面とが、畿内地方では地理的にも機能的にも、別の組織で果されていたことを指摘している。

(20) これは間人・非人といわれた人々の問題であり、中世初期に、これらの人々と小百姓との関係が流動的であった点については、河音能平「中世社会成立期の農民問題」(『日本史研究』七一号、一九六四年)に指摘されている。

(21) 横井清「日本中世における卑賤観の展開とその条件」(『部落問題研究』一二輯、一九六二年)が、郷村制の展開期に、卑賤視が一般庶民層にまで浸透してゆくとしている点は、たやすく見逃すことを許さぬ論点であろう。

(22) 名体制は、たしかに現実の家族的な共同体、族縁的な共同体を基礎としてはいるが、それとは一応別に考える必要のある収取の秩序であり、「名」はけっして経営の単位ではない。公事負担の義務を負い、名田を与えられた人の名田に対する権利も、通常いわれる意味での土地所有権、耕作権等ではなく、むしろ土地管理権とでもいった方がよく、ある場合には、様々の歴史をもつ主従関係を、一定の土地によって表現したものということすらできると思われる。黒田俊雄が「鎌倉時代の荘園の勧農と農民層の構成」(『歴史学研究』二六一、二六二号、一九六二年)で、名主職と作手職とを区別すべきであるとしているのは、この点をついた指摘であろう。

(23) これは現在の通説といってもよいと思われるが、最近の上島有の主張では、この変化は「旧名」から「百姓名」への変化としてとらえられている(「播磨国矢野庄における百姓名の成立と名主百姓」『日本史研究』二九号、一九五六年、「南北朝期における畿内の名主」『中世社会の基本構造』御茶の水書房、一九五六年、所収)。

(24) 上島有がその主張の根拠とした矢野荘でも、新見荘・弓削嶋荘・太良荘でも、この事実が確認できるが、これは、事実そのものとしては早くから周知のことである。

(25) この意味で、農民の分解を、名の分解としてとらえる見方は、改められなくてはならぬと思う。

(26) その過程を示す好例は、弘安元年(一二七八)に、太良荘勧心名をめぐって行われた相論に見出される(拙稿「十三世紀後半の転換期をめぐって」『歴史学研究』二六九号、本書第I部、付論3)。

(27) 百姓名の名主職補任状が、鎌倉末・南北朝期に現われるという、上島有の前掲論稿における指摘は、むしろこの面から注目すべきであると思う。

(28) 太良荘では石見房覚秀・脇袋彦太郎等が、矢野荘では上総法橋祐尊・豊前阿闍梨明済等がそれぞれ多くの名主職を集めている。また東寺供僧が寺辺の名主職を集積していった点については、須磨千穎前掲論稿に詳しい。

(29) 前注の脇袋に対する太良荘百姓等の、また祐尊・明済に対する矢野荘百姓等の、強訴逃散は周知の事実である。

(30) 畿内周辺では、こうした領主(多くは地頭)の圧迫に抗し、本百姓たちの自発的意志で、別の領主(多くは領家側の預所)に保護が求められることがあり、そこに本百姓の「自由」な側面が窺われるが、結局、彼らは個々にこの新たな領主の「所従」となることによってしか、この自由を貫くことはできなかった。この点については、河音能平「院政期における保成立の二つの形態」(『史林』四六巻三号、一九六三年)参照。

(31) 戸田芳実「中世の封建領主制」(岩波講座『日本歴史6』中世2、一九六三年)に、領主の実態についてのまとまった叙述がある。

(32) その媒介のされ方が、領主たちが国家機構の上層にある支配者に、家人・郎従として服仕することによって果されている点に、中世国家を律令国家から区別する、本質的な違いがあった。

(33) 安田元久が「荘官的領主制の形成」(竹内理三編『日本封建制成立の研究』吉川弘文館、一九五五年、所収)で主張したことは、この面から考えてゆくことができよう。

(34) 未成熟な封建領主経済と考え、それが真の封建領主に転化してゆく過程を南北朝期に見出そうとする見解、それ自体をいちおう一個の封建領主経済のあり方とする見解、また家父長的家内奴隷主経済とする見解等に区別できると思われ、ここではほぼ第二の見方にそって考えているが、いずれにせよ世界史的な視野から的確な規定をこれに与えることは、なお今後の課題であろう。

(35) モンゴル襲来の意義は、こうした事態が表面化するのを早め、それを激化させていったところに求めることができよう。

(36) 島田次郎「在地領主制の展開と鎌倉幕府法」(前掲、稲垣・永原編『中世の社会と経済』所収)に示された表によって明らかである。

(37) 稲垣泰彦「日本における領主制の発展」(『歴史学研究』一四九号、一九五〇年)をはじめ、この見解は現在もなお通説といってよいであろう。

(38) 大山喬平「国衙領における領主制の形成」(『史林』四三巻一号、一九六〇年)等に指摘されている、太良荘の実例である。

(39) 大山荘の下地分割は、その好例であり、また在地領主間のそれではないが、この荘の執行・供僧間の分割、矢野荘の学衆・供僧間の分割も参照されよう。

(40) 新見荘の正中二年(一三二五)の地頭方実検名寄帳(「東寺百合文書」ク函一一号〜一九号)、矢野荘の正安元年(一二九九)の下地中分の帳(「東寺百合文書」み函八号㈠)、また太良荘の地頭得宗代官の行った正安四年(一三〇二)の実検名寄帳(『教王護国寺文書』一九五号)等参照。それはいずれも名を基礎にしており、そこに領家方の検注と異なる点を見出そうとする従来からしばしば行われてきた試みには、無理があろう。

(41) その意味で、名が半名・三分一名・四分一名等に分割されてゆくことは、「下地」の中分・分割とまったく本質を同じくする現象と考えることができる。

(42) 米は、金属貨幣とともに、重要な富の形態であったと思われる。人間もまた、ここでは商品となりえたであろうが、それが一般化する条件は、この時期の日本にはなかったと思われる。

(43) 三浦圭一「中世の頼母子について」(『史林』四二巻六号、一九五九年)にその指摘があるが、最近、佐藤和彦が「鎌倉末・南北朝期における領主制展開の要因」(『歴史学研究』二七九号、一九六三年)で紹介した、正和四年(一三一五)の兵庫関悪党乱入の事件は、その好例であろう。

(44)「悪党」について、これをただちに地域的封建領主を志向する、反幕府・反荘園的な在地領主の行動とみる見方が当っていないことは、拙稿「鎌倉後期における東寺供僧供料荘の拡大」(『日本史研究』六九号、一九六三年)で多少のべた。いま、そうした領主の典型とされた矢野荘公文寺田法念を例にとれば、彼は領家藤原範親とつながりつつ地頭との間に中分をおしすすめ、領家が東寺となると、その雑掌とともに南禅寺領別名に乱入し、東寺の追及をうけると、前領家冬綱と結ぼうとするなど、けっして単純に「反荘園的」な動きをしていたわけではなかった。しかも、彼とともに南禅寺領に乱入した東寺雑掌が、石見註記覚海といわれた山僧であった点、前注の兵庫関に乱入した悪党のなかに、同様「註記」という地位にある山僧が多数加わっている事実とともに、とくに注意する必要があろう。それは、この時期の在地領主が、どのような人々と結び、どのような方向に動こうとしていたかを示す一例になろう(「東寺百合文書」ヲ函二号㈠、正和四年十一月日、南禅寺雑掌申状案)。(なお「註記」についてては菊池武雄氏の御教示をうけた)。

(45)前注の覚海をはじめ、山僧については周知のことであるが、太良荘を一時期、「借上」げたと思われる小浜住人石見房覚秀は、「熊野上分物」を経入れており、山伏と深い関係にある人であった(「白河本東寺百合古文書」一一一)。また備後国大田荘預所、和泉法眼淵信も、よく知られた例であろう。なお、このような人々の活動に、神社等の「上分物」の果した役割が大きかった点は、今後追究さるべき課題であろう。

(46)従来、流動・競合の側面に、本質が求められていたため、固定化の側面の評価がおちてしまっていたように思われるが、むしろ逆で、固定化の面にこそ、なお主要な側面があったと考えられる。

(47)鎌倉後期の得宗・給主・給主代の関係は、その好例であり、東寺領荘園の場合も、ほぼ一般的に、鎌倉末期以降、しだいにこのような形が定まってきたといえる。

(48)弓削嶋荘の弁房、平野殿荘の平光清、太良荘の脇袋彦太郎および宮川の非法等を参照。

(49)「東寺百合文書」ッ函一九一号、二月日、太良荘百姓等申状は、その一例になろう。注(18)参照。

(50)黒川直則が、「守護領国制と荘園体制」(『日本史研究』五七号、一九六一年)、「中世後期の領主制について」(『日本史研究』六八号、一九六三年)で、室町期の代官=国人の役割について、用水・山林等の支配に注目している点など。

(51)南北朝末期から室町期にかけて、諸荘園の散用状にみられる田積・定米等がほとんどまったく固定してくることは、支配者の衰弱を示す一面もたしかにあろうが、それのみでかたずかぬ問題を含んでいると思われる。例の『倭名類聚抄』と『拾芥抄』との比較についても、なお考えるべき問題が残っている思う。

(52) 農書の欠如等、よく指摘される事実であるが、前注の現象も、この面からも考えてゆく必要があろう。

(53) 最近では永原慶二「南北朝内乱」(岩波講座『日本歴史6』中世2、一九六三年、前掲佐藤和彦「鎌倉末・南北朝期における領主制展開の要因」、三浦圭一「中世後期の商品流通と領主階級」(『日本史研究』六五号、一九六三年)等に、この面の指摘がある。

(54) 当然それは、中央勢力=室町幕府からの政治的・軍事的な意向が入ってくるのをさけることはできなかったので、瀬野精一郎「松浦党の一揆契諾について」(『九州史学』一〇号、一九五八年)、川添昭二「今川了俊の南九州経営と国人層」(『九州史学』一〇号、一九五八年)にすでにその点の指摘があり、最近の福田豊彦「第二次封建関係の形成過程」(安田元久編『初期封建制の研究』吉川弘文館、一九六四年、所収)も、この点を論じている。

(55) 竹内理三『寺領荘園の研究』畝傍書房、一九四二年に醍醐寺の公事体系の詳細な表示があり、渡辺澄夫『畿内庄園の基礎構造』吉川弘文館、一九五六年、にも長講堂領の例をはじめ、多くの例があげられている。

(56) 供僧供料の年間の配分は、一月—平野殿荘、二月—新勅旨田、三月〜五月—太良荘、六月〜一二月—弓削嶋荘となっていたが、変動が辿れるのは、新勅旨田・太良荘のみである。なおこれについては、拙稿「東寺供僧供料荘における年貢収取体系の発展と停滞」(『史林』四七巻三号、一九六四年)参照。

(57) 荘園についてはその実例は多いが、公領でも事態は同様であり、たとえば若狭国の国衙領は、鎌倉末期、国衙と税所・税所と領主の間で激しく争われていた(「東寺百合文書」ュ函一二号、文永二年十一月日、若狭国惣田数帳)。また院・天皇家等の課役賦課に苦しむ貴族たちは、荘園を争奪するとともに、その知行国の国衙領の拡大につとめる。鎌倉後期に、しばしばみられる国衙による荘園の転倒の背景には、こうした事実があった。

(58) 東寺領荘園における供僧・執行等はその一例になろう。

(59) 永原慶二「荘園制解体過程における南北朝内乱期の位置」(『経済学研究』六、一九六二年)、宮川満「荘園制の解体」(岩波講座『日本歴史7』中世3、岩波書店、一九六三年、参照。宮川の表現に従えば、これは本所—領家—預所型荘園の解体と、その本所(領家)—預所型荘園としての存続を意味する。

(60) 上島有は前掲論稿で、検注の集中的に行われた時期として、鎌倉初期とこの時期をあげているが、前者は荘園の確立期の検注、後者は発展期のそれと理解できる。

(61) ここに初期と質的に異なる新たな体制を見出すことのできぬ点については、第一節でのべたが、この時期の検注が、多く下地中分や荘務権所有者の交替等を契機に行われる事実も、合わせて考慮する必要がある。

(62) 熱田公は「室町時代の興福寺領荘園について」(『史林』四四巻三号、一九六一年)で、均等名体制の持続、それにともなう年貢・公事の固定に注目し、これを興福寺領荘園の特色と限定しているが、それは広く一般的にみられる現象と考えられる。

(63) 黒川直則は前掲「中世後期の領主制について」で、このような所職を保証していったところに、室町幕府の役割を求めている。

(64) 永原慶二「南北朝~室町期の再評価のための二、三の論点」(『日本史研究』六〇号、一九六二年)は、この面をとらえ、この時期を「領主的諸階層の自由競争期」と規定し、その点から鎌倉期と区別される「発達した封建制の第一期」をここに求めている(「時代区分論」、岩波講座『日本歴史22』別巻1、岩波書店、一九六三年)。

(65) 藤原隆信の子孫として、矢野荘例名を相伝しながら、経済難に苦しみ、荘の一部を他人に沽却し、ついに荘全体を失った範親とその養子冬綱の場合などは、その一例であろう。

(66) このような所職を給し、充行うことによって、被官関係が結ばれてゆくが、室町幕府をその頂点にもつこのような関係を、ただちに鎌倉期と本質を異にする真に土地支配を基礎とした封建的知行関係と考えることは無理のように思われる。所職の重層的所有体系といわれた関係は、たしかにいちじるしく単純化されたとはいえ、こうした形で維持されたといえるのではなかろうか。と同時に、その関係を媒介する所職が、さきのような性質のものになっていることから、南北朝・室町期の主従関係の契約的・打算的性格がでてくるのではないだろうか。

(67) 井ケ田良治「半済下の庄民生活——若狭国遠敷郡太良荘」『史林』四二巻六号、一九五七年、を参照。

(68) この見方は、松本新八郎によって強調された見解である(『中世社会の研究』東京大学出版会、一九五六年)。

付論3　十三世紀後半の転換期をめぐって

まえがき

安良城盛昭の問題提起が行われて以来、すでに一〇年に近い年月を経た現在、日本の中世社会を世界史のなかにどう位置づけるか、またその時期区分をどう意義づけるかについては、まだ本当に固まった見解をえていないといわれよう。

安良城の見解に対しては、一方では従来の南北朝期に時代区分の画期を求める立場からの批判が、種々の反省と修正を加えつつ展開されるとともに、他方これを契機に戦後の中世史研究に根本的な反省を行うことによって、新たな構想を生みだしてゆこうとする努力がすすめられた。そのなかで封建社会ないし農奴制の理解が深まり、多くの実証的な個別研究が積み重ねられることによって、いまようやく世界史の基本法則の再検討を通して、新たな中世社会の位置づけを行うことが日程にのぼろうとしているのである。しかしまた一方で、このような混迷が歴史教育の分野に与えた影響を考えると、これは中世史を学ぶ者にとって、容易ならぬ意味をもった問題といわなくてはならぬ。

この混迷を克服すべく、ここ数年めざましい成果をあげているのが日本史研究会中世部会のメンバーであることは、あらためていうまでもないが、いまここで主としてとりあげようとする黒田俊雄「鎌倉時代の荘園の勧農と農民層の構成」(『歴史学研究』二六一号、二六二号、一九六二年)、大山喬平「中世社会の農民——特に初期の農業経営と村落構造をめぐって」（『日本史研究』五九号、一九六二年）も、またその方向に向って一つの構想を示したものといえよう。

黒田はそこで、荘園を一個の封建的土地所有者とし、名主もまた農奴とするその構想を一層充実させた。大山も従来から追究してきた中世の農民の性格をさらに明らかにすることによって、日本の農奴制のもつ特殊な問題について新たな視野をひらいた。

両者の論稿は当面主として、鎌倉初期の問題に焦点が合わされているが、黒田の場合、それが「鎌倉末南北朝旧名解体論」に対する批判の角度を伴っており、初期の小農民の「自立性」についての強調も、一つにはその面からなされているように思われる。

結局それは、中世社会の時代区分上の画期をどこに求めるか、という問題につながってくることであるが、一方黒田・大山はその所論の基礎の一つを『教王護国寺文書』の刊行によってはじめて紹介された、若狭国太良荘の新史料に求めている。これについては、すでに早く佐藤原によって、全面的な分析が試みられており（「惣村の成立と構造」（『文化』二五―二、一九六一年）、私自身も思いついたことを多少のべてみたことがあった（「若狭国太良荘の名と農民」『史学雑誌』七〇―一〇、一九六一年）。

いまこうしてこれらの論稿に接してみると、考え足りなかった点に気づき、改めて教えられることが多いが、ただ十三世紀後半の時期に一つの転機を考え、その前と後にかなりの事態の変化をみる見方に立って考えると、これらの論稿の観点がそのままに貫かれた場合、その変化の意義がうすれてしまうように思われ、若干の異論のでてくるのをおさえることができなかった。ここに再三の重複をあえてしようとするのは、一つにはこの点にふれたかったからで、史料に則してでてきた疑問を通じて考えているところをのべ、教示を仰ぎたいと思う。ただ黒田・大山とも、鎌倉後期の問題についての検討を今後に約しているので、その成果の公表とともに氷解する問題も多いことが充分予測できるのであるが、一応ここに、このような形で疑問をのべることを許していただきたい。

1

黒田は問題の出発を建長六年（一二五四）の(A)実検取帳（『教王護国寺文書』五九号）、(B)実検取帳目録案（『東寺文書之一』は一二）、及び建長八年（一二五六）の(C)勧農帳案（『教王護国寺文書』六〇号及び『東寺文書之一』は三号）の三者の間に、それぞれみられる食い違いに求めている。前二者のそれからは、当時の耕地の粗放性ないし可変性という注目すべき結論が導きだされているが、黒田の主要な論点は、なにより(A)と(C)との食い違いの理解に集中されているといってよい。黒田はここに、前者を基礎として成立した後者の「虚構」を見ようとしており、保有を示す「作手職」と身分を示す「名主職」という理解も、またその点から推論している。それは一面では、勧農帳における一色田と均等田との関係としても現われるとしているが、このような理解の上に立って、名主身分の荘園内における下級管理者的性格が注目される一方、「中世的水準での自立生活が可能であり得た」小百姓が封建的小農民層として見出されてくるのである。そしてさらに、「勧農権」をもつ立場にあった名主に、「日常的末端的な農民と生産の管理」を委ねることによって、在地することをしない雑掌のあり方に注目し、そこにこそ都市に住む貴族階級による荘園支配が成立しうる鍵があったとして、中世荘園制の特質をこの点に求めている。

これはすでに一個の体系的な見解であり、この体系全体に批判を加えることは、現在の私の力の及ぶところではない。しかし果してこの荘に則してそういうことがいいうるか、またいいうるとしたらどこまで可能なのかを考えてみたいと思う。

いまふれたように、黒田の所論の出発は主として(A)実検取帳と(C)勧農帳の違いにあるといえるが、それは黒田のいう「名主職」ないし「均等田」に関しては、黒田自身が附記でのべたように、(A)と(B)実検目録との違いに還元することができるように思われる。それは五反の佃、五反の六斗四升八合代の田地が目録に見出され、また雑公事の椎五斗が「名別一斗」の別で定められていることからも明らかであるといってよい。とすると、取帳の読み合せが終った四日後（建長六年（一二五四）十一月二十七日）、目録が作成された時に、すでに均等田をもった「名主職」が成立していたことになるので、当面「勧農」ということと、こうした均等な名を結うということは、一応切り離して考えねばならぬこととなってこよう。[1] 黒田自身、必ずしもこれを直線的につなげて考えているわけではないようにも思われるが、少なくとも、この勧農帳を基礎にして「均等田」を与えられたことが、すぐに「管理（＝「勧農」）の責任と権利を表示する」（二六一号）とはいいえないのではなかろうか。その点をまず最初に確認しておきたい。[2]

（A）と（B）にみられる食い違いは、この上に立って考えられねばならないが、それにしてもなぜこのような整然たる均等名が現われたのか、実検取帳にみられた時沢・真利・勧心等六人の百姓の土地が名に結われた時に、なぜ田数を多少とも増減されているのか、このようなことがどうして可能だったのか、さらにまた重永のみは、どうして他の六人と違った取り扱いをうけたのか、[3]（A）に現われ（C）で姿を消す人、また（C）ではじめて現われる人はどこにゆき、どこからきたのか、等々の数多くの食い違いは、様々の推論をそこにいれる余地を残している。

（A）と（B）との食い違いから、黒田の推論した点（「II耕地の状態」参照）は、むしろ、この問題に生かすことができるようにも思われ、[4]また（A）と（B）について、黒田自身の展開した所論も、さきの事実を前提においても、なお一つのすぐれた推論としての意味を失わぬであろう。また一方、この点に「一色田作人層」を排除して、特権的秩序を在地に形成しようとする上層有力農民層の動きをとらえた、国衙ないし荘園領主側の政策による本名体制の成立を見ようとする大山の見解があり、他方佐藤は、名主連合と領主との間の協定の成立を、そこに見出し、惣村成立の淵源をこの動きに求めている。そこには三者それぞれの視点、ないし重点のおき方の違いはみられるが、この時期に小農民と、それに対立する名主身分の人々を考え、またその動きのなかに「村落共同体」ともいうべきものを見出そうとしている点では、ほぼ共通の認識の上に立っているものといえよう。

たしかに、この時期にすでにこうした動きのあった一面のあることは私自身も異論はないが、ただ建長六年（一二五四）という年が、この前後のこの荘の動きのなかでもっている多少特殊な意味を考えると、その側面のみを強調することは、鎌倉初期と後期の問題の違いを見失わせてしまう結果になるように思われた。これらの点についてはすでに前掲拙稿（「若狭国太良荘の名と農民」）でも多少ふれたつもりであったが、ここでは、むしろ黒田・大山・佐藤の論旨に即して考えてみたく思う。

2

実検目録の作成の過程に、領家――ここでは真行房定宴――の作為の加わっていることは、もはや明らかである。そして、それはたしかに、一種の「虚構」といってもよいような形をつくり出したのであるが、他方その基礎となった実検取帳自体、保有の「実態」そのままを示しているとは、もとよりいいえないであろう。その点は、黒田も指摘しているが、それは建保五年（一二一七）と、嘉禎二年（一二三六）の二回の実検を経過し、ある場合には、地頭代によって抜きとられて他名に付され、また逃亡した百姓（助国）の田地を加え入れるなどの動きを経た上での「実態」であったことは、いうまでもなかろう。とすれば、当然そこにはすでに様々の「虚構」の入っていることを前提にしなくてはならないのであり[5]、もし、ここで一種の「虚構」を問題にしなければならないとすれば、それは定宴と勧心等の百姓との間に結ばれた関係からでてくる「虚構」の特殊な意味こそが問題にされねばならない。と同時に、またそうした虚構の入ってくることを可能にするような名の「実態」を考えてみる必要があろう。

そしてまた、このように考えてくると、前掲の拙稿でも多少ふれたように、こうした百姓名を一個の経営そのものと考えることは、当然否定されなくてはならぬであろう。しかし、これは単にこの荘のみでなく、一般的にも充分いいうることのように思われ、その点については黒田（二六二号）、大山等の指摘は鋭く、従来の説の欠陥をついて誤りないと思われる。渡辺澄夫の均等名についての研究も、またそう考えたときに、一段と意味をましてくるように思われる。

それは戸田芳実・大山等のいうように、土地私有の大きな前進を示すものであり、たしかに一個の「私領」とまでいうことができる一面をもっているといえよう。しかしとくにこのような百姓名の場合、このころまでなおかなりの不安定をまぬがれなかったことに注意される必要があろう。承久の乱前後のころまでの激しい政治的変動が、これらの百姓（有力農民層といってもよかろう）の地位を、どんなに不安定なものにしたかは、いまあげたこの荘の例にも如実に示されているといってよかろう（『東寺文書之二』ほ一七号、寛元元年十一月廿五日、六波羅裁許状）。そして、そこから脱することが（この荘では地頭の圧迫に抵抗して）この時期の百姓の強い願いであったと思われ、定宴の「虚構」は、まさにこの要求に答えて作り出されてきたものであった。そして、それは寛元・宝治のころ、彼が六波羅や関東の法廷で、身をもって地頭と争ったという努力に支えられていたのであり、勧心・時沢・真利たちが、後年の表現ではあるが「至七代不可存不忠不善」と起請文を書いて、彼に忠誠を誓った理由もまたそこに求めなくてはならない（「東寺百合文書」ア函三四号、正安二年三月日、預所陳状）。

建長六年（一二五四）は定宴自身の地位のある程度の安定の上に立って[6]、こうした関係が、はじめて一個の体制として形を与えられた時点だったのであり、そこで作成された目録は、たしかに「協定」の成立（佐藤）とも、本名の「固定化」（大山）とも、また一種の「虚構」（黒田）ともいいうるではあろうが、そうした表現以上の生々しい主従関係を集中的に表わした「虚構」としてとらえられる必要があろう。

それは一面では定宴の立場が貫徹されたことの表現であった。たとえ、そこにいかなる譲歩と妥協がなされていようとも、この時期の彼は名主たち自身を、いわば「所従」とみなしうる立場にあったのである。従来の名を解体して多くの田地を一色分に繰り入れ、名を均等に整えて公事収取を軌道にのせ、そのために多少の土地の入れかえをもしたと思われる、この時の彼の操作は、一見大胆な処置とみられようが、こう考えてくれば、むしろ自然であったといわれるであろう。そして恐らく現に活動し、彼に協力したと思われる人々の名前で名を与え[7]、しかも補任状を与えることもしなかったと思われる彼の処置のもっている意味[8]も、またこのことを背景においてはじめて生きてくると思う。それは、ある意味では平安末期以来、荘園領主側の行ってきた荘の体制確立のための積極的な努力の流れのなかで理解することができ、この荘では、この時点にいたってようやくそれが実を結んだものといわれよう。

もとより他面、それが百姓たちの強い要求のゆきついた結果であったことはいうまでもない。定宴のような人の保護の下で、彼らの土地私有はここにはじめて安定したものになることができたのであり、彼らが「七代までも」ということをいったのは、この時期には一応その真情を示したものであったということができるであろう。しかも彼らは、定宴が形の上では一色分の土地にいれた田地を、あらためて各名に付して与えられており、そこには目録作成前の彼らの実力(実検取帳にみられる)と訴訟にあたっての功績を充分に考慮したあとがみられるのである[9]。多少土地の入れかえはあり、減田された場合もあったとしても、ある場合に、それは黒田のいう通り、彼らの「ごまかし」ないし定宴の黙認による形だけのことであったとも考えられる(黒田、二六一号)。ある意味では均等名という形自身が、彼らの要求の実現であったとみることもできよう(前掲渡辺『畿内荘園の基礎構造』三九一頁)。しかも彼らは、そこにとどまろうとはしていない。佐藤も指摘し、また前掲の拙稿でもふれたように、彼らは「内免二町」を要求し、また勧農によって増加した「所当増加徴分二六石」を拒否して訴訟を起こしているのである[10]。

ここに百姓の強さを見出し(佐藤)、また「荘園内の下級管理者」たろうとする名主たちの要求をみることは(黒田)、たしかに可能といえよう。しかし一面、この要求は決してここでは認められておらず、「訴訟……未事切」とされている点を見落すことはできない。まもなくそれは事実上の黙認をかちえたとはいえ[11]、この時期にはなお合法的なものではなかったのである。正式の補任状を彼らに与えなかった定宴の立場は、やはり曲りなりにも貫かれているといわなくてはならぬ。

とすると、この時期の名主たちを、「荘園内の下級管理者」として、勧農権を掌握した「政治的には支配身分」と規定した黒田の見解（二六二号）は成り立たないことになってくるのではなかろうか。もちろん名主たちが、事実上そのような機能の一端をになっていたと推測することは可能であり、大山のいう「名主散田」という規定も、同様の点をついたものであるが、しかし、それを一個の権利として政治的に確認されたものとみなすことには躊躇せざるをえない(12)。たしかにその土地私有を公認させるだけの力をもっていた点で、彼らは小百姓たちに比べて優越した地位にあったとはいえ、この時期の彼らは、なお被抑圧者であった。それは彼らの土地私有が、地頭の圧迫をうけ、結局は均等な名として、荘園の枠内にきびしくしばられることによって、はじめて確認されている点に、なによりよく現われているのではなかろうか。いわゆる領主名と百姓名のちがいは、このような点に最もよく現われているように思われるので、もしも、この時期に黒田の想定したような事態を現実のものとして考えてしまうと、なんで正安のころ、定宴の孫娘があえて現地に下り、きびしく収納を行わなくてはならなかったのかは分らないことになるのではなかろうか。それはまさしく、変質し失われようとする勧農権、ひいては百姓たちに対する支配権を維持しようとする努力ではなかったのか。

そして、この時点にまで下れば、百姓たちは彼女に強く反撥し、支配者側の矛盾を利用しつつ、ついに彼女の失脚のもとをつくり出しているのである（拙稿「鎌倉時代の太良庄をめぐって」『史学雑誌』六七—四、一九五八年、参照）。すでにさきの内免の田は、このころには黙認をこえて公認されようとしており（注(11)参照）、ここまでくれば黒田のいうような下級管理者（前掲拙稿では適当な言葉ではないが「小荘官」といっておいた）として、一般農民にのぞもうとする名主たちの立場は、現実のものになったといわれよう。しかしまたこのころには、初期の「勧農」ということそれ自体が、次第に現地の新しい発展のなかで意味を失い、形をかえていることにも注意されねばならぬであろう。名主職にせよ、作職にせよ、補任状をうけるかわりに、任料を出すような関係が、そこでは次第に支配的になろうとしているのであるが、[13]このような動きの一切が表面に現われてきたのは、やはりこの荘では十三世紀の後半、文永のころに求めることができる。名主の地位をめぐる相論の頻発するなかで、百姓名の補任状がはじめて現われてくるが、またその意味で失われてみることのできぬ弘安の勧農帳（弘安二年）は、たとえその方式は建長のそれと同様であったにせよ、その意味は建長の時とはかなり違ったものになっていたとみなければならない。[14]

初期の主従関係は、ここに明らかに変質しはじめているのであるが、それでは初期のそれにいかなる規定を与えたらよいのか。名主を本質的には農奴と規定する黒田の立場は明瞭であるが、これについては今の私には断定する力はない。ただ、たとえその方向を認めるにせよ、小百姓をふくめて「土地緊縛規定」をもたない、この当時の農民の一種の「自由」さのもつ意味は、[15]なお深く追究される必要があると思われる。

また建長のころのこの荘では、いまのべてきたように、このような主従関係が一応は貫かれているのであるが、ただそれを変質させてゆく要因の動き出していることも、また確認される必要はあろう。この荘の均等名が渡辺の示した多くの事例のなかで、ある意味では最も徹底した形をもっている一方、一色田は興福寺領の場合とちがって、均等田に付された不均等なものになっている点は、このような事情から考えてゆく必要があるのではなかろうか。[16]その意味で定宴は成功した荘園経営者のいわば最後の人に属するのではないかと思われる。

3

さきに承久前後のころの百姓（名主）の地位が、決して安定したものでなかったといってきたが、それは小百姓といわれた人たちにおいて、当然より深刻であった。

この荘についてみても、地頭によって不当な罪科に処せられ、ついに売り払われなくてはならなかった間人、[17]地頭と名主の間のもつれのなかで、逃亡しなくてはならなかった竜光法師など、多くの例がそこに見出される。しかもこれらの人々の地位の不安定は、こうした外部からの要因だけでない、当時の生産力にねざしたものであったのであり、「勧農」が必要とされた理由もまたそこに求められているのである。

その意味で、寛元の訴訟の解決、建長の体制整備は、なによりこの人たちにも一種の安定感を与えるものであったといえるであろうが、大山の指摘した通り、ここでは、これらの人々の土地保有はなお本当に公認されたものではなかった。実検取帳に現われながら、勧農帳では姿を消し、名の背後に姿をかくしてしまう人が、神寺田関係の人以外にも何人かみられることは、そのことを示しているといえよう。大山もいう通り、ここでやがては「相伝の名田」になりうるものを確保することに成功した人々とちがって、彼らはその背後にあって「年々充て作らせる」という地位に甘んじなくてはならなかった。そして建長の体制は、一面ではこのような状況を「安定」させた点に、一つの意義を求めなくてはならぬであろう。

大山はこの点からさらにすすんで、これら「一色田作人層」に対して、特権的な地位を要求する名主たちの動きを考えている。それは黒田のかつて提起した、「中世村落の座的構造」という問題にもつながるものであり、いままで注目されていなかった分野に新たな視点を与えたものといえる。それはそれとして承認されなくてはならぬ一面をもっていると思われるが、他面それが大山自身のいう通り「耕作権の未確立」な一色田作人層に対する動きであった点を考える必要があり、名田についてもすぐに「相伝」ということをいいえぬような状況のなかで起こっている動きであった点に注意を向ける必要があろう(18)。

こうした点にみられる土地私有の不安定を考えた場合、さきの名主たちの動きから直ちに「村落共同体」を考えることは、やはり躊躇せざるをえない。そういう概念をもし使うことがゆるされたにしても、それは少なくとも地縁的な関係で強固に結ばれたものとはいえぬであろう。そこにはなお、人を「所従」として扱い、「親類下人」としてとらえるような動きが一面に貫いていたといえよう。その意味で、この時期の村落においては、土地に対する関係と人に対する関係とは、なお別個のものとして考えられなくてはならぬのではなかろうか。

大山もまたその点を見落してはいないのであるが、大山が指摘したような私的隷属を阻害する条件、また黒田のしばしばいうような「百姓之習一味也」という地頭代の発言にみられたような要因は、他面たしかに働いていたことも認められなくてはならない。しかし前節で一言ふれたような（注(15)参照）、また大山が、この稿で見事に分析したような農民の「自由」な性格を考えてみると、そこには氏族共同体以来の流れすら、考えられるのではないだろうか。全く変貌したものではあれ、そこには氏族共同体以来の流れすら、考えられるのではないだろうか。どんなにみじめなものになっていたにせよ、それはなお自由な人々の共同体の性格を失っていないのではなかろうか。こうした共同体のもつ、長い生命力を考えると、それは不自然なこととは思えないのであり、この時期の主従関係のもつ、一種「氏族的」な素朴な性格もそこに想起されてくる。この点については今後さらに考えてみたく思うが、しかし彼ら小百姓もまた、そこにとどまろうとはしていない。建長のころには、すでにこれらの人々の土地保有も、次第に固まる方向に進みつつあったように思われる。これらの人々の土地に新田の多いことも、注目されてよいと思うが、わずか二年の間隔ではあれ、実検取帳と勧農帳にみられる一色田の作人の土地に移動が余りみられないことにも、それがうかがえるように思われる（黒田、二六一号附表参照）。また、これらの人々の生活が初期のころから必ずしも特定の名主にきびしくしばられるようなものでなかったことは、前稿でも多少のべたが、それがこの時期には新たな意味で生きてくることになっているともいえるであろう。(19)

大山の指摘したような、名主たちの特権的地位を確保しようとする動きは、この時期には「訴訟……未事切」とされた内免に対する要求として現われているといえようが（前述）、それはまさしくこうした一色田作人層の動向に対応するものと理解しなくてはならぬのではなかろうか。そしてこの動きの進行にこそ、地縁的な共同体を固めてゆく方向があったものと思われる。

こう考えてくると、黒田のいう「作手職」は、この方向のなかではじめて本当に問題になってくる性質のものであり、その淵源は、たしかに建長のころ、ないしそれ以前にも求めることはできるであろうが、しかし、その時期にすぐに「名主職」と「作手職」という明確な対立を考えることに疑問をいだかざるをえないのである。[20]

4

いままで主として黒田・大山の太良荘についての見解を中心に、私の感じた疑問をのべてきたのであるが、黒田の立場に立ってみれば、それは結局「従来の鎌倉末・南北朝期旧名解体論」（二六二号）の一変種にすぎぬといわれるであろう。たしかに問題は、最初にのべたように十三世紀後半の転機をどう評価するかにかかっており、それを境に鎌倉初期と末期以後の問題を区別して考える立場から、すべてのいままでの疑問はでているといってよいであろう。この点については、いままで別に種々の形でのべてきたことであるが、ここに多少一般化して繰り返しのべて、批判を仰いでおきたく思う。

さきにのべたように、初期の体制の変質がはじまってくる転機は、この荘では明らかに文永のころに求めることができるが、その契機をつくりだしたのが、名主の親族——恐らくは当時小百姓の扱いをうけ（宗氏）、ある場合は荘外に逃散していた人（国安）の不満であった点、またそのなかで「所従」といわれた人々（重真等四人）が、名主職を得てゆく動きのみられた点は、やはり注目されてよいことだと思う。ここに「家内奴隷の自立」をみる見方があたっていないことは、もとよりいうまでもないが、そこに初期の段階で、なお不安定をまぬかれなかった小百姓たちの土地保有が、固まってゆく動きをみることは可能であると思われる。やがてそれは「重代の所職」とまでいわれるようになってゆくのであり（前掲拙稿）、黒田の論旨に即していえば、建長のころに潜在していた「作手職」は、ここではじめて表面に現われるきっかけをつかんだものということができよう。

黒田が石見房の例によっていったような、貨幣流通が小農民層に及ぼす影響も、またこのころになってはじめて本当に問題にすることができるのではなかろうか。[21]こうした点については工藤敬一による問題提起がすでにあるが（「鎌倉時代の領主制」『日本史研究』五三号、一九六一年）、鎌倉中期の生産力の発達は、社会的分業の発展という形で現われてくる面があったことは周知のことであろう。しかし、その動きは一方で種々の形での私有を発展させ、それがまた生産力の発展に刺戟を与えるという関係がみられたことに注意する必要がある。

例を漁場にとれば、それが本当に成立してくるのは、この動きのなかのことであったと思われ、田畠・入会地等の私有の発展にともなって、ここにはじめて地縁的な共同体の成立する基礎が与えられたといってよいのではなかろうか。佐藤の指摘したように、共同体外部の名主職所有者のもつ権利を、事実上浮き上がらせ、やがては排除してゆく動きがはじまってくるのは、やはりこのころからのことであったと思われる。[22]その意味で、都市と対立する農村、農村に対する意味での漁村は、その最初の基礎をこの時期にすえられたといえよう。[23]

しかし問題は、ここで「所従」「小百姓」のかちえたものが、結局は「名主職」であり、また「作職」であった点にある。それはいかなる意味でも旧い体制内部のことと考えなくてはならないのであり、安良城盛昭の所論はこの面を徹底的についた点に成立しているのであるが、どうしてそのようなことが起こったのか。それをとく鍵の一つは、この時期の名主たちの動きに求められるように思われる。

名主職の相論にあたって「今日者雖為人之上、明日者又為身之上者歟」といった名主たちの連帯を、大山は鎌倉初期の問題の理解のために引いたが、それはまさにこのころ（弘安元）のことであった。そして、それが一面で、はじめて「相伝の名」を確保し、それを補任状で裏づけさせることに成功するという収穫をえるとともに、他方建長の名体制を固定化させる結果をもたらしていった点、前掲拙稿ですでにふれた。その意味で大山が名の「固定化」を鎌倉初期に求めたのは（五頁）、表現としても適当でないように思われるので、本当に固定化がはじまり、旧い体制に停滞がみられてくるのは、鎌倉後期以後と考えなくてはならぬ[24]。

いままでこの現象は、本名ないし旧名の分解・解体といわれてきた。大山もそれを踏襲しているが、たしかに名を一個の経営体として考える立場に立てば、そういう表現が成り立ちうるであろうが、名を一つの体制とみる見方からすると、それは固定化ないし停滞以外のなにものでもないといえるであろう。

初期に安定した名が、あるいは半名、三分の一名という形で、あるいは多少新たな名をつけ加える形で、修正されながらも室町期にいたるまで名の名前はもとより、ある場合には田数までが全く固定したまま長く続いてゆく事実は、そのものとしてはすでに周知のことであるといってよい。この荘でも建長の体制は、助国名の復活という一部の修正をよぎなくされつつも、荘の終末までついに変ることなく、延々と維持されているのである[25]（前掲拙稿）。一方においては、新たな地縁的共同体が成立し、他方において旧い名体制が停滞する。十三世紀後半の転機は、こうした事態を生み出したのであるが、これはたしかに一個の矛盾であるといわれよう。惣村が一方において地縁的な村落といわれながら、他面自らを名の名前によって表わすことの多かった事実にも、その矛盾が現われているといってよい。しかし、まさにそこにこそ、南北朝・室町期の独自な問題があるとしなくてはならぬ[26]。

なによりそれは、新たな現地の秩序の成熟の度合、また社会的分業そのものの深さにかかってくる問題であろう。この点についても、最近の大山の論稿（「中世村落における灌漑と銭貨の流通」『兵庫史学』二七号、一九六一年）は、新たな展望をこの面に開いた。そこには丹波国大山荘の事実に即して、米穀生産力の低い地域にむしろ年貢銭納化の動きがみられることが示されているのであるが、太良荘において畠地の検注が鎌倉末期にいたって（正安四年）はじめて行われた点[27]、また一般に漁村の成立がこの時期に求めうると思われることなどを、それと合わせて考えてみると、思い当る点が多く、興味ある問題がでてくるように思われる。

そして結局は、このような状況にその原因が求められるにせよ、十三世紀後半以来の名主・百姓の動きはさきの矛盾を集中的に示しているといわれるであろう。

このころから、一般に百姓の未進が増えはじめ、損亡減免の要求がきわだってくるのはすでに周知のことであろう。この荘もまた例外でなく、荘の体制の動揺、支配者相互の分裂と対立はそのなかで起こってくるが（注(14)参照）、しかしこの動きが、決して百姓自身の言葉そのままに受けとれぬ、かなり政治的なものであったことは、少し細かく事態をみてゆくとすぐに気づきうることであろう。そこには対立する支配者の間に立って、自らを有利な立場におこうとする一種の打算が貫かれているのであり、自らの利になることならば、旧い主従関係にそむいても実力ある支配者に従ってゆこうとするような性質の動きがみられるのである。主従関係の変質と、さきにいってきたことは、具体的にはこのような過程のなかで展開してくるのであり、この点については、いままで種々の形でのべてきた。この荘についていえば、七代までも従者たることを誓った定宴をこえて東寺供僧につながり、新たな地頭の介入があれば、そこからも補任状を得るために積極的に動いてゆく百姓たちの動きに、それはよくみられるといってよかろう（拙稿「鎌倉時代の太良庄をめぐって」『史学雑誌』六七―四、一九五八年、参照）。

そしてまた、このような彼らの独自な動きが、未熟なりとはいえ、新たな社会的分業に支えられていたものであることはいうまでもなかろう。新たに展開しはじめた各地の市場が、名主をはじめとする百姓たちに、その独自な利害の追求をゆるすようになっているのである。もちろん支配者自身、このような動きの外に立ちえたはずはない。名田をめぐって、また入会地・漁場をめぐって、新たな富の形態になってきた貨幣を追求する在地の領主たちの動きは、ある場合は掠奪という形すらとって、貪欲に展開されてくるのであり、そのなかで旧い「道理」で結ばれた主従関係も、一旦安定した現地の秩序も、根底から崩れてゆかなくてはならなかった[28]。

いわゆる悪党的な人間はここに生れた。たしかにそこには、自らの力で前進を開始した農民たちのたくましさの反映はあり、また自らの利のためならば、旧い権威をふみにじって何ら顧みるところのない図太さがあったといわれるであろう。かつて、その点にしばしば「革命的」という評価が与えられたことがあったが、しかしこの人々の動きが、一面ではその利害を通すためには旧い体制を利用し（名の固定化自体、そうした一面があるといえよう）、そのためには実力あるものの意を迎える卑屈な言辞を弄して平然たる態度をともなっていたことも、また見落されてはならぬ。[29]ある意味では虫のよい公事の減免を要求しつつ、一方では自らを寺家の「末代御器」といって卑下したような、建武のころのこの荘の百姓の動きは、それ自体一種の図太さをもっていたとはいえようが、真に革命的なものとは程遠いものがあったといわなくてはならぬ（前掲拙稿「若狭国太良庄における惣百姓について」『史学雑誌』六八—一〇、一九五九年、参照）。

同様の点から、被抑圧者をさらにふみにじっても平然たる彼らの態度がでてくるので、かつて石母田正が、悪党の非論理性、頽廃性をついたのは、まさにこの面であったということができよう。[30]そこには新たな秩序への構想もまたうかがわれない。この時期の動きの弱さは、その点に如実に示されているといえるので、そこにこそ前述したような旧い名体制を延々と停滞させた理由が考えられねばならぬ。

こう考えてくると、南北朝の内乱は、たしかに鬱積したエネルギーのせきを切った爆発ということはできようが、そこに「革命」をみることは、事態の一面のみをとらえた誤りといわれるべきである。戦後、南北朝の内乱の意義を特に強調するために、松本新八郎の主張したことは、この時期の問題を考えてゆく上に、いまなお生きる大きな収穫を残したものといえるであろうが、そこに多少の無理が入っていたことが、このような誤りを導きだすことになったと思われる。[31]

と同時に、このことは「封建国家」にせよ、「国人的領主制」[32]にせよ、何らかの意味での確立された体制を十三世紀末葉以後、すぐに考えることも、また拒否することになろう。そこには、たしかに種々の方向からの模索は始まっていたとはいえ、従来の体制と本質的に異なる新たな体制に向っての原理も、構想もまだうみだされてはいないといわなくてはならない。

南北朝の内乱が、京都の公家政権の動きからはじまり、いかに新たなものをつけ加えようとも、結局は鎌倉幕府の継承者たる室町幕府を、延々二世紀にわたって生きのびさせたという、きわめてあたりまえの事実の意味を、もっともっと深くさぐってみる必要があるのではなかろうか。

かつて安良城盛昭の主張したことは、名を経営そのものとみた点に、例の家内奴隷制をめぐるさまざまの論争を生みだす結果をもたらした一面はあったが、なによりこの当然のことを一貫して主張し、「南北朝封建革命説」を打破した点に、その本当の意義を認めうるのではなかろうか。それによって中世から近世への過渡期の意義が、再び大きな注目をあびることになってきたことは、きわめて自然なことであった。

そして南北朝・室町の時期が、革命と躍進の時期というよりも、むしろ一種の停滞と混迷の時代として考える必要のある一面をもっていることは、いまなお案外見すごされているように思われてならないのである。

日本の歴史のなかに、また古代社会から封建社会への過渡期のなかに、こうした停滞と混迷がいかに多かったかを、あらためて考えてみる必要が、いままたでてきているのではないだろうか。十世紀以後の摂関政治百年の停滞、そしてこの時期の百年の混迷の意味を考えることは、近世、近代、そして現代の動きを考える場合にも、一定の意味をもってくるのではなかろうか。もとよりそこに、次第に新たなものをつけ加えつつ、ついには時代を転換させていった力の働いていることは見落されてはならず、その面の動きを細かく跡づける点で戦後の歴史学の貢献するところは、きわめて大きかったといえようが、他面その成果をさらに発展させつつ、こうした一面のもっている意味をきびしく見きわめてゆくことは、現在とくに必要なことのように思われてならない。停滞を根底から打ち破る、真の新しい力は、そこから生れるのではなかろうか。

黒田・大山の論稿は、この荘のことにとどまらず、広い視野から展開されたものであるが、それらが最も重点をおいている点にふれることなく、勝手な言葉を費す結果になったのは、全く私の無力のいたすところであり、この点、心からおわびしたい。またここでのべてきた論旨は、ほとんどが、ここ数年来いってきたことの繰り返しにすぎず、その意味で「表面的」な理解、「問題の所在不明」、「叙述的」というような、多くの人々から時にふれて耳にしていた批判に答えることになっていない点、合わせておわびをし、今後さらに勉強を続けてゆきたく思う。

（一九六二年四月二十二日稿。六月二十四日「まえがき」及び「注」を補正。）

あとがき

（1）周知の地頭による「二石佃」が、五人の百姓に五反ずつ充行われていたことから、この五名を寛元ころまで遡らせて考えることも可能であろう。そこではまた「彼佃往古六反也、雖然百姓等依歎申其内一反免除」といわれていて、のちに「当保元十二名也、而六名下地称保一色預所押領」（『東寺文書之一』は四一号）と地頭からいわれた六名は、この六反の佃を充てられていたものと考えられる。しかも寛元の六波羅裁許状では「百姓三人科料事」の条で「百姓助国逃亡之間、彼分佃一反付助国下作人、責取分米二石」といわれており、ここで免除された一反は助国の負担すべきものであったことを示している。ただ一方で助国の逃亡は「寛喜之比」（ヱ函四二号㈢、弘安十年五月十一日、助国名相論裁許状案、以下「東寺百合文書」は、函と番号のみを記す）とされているので、もしそうだとすると、預所が恐らく延応のころ、一二名を六名に結び直した時に助国の跡も、その六名に加えたことになり、多少疑問は残る。しかし史料の性質から、寛元のものが最も信頼できるので、ここでは一応それを助国の名としておく。黒田はこれを重永とするが、それを均等田と解することには無理があろう。黒田の論拠の一つは、一色田の田数（四町八反余）の一致にあるが（二六一号、一四頁）、名に付された一色田と散仕田一反をひくと、ほぼその数に近くなるので、必ずしも積極的論拠にはならぬと思う。

（2）黒田は多少の疑問を残しつつ、均等田形式のきまったのは建長八年の勧農帳作成の時としているが、それは支持できない。むしろ考慮に入れる必要があるのは、建長六年の実検自体がのちに「勧農」といわれている点であろうが、この意味の「勧農」は、ほぼ三年の間隔をおいて行われていることになるので、やはり均等田を与えることとはすぐには結びつけられぬであろう（注(14)）。

(3) 本文前掲拙稿では、これを生存していない人で、定宴によって解体され、一色分に入れられた名の一例として考えてみた。もとより、これも一つの推定にすぎないが、ただ一色分の方が、貞国の例にみられる如く（注(7)）、多少古い形をとどめていると思われたことと、名を与えられた百姓は明らかに当時現存し、定宴と生きたつながりをもった人と思われることから、そう考えてみた。なお、この点は注(1)の問題と合わせて後考を期したい。

(4) これは、きわめて興味ある見解であるが、黒田のひいた建長六年実検時沢名寄坪付注進状案（し函四二号㈡、建長七年八月日）は、黒田もいう通り南北朝期の訴訟の際の具書であり、文書そのものも難解な点が多い。しかしそれをそのまま認めるとすると、建長六年の目録作成から勧農帳にいたる手続きを示すものとして興味深く、すでにそこでは二町八反大という勧農帳の田数が確定されている。

(5) 「当保元十二名也」といわれた形のできたのは、建保の実検の時ではないかと思われるが、そのころから地頭佃が六反だったとすれば、これも一種の均等名であったと推測することも可能である。もしそうだとすれば、それもまた一つの虚構といわなくてはならぬ。嘉禎の国検は文永の惣田数帳に受けつがれていると思うが、そこでは六斗四升八合代の田は四反二四〇歩であり、建長の五反と食い違っていることも注意されよう。

(6) 建長七年に荘務は行遍の手から一旦供僧の計とされたが、そこで雑掌は案内者定宴たるべきことが口入されており（さ函一号、建長七年六月十二日、菩提院行遍書状案）、なお聖宴の力が働いていたにせよ、彼の地位に安定を与えることになっている。後年正式に預所たることを要求した定宴によって根拠とされたのが、このことだった点を注意する必要があろう。

(7) 取帳の貞国・安川にかわって宗清・宗安が名を与えられた点から、黒田は名主職の競望と交替を推測した。これは、この時期に名主職が確立したとする黒田の見解にも関係してくるが、後年に固定化する名が貞国名、安川名乃至宗安名とよばれていることに注意する必要があろう。名がこの時期に「固定化」したといえぬ理由はこの点にあり、また貞国、宗清、安川、宗安はむしろ密接な親族関係で結ばれた人々で、その間には実質上の譲与等の事態を考えた方が自然ではなかろうか。さきに一色田に貞国の名前のでてくるのを、旧い形といったのはその意味からである（注(2)）。

(8) 百姓名の補任状は文永十年（一二七三）に初めて書かれ、文永・弘安ごろの名主職の相論にあたって、名主たちは、根拠とすべき補任状をもっていなかったのである（拙稿「鎌倉時代の太良庄をめぐって」『史学雑誌』六七—四、一九五八年、参照)。

(9) 真利・時沢・勧心には五〜六反余の一色田が与えられ、のちに三人百姓といわれたこの人々の地位が確認されている。

(10) この「所当増加徴分」にこそ、この時の勧農の性格がはっきりあらわれている。目録の斗代と勧農帳の斗代の食い違いは前掲拙稿「太良荘の名と農民」(三八・四三頁）でふれたが、こうした斗代の増減の行われた結果は、こういう形で現われている。

(11) 文永三年には「百姓押募一町石代」(『教王護国寺文書』七一号）として現われ、以後建治二年までこの形はかわらない。あるいはこのころには、他の一町は公認されていたのかもしれないが、正式に文書に公認されてでてくるのは正安四年（『教王護国寺文書』一九五号、実検名寄帳）であり、そこでは「免」と「押募」という形になっている。佐藤はこの「除一反免」を地頭押募の一町と解したが、これは安追名一町であることは明らかなので、それこそが「百姓内免」の田地であったとみられる。

(12) 大山は、ここでひかれた末武名の相論の際の快深の発言について、慎重な留保の註を付しているが（二〇頁)、なおこれを初期の事態を理解するための参考と考えている。この点については重永の場合のように（注(10)前掲拙稿四一頁)、事実としては充分認められるといえようが、前述したような、この時期の名主自身の土地私有の不安定を考えると、このように考えざるをえない。やはりそれは領主名のことであったとしなくてはならず、大山の留保は、そのままに生かす必要があろう。また黒田が名主の勧農権の例として引いたのも、同様末武名の場合である。しかし本来は公文名で、下司名、預所名ともいわれたこの名は、百姓名となる以前から百姓に配分されており、百姓名の側面からみたとしても早くから（正嘉二年）補任状を与えられていたことが注意されねばならぬ。しかし一面、両者の指摘を考え合わせれば、「勧農以下沙汰」とは、まさにその重要な要素として「召付小百姓」ということを含んでいるのであり、勧農の意義を考える場合には注目してよいことと思うが、他面ここで小百姓といわれている人が、藤原氏女をさしていることも注意されよう。

(13) 名主職補任に任料をとった例は、末武名において最も早く（「東寺古文零聚」三、文永十一年九月七日、末武名任料送文)、一般の百姓名についても鎌倉末期には見出される（ユ函三二号(四)、元弘三年八月十八日、助国名任料請取状案)。しかしこれは補任状の現われる時点から考えてよいことで、主従関係の変質はまさに、この点に最もよく現われているといえよう（注(10)前掲拙稿)。やがて領家側は、そこに貨幣収入の一つの源泉を見出すようにすらなってゆくであろう。作職についても南北朝期に実円の非法として「地頭分一色、同屋敷田畠ハ作人重代所職也、而構新儀非法懸若干任料令私用事」(ヌ函六七号(二)、貞和四年五月日、実円所犯条々注文）といわれている点が参照されよう。

(14) 佐藤は「建長六年文永十年坪寄并勧農定」(『教王護国寺文書』一九五号）という言葉に注意しているが、そうすると、建長六年の目録作成自体が、「勧農」といわれたことにもなろう。前節の最初に考えたことも、（注(2)参照）このことを考慮に入れる必要がでてくるが、ここでは文永十年という年に注目したい。この年は内検注進状がつくられた年であり、このような注進状は文永三年を起点に、ほぼ三年の間隔で見出すことができる（黒田、二六一号、第五表参照）。とすると、このような間隔で「坪寄幷勧農」が行われたと解することもでき、事実、元亨四年（一三二四）十月日の検見目録（れ函四号）の作られた時には、その基礎として一筆毎の内検帳（『教王護国寺文書』四七八号）が作られたと推定されるので（この点、注(10)前掲拙稿五六頁で、損田・得田の田数が全く一致するとしたのは書き誤りで、その両者の合計は検見目録の「新田」と一致するが、内検帳が前欠のため損田得田は、ほぼ一致するものと認められたので、このように推定した。訂正しておきたい）このような手続きが、注進状の度毎に行われたと考えることも可能であろう。黒田のいったように、この四通の注進状は建長六年の実検目録を基礎として、そこに整えられた体制を完全に踏襲しているが、他面そこでは損田が次第に増加していることも見落とされてはならない。それはまさしく百姓の損亡減免の要求、未進の増加という事態に対して定宴のとった処置であったと考えられるが、しかもこのことが「勧農」といわれていたとすると、ここに「勧農」の変質過程をたどることが可能になってくる。建長の勧農が「所当増加徴分」を生み出したのに対し、ここでは損田が次第に増加し、所当米は減少しつつある。百姓の前進はこうした面から定宴の立場を崩しているのであり、勧農の性格自体、それをおしとどめることに重点が移っているのである。失われた弘安の勧農帳のもつ意味は、こうした過程を間において考えねばならず、たやすく建長のそれと同一視することは（黒田、二六一号、三頁）問題の所在を見失わせる結果になろう。定宴の代と娘浄妙の代との違いは恐らくそこにはっきりとうつし出されていたものと思われる。

(15) 貞永式目の「去留に於ては宜しく民意に任すべき也」という規定に関連して、この点は早く注目をひいていたが、最近安良城盛昭が名主に土地緊縛規定、武装禁止規定のない点から、その自由民的性格に注意したのをはじめ（『封建領主制の確立』有斐閣、一九五七年、一一八、一九八、一九九頁）、永原慶二も、畿内名主、辺境の在家農民、中間型の名主に農奴とはいえぬ前封建的性格を認め、それを自由民的側面としてとらえている（『日本封建制成立過程の研究』岩波書店、一九六一年、第六論文）。一方、大山も早くから中世農民の非農奴的性格を追究しており（「地頭領主制と在家支配」『中世社会の基本構造』御茶の水書房、一九五八年、所収、「日本中世の労働編成」『日本史研究』五六号、一九六一年）、この論稿もまたその線上において理解される。

(16) 興福寺領では一色田が名を均等にするために利用されており、この場合とは逆である。黒田はその意味で、この荘の名を不均等名ともいえるとし、「均等田」という言葉を一貫して使用しているが、その点はこんな風にも考えられないだろうか。

(17) しかし、逆にこのことは間人という身分の「自由」さを示している一面に注意しなくてはならぬ。いかに無実のものであれ、罪科ありという名目なしには、これらの人々も売買されることはなかったと考えねばならぬ。この点、大山の指摘した「中世農民の浮浪性」については、とくに注目する必要があろう。

(18) 大山のように、もしここで「相伝の名田」が成立していたのだとすると、なぜ弘安のころに名主たちが、大山自身ののべたような動き（第四節参照）をしてくるのかが、逆にわからなくなってしまう。また建治のころ、預所代静俊が百姓の田を奪ったとして訴えられ、ついに不信任されたという事実も、このような動きを背景においてはじめて生きてくると思う。

(19) 注(10)前掲拙稿では、これを新しい動きと理解しようとした一面があったが、これはむしろ初期の名体制に一般的なあり方であるといってよかろう。黒田の主張もまた一つにはそこにあるが、別に一例をあげれば、文治のころの伊予国弓削嶋荘でもみられる事実で、そこでも「下作人」は決して特定の名主の畠地のみを耕作しているわけではなかった（この点については、拙著『中世東寺と東寺領荘園』東京大学出版会、一九七八年、参照）。

(20) 黒田は名主職と作手職が分離したのは「本質的にすでに一色田が設定されたときからはじまっていた」（二六一号、一七頁）とするが、延応以前は末武名が預所名として百姓に配分されていて、いわば延応以後の一色田の役割をはたしていたと思われ、黒田の論理を貫くとこの分離の時期は、さらに遡る必要が出てこよう。結局黒田の主張は、特定の名主にしばられぬ小百姓の存在を明らかにする意味でなされているものと思われるが、そのような事態は、むしろ前注のように考えてよいのではなかろうか。そして文永のころから、このような事態に変化がはじまっていることを、ここでは強調したいのである。

(21) 石見房の事例は、きわめて興味をひくが、黒田の引用した文永十一年二月十六日、脇袋範継書状案（『東寺文書之一』は一一号）は、末武名をめぐる順良房快深と彼との相論がまさに始まろうとする時のもので、ここに石見房父子といわれているのは、あるいは快深とその父のことではないかと思われる。快深は当時の預所聖宴の下人といわれた人であるが、この辺をどう考えるかが一つの問題であろう。また元弘のころの石見房覚秀は「小浜住人」といわれており（『東寺文書之一』は一一一・一一二号）、後述するように荘の外部の人と考えられていたと思われる点も注意しなくてはならぬ。心の残る事例ではあるが、その意味で私にはまだ断定する勇気がない。

(22) 佐藤は、『教王護国寺文書』四四〇号、康安元年十月二十三日、未進徴符などによりつつ、法眼覚秀や脇袋国治が、この荘の名主職をいくつももちながら、この徴符には幸阿、乗違などの名前が名主として記され、彼ら自身は姿をみせぬ点に注目し、それを「加地子取得者対現実荘園年貢の負担者の関係」、「名主職所有者と作職所有者の分化」としてとらえた。

これと同じことは惣百姓の連署に関連してもいえるが（前掲「若狭国太良庄における惣百姓について」『史学雑誌六八—一〇、

一九五九年、四六頁）、その点は佐藤によってさらに明らかにされた。これは一方で佐藤のいったように、国人あるいは借上が、このような形で各地に所職を集積していったであろうことを推測させるとともに、他方この荘を中心とした地縁的共同体の発展を示しているといえよう。ある意味では、兵農、商農の分離の前提が早くもそこにつくり出され始めているといえるが、同様の事例は若狭国多烏、汲部浦においても見出される。ここでは文暦のころ、浦の近辺の山は周辺の浦々刀禰等に預けられていたが、文永のころから、この両浦以外の浦々の権利を「名主」として表現する動きがはじまり、ついに近世にいたればこの山は完全にこの両浦の領域になってしまうのである（「秦文書」）（拙著『日本中世の非農業民と天皇』岩波書店、一九八四年、参照）。

(23) ただ、この動きが逆に百姓自身を隷属民として、次第に土地に自らをしばってゆくことになっている点、十三世紀後半の時期のもう一つの問題があると思われる。前述した農民の「自由」な性格は、これを境にして次第に失われてゆくのであるが、これを社会的分業の発展にともない、古い氏族共同体の残存がついに決定的に崩壊したとみることはできないだろうか。

(24) 上島有は最近、この問題について新しい視野を開いたが、ただ南北朝期に旧名の完全な解体と形骸化を考えた点には無理があるのではなかろうか。

(25) 渡辺澄夫の前掲書にはその例が多く見出され、最近ではまた熱田公が、この問題をとりあげ、均等名体制の持続という形態を高野山領、東寺領とは峻別される興福寺領荘園の特色であるとしている。（「室町時代の興福寺領荘園について」『史林』四四の三、一九六一年）。しかし東寺領についても、この荘のみならず伊予国弓削嶋荘、備中国新見荘でも同様の事実はみられ、矢野、上久世荘の場合も、そのような方向で考える道はあるように思われるので、これをあえて「峻別」し、「新名体制」とする必要はないのではなかろうか。むしろ熱田が高野山領荘園についてものべたような（『ヒストリア』二四号、一九五九年）、鎌倉期の体制の固定化ということが、この時代の一般的な問題として考えられてよいのではないだろうか。

(26) このような方向に事態が進んでいったことには、「元寇」が微妙な作用を与えていると思われる。これについては前に考えの大筋をのべたことがあったが、（『歴史学研究』二三一号、一九五九年、本書第Ⅰ部付論1）、なお今後の課題としてゆきたい。

(27) この点については、大山の問題提起をうけて、朝尾直弘が「幕藩体制成立の基礎構造」（『日本史研究』五九号、一九六二年）をめぐって、中世における農業生産力の発展が、畠作生産力の発展に結果する性質のものであることをのべている。

(28) 名主職補任に任料をとる反面、年貢公事は銭納化し、主従関係は急速に「実利」で結ばれたものに変ってくる。荘園領主自身その渦中にあるので、その支配は現地に対して急速に間接的なものに変ってゆく。

(29) 『太平記』の世界に描きだされた武士たちの姿の一面は、このようなところから考えてゆく必要があろう。天皇を襲う野伏にはじまり（巻九）、院に狼藉を働く土岐頼遠（巻二三）から高師直・師泰の行動（巻二六）、佐々木道誉に典型化されたような人間は、すべてここにのべたような動きに通ずるものがある。一方また、この時期にみられる武士の奢侈は、貨幣の魅力にはじめて本当にとりつかれた人々の姿とみることもできよう。こうしたことはすでに林屋辰三郎、黒田によって注目されているが、その評価の点で多少の違いがあるように思えるので、別に考える機会をもちたく思っている（本書、序章参照）。

(30)『中世的世界の形成』（第四章第三節）。石母田は悪党の頽廃を東大寺の政治の頽廃とみ、そこに古代とともに滅びゆくものを見出している。しかしそれは決してすぐに滅びるものではなく、むしろ室町期を通じて雑草のように生きぬき、ある意味では近世にいたって日本を支配したといってもよいのではなかろうか。その意味で石母田の描いた中世的世界を、いま一度見直してみたく思っている（本書、序章参照）。

(31) その意味で松本の論理のみを模倣したにすぎぬ私の一、二の論文（「若狭における封建革命」『歴史評論』二七号、一九五一年）、「封建制度とはなにか」『日本歴史講座』第三巻、河出書房、一九五一年）は、もとより全く非学問的なものと恥じていることを、私事ながらここに明らかにしておきたい。

(32) 一九六二年度の歴研大会報告は南北朝室町期を「国人的領主制」としてとらえているが、何らかの固定した新たな体制をそこに考えようとすることには疑問がある。

第II部　鎌倉末・南北朝期の社会と政治

第一章　鎌倉末期の諸矛盾

一　まえがき

ひとしく「鎌倉末期」といっても、それをいかなる時期と考えるかは、人によってさまざまである。南北朝動乱期に社会構成史上の画期――古代社会と封建社会、ないし初期封建社会と発達した封建社会を区分する大きな画期を求める立場からすれば、この時期はモンゴル襲来以後、鎌倉幕府―荘園体制の崩壊してゆく、いわば「革命前夜」と、とらえられることになろう。

しかし平安末期から戦国期にいたる期間の社会を、全体として一個の社会構成体とみる見方に立つと、この時期はむしろ南北朝期と合わせてひとつの時期とした方が自然である。それは、承久の乱後に確立したこの社会構成体が、それ自身の矛盾の展開とともに深刻な動揺を経験し、これを克服しようとする過程で自らを否応なしに発展・成熟させてゆく時期――中世社会の発展期であり、北条時頼の執権期から幕府滅亡までの期間は、その第一段階ととらえることができる。とすると、狭義の「鎌倉末期」はその段階の一局面のみをさすことになるが、ここではひとまずこの後者の見方に立ち、ふつう「鎌倉中期」といわれる時期をふくむ先の期間について、その矛盾の諸相を考えてみることとしたい。

だがこの立場は、鎌倉末・南北朝期に前近代社会を前後に大きく分ける転換期を見出そうとする見解[1]を拒否するものではない。民族史のより基底的な諸現象——言語・宗教・婚姻形態等々——に視野をひろげてみると、この評価はむしろ正当に事態の本質をついているといわなくてはならない。前者の立場は意識せぬまま、この転換の事実に根拠をおいているものと思われるが、しかしこれは従来の社会構成史的視点だけでただちにとらえうる問題ではなかろう。前者の立場の弱点は、この異なる次元の問題を混同し、さきの諸現象の独自な意義を考慮の外においている点にある。もとよりこのような二つの次元を考えること自体、異論の入る余地は十分ありうるが、いまは、次元の違いをそれとして認めたうえで、両者を統一的にとらえてゆく道を探ってゆきたいと思う。

しかし、そのような立場に立って中世社会を見直してみると、やはり従来見落されがちだった問題が視野に入ってくる。中世という社会構成体についてのこれまでの見解は、おおよそつぎの三様に分かれるといってよかろう。すなわち、

(1) 屋敷地の所有を拠点に畠地から田地に土地所有をひろげ、農民を下人・所従として支配しようとする在地領主制に基礎をおき、領主間に結ばれる主従制を骨格とする社会とみる見解。

(2) 小経営を営む平民百姓が相互にとり結ぶ共同体的結合を媒介とし、荘園・公領を基礎単位とする支配機構をとおして行われる公家・武家・寺家などの支配に、この社会の基本的な関係を求めようとする見解。

(3) 村落内部の二重構造に基礎を求めるか、二重の生産関係ととらえるか、また二つの支配原理の共在と理解するか、それぞれ視角は異なるにせよ、(1)(2)をともに中世社会の不可欠な構成要素として承認しようとする見解。

この整理の仕方[2]にも異論はあろうが、これらの見解に共通している点は、中世社会が農業に基礎をおき、農民に対する支配を基本的骨格とする社会である、という大前提であろう。もちろんここで、その大前提を頭から否定しようとするわけではない。だが注意しておきたいことは、この社会には、なおそれ自体の独自な世界を保持する非農業民

の集団が、かなりの比重をもって活動していたとみられる点である。彼らは、党・一類などの集団をなして在地領主の支配下におかれ、また、津・浦・杣などに、長者・長吏・村君などにひきいられて一応定住し、その多くは、諸権門に寄人・供御人・神人などとして人身的に組織されていた。(3) 中世社会を支える社会的分業の不可欠な一翼を彼らが担っていたことについては、すでに戸田芳実によって指摘されているが、(4) 彼ら非農業民が多少とも「未開」な性格をおびる集団を独自に保っていたとすれば、単に社会的分業の一環としてこれをとらえるだけではすまされない問題が残らざるをえない。そこには若干なりとも未分解な「未開」のエネルギーがひそんでいたといえるので、その独自な運動法則、展開の過程を考えることなしに、鎌倉・南北朝期の問題をとらえることはできないと思われる。(補注1) さきに、民族史的な観点から視野に入ってくるといったのは、この問題であるが、中世社会を農業社会とする大前提の真の意味も、またこのような集団を不可欠の存在として一方にもつことによって成り立っている中世農民の共同体の性格も、この側面を明らかにすることによって、はじめて正確にとらえることができるのではなかろうか。以下、このような観点をできるだけ生かしつつ、与えられた課題に迫ってみたいと思う。

二　幕府体制の完成と硬化

ふつう、北条時頼の時代は執権政治の最盛期といわれる。名越光時の乱、宝治合戦をのりこえて反対派を一掃し、引付衆設置などによって御家人の信望を集め、強固に確立した時頼の政権は確かにそういわれるにふさわしいものをもっていた。それはもはや「東国政権」ではない。百姓に対する「撫民の計《はから》い」を強調して地頭の非法を抑制し、西国の田文を調進させ（建長元年）、そこに確定された田数――公田の田数を基準にして、御家人たちに公事・番役を勤仕させる、統治権を事実上掌握した全国的政権である。その権威は建長四年（一二五二）に迎えた「皇族将軍」によって裏づけられ、御家人たちの集住する鎌倉は「武家の都」というにふさわしく整備された。まさしくこれは、泰時時代に確立した幕府の全国支配の体制を発展・完成させたものにほかならない。

幕府のみではない。寛元四年（一二四六）、後嵯峨院政の開始に当って発足した院評定制は、幕府の制度にならったというだけでなく、「久しく貴族政治のもとで培われてきた公家議定制の伝統」を基礎として、白河院政以来行われてきた院中における国政審議の評定を制度として完成させたものであったといわれる(5)。中世公家政権もまたこのころ、それなりに独自に体制を整えているのであり、恐らくは大寺院の機構についても同様のことがいえるであろう（東寺供僧の正式の発足は建長年間のことであった）。単に執権政治のみにとどまらず、それに主導されつつ、中世の支配体制そのものがここに最盛期を迎え、完成された姿を現わしたのである。

だが、少し事態の内奥に立ち入ってみると、それはやはり一面のこと、といわねばならない。小さな例ではあるが、東寺の若狭国太良荘に対する支配が、寛元・宝治のころ、地頭の非法に根強く抵抗した百姓勧心たちに支えられて、はじめて達成されている事実を考慮してみる必要があろう。これはけっして局部的なことではなかった。百姓を下人・所従とし、その居住・耕作する在家・田畠を進止下におこうとする地頭の動きは、この前後広くみられたのであるが、幕府はそれを非法として抑制する法令をしばしば発することによって(6)、地頭に反撥する平民百姓たちの動向に対応しつつ、その全国的統治を固めていった。御家人制についても同様である。地頭の非法は百姓に対してだけでなく、西国の譜代・書生・田所・職人らの在庁―御家人にも及んだ(7)。これに対する御家人たちの反撥の実状は、寛元から建長にかけて繰り返し行われた若狭国御家人たちの「御家人跡復興」を要求する訴訟に、もっともよくあらわれているが(8)、幕府はそれを支え、またそれに応じ、寛元・宝治の御家人所領保護令を発し(9)、田文を整えることによって、はじめて御家人制度を完成に導いたのである。

とすれば、さきの支配体制の完成は、こうした御家人・名主・平民百姓らの抵抗に対応することによって、はじめて可能となったということになろう。

もちろん、彼らの抵抗はそれ自体をとってみれば、この体制の枠を本質的に超えうるものではなかった。名主・百姓の「一味」は名主の地位にある者同士の、御家人たちの連帯は国侍の流れをくむ国在庁の傍輩間の結合であり、それぞれに姻戚関係などを紐帯とした同一身分層の結びつき以上のものではない。支配者側がともあれ、これに対応しえた理由はここにあるので、事実この対応により、これらの人々はある程度まで体制内に組織され、保証された地位をえたのである。平民百姓の耕作する田地は公田として地頭の堀内・土居とはっきり区別され、そこを拠点とする地頭の非法に抵抗しうるだけの根拠を与えられた。また公田をその名において管理する責任をもつ名主の地位は、名主職として公式に保証され、御家人の所領も大田文にのせられた公田として揺ぎなく確定された。そして、引付衆設置をはじめとする訴訟制度の完成により、こうした彼らの権利はよりいっそう確実に保証されることとなったのである。

その立場を保証されたのは彼らだけではない。このころ活発になってきた商工業に携わる人々も、一定の範囲内で、その活動を幕府によって認められている。「武家の都」としての鎌倉の整備が、これらの人々の活動を前提としないではなしえなかったことはいうまでもない。また、ふつう幕府による禁圧の面のみが強調される供御人・神人らにしても、少なくとも「往古根本の輩」「本神人」[10]については、幕府の承認を得て、売買・交通上の特権を駆使している。

時頼時代が執権政治の最盛期といわれ、後世、中世政治史上「最善」の時期のひとつとして回想されるのは、けっして表面上の制度の整備によるのではない。この時代の支配者がともあれこうした広範囲の人々から、現実に、一定の信頼を集めえたからにほかならない。

だが、平民百姓・名主・御家人たちの動きは、この体制の完成によって、鎮静したであろうか。もしもそれが彼らのみの力と利害によって起こった抵抗であるならば、当然、そうした事態が多少とも長く続くことを予想しうるほどの成果を、彼らはおさめたはずであるが、事実の経過はそれを明瞭に否定している。これらの人々の動きは、起伏はあるにせよ、ときとともに活発の度を加え、百姓の「一味」は「惣百姓」の一揆に、御家人たちの連帯はやがて「国人一揆」に発展してゆくのである。(11) 商工業に従事する人にしても、もとより幕府の定めた限度内に満足してはいない。すでに時頼の時代、鎌倉中の沽酒を禁じ、(12) 薪炭等の直を定め、(13) 無尽銭に統制を加えるなどの措置がとられており、(14) 西国では神人拒捍使が、平民や甲乙人の所従を新たに神人に補し、「嗷々の沙汰」をするなど、(15) 「新加」の供御人・神人の動きが目立っている。

とすれば、この時期の体制に「完成」をもたらした力は、御家人・名主・百姓など、ともあれそこに自らの立つ場所を与えられた人びとのみのものではなく、むしろその背後にあって彼らを突き動かしていた、より根底的な力と考えなくてはならない。これこそ支配者たちが真に「対応」しなければならなかった力だったのであり、ここで「完成」されたのは、まさしくそれを抑圧する体制であった。この意味で時頼の政権は、それ自体きびしく専制的な本質をもつものといわねばならないので、さきの禁制をはじめ、悪党禁圧令、鎌倉において「凡卑の輩」の太刀を禁じたことなどに、(16) その端的な現われをみることができよう。

そして御家人・名主・百姓たち自身、この抑圧に加担した一面があったことも、見落されてはならない。国御家人たちの連帯は非御家人をそのなかに入れることを拒否し、完成された名体制は小百姓・散田作人らを排除する側面をもっていた。「下人・所従身分」は平民百姓から軽侮され、間人・浪人などは住人たちの「村落秩序」から「体制的に疎外」されたのである。(17) 「往古根本」の供御人・神人などと「新加」のそれとの関係も、また同様であったろう。

このことから、逆にさきに「根底的」といってきた力がどこからでてくるかが、おのずと明らかになってくる。なお自らの姿を表面にあらわすことはほとんどなかったこうした人びとの前進は、支配体制を否応なしに「完成」に導いただけでなく、次第にそれをのりこえようとしていた。そして、もはやこの力を容れうる余地を失ったとき、この体制は硬化し、動きのとれぬものとなり、専制的な本質をあらわにしはじめる。御家人制・名体制のさきのような側面が目立ちはじめ、番役の整備はかえって御家人間に家格を固定化させるようになり、確定された公田は沽却することも停止される。[18]

正嘉の飢饉は、まさにそうした時代の曲り角であった。それは死亡・逃亡し、浮浪する人びとを各地に大量に生み出し、荘園の経営を根底からゆさぶった。予定されていた将軍の上洛を中止した時頼の政権は、百姓に対する諸種の課役賦課を停止・抑制ないし定量化する一方、浪人が山野江海で身命をつなぐ自由を認め、[19]危機を乗り切りはしたが、これを境に、硬化した体制からはみ出した人びとの動きがさまざまな形で目立ってくる。

その一方の極には、常に禁圧の対象とされた悪党・海賊があり、他方の極には、この体制の枠をふみこえて、新たな支配の根拠を見出そうとした得宗御内人らの人びとがあった。

三　悪党と得宗御内人

ふつう「悪党」は山賊・海賊・夜討・強盗などの凶悪犯人をさすといわれる。[20]確かに幕府法をみるかぎり、そのように考えてもよかろうが、しかし「悪」を「武勇あるもの」と解する見解も古くからあり、[21]なお考える余地は残っているように思われる。一方、「党」については、かつて安田元久が庶子の独立性が強く、相互に対等な武士団の同盟である点に「他の一般武士団と異なる性格」を求めたのに対し、[22]戸田芳実は九・十世紀のそれを「律令国家の政治秩序から自由な体制外集団、あるいは反体制集団」と規定し、[23]瀬野精一郎もこれを多分に第三者による蔑視の意味をふくむ弱小土豪の分立割拠状態をさす語と考えており、[24]その特質はかなり明らかになりつつある。そこで戸田も指摘しているが、「党」の最も基本的な特質は、それが多分に非農民的性格をもつ人々をふくんでいる点に求められよう。松浦党・渡辺党が非農業民を支配下に従えた武士団であることは周知のとおりであるが、[25]湯浅党・隅田党などについても、その方向で考えてみることができると思われるので、先の安田・瀬野の指摘もそう考えたとき、積極的に生かすことができよう。とすれば、こうした人々の殺生をものともせぬ側面から、「悪」という語も理解が可能になってくるので、「武勇」という解釈をそこにふくませても不自然ではなかろう。

おそくとも平安末期、公家・寺家によって使用されていたこの「悪党」という用語[26]が幕府法の世界で盛んに用いられるようになるのが北条泰時の時代以降であることも、注目しておく必要があろう。もともと幕府自体、こうした「党」の多くを自己の下に組織して成立したのであるが、承久の乱後、それが西国をも統治する全国的政権として確立するに及んで、その秩序を擾乱するものに対してこの語が用いられたのである。この秩序が前述のように、時頼時代に完成する公田を基礎とした体制であり、そこで「悪党」といわれた人びとが「山賊・海賊」であったという事実そのものが、先のような理解を支えているように思われる。

それゆえ、この「山賊・海賊」を単純に盗賊あるいは「凶悪犯人」とみてしまうわけにはゆかない。たとえ幕府がそうみていたとしても、この時代の現実の中でそれをとらえ直してみれば、また異なった見方が必要とされよう。先にもふれたように、当時、非農業民——山民・海民などの集団は、すでにその大部分が先の秩序のなかにさまざまな形で組織されており、その内部にも一定の階級分化は進行していたとはいえ、なお独自な世界を保持していたと思われる。とすれば、たとえ幕府などから、「賊」といわれたとしても、その活動は彼ら自身の独自な生活そのものの必要からでてくるものであったとする見方も成り立つ。

確かにそれは、農業的支配秩序に脅威を与えることもあったであろう。博奕をこととし、「異類異形」「人倫ニ異ナリ」「ハシリ（大木をころがし落すこと）ヲツカイ、飛礫《つぶて》ヲナゲ」「柿帷ニ六方笠ヲ著テ、烏帽子袴ヲ著」けず、人に面を見せない悪党[補注2]の姿と行動は、確かに農業民の世界とは異質なものだったといわなくてはならない[27]。しかしこれをただちに「賤」とみるのは、この秩序をたもとうとする支配者たちであり、当時の農民たちは彼ら非農業民に対して、必ずしも閉鎖的ではなかった。稲を乞う盲目の乞食法師に「道をつくれば与えよう」といった太良荘の農民、間人として荘内にあり、こうした法師を寄宿させた宿主大門傔仗などの例を考えてみれば、そのことは容易に理解できる。確かに地頭は法師を盗人といい、傔仗夫妻を罪人として沽却しようとしているが、百姓たちはそれをも非法として、地頭を訴えているのである。(28)河原者や散所の人々をふくめ、非農業民の共同体と農民のそれとは相互に交錯し、また交流しあっていたとみなくてはならぬ。その意味で、非人・間人などをもっぱら「村落共同体からの流出民」としてとらえようとする見方は、(29)あまりにも農民中心の見方であり、この観点だけでは中世の現実の重要な側面が脱落してしまうと思われる。(30)

そう考えてくると、多くの浪人や「遊手浮食の徒」を発生させ、支配体制を根底からゆすぶった正嘉の飢饉は、新たにこうした交流を発展させ、体制内外の非農業民的な人びと――内には供御人・神人・山僧など、外には山賊・海賊たち――の活動を活発化させた、とすらいいうるであろう。

もとより支配者たちは、少なくともたてまえではこのような動きをきびしく抑圧しようとしている。幕府は正嘉以後、しばしば悪党禁圧令を発しており、(31)山僧寄沙汰の禁をふくむ弘長二年（一二六二）五月二十三日の一〇カ条に及ぶ法令(32)は、全体として西国の悪党に対する対策になっているといえよう。六斎日・二季彼岸に殺生が禁じられ、(33)焼狩・流毒が禁制されていることも、(34)さきの動きと無関係ではない。近江国葛川では、実際、このような流毒による漁猟がこのころ行われ、問題になっているのである。(35)これは弘長三年（一二六三）の公家新制でも、(36)禁じられているが、僧徒兵仗・博奕の停止など四一カ条にわたるこの新制はまた、「京畿諸社祭、過差狼藉を停止すべきこと」という条のなかで、「就中、道祖神已下辻祭、幣帛の外、風流・過差・飛礫」を停め、「白河薬院田辺、印地と称し、結党の悪徒」があることを指摘し、これを使庁・武家に禁遏させている。道祖神を祭り、飛礫《つぶて》を投げる「雑人」「遊手浮食の徒」「河原者」など、「結党の悪徒」の動きが目立ってきたのであるが、これも「農業民」的な見方ではまったく理解の届かぬ動き、といわねばならない。以後、次第に重大な政治問題となる悪党が、このような動向のなかからでてきている点、ここでとくに注目しておきたい。

しかしそれが社会そのものの発展のなかで、その根底から噴出してきた動きである以上、権力によって抑えきることは不可能であった。とすれば、むしろそこに現われてきたエネルギーを利用しようとする方向が、支配者自身の側からでてくるのは、当然のなりゆきといえよう。事実、悪党を好んで召仕い、これを「見隠し、聞隠」すものが少なからずあったことは、さきの禁圧令自体が物語っているが、そこでとくに注目すべきなのは、佐藤進一が紹介した得宗被官安東蓮聖の行動である。[37] 東寺に供僧を置くことに貢献した仁和寺菩提院行遍の懇望によって、山僧暹尋から融通されたという一五〇貫の銭を行遍に貸した蓮聖は、行遍の死後(一二六四年以後)、その取り立てのために暹尋と結託、菩提院領の越中国石黒荘山田郷の年貢を堅田でおさえ、雑掌の訴えをうけている。[38] 安東氏が次第に内海や「裏日本」の流通過程に深くかかわるようになっていった、という石井進の指摘[39]や、大分のちのことではあるが、鎌倉末期、得宗領給主が小浜の借上を代官としている事実などをこれと合わせ考えてみると、新しい社会の発展に即応しようとする得宗御内人の動向は、ある程度一般的なこととみることができよう。

だがそれは幕府法の禁ずるところであり、公的な体制の外でのこととならざるをえない。そして、否応なしに進行するこうした事態に対処するためには、得宗自身が公的な制度の枠外に拠点を求めてゆかざるをえなかった。寄合の出現、執権の地位の相対的低下などの事実をとおして、時頼時代に得宗専制・御内人台頭の萌芽を見出した佐藤進一の指摘は、この事態を正確にとらえたものといえよう。[40]

南北朝期に展開する諸矛盾のすべては、こうして、この時期すでに出そろった。『吾妻鏡』がこの時代に入ってにわかに無味乾燥になるのも、けっして偶然ではない。こうした形式の史書が対象にしうる世界の生命は、もはや枯渇し、いのちのある動きは、そこに表わしえぬところで躍動しはじめていたのである。この時期が古代の十世紀に比較

しうるほどの意味をもつという指摘は、その意味で、鋭く事態の本質をついた見解、といわなくてはならぬ。(41)

四　モンゴル襲来と矛盾の激化

文永四年（一二六七）、幕府は最初の所領回復令を発した。(42)御家人の御恩私領の売買質入を禁じ、当時の代価で所領を取りもどさせたこの法は、御家人体制の根底からの動揺を物語っている。しかしそれを抑えようとしたこの試み自体が、かえって新たな紛議をよび起こす結果とならざるをえなかった。たとえば、安芸国守護代武藤時定とその家人たちは、この法を根拠として、東寺領新勅旨田の田地を「売買地」という名目で押領しようとし、東寺雑掌から訴えられている。それのみではない。この田地をめぐる守護代と雑掌との対立は、行遍の残した借財の処理問題とからみ、仁和寺菩提院と東寺供僧の対立を顕在化させた。先の蓮聖・暹尋の場合と同様、行遍に対する借物の代を求める乗実という人が菩提院の側から現われ、この訴訟にからんで、新勅旨田などの預所職を要求してきたのである。荘務権を奪われる危険にさらされた東寺供僧はこれに激しく反撥、以後、両者の対立は深刻化する一方であった。(43)ひとつの訴訟はそれだけで終らず、つぎつぎに新たな紛争をよんでとどまるところを知らないのであるが、その発端が米銭の貸借、それにともなう所職の流動にあった点に注目しておかねばならない。文永元年（一二六四）、講堂をはじめとする叡山の堂塔を焼亡させ、西園寺公経の子実藤の流罪にまで及んだ山門大衆の蜂起の発端にも同じような事情があった。実藤の家領丹波国出雲社領小多田保の預所が「日吉二宮彼岸物」を借り、その代として保の年貢を要求・徴収しようとした日吉社宮仕が殺害され、それをひとつのきっかけにこの大蜂起が起こったのである。(44)

幕府のみならず、すべての権門の支配はここに大きく揺れ動き、多くの紛争がその足下から雲のごとくわきつつあった。その紛議はさまざまにもつれ、有力な権門相互の対立をよび起こしてゆく。先の菩提院と東寺、山門の青蓮院・梨本両門跡の争い、さらには「皇統」をめぐる天皇家の両統の対立等の背景には、このような事情が考えられなくてはならない。

モンゴルはこうした矛盾を内にはらむ日本を襲い、重圧を加えた。だが若き得宗北条時宗はこの内外の矛盾に正面から立ち向ってゆく。文永五年（一二六八）、最初のモンゴルの来朝に当って執権となった時宗は、山門の騒動に対して強硬な態度をもってのぞみ、すすんで「本所一円」の荘園にも干渉しようとする志向すら示していたが、文永八年（一二七一）以後、外敵襲来に備えるべく、一切の内部の動揺を抑える姿勢をあらわにした。この年、鎮西所領へ下向を命ぜられた御家人たちが合わせて悪党鎮圧を指令されていたことは、よく知られている。しかし翌年文永九年に起こった二月騒動も、単に北条氏一門内部の争いというだけの事件ではなかろう。ここで誅殺された時宗の庶兄時輔、名越時章・教時らは、異国警固のために最も緊要な地、九州——名越氏の莫大な所領がそこにあった(45)——に、時宗の意志を貫くため、必要な犠牲だったとみなくてはなるまい。また同じ年、幕府は諸国に田文の整備を命じ(46)、翌文永十年には、文永四年令をさらに強化し、質券所領の無償取りもどしをふくむ所領回復令を発している(47)。

注目すべきは、この法が「質券売買所々」の「名字分限」「領主交名」の注進を命ずることによって、田文調進と事実上あわせ施行されている点で(48)、御家人所領の移動を抑制、それを固定することによって、異国と戦うための軍役勤仕の基礎を固めようとする、きびしい幕府の意図をそこにうかがうことができる。しかもこの法の施行と同日付で「国々悪党」の鎮圧も、厳重に指令されていた(49)。

大敵モンゴルの撃退のためには、いっさいの矛盾は容認されず、全力が動員されなくてはならなかった。時宗はその課題に真直に立ち向ったがゆえに、おのずと専制的姿勢をいちじるしく強めてゆかざるをえなかったのである。そしてこの至上命令は幕府をして「本所一円領」の壁をも乗りこえさせた。第一回襲来の際、本所一円地の住人を地頭御家人とともに、守護の指揮下に動員したことは、その意味で、きわめて重要かつ画期的な意義をもっている。これを境として、異国警固番役・高麗征伐計画への一円地住人の動員、一国平均役としての石築地役賦課、建治元年（一二七五）以後たびたび発せられた諸国寺社祈禱令、さらに弘安の第二回来襲の際の、勅裁による一円地住人の動員、鎮西および山陰諸国の国衙分・本所一円領の得分および富有の者の所持する米穀の徴発等々、まさしくなだれをうって、幕府の権限は本所一円領に、また国衙機構に及んでいった。もとよりそれは本所の支配や国衙機構それ自体を否定しようとするものではなく、また、当面は対異国のことにかぎられた措置だったともいえる。だが、本所領と武家領の相博、武家領の九州への集中などの処置をとおして、所領一円化は推進され[50]、守護による国衙機構の掌握は、幕府の命による一国平均役の賦課・徴収の遂行をとおして、一段と強化されたのである[51]。本所領・武家領をともどもその統治下におき、守護による国衙の掌握を基礎とする後年の室町幕府体制の萌芽は、局部的にせよ、ここにはっきりと姿を現わした、とすらいうことができよう。

しかし、このような専制的支配の強化によって、矛盾は激化しこそすれ、けっして解決されはしなかった。ひとしく守護の指揮下に動員され、恩賞を約されていた[52]とはいえ、本所一円地住人はけっして御家人と同じ資格をもつようになったわけではない。若狭国で明らかなように、御家人たちは「蒙古国のこと」について用意すべしという御教書[補注3]をたてに、御家人領の確保を強調し、非御家人の知行をきびしく拒否しているのである[53]。庶子であり、被官・郎従であるが故に恩賞に与れない人の多かったことは、『竹崎季長絵詞』ひとつを例にとってみても明らかであろう。こうした矛盾——ふつう「惣領制」といわれる一族的・主従制的関係そのものの矛盾は、モンゴルとの戦闘に当っても現われてきた。戦場に馳せ向わない者、守護の命に従わない者が少なからずあったことは、それをいましめた「幕府法[54]」自体がよく物語っている。守護を通じての統治機構はこの場合、そのままでは有効に機能していないので、結局時宗は得宗を中心とする北条氏一門とその被官——一族的・主従制的関係を通じて、自らの意志を貫いていくほかなかった。佐藤進一・石井進が詳細に明らかにした、文永・弘安の間における九州を中心とする国々の守護職・地頭職への北条氏一門の大量の進出は、そのことを示している。[55] そしてこのような動向を背景に、得宗を中心とする寄合は、「形式上の整備すら示しつつ、評定制の核心的な権限を奪い」とったといわれるほどになっていった。[56] 関東御領が事実上北条氏所領となったという石井の指摘を、[57] これに合わせ考えるならば、幕府の性格はここに大きく転換したといわねばならない。得宗専制体制が全面的に表面に現われてきたのであるが、それはまた反面からみれば、いっさいの矛盾の焦点に得宗―北条氏をすえたことでもあった。外敵に正面から立ち向おうとすればするほど、時宗は御家人体制―将軍の権力を克服することなく、むしろそれを温存しつつ、反面で得宗の権力を早熟なまま、不自然なほどに強めていかねばならなかったのである。鎌倉末期、北条氏が陥り、ついに抜け出せなかったジレンマの種はこうしてまかれた。モンゴル襲来が日本中世に及ぼした重要な結果のひとつは、ここに求められる。

すでに前代からみられた幕府のたてまえと実状との乖離も、当然、一段といちじるしくなってきた。前述したように、この時期を通じて悪党禁圧はきびしく、弘安三年（一二八〇）には、「国中悪党を召取るべし」という法令[58]もでているが、その翌年の高麗征伐計画に当って、幕府は山城・大和の「悪徒五十六人」を動員しようとしている。また北条氏につながる富裕な梶取や浦刀禰がいたこと、さきの安東氏の例などから知られるように、交通路を支配しようとする志向を示していた北条氏が、[59]「海賊」と無関係であったとするのはむしろ不自然であろう。未発に終った建治の高麗征伐計画の背後に、こうした人びとの欲求が動いていなかったとは、いいきれぬように思われる。また一方、御家人の一族のなかにも、北条氏一門の被官になる人びとが多数現われていた。[60]

こうして、異常なまでに鋭くなってきた、得宗の権力と御家人体制との矛盾を調整・打開することは、恩賞問題とともに、モンゴル撃退後の時宗にとって解決すべき緊急課題であった。それに対するひとつの解答が、弘安七年（一二八四）に発せられた一連の法令――弘安の改革といってもよいほど広範な内容にわたる諸法令ではなかったか、と思われる。九国社領回復令、九州御家人所領安堵令、一宮・国分寺興行令、悪党鎮圧令から、河手・津泊市津料・沽酒・押買の禁制、さらには売買地無償取戻令までふくむのではないかと思われるこれらの諸法令[61]については、なお深く検討されるべき余地が残されているが、一方に関東御領や御内御領の支配についての諸規定をふくみ、その方面の整備がうかがわれるとはいえ、全体としては、御家人体制の基調のうえに立つもの、といわれるであろう。晩年の時宗が陥らなくてはならなかったジレンマの深さは、そこからうかがうことができよう。そして霜月騒動が起こらなくてはならなかった事情もまた、ここに求めることができる。[62]

五　一円領の形成と職の流動——荘園公領制の発展

外圧によってこのような歪みを余儀なくされたとはいえ、支配体制の転換をもたらした基本的要因が社会内部の動揺にあったことはいうまでもなく、ふつうその起動力はこの時期の農業生産力の発展に求められている。確かに、二毛作の普及、畠作の発展、肥料の使用などにみられる農業技術の発展が、耕地の安定、経営の集約化をもたらしたことは事実である。「親類・下人」として百姓の家内にすえ置かれていた人々が、「脇在家」として在家役賦課の対象となるような動き、作職・下作職などの「職」が現われてくる事実の背景に、そうした力を考えることはもとより誤りではない。しかしそれがまったく新たな質の社会を生み出しうるだけのものだったかどうかは、疑問であろう。

むしろこの時期に注目すべきなのは、こうした事実を前提としたうえで、社会的分業のあり方に大きな転換が始まってきた点にある。農村についていえば、いまのべたような小百姓の成長とともに、名主級の百姓のなかに、流通・金融にかかわることによって「有徳」になっていく者が目立ってくる。「強剛名主」といわれた東寺領大和国平野殿荘の百姓が、年貢の松茸を未進しつつ、一方では盛んに松山の木を伐り売り、山を荒廃させている事実、また「ミミヲキリ、ハナヲソギ……」といって地頭を訴えた寂楽寺領紀伊国阿氏河荘の百姓も、単にその非法にあえいでいたわけでなく、材木の売買をとおして利を得ていた一面があったと思われること、などを考えてみる必要があろう。逃亡・浮浪し、下人に身を落さなくてはならぬような状況におかれがちだった小百姓にしても、積極的に流通にかかわってゆく人が少なからずあったようにみえる。水田地帯よりも、畠作・非農業的生産を中心とする地域に、早く年貢銭納化の動きがみられるという大山喬平の指摘[63]は、その意味で示唆的であり、こうした人々がたとえ浮浪した場合でも、非農業的な分野で活動しうる道は案外広かったのではあるまいか。とすれば、農村が巨視的にみれば小百姓自立、地縁的村落形成の方向に進んでいたことは間違いないとしても、鎌倉末期に目立つのは、むしろ職の秩序の動揺・変質であり、事態はなお流動していたとみるべきであろう。

一方、多少前述したように、非農業的な活動に従事する人びとの側からみても、この時期は大きな転換期であった。すでに商業・流通面での特権を与えられていた人びとはもとより、近江国粟津橋本供御人のように、漁業などにたずさわっていた人びとも、全面的に商業活動に進出してくる。[64]「一類」「党」などの集団をなして「浮浪」していた人びとが定着し、一応定着していた集団が村落を形成しつつ、非農業的生産、流通面での活動を旺盛に展開してゆく動きが顕著になるのもこのころであった。近江国葛川では、「一類」をなした「諸国流浪の悪党」が、山の木を伐り、焼畑を開いて定住した結果、当初五宇だった在家が数十宇になったといわれ、彼らは「狩漁」をこととし、牛馬を放飼し、漁舟を作り、紺灰を売買して富貴を誇るにいたったという。[65]また若狭湾の浦々では、海人たちが鎌倉初期にはなお多少の移動を示しつつも定着生活に入っていたが、鎌倉末期には数人の有力な「百姓」による漁場輪番使用の慣行を基礎に、次第に「漁村」としての形をなし、これらの人びとのなかには、廻船を業とし、津軽から北陸・山陰の海上交通に活発な動きをみせ、「有徳」になってゆく人もみられた。[66]

中世初期に一応安定した農業部門と非農業部門との関係——社会的分業の体系が、新たに激しく流動しはじめているので、山海民の定着が進み、農・漁・山村が徐々に形成されてゆく反面、農業民・非農業民それぞれが新たな流通関係のなかで活発に動き出している。すべての荘園・公領で、鎌倉中期ごろから顕著になる未進や損亡減免は、このような社会の深部の動向に、その原因が求められなくてはならない。年貢公事収入は、自然、いちじるしく不安定になってくるが、もとよりそうした動揺が放置されていたわけではない。職の体系を担う各層の人びとはそれを克服すべく全力をあげていたのであり、前述した諸権門の分裂と抗争はその間に起こってきたのであった。

そしてその際、地頭・預所・領家・本家などの支配者が、結局のところ求めてやまなかったのは、職に付随する得分に相応するだけの「下地」を、自らのものとして切りとることであった。下地の中分・分割はこのようにして進んでゆくので、これを単に「地頭の荘園侵略」と考え、また「地域的一円支配にもとづく封建的領主制」の成立をただちにここに求めることは、事態を正しくとらえた見解とはいえないであろう。「一円」というなら、それは得分と下地との一円化というべきで、分割された下地が地域的に「一円」であることは、とくに必要な条件ではなかった。もちろん、現実に下地を掌握していた地頭が有利な条件で一円化をかちとった場合が多かったのは当然であるが、そうした条件を預所や領家が手中にする場合もしばしばありえたのである。

むしろ重要なことは、下地を知行して公事を勤仕する下司（地頭）、そこから得分を得る上司（領家・本家）、その中間で収取の実務を掌握する中司（預所）という、身分制的な上中下の支配関係にもとづく職の重層的体系がここで崩れ、地頭職から本家職にいたる所職が下地と結びつくことによって、均質な「一円領」となってきた点にある。そうした一円領が、所有者――裁判権もその手中にある――によって区分されるようになるのは当然で、武家領（地頭一円領）・寺社領・本所領（寺社本所一円地）などの区別がそこに現われてくる。こうした一円化の途上で起こる激しい摩擦こそ、鎌倉末・南北朝期の動乱をよび起こした究極の原因にほかならない。

一方、一円化の進行とともに、地頭はもとより、預所や領家も、公事勤仕の基礎である下地――公田を知行するようになったことも、ここで注意しておかねばならない。大田文上の田数＝公田数を基準とする一国平均役の段別賦課は、これによってより徹底した実行が可能になってきたともいえる。その達成は室町期をまたなくてはならないが、弘安以降、従来賦課を免除されていた荘園に、役夫工米・大嘗会役・一宮造営役などがあらためて課されてくるのは、幕府による国衙機構の掌握、統治権的支配の強化の結果であるとともに、このような事態の進行を多少とも根拠とした動きとみることができよう。

だがこの公田の田数は、けっして一円領の現実の田数ではない。一円化を達成した支配者は、武家・公家・寺家を問わず、所領の検注をあらためて行うことが多いが、そこに注じ出された田数は公田数をはるかにこえる場合が一般的であった。その意味で、中世当初からみられた公田の観念的性格はここにきわまったともいえるが、しかしその現実的意義はけっして失われたわけではない。太良荘における正安四年(一三〇二)の得宗実検使の検注でみられたように、大田文の田数を意識的に用い、それ(公田)以外の田地はすべて新田として地頭の進止下におくようなこともありえた。また逆に、自己の土居・堀内の延長、ないし新田と称して支配を拡大しようとする地頭に対し、それが公田である、という主張は、平民百姓・領家にとって、それを阻止するうえで依然有効であった[67]。在地領主の譲状で、現実の田畠在家の配分とは一応別に、公田(公事定田)の配分が定められていることも、正税・公事負担の基準田数としての公田の意味の重さを示している[68]。在地領主が主従制的関係だけでなく、多分に観念的であるにせよ、こうした面で国家に組織されている点は、今後さらに考えられなくてはならない。「惣領職」という職が、在地領主の一族を統轄する地位を示すものとして現われるのも鎌倉後期のことであるが、これも個々の在地領主の一円領形成、それについての単独相続への志向、その内部の公田の存在と深くかかわりのあることと思われる。一方、名に編成された荘園公領内部の公田について、年貢・公事負担の責任を負う平民百姓・名主の地位も、百姓職・名主職として補任の対象となり、その一部を耕作する者の権利についても、作職・下作職という形が与えられるようになる。

そしてこうした公田をふくむ一円領の所有者——そこから年貢・公事(公平)を収取する権利をもつ者が、公武寺家、大小を問わず「公方」といわれるようになってゆくので、[69]大規模な支配者の場合、その下で収取に責任をもち得分の一部を与えられる給主、その補任によって収取の実務に当る給主代（代官）という、一円領に即した所職の秩序が姿を現わしてくる。それは荘園公領制＝職の体系のもっとも成熟した形態であるが、鎌倉末期、御内御領の支配にこうした秩序がいち早くかなり整頓された形でみられる点に注目すべきであろう。得宗の支配はあらゆる意味で早熟だったように思われる。

だが、全体としては、この秩序はまだ未熟であり、それを否応なしに押し出してゆく職の体系の流動がはじまったばかりだった。前述したように、職をもつ者は貨幣を、貨幣をもつ者は職を求め、その激動は無数の衝突をよび起こしていた。そしてすべてのものを均質にしていく貨幣の作用は職の秩序にも及び、職は人の手から手へと流動することによって、それ自体、均質化の度を速めてゆく。

それはまた、非農業的世界の農業的秩序への浸透、両者の交流のひとつの現われにほかならない。かつて非農業的集団に対して用いられた「悪党」という語は、いまやただ相手を幕府の禁圧の対象とするために、衝突する双方によって使われるようになった。言葉としてだけではない。実際、農民も領主も、山僧も神人も、みな「悪党」と化しつつあった。もはやそこでは、悪党は特定の集団をさすものではなくなった、といわねばならぬ。しかも形成途上の一円領――そのなかに悪党が跳梁する一円地を全体として統轄する体制はまだ生まれておらず、それを生み出しうるほどの客観的条件も成熟していない。はてしない混乱と模索、鎌倉末期の諸階級はそうした状況のなかでもまれていた。

六　悪党海賊鎮圧令と本所一円地

もとより幕府も新たな支配の方式を模索していた。国衙支配権の強化もそのひとつの現われにほかならぬ。だがそれを主導した得宗の権力の進んだ道はけわしかった。霜月騒動により北条氏一門領はいちじるしく増大し、得宗の専制支配はいよいよ強められはしたが、その反面、この合戦の没収領は「蒙古合戦」の恩賞地にもあてられており、そこに御内人台頭に対する御家人の憤懣、それに対する幕府の宥和策を読みとることができる。[70]去りやらぬモンゴルの脅威を足場に鎮西探題を設置、平頼綱誅殺（永仁元年）の後、一旦は引付を廃し、執奏を設け、いっさいの訴訟を聴断しようとした貞時も、永仁三年（一二九五）には重事のみにそれを限定、引付を復活しなくてはならなかった。[71]

また永仁徳政令の背景には越訴方の廃止、得宗権力による御家人訴訟機関の破壊というねらいもあったといわれるが、それをもっとも露骨な御家人保護政策、所領無償回復令として前面に押し出さなくてはならなかった点に、御家人体制の桎梏を脱しようとして脱し切れぬ、得宗権力の苦悶が現われているといえよう。[72]モンゴル襲来によって早熟な出生を余儀なくされたこの権力は、こうしてのび切れず、一種停滞した様相を呈するにいたり、世はまさしく悪党・海賊の時代といってよいほどの状況になってきた。

「城ニ籠リ、寄手ニ加ハリ、或ハ引入、返リ忠ヲ旨トシテ更ニ約諾ヲ本トセス」。臆面もない裏切りは悪党の本領である。図太く貪欲な彼らは、このころ「吉キ馬ニ乗リ列レリ、五十騎百騎、打ツヽキ、引馬、唐櫃、弓箭、兵具ノ類ヒ、金銀ヲチリハメ、鎧腹巻テリカ、ヤク計也」といわれるほどになっていた。「城ヲ落シ、城ヲ構フル、故実屏ヲ塗リ出シ、矢倉ヲカキ、ハシリヲツカヒ、飛礫ヲナケ……」、但馬・丹波・因播・伯耆から賄賂を得て山をこえ、播磨辺を跳梁する彼らの風貌には、なお非農業民特有の荒々しさがあったといわれようが、[73]当時の畿内とその周辺の人々は、みな多少ともこれと共通するものを具えていたのである。国御家人にして地頭とまでいわれながら、山僧の代官や周辺の地頭たちとともに播磨国矢野荘別名に乱入、「国中名誉の悪党」といわれた同荘例名公文寺田法念、[74]酒狂・闘諍・刃傷・博奕をこととし、東寺供僧・仁和寺菩提院・興福寺一乗院という名だたる権門を相手どり、脅迫と愁訴の両様の手段を駆使、下司職を保持しつづけた大和国平野殿荘の曾歩々々清重等々、[75]こうした例は際限なくあげられよう。

海賊にしても同様である。海民を手足として水上の交通・運輸にたずさわり、塩の収取・売買に従事し、それ自身「海賊」といわれた微税請負人的な代官は、このころ海辺のいたるところに現われている。特に瀬戸内海周辺は、中国貿易の通路として、「草戸千軒」の発掘で知られるようないちじるしい繁栄をとげ、[76]「船津その便を得」た浦々は「民烟富有」といわれるほどになっているが、まさしくこうした地域こそ、彼らの横行・活動する舞台であった。伊予国弓削嶋荘の代官、伊予小山の住人弁房承誉はそうした人のひとりである。百姓から責め取った塩は売り、年貢塩の納期には廉価な塩を遠い道後から百姓に買わせて納めさせるなど、百姓の訴えによればまったく言語に絶する収奪を行った承誉は、前後三回、合わせて一二〇貫もの任料を出して預所職を確保、讃岐国悪党の乱入に対しては自らの兵粮米によって数百人の人数を集めてこれを退けた。[77]その承誉を海賊といって却けようとした別の代官源実心も、備後国御家人田総氏を請人とする一方、同国大田荘榎坂郷地頭の代官ともなり、石見にまで足をのばす人であった。[78]歌島公文兼預所知栄や、久代氏の一族で「財宝倉に満ち、栄耀身に余る」といわれた和泉法橋淵信も、多少時期は早いが、同性質の人といえよう。[79]代官たちだけではない。豊かな船津をおさえ、富を求める点では守護の職にある人も、なんら変りなかった。備後国大田荘倉敷尾道浦に代官以下数百人の悪党を乱入させ、大船数拾艘を用意して、「仏聖人供已下、資産財物」を運びとったとして、金剛峯寺衆徒から訴えられた同国守護長井貞重の行動は、それ自体、悪党の所行といってなんの不自然もなかろう。[80]

内海のみならず、日本海・琵琶湖・伊勢海など、水上・陸上の交通路のいたるところで、得宗御内人も、守護地頭・御家人も、みなこのような方向で動いている。かつて幕府が体制外に押し出そうとした悪党・海賊的な動きは、体制内に滔々と浸透し、体制そのものがそれと同質化しつつあった。事実、「西国名誉」の悪党・海賊を扶持する守護長井貞重の尾道浦乱入は、なんと、「悪党追捕」をその理由としていたのである。

とすれば、鎌倉末期、幕府が頻々と発した悪党・海賊鎮圧令を言葉どおりにうけとることは到底できない。海賊についていえば、正安三年（一三〇一）、豊後国津々浦々の船に在所と船主交名を彫りつけさせ、海賊追捕を徹底させようとしていること[81]、徳治三年（一三〇八）と翌年、西国と熊野浦々の海賊蜂起に対し、鎮西に居住する河野氏を、伊予に帰らせている事実[82]、さらに応長二年（一三一二）、播磨国福井荘東保宿院村地頭代が恒例臨時公事のひとつに「海上警固」をあげている点など[83]、鎌倉末期になるにつれ、その鎮圧がきびしくなっている。恐らくこれは、幕府に巨利をもたらしたと思われる「御分唐船」などの警固に関連する動きと推測されるが、それを一段と組織化したのが、文保・元応の海上警固であった。

文保二年（一三一八）、幕府は「西国悪党を鎮」めるべく、山陽・南海両道諸国に、二〜三人の使節を発遣している[84]。その使節が「本所領に於ては、ただちにその沙汰いたすべし」という事書を帯びているといい、大田荘に乱入しようとしている点も注目すべきであるが、これにつづき、おそくともその翌年から、幕府は両道諸国の「海辺三里中」の本所一円領住人をふくめ[85]、地頭・御家人を結番、役所を定めて海上警固に当らせている（播磨・安芸・周防などで、実際に行われたことが確認できる）。ここには、むしろ後年の海賊衆による警固の先蹤が見出せるように思われるが、当面、この文保の悪党・海賊鎮圧令の意図は、幕府財政にとって重要な意義をもつ内海交通の確保、本所一円地に対する支配の強化にあったといえよう。とすれば、国衙所務を押領し、国のもっとも重要な船津尾道浦を掌握しようとした備後国守護は、まさにこの法の意図に忠実に沿って動いたものといわなくてはならない。

さらに元亨四年（一三二四）、幕府は本所一円地の悪党について、「直ちに入部を遂げて召捕うべし」としただけでなく、その所領は収公し、「公家の計として、朝要の臣に充行わるべし」と規定した法を発している[86]。南都北嶺以下諸寺社・僧侶住山・諸社神人名帳などの条々をふくみ、武家充には「使節事」についての規定を伴うこの「関東事書」は、従来になく大きな波紋を各方面におよび起こした[87]。強盗・海賊の出入する所々についての沙汰はきびしく、地頭・

御家人はもとより本所領預所も起請文をもってこれに答えることが命ぜられ、収公に脅かされた預所がやむなく請文を出したことは実例によって知りうる。[88] 幕府の本所およびその一円領に対する支配権は、これによって少なくとも表面、いちじるしく強化されたといわねばなるまい（本書、第II部第四章）。

だが内実はまったく逆であった。専制化の極ともいうべきこの法によって、得宗権力は悪党・海賊はもちろん本所をも敵にまわし、地頭・御家人の信頼すら失うことになったのである。結果からみると、これは、全国の一円領を掌握し、悪党・海賊をふくむすべての武士を自己の下に組織するべく、この権力が試みた最後の賭となった。しかしなお鎌倉に本拠をおき、御家人制にしばられつづける得宗権力に、これは到底果たしうる課題ではなかった。そして、そこから離れた人心を組織し、短期間にせよこの二つの課題を達成した後醍醐天皇の倒幕計画は、この法のでた年、表面に現われてきたのである。

七　むすび——元弘・建武の内乱の前提

激動する職の体系のなかにあって、一円化を達成するのは容易なことではなかった。そのためには悪党・海賊を、臆面もなく利用・操縦するだけの力量が必要であった。しかし鎌倉後期に入るころ、公家や寺社の内部からも、こうした人びとが続々と表面に現われてくる。それでなくては権門自体、自己の支配を保つことができなかったのである。

「注記」という称号をもつ山僧たちを多く門弟にもち、「私貯の潤色も広かりければ、同宿房人おほくして、里には市をなし、山には林をなす」といわれ、衆徒と戦って大講堂をはじめ多くの院房を焼いた山門東塔北谷の理教坊律師性算[89]や、東寺執行職を争い、尾張国大成荘・丹波国大山荘で現地の人と結び、強盗・苅田狼藉を指揮、自らも悪党といわれた放埒無体の人、厳増僧都などは、[90] そうした典型といえよう。律師や僧都だけではない。僧正にまで昇進した人のなかにも異色の人が現われてくる。著名な歌人で兼好と親交のあった道我――大覚寺門侶、清閑寺大納言僧都、のちの聖無動院僧正は、東寺学衆の設置に力をつくした僧侶であるが、学衆の所領山城国上桂荘で悪党を語らって苅田狼藉を行ったといわれ、播磨国矢野荘でも悪党寺田法念と結び、山僧を代官にすえて経営を進めている。[91]

その道我を厚く信任し、援助を与えていたのは後宇多法皇であった。「政道」に心をかけ、「聴断制」ともいうべき制度を院評定制に加えたともいわれるこの法皇は、[92]密教に深い関心をよせ、益信大師号事件をひき起こし、「晩節、政治ととのわず、政、賄を以てす」という痛烈な批判を花園天皇からうけるような一面ももっていたのである。[93]

大覚寺統系の人びとが特別そうだったというわけではない。因習的な歌風に反撥し、伏見法皇の信任を得て、「天下起騒」[94]といわれるほどの権勢をふるった京極為兼、一時、花園天皇と密接な関係にあり、『徒然草』の逸話で知られる日野資朝など、みな同じタイプの人だったといえよう。

しかし、さきの道我をはじめ、この資朝、千種忠顕、さらには文観のような人物を周辺に集めていった後醍醐天皇は、まさしく悪党のエネルギーを組織するにもっともふさわしい天皇であった。天皇側近の僧内大臣僧正道祐もまた、同様の人であり、楠木正成を天皇に結びつけるうえには、道祐と文観が大きな役割を果たしたものと推測される。[95]

その正成については、「散所の長者」の風貌をもつという説[96]や朱砂の産地を背景にしていたという見方などがあるが、摂河泉にわたって広い行動半径をもち、戦っては、飛礫・はしり木を駆使して敵を悩ました正成の活動ぶりは、前述してきたような意味で、まさに「悪党的」ということができよう。赤松円心の子範資・貞範が、鴨御祖社供祭人となった網人たちが定住する摂津国長渚御厨の沙汰人ではなかったか、という戸田芳実の指摘、[97]名和長年が日本海の海上交通によって「有徳人」といわれるようになった人ではないかとする佐藤進一の説[98]を、これに合わせ考えれば、天皇方に立って蜂起した人々の性格は、おのずと明らかであろう。このような悪党・海賊たちを手足として駆使し、「無礼講」のような破廉恥な企てを臆面もなく催しつつ、他方、延喜・天暦の治を想い、天下一統を夢みて討幕計画を練るこの天皇は、まさしく鎌倉末期の社会が生み出した人物の一典型、といわなくてはならぬ。

しかしまた一方に、こうした後醍醐天皇の歩みには強い違和感をいだき、きびしく批判しつつも、日野資朝のような人に心をひかれ、一時にせよ、両統対立の垣根をこえて、後醍醐天皇の政治の新鮮さに共感し、その展開を心からの期待をもって見守っていた花園天皇のような人がいたことも、忘れてはならない。この好学で誠実な天皇は、その生真面目さゆえに宮廷内で軽侮の対象となっていた時期すらあったようにみえるが、時代の動きを鋭く洞察したこのような人が存在しえたという事実を、ただ宮廷内の一天皇のこととしてしりぞけてしまうわけにはいかない。

悪党・海賊が横行し、飛礫がとびかい、無礼講が行われるような時代の奥底に抑圧されつつ、同質の生き方をしていた多くの人びとがありえたことを、この事実が逆に物語っている、と思われるからである。彼らは悪党たちのように、自らを派手に表現しようとはしなかった。しかし、われわれはその声を、なんとしてでもこの時代のなかからさぐりあてなくてはならぬ。

悪党が「真に革命的」ではない理由もここにある。確かにそれは「反荘園反幕府」的ではある。だが、彼らには荘園制も、幕府も克服するだけの力はない。だが、彼らを「孤立」し、「頽廃」のなかに陥った、などと評価することもできない。もし「頽廃」というなら、それはこの時期に、ついに最終的に日本の社会に浸透した「文明」そのものの頽廃であり、けっしてたやすく滅び、また克服されうるようなものではなかろう。その意味で、鎌倉末期は社会構成を質的に転換させる「革命」の前夜ではけっしてないが、前近代の民族史を前後に分かつ転換期の開始をそこに見出すことはできる。日本の社会の未開性は、これ以後、表面から姿を消し去ってゆくのである。

(1) 大隈和雄「内乱期の文化」岩波講座『日本歴史6』中世2、岩波書店、一九六三年、桜井好朗『中世日本人の思惟と表現』未来社、一九七〇年。

（2）拙稿「中世前期の社会と経済」『日本史研究入門』III、東京大学出版会、一九六九年（『中世東寺と東寺領荘園』同上、一九七八年、序章）。
（3）戸田芳実「御厨と在地領主」『初期中世社会史の研究』東京大学出版会、一九九一年、拙著『日本中世の非農業民と天皇』岩波書店、一九八四年。
（4）『日本領主制成立史の研究』岩波書店、一九六七年、第八章。
（5）橋本義彦「院評定制について」『日本歴史』二六一号、一九七〇年。
（6）『中世法制史料集』第一巻、追加法二五九・二六一・二八二―二九五条（以下『中法史』と略称）。
（7）『吾妻鏡』宝治二年閏十二月十八日条。
（8）拙著『中世荘園の様相』塙書房、一九六六年。
（9）『中法史』追加法二二〇・二六四条。
（10）同右、二八〇・二八一条。
（11）注（8）前掲拙著。
（12）『吾妻鏡』建長三年九月三十日条。
（13）同右、建長五年十月十一日条。
（14）『中法史』追加法三〇五条。
（15）『吾妻鏡』寛元三年正月九日条。
（16）同右、建長二年四月二十日条。
（17）大山喬平『日本中世農村史の研究』岩波書店、一九七八年、河音能平「中世社会成立期の農民問題」『日本史研究』七一号、一九六四年、『中世封建制成立史論』東京大学出版会、一九七一年、所収。
（18）『中法史』追加法四〇六条。
（19）同右、三二三条。
（20）黒田俊雄「悪党とその時代」『神戸大学教育学部研究集録』一四号、一九五七年、『日本中世封建制論』東京大学出版会、一九七四年、所収。
（21）八代国治『国史叢説』吉川弘文館、一九二五年。

(22) 安田『武士団』。
(23) 戸田「中世成立期の国家と農民」注(4)前掲書。
(24) 瀬野「鎌倉時代における松浦党」『日本歴史』二四四号、一九六八年。
(25) 三浦圭一「中世における畿内の位置」『ヒストリア』三九・四〇合併号、一九六五年、拙稿「青方氏と下松浦一揆」(本書第II部付論3)。
(26) 『平安遺文』三三五五・三七三二。
(27) 『峯相記』。
(28) 注(8)前掲拙著。
(29) 永原慶二「村落共同体からの流出民と荘園制支配」『日本中世社会構造の研究』岩波書店、一九七三年、所収。
(30) 本章、まえがき。
(31) 『中法史』追加法三二〇・四〇五条など。
(32) 同右、四〇七—四一六条。
(33) 同右、三二六・三二七条。
(34) 同右、四一八条。
(35) 村山修一編『葛川明王院史料』六五号。
(36) 『続々群書類従』第七巻、法制部。
(37) 佐藤「幕府論」『日本中世史論集』岩波書店、一九九〇年、所収。
(38) 『金沢文庫古文書』追加篇「斉民要術紙背文書」六九五三、六九五七、六九七三、五二〇四—六。
(39) 石井「九州諸国における北条氏所領の研究」『荘園制と武家社会』吉川弘文館、一九六九年。
(40) 佐藤「鎌倉幕府政治の専制化について」注(37)前掲書所収。
(41) 川崎庸之「史学史——日本」『世界歴史事典』平凡社、一九五二年。
(42) 『中法史』追加法四三三条。
(43) 拙稿「西国における二つの東寺領庄園について」注(2)前掲書所収。
(44) 『天台座主記』。

(45) 石井進、注(39)前掲論文。
(46) 『中法史』追加法四四九条。
(47) 同右、四五二条。
(48) 同右、四五六・四五九条。
(49) 同右、四六〇条。
(50) 相田二郎『蒙古襲来の研究』吉川弘文館、一九五八年、増補版、一九八二年。
(51) 石井進『日本中世国家史の研究』岩波書店、一九七〇年。
(52) 『中法史』参考資料補一二条。
(53) 注(8)前掲拙著。
(54) 『中法史』追加法四七〇・四八三条。
(55) 佐藤『鎌倉幕府守護制度の研究』東京大学出版会、一九七一年、石井、注(39)前掲論文。
(56) 注(40)佐藤進一前掲論文。
(57) 注(39)石井前掲論文。
(58) 『中法史』参考資料二一条。
(59) 石井「鎌倉時代『守護領』研究序説」注(51)前掲書所収、及び注(39)前掲論文。
(60) 石井進「鎌倉時代の常陸国における北条氏所領の研究」『茨城県史研究』一五、一九六九年、及び注(39)前掲論文。
(61) 笠松宏至「永仁徳政と越訴」『日本中世法史論』東京大学出版会、一九七九年、所収。
(62) 『中法史』追加法四九一〜五七七条、補七条。
(63) 大山「中世村落における灌漑と銭貨の流通」注(17)前掲書所収。
(64) 赤松俊秀「座について」『史林』三七―一、一九五四年。
(65) 『葛川明王院史料』六九号。
(66) 名和長年についての佐藤進一『南北朝の動乱』中央公論社、一九六五年の指摘。および、拙稿「中世における漁場の成立」『日本中世の非農業民と天皇』岩波書店、一九八四年、所収。
(67) 拙稿「職の特質をめぐって」『日本中世土地制度史の研究』塙書房、一九九一年。

(68) 入間田宣夫「公田と領主制」『歴史』三八号、一九六九年。
(69) 笠松宏至「中世在地裁判権の一考察」『日本中世法史論』東京大学出版会、一九七九年。勝俣鎮夫「六角式目における所務立法の考察」『戦国法成立史論』東京大学出版会、一九七九年。
(70) 注(50)相田二郎前掲書。
(71) 佐藤進一『鎌倉幕府訴訟制度の研究』岩波書店、一九九三年。
(72) 笠松「永仁徳政と越訴」注(69)前掲書所収。
(73) 『峯相記』。
(74) 拙稿「悪党・代官・有力名主」注(2)前掲書所収。
(75) 拙稿「大和国平野殿荘の所謂『強剛名主』について」同右書所収。
(76) 松崎壽和『草戸千軒』学生社、一九六八年。
(77) 安田元久「定宴・承誉・弁坊・淵信」『日本人物史大系』2、中世、朝倉書店、一九五九年。安田は両者を別人と考えているが、これは同一人とみるべきであろう。
(78) 『高野山文書之一』宝簡集、九六号、「東寺百合文書」お函一五号、二月十六日、僧実心書状、同ヱ函一一四号、四月十九日、僧実心書状。
(79) 河合正治『瀬戸内海の歴史』至文堂、一九六七年。
(80) 『金剛峯寺文書』一七号。
(81) 『中法史』第一巻、追加法七〇二条。
(82) 同右、参考資料、三四条・三六条。
(83) 「神護寺文書」一六三号。
(84) 注(80)前掲『金剛峯寺文書』および『峯相記』。
(85) 「東寺百合文書」京函一二六号、四月五日、覚海書状、この通りに実行されたかどうかは不明。本書、第II部第四章参照。
(86) 「妙香院宮御院参引付」『中法史』第一巻、参考資料補二一条。
(87) 同右、参考資料五一条。
(88) 同右、参考資料五二、五三、六三条参照。

(89)「元徳二年日吉社幷叡山行幸記」。
(90)拙稿「鎌倉後期における東寺供僧供料荘の拡大」注(2)前掲書所収。
(91)拙稿「東寺栄衆方荘園の成立」同右書所収。
(92)注(5)橋本義彦前掲論文。
(93)『花園天皇日記』。
(94)『公衡公記』。
(95)拙稿「楠木正成をめぐる一、二の問題」本書第II部第三章。
(96)林屋辰三郎「散所　その発生と展開」『古代国家の解体』東京大学出版会、一九五五年。
(97)『尼崎市史』第一巻。
(98)注(66)前掲『南北朝の動乱』。
(補注1)　ここではなお「百姓＝農民」とする見方から、私自身、完全に脱し切っていなかったために、十分に論点を展開できなかったが、この点については拙稿「転換期としての鎌倉末・南北朝期」(佐藤進一・笠松宏至・網野『日本中世史を見直す』悠思社、一九九四年)で言及したので、参照していただければ幸いである。

(補注2)　魚澄惣五郎『斑鳩寺と峰相記』全国書房、一九四三年、所収の『峯相記』には「鳥帽子袴ヲ着ス」とあり、このように解すべきであろう。なお拙著『異形の王権』平凡社、一九八六年、参照。

(補注3)　「東寺百合文書」メ函一九号によって、そのことを知りうるが、おおよそこのころ、モンゴル襲来に備えて更迭の行われた諸国の守護の中に石見・伯耆から北陸の能登・越前が見えることから考えて、建治年間に幕府はモンゴルに対する警戒体制を北陸道諸国にまで及ぼしたことは確実である。そしてそれが一二六四年と一二八四—八六年にモンゴル軍がサハリンに侵入し、「骨嵬」といわれたアイヌと戦争をしている動きを、幕府が「蝦夷管領」安藤氏などを通して知ったことと関係ありと推定することも可能である。『太平記』に東山道・北陸道の武士は越前の敦賀津を固めたといわれているように、その警固場所の一つは敦賀であったかもしれない。

第二章　悪党の系譜——『太平記』を中心に——

在地領主か傭兵集団か

鎌倉末・南北朝期は、よく「悪党の時代」といわれ、『太平記』の世界の特質の一つも、そこに求められている。しかし、「悪党とはなにか」という問題に対しては、最近にいたってもなお、史家の間で確定した答えがでているとはいえない。ある論者はこれを、流通と密接な関係をもつ在地領主層、あるいは「土豪・有力百姓層の反体制運動」と規定し(1)、他の史家は、当初、盗賊的、頽発的な悪行をこととしていた悪党が、次第に傭兵集団ともいうべき性格をおびていった点に注目する(2)。この二つの見方は、それぞれに悪党の一面をとらえつつ、じつは真向から対立・矛盾する見解といえよう。

この矛盾の解決は、悪党を、非農業的な生業と不可分な関係にあり、遍歴性をもつ「職人」的武装集団とみることによって可能となる、と私は考えているが(3)、ここでは一応このような見方に立ち、『太平記』に即して、こうした武装集団の特質と系譜について、若干の問題を追究してみることとしたい。

悪党的な戦闘

「五尺余リノ太刀ヲ帯キ、八尺余ノカナサイ棒ノ八角ナルヲ、手本ニ尺許円メテ、誠ニ軽ゲニ提ゲタ」、山賊を業とする西国一の大力、頓宮、田中の父子兄弟（巻八）、「八尺余ノ金棒」を使い、鎧武者二十人を軽々と投げる「名誉ノ大力」、伊賀国住人名張八郎（巻一四）、「九尺ニ見ル樫木ノ棒ヲ左ノ手ニ拳リ、猪ノ目透シタル鉞ノ歯ノ亙リ一尺許アルヲ、右ノ肩ニ振カタゲ」、険阻な山を平地のごとく「小跳シテ登ル」「紀伊国ソダチ」「鷹ヲツカヒ」、狩りにもなれた熊野八庄司（巻一七）などをはじめ、武蔵から信濃に移動、「山野江海ノ猟漁ヲ業トシテ、年久」く、「八九尺計ナル大木」を振り回し、大石を転げ懸ける畑六郎左衛門、悪八郎の主従（巻二二）や、愛宕・高雄の天狗から兵法を学び、「樫木ノ棒ノ一丈余リニ見ヘタルヲ」駆使する秋山新蔵人光政（巻二九）等々、すでに岡見正雄が指摘したように（4）、撮棒、金撮棒や鉞は、『太平記』の戦闘場面のなかで、きわだった精彩を放っている。長刀も同様で、「備前長刀ノシノギサガリニ菖蒲形ナルヲ脇ニ挟」んで奮闘する三塔名誉の悪僧因幡竪者全村（巻一五）、「三尺八寸ノ長刀茎短ニ取テ乱足ヲ踏」んで戦う杉本の山神大夫定範（巻一七）等々、悪僧たちの武器として、長刀は縦横に駆使された。

そして城に籠れば、飛礫が打たれ、走木が転がる。楠木正成の千早城での防戦はいうまでもないが、藤島城に立て籠った平泉寺衆徒が「走木ヲ出テ」、新田義貞の軍勢を「突落」し（巻二〇）、神楽岡を城とした宇都宮、紀清両党が、「高櫓ヨリ大石数夕」を投げ懸けて山僧の攻撃を防いだ（巻一五）のをはじめ、八幡の合戦で、「力世ニ勝テ心臆病」な松山九郎の投げた大石（巻二〇）、石見国住人三角入道が高師泰の軍勢に対して用いた石弓（巻二八）等々。飛礫、走木は城に籠った軍勢によって、有効な武器としてさかんに使用されたのである。『太平記』では多少の誇張を交え、もっぱら大石、石弓として現れ、実際にそれらも使われたであろうが、千早城を攻めた軍勢が「自上山以石礫数ケ所被打畢」（『楠木合戦注文』）とか、「被打礫」「為敵以礫被打破」（『熊谷家文書』）とかいわれ、建武四年（一三三七）三月の越前国敦賀、金崎城の戦闘でも、久下弥五郎は「付屏之刻、以石被打」（『久下文書』）、本田次郎左衛門尉久兼も、「最前攻入城之刻、以石被打肩」（『薩藩旧記』）ているので、一般的には大量な飛礫が籠城軍によって打たれたものとみなくてはならない。

さらに「一枚板ノ軽々トシタル」に「板ノ端ニ懸金ト壺トヲ打テ」「此楯ノ懸金ヲ懸、城ノ掻楯」のようにしたもの（巻一五）や、「一枚楯ノ裏ノ算ヲ繁ク打テ、如レ階認《コシ》ラヘタ」（巻三〇）ものなど、楠木軍が駆使したさまざまな楯も、同じ性質の防具とみてよかろう。とすれば「竹ナガエ、サイ棒、杖」を武器とし、城を構えれば「故実屛ヲ塗リ出シ、矢倉ヲカキ、ハシリヲツカヒ、飛礫ヲナゲ、屛風楯、箱楯」等々の「支度ヲ廻シ」たという、『峯相記』の描いた播磨国の悪党の戦闘法は、『太平記』の世界にいたって、まさしく全面的な展開をとげたといえるであろう。

それを遡れば、『保元物語』が「為朝がかげのかたちにしたがふごとくなる兵」として語った、矢前払、射手、手取、とめや、三丁つぶて、金拳等の武技を身につけた人々、『平家物語』では、「公家殿上人のめされける勢と申すは、むかへつぶて、いんぢ、いふかひなき辻冠者原、乞食法師」といわれた人々につながるであろうが、こうした人々とその戦闘法は、ここにいたるまでに、鍛えられ、組織化されて、歴史の檜舞台にその姿を現わしたのである。東国の騎馬武者の武技、平場懸けの戦闘法と異なる、畿内近国から西国にかけての「職人」的武装集団に特有な戦闘法、武技をここに見出すこともたしかに可能であろう。しかしそれだけでなく、こうした武技そのものが、一面で、はるかに遠く原始の呪術的世界にその根をもっていたと思われる点も、決して見落してはなるまい。

飛礫と撮棒

平安後期以降、文書・記録のなかで、神人・悪僧、遊手浮食の輩などと切り離し難く結びついて現われる飛礫が、さきの武技の背景をなしているだけでなく、それを禁じたために飢饉が起こったといわれるほどの深い根を庶民のなかにもっており、きわめて古い原始的な習俗につながっていることについては、岡見や中沢厚の研究(5)に教えられつつ、別の機会に多少詳しくふれたので(6)、ここでは立ち入らない。

だが、飛礫のみではなく、撮棒もまた同様の背景をもっているのではないだろうか。兵庫県芦屋で、子供たちが鳥の身ぶりをして、正月の供物を貰ってまわるときに唱えたという、「カアカアカアカア　山の神のさいでん棒」、やはり子供が手に持って若い女性を打ちあるき、または木を叩き鳥を逐うサイマル棒[7]、羽後の大曲で、正月十五日の綱曳競技に若者頭が手に持って指揮したザイフリ棒[8]など、小正月の行事と結びついた棒祝に使われるさまざまな棒は、武器としての撮棒――サイ棒の源流なのではあるまいか。このような祝棒をどう考えるか、民俗学の分野にも種々の議論はあるのであろうが、素人流に、私はこれをサイの神――道祖神とその祭りにしばしば現われる陽物、石棒などと結びつけたくなるのである。長刀がのちに陽物の異称とされていることなども、そこに思いおこされるのであるが、もしもこの思いつきがさほど見当はずれでないならば、撮棒もまた、太古の原始的な呪術、民俗にその根をもった武器ということができよう。

実際、こうした性格の武器――飛礫、撮棒を駆使する人々の集団自体、粗野ではあるが、原始以来の強靱なエネルギーを、なお脈々と保っていた。それが爆発的に時代の表面に噴出したところに、鎌倉末・南北朝期の激動は起こったのであり、その躍動する姿を形象化しえたがゆえに、『太平記』の叙述は生き生きとした生命力をもちえたといえよう。

「ばさら」な「いたずらもの」

しかしこうした人々は、当時「悪党」といわれ、『太平記』もしばしばこれを「溢者」とよんでいる。彼らの多くが山野河海の狩漁に関わっていたことは前掲の諸例によっても明らかで、その荒々しく、殺生をものともせぬ一面が「悪」といわれたことは事実であり、なかには文字通りの「あふれ者」もいたであろう。とはいえ、『平家物語』以来の「いふかひなき辻冠者原、乞食法師」という見方をすぐに実体化して、これを浮浪する賤民集団とみることも、またまったく原始のままの狩漁民とみることも誤りである。

山野河海を広くその活動舞台としつつ、これらの集団は、当時すでに交通業、商工業を含む非農業的生業に携わり、それを通じて「有徳」といわれるほどの富を身につけている場合も少なくなかった。撮棒を振う悪僧は、平安末以来、金融を業として富裕をもって知られた山僧そのものだったのであり、各地を遍歴しつつ商工業を営んだ供御人・神人と、飛礫を打つ集団とは決して別のものではない。事実、白河印地の党は祇園社に奉仕する非農業民集団だったと思われ、非人が興福寺に属して清目を職掌とする集団だったように、乞食法師も寺社権門と無関係ではなかったのである。

それゆえ、こうした遍歴する武装「職人」集団――悪党の世界では、著しい「有徳」さと、原始的な荒々しさとが、切り離し難く結びついて現われる。それこそが「ばさら」にほかならない。

もとより、彼らをさげすみ、禁圧の対象として抑圧しようとする立場は早くからあり、鎌倉末・南北朝期、それはますます強まりつつあったとすら言いうる。「悪党」「溢者」という言葉も、そこからでてきたのであり、『太平記』の叙述の姿勢もむしろその立場に近いとはいえ、実際の『太平記』の世界に、彼らはある種の「いたずらもの」の雰囲気すら身につけ、躍動的な姿で登場する。このこと自体、さきにのべたような彼らの独自な世界が、なお生き生きとその生命を保っていた事実を、端的に物語っているといわなくてはならない。

鎌倉末期、繰り返し発せられるきびしい禁圧令をものともせず、自らの結びついた権門寺社内部の対立の間を右往左往しつつ、彼らはむしろいよいよその力を増し、そのエネルギーは権門寺社の内部にすら浸透しはじめていた。そして権門相互の対立が、ついに権力の中枢にまで達したとき、その鬱屈した力は激しく爆発する。後醍醐天皇、護良親王の動きを契機として、楠木正成、赤松円心、名和長年等々、『太平記』を彩る悪党の群像が、歴史の舞台に躍り出るのである。これらの人々の実態は、いまなお不明なことが多いが、ここで、この三人について一、二の気づいたことをのべ、その系譜を探ってみたい。

楠木正成

正成の本拠、金剛山に、おそくとも平安後期には蔵人所出納の管轄下におかれていた金剛砂御園があり（『西宮記』）、そこを根拠として金剛砂の売買に携わる商人が、室町期にもなお蔵人所出納中原氏の支配下にあって活動していたことから（「京都御所東山御文庫記録」、『大乗院寺社雑事記』）、正成が「金剛砂御園供御人」ともいうべき集団となにかの関わりがあったのではないか、あるいはその「惣官」のごとき立場にあったのではないかと、かつて推測してみたことがある。また正成が和泉国若松荘にもなんらかの所領をもち、後醍醐側近の醍醐寺報恩院の僧侶道祐と密接な関係を結んでいたとみられる点についても、別の機会に詳述した。(9) 後醍醐と正成とのつながりは、蔵人所—蔵人日野俊基の線と、この道祐—文観の筋とがあったと思われるが、もう一つ、正成の先代と推測されている楠河内入道が雑掌として現われる播磨国大部荘について、最近の研究(10)がそのころ、永仁三年（一二九五）以前、東大寺東南院領だった事実を明らかにしている点にも注目する必要があろう。少し時代は降るが、東南院僧正聖尋は道祐と同様、後醍醐の信任厚い僧侶の一人だったのであり、ここに楠木氏と後醍醐とを媒介する契機の一つを求めることができるかもしれない。

悪党、海賊といわれる「職人」的武士が、他方であちこちの荘園の請負代官として姿を現わすのは、一般的にみられることで、正成を含めてその一族も、こうした活動を通じて、さまざまな線で権門寺社とつながり、「有徳」になっていったのであろう。

名和長年

佐藤進一は、正成が一所懸命の地にしがみつくような武士ではなく、広い行動半径をもつ人だったと推測するとともに、長年についても、後醍醐からもらったという帆掛け舟の旗印や、長年を鰯売だったとする室町期の所伝（『蔗軒日録』）などから、日本海の海上交通に従事して富裕になった武士と推定しているが、[11] これはまったく的を射た指摘といえよう。

隠岐を脱出した後醍醐が漂着した場所については諸説あるが、『太平記』の伝える名和湊は、ふつう現在の御来屋と推定されている。これについて、御来屋は御厨であり、それが天皇家の御厨ではなかったかと、以前、考えてみたことがあるが、そのさい、『玉葉』治承五年（一一八一）四月三日、同四日、十一月五日条にみえる「伯耆御厨」「伯耆国御厨」については、『荘園志料』に従って久永御厨（『神鳳抄』）[12] とみたため、それ以上、推測を進め得なかった。しかしこの『玉葉』の記事の少し前、同年三月二十五日条にみえる伯耆国稲積荘についての記事は、御厨の記事に直接つながる内容をもっており、この伯耆国御厨は久永御厨ではなく、稲積荘の一部とみるべきであろう。[13]

稲積荘は長講堂領の一であるが、『荘園志料』では所在不明とされている。しかし、後醍醐が漂着したと『増鏡』が伝える「稲津浦」は、稲積荘の浦なのではあるまいか。一方、稲積荘は賀茂社領であった事実も知られており、その荘内に、賀茂社が得分権をもつ神領が存在していたとみられるが、いま名和町に賀茂社があることは、これと符節を合わせる事実といわなくてはならない。また御厨は『玉葉』で「年来、故女院御領」といわれているので賀茂社のそれではなく、天皇家の御厨であろう。現在の御来屋にまつられているのが賀茂社ではなく、住吉社であることも、この推測を支えるものといえよう。

これだけではなお根拠薄弱であるが、一応以上のような推測に基づき、私は稲積荘をいわゆる名和荘の前身とし、現在の御来屋を稲積荘内の天皇家御厨にあたる浦とみる説を提出してみたい。このことがもし認められるならば、賀茂社とその御厨が海民と深い関係をもつことを考え合わせ、この海辺に、古く天皇、賀茂社に贄を貢進する海民集団の根拠地があり、それが平安末期、天皇家領、賀茂社領の稲積荘に発展、確定していったとする推測をたてることも可能になる。

天皇直領ともいうべき諸国の御厨と海民的な供御人は、平安末・鎌倉期、摂河泉をはじめ、山城・伊勢・志摩・伊賀・安芸・近江、さらに春宮御厨若狭国青保などに見出すことができるが、さきのように考えれば、伯耆のこの御厨もその一例に数えうるであろう。そして楠木軍に属した大江御厨の渡部党をはじめ、伊賀の供御所につながり、南朝に与した黒田悪党の動向をみれば、伯耆御厨とその海民の場合も、後醍醐に加担する可能性は十分あるといわなくてはならない。佐藤のさきの推定をこれに加えて、名和氏をこの海民集団の統轄者とみることが許されるならば、後醍醐が名和湊をめざしたのは決して偶然の漂着などではなく、十分計算された行動といえるであろうし、長年がこれに応じたのも、長い天皇直領の伝統を背景とした意識的対応とみなくてはなるまい。

赤松円心

円心の場合も、その子息範資・貞範の兄弟が、鴨社領摂津国長洲御厨の沙汰人として、執行・惣追捕使になっていることは、すでによく知られた事実である(『大覚寺文書』)。海民的な鴨社供祭人との関わりをそこからうかがうことができるが、一方、三男律師則祐をはじめ、一族の木寺相模公は山僧になっており、護良との関係はその座主時代、叡山で結ばれたものと推定される。このような事実と、円心が一生官途を得ることなく、赤松入道で通していること、蜂起にあたって、吉河・島津・海老名などの播磨における地頭と結ばず、むしろ他国の頓宮・菅家一族のような西国の住人と手を組んでいる点などを合わせ考えれば(14)、赤松氏が地頭ではなく、西国住人であることは確実で、摩耶合戦をはじめとするその戦いぶりをみても、「職人」的性格をもつ武士団だったことは間違いないと思われる。多少のちのことであるが、則祐の支配する中津川に、大山崎神人の特権を脅かす荏胡麻商人が活動していることも、参照されてよい事実であろう。

ただここで注目しておきたいのは、円心の本拠とみられている九条家領佐用荘のうち、太田方の給主が、元亨三年

（一三二三）当時、小串範行だったという事実である[15]（『備陽記』）。範行が六波羅北方探題常葉範貞の被官であったことはすでに明らかなので、太田方地頭職が北条氏所領だったことは間違いない。もとより佐用荘のすべてがそうだったかどうか断定し難いが、赤松氏が北条氏のかなり直接的な圧力の下におかれていたことは十分推測できる。そう考えてみると、楠木氏の河内も、名和氏の伯耆も、守護は北条氏一門であった[16]。鎌倉末期、流通路に対する支配を著しく強化した北条氏と、そこを主要な生活の舞台とするこれらの「職人」的武士団との間に、鋭い矛盾が生じたであろうことは、たやすく想像のつくところで、北条氏に対する彼らの蜂起の、直接的な原因をそこに求めることも、可能であろう[17](補注)。

異様な花押

後醍醐・護良はこうした武士――ときに、「異類異形ナルアリサマ、人倫ニ異ナリ」（『峯相記』）とすらいわれた悪党を、歴史の舞台に登場させただけでなく、政権の中枢部近くまでひきよせた。その「異形ナルアリサマ」、「ばさら」な行動は、『太平記』や「二条河原落書」に、さまざまにえがかれている通りであるが、そこに思い浮かぶのは、この三人の花押である。

伯耆様などといわれた異様な風俗をもてはやされた名和長年の花押は、うずくまったねずみが尾をぴんと立てたような、まことに異様な形をしている。また円心のそれも、中村直勝によれば、元の影響をうけた花押の最も早い例といわれ[18]、やはり他に例を余りみない形状である。

こうした、奔放とも斬新ともいえる花押の形状それ自体に、激しくゆれ動く時代の風潮が鮮やかに現われているが、そのなかにあって、正成の花押がまことに穏当な一字体であったことに注意しなくてはならない[19]。こうした一面の謹直さと、悪党的な本質との鋭い矛盾は、その悽惨な最期にいたるまでの正成の生涯をつねに規定しつづけていたのではあるまいか。

悪党の時代の残照

南北朝の動乱の終焉とともに、悪党の時代もまた終わる。それは日本の前近代史を二つに分ける大きな境目であった。

室町期になれば、農工商の分化は一層進み、武士と商工業者、農村と都市の分化も次第に明確になってきた。しかしそれとともに、かつての「職人」的武装集団がそなえていた原始的な野性も、また急速に失われていったのである。飛礫や撮棒は、「天狗の飛礫」や「鬼の金棒」のように、超人的な世界、「民話」の世界の中で、生きつづけてはいるが、現実の飛礫は、室町期にはほとんど五月五日の節句の年中行事と化し、子供たちの遊戯になっていた。

ただ戦国の動乱期、飛礫は再び、さらに組織化された武力として姿を現わす。天文二十一年（一五五二）七月、毛利氏の軍勢が備後の志川滝山の城を攻めたときの軍忠状には、矢疵、鑓疵に匹敵するほどの礫疵があげられているのである（『毛利家文書』『萩藩閥閲録』）。とすれば、中沢厚の指摘する武田信玄の石投げ隊[20]も、決して単なる伝説として却けることはできないであろう。鉄砲の普及とともに、それは否応なしに姿を消していったであろうが、われわれは飛礫の、恐らくは前近代最後のはげしい焰の燃え上がりを、島原の乱において見出すのである。

有馬の城に立て籠る一揆を攻めた攻城軍の武士が蒙った大量な石疵は（『立丘斎旧聞記』）、叛乱した民衆が惨憺たる敗北の闘いのなかで、抑圧者の額に刻印した疵あとを、まざまざとわれわれに伝えている。そして、決して消えさることのないその疵痕のように、悪党の時代の残照もまた、近世以降も長く庶民の世界に、必ずや伏流していたにちがいないと、私は考える。

（1）佐藤和彦「中世の階級闘争と国家権力」『大系・日本国家史』2中世、東京大学出版会、一九七五年、二二五頁。
（2）黒田俊雄『荘園制社会』、体系日本歴史2、日本評論社、一九六七年、第七章5。
（3）拙著『蒙古襲来』、日本の歴史10、小学館、一九七四年、三六三―三七二頁。
（4）岡見正雄校注『義経記』、日本古典文学大系37、岩波書店、四二五―四二六頁。
（5）岡見正雄「白河印地と兵法」『国語国文』二七―一一、一九五八年、中沢厚「石投げ合戦考」『飛』四〇号、一九六八年。
（6）拙稿「飛礫覚書」『日本思想史大系』岩波書店、月報二八、『異形の王権』平凡社、一九八六年。
（7）『定本柳田国男集』筑摩書房、第十巻、二六三頁、第十二巻、二八八頁。
（8）柳田国男編『歳時習俗語彙』国書刊行会、二二一頁。
（9）前掲『蒙古襲来』四二一―四二二頁。拙稿「楠木正成に関する一、二の問題」『日本歴史』二六四号、本書第II部第三章。
（10）稲葉伸道「中世東大寺寺院構造研究序説」『年報中世史研究』創刊号、一九七六年。
（11）佐藤進一『日本の歴史9　南北朝の動乱』中央公論社、一九六五年、七四―七七頁。
（12）ただ「長講堂所領注文」「宣陽門院所領目録断簡」「宣陽門院所領目録」（『島田文書』『集　八代恒治氏所蔵』）などが、いずれも「久永御厨」としている点に注目する必要があり、つねに「稲積庄」のつぎに配列されている点からみても、あるいは後述する稲積庄内の御厨は、まさしくこの久永御厨ではないか、とも考えられるが、なお後考を期したい。
（13）三月二十五日条では、稲積庄が去年、国に付されたことが問題となり「如元為院庁沙汰、被仰付可然之人、尤宜歟」といわれており、四月三日条には「自院伯耆御厨之間事、有被仰旨等、勿論次第也、大略可棄国之時歟」とみえ、十一月五日条に「伯耆国御厨、年来故女院御領也、被付国之条不当事也」とある。これらの記事が一連のものであることは明瞭であろう。
（14）『兵庫県史』第二巻、七五四頁。
（15）岡見正雄校注『太平記』㈠、角川書店、三〇四頁には、佐用庄太田方を備前国としてあるが、すこしのちに「播磨国佐用荘内赤松上村、三川村、江川郷、太田方、広瀬方、弘岡方、本位田、下得久」としている文書（「森川文書」）があるので、このようにみてもよいのではあるまいか。
（16）佐藤進一『増訂鎌倉幕府守護制度の研究』、東京大学出版会、一九七一年、河内、伯耆、播磨の項、参照。
（17）もとより逆に、彼らが北条氏とつながる一面のあったことも見落とすべきではない。不確実な史料ではあれ、正成が北条高時の命で、保田庄司を討ったといわれ、また円心自身も、元弘二年には北条氏の命で楠木討伐にあたっている。彼らが後醍醐に賭けたのも、それなりの「悪党」的な計算があったと考えなくてはならぬ。
(18) 中村直勝「足利直冬の花押」『史迹と美術』四三―四、一九七三年。
(19) 佐藤進一編『書の日本史』第九巻、平凡社、一九七六年、「花押総覧」参照。
(20) 中沢厚「武田信玄の石投げ隊」『甲斐路』一九号、一九七一年。
(補注) 筧雅博「続・関東御領考」(『石井進編『中世の人と政治』吉川弘文館、一九八八年)は、赤松氏がこの小串氏と人的な関係のあったことを推測している。

第三章　楠木正成に関する一、二の問題

まえがき

楠木正成の歴史の本舞台への登場が、後醍醐天皇の召を契機としていることは、いまさらいうまでもなかろう。しかし正成の出自が、古くからさまざまに研究されているにもかかわらず、いまだに謎につつまれており、自然、後醍醐天皇が、いつ、またいかなる機縁から正成に注目するようになったかについても、種々の推測は行われているが、やはり疑問のままに残されているといわなくてはならない。この点に関する諸説については、植村清二が要領よくまとめて概説しているので[1]、いまここであらためてのべる必要はなかろうが、そこで、日野俊基の南行をその契機とする説、正成を皇室・公家の被官、あるいは在庁官人と見る説などを紹介した植村は、天皇と正成の間にあって両者を媒介する役割を果した人物として、醍醐寺報恩院の小野僧正文観（弘真）に注目した黒板勝美の説に言及し[2]、「すこぶる興味の多い……、また暗示の深い……巧妙な仮説」と評価している。

たしかに、さきの両説がともに興味深い推測であるとはいえ、やや具体的根拠に乏しいといわざるをえないのに比べると[3]、この黒板説は、文観と金剛寺との密接な関係や、道順を媒介する聖尋と文観とのかかわりなどを前提としつつ、文観と正成を結びつけている点、より確実な根拠にもとづく説ということができよう。しかもこうした諸関係に

ついては、今後も、確実な史料によってさらに綿密に究明しうる余地が広く残されているので[4]、植村のいう通り、「この方面の将来の研究」によって、一種の行きづまりをみせているさきの問題の研究に、「新しい光」を投ずることは、充分に可能なことと思われる。

そして、こうした指摘に導かれ、この説を念頭において既知の史料を再検討してみると、従来の解釈に多少の修正を加えることによって、黒板説そのものを若干補強することができるように思われた。一つの思いつきにすぎないが、以下にのべてみようとするのは、この点についてである。

いま〝既知の史料〟といったのは、元弘の乱以前の正成の動向を物語る唯一の確実な史料といわれている、正慶元年（一三三二）六月の「故大宰帥親王家御遺跡臨川寺領等目録」という表題をもつ、「天竜寺文書」中の著名な一文書であり、正成を「悪党」とみる根拠ともなっている史料である。戦前の皇国史観的見方からする正成の研究を克服しようとする試みは、とくに戦後、社会史的な観点から活発に推し進められ、正成を革命的な叛逆者としてとらえる松本新八郎の説[5]や、「散所の長者」とみる林屋辰三郎の説[6]がそのなかから生れてきた。この両説はともに広く世人の注目を集め、戦後の正成研究の出発点となったのであるが、その一つの根拠とされたのがこの史料であった。それ以来、これについては、ある意味で論じつくされたといってもよかろう。しかし、最近の「悪党」研究の深化を背景において、いま一度、史料を再検討し、その解釈を考え直してみることも、あながち無意味ではあるまい。

ただ「悪党」の評価をめぐって、現在、見解がわかれており[7]、私自身は「悪党」を荘園公領制のなかにおいてとらえる観点が必要と考えているので、この試みもその見方からするものであることを、あらかじめおことわりしておかねばならない。しかしそのような観点に立ってみたとき、正成についても、その所職・所領について正面から研究しようとする試みが、これまで意外に少なく、そのため、案外なところに盲点ができているように、私には思われた。最近、豊田武は畿内の悪党の実態と関連させつつ、正成の同族や所領について、興味深い見解を示しているが[8]、これはこうした盲点に光をあててゆく方向を指し示したものといえよう。そして近年著しく発展をとげた荘園・公領の研究や地頭・御家人の研究は、この課題を達成してゆくうえに、充分の地盤を用意している。本章は、もちろんそのような課題に答えようとするものではないが、こうした面についても、気づいたことをのべて御批判をいただき、今後の勉強の手がかりとしたく思う。

一　和泉国若松荘と正成

周知の史料であるが、まず正成に関連する記事のみえる、和泉国若松荘の項の全文を掲げる。

内大臣僧正道祐依競望申、去元徳三年二月十四日、不慮被下　綸旨之由、承及之間、已仏陀施入之地、非分御綺之段、歎申之処、同廿五日、被成綸旨於寺家了、而悪党楠兵衛尉押妨当所之由、依風聞之説、称彼跡、当国守護御代官、自去年九月之比、令収納年貢以下之条、不便之次第也、守護御代官于今当知行、当所領家故親王家、年貢三百石計、領家一円地也、本家仁和寺勝功徳院、

この所領目録は、いうまでもなく、後醍醐天皇の子息世良親王の遺領で、親王の遺命によって、その没後、臨川寺領とされた所領群の目録の案文であるが、まず確認しておく必要のある点は、これが後醍醐天皇の討幕挙兵失敗後の情勢下に、臨川寺によって作成され、恐らくは後伏見院に提出された文書の控とみられることである(9)。この文書の末尾にのべられているように、もともとこの荘園群は、すでにこのころまでに、「本家の違乱」や「地頭の押妨」によって「有名無実」になっている荘園をふくんでいたが、それに加うるに、元弘の変後、後伏見院の院宣によって持明院統系の人々――貴族や女房に給主職が与えられた荘園も少なくなかった(10)。臨川寺はこの状況を「寺領等転変、御遺跡牢籠」と歎き、「故親王御素意、御寄附の趣に任せ」、寺領として安堵してほしいと院に訴えているので、若松荘に

ついてのこの記事も、その文脈のなかで書かれていることに、注意を向けておく必要があろう。

この記事については、古くからその存在がよく知られており、これに関説した研究は多数みられるが、最近までの通説的な解釈は、高柳光寿の見解によってほぼ代表されるものとしてよかろう[11]。高柳はこの記事について、およそつぎのようにのべている。

道祐の競望によって、一旦綸旨を彼に与えた後醍醐天皇は、臨川寺の訴えをうけ、あらためて綸旨を臨川寺に与えた。ところが楠正成が荘に押し入って不法占拠をした、という風聞が立った。「そこでこんどは道祐の跡と称して、すなわち道祐から譲与されたと号して」、守護代が去年（元弘元年）九月ごろから年貢以下を収納し、今も知行している、というのである。

この解釈は植村清二も踏襲し[12]、前掲の論稿でこの若松荘に注目し、その「宮座帳」を紹介した豊田武もまた、これに従っているようにみえる[13]。しかし「悪党」と当時いわれた人々の「押妨」が、決して全く根拠のないところに行われたのではなく、なんらかの所職に対する一定の主張を背後にもっていたという、かなり一般的に確認できる事実[14]を背景においてこの史料を読み直してみると、この解釈に、必ずしも従えなくなってくる。

高柳は記事のなかの「彼跡」を道祐の跡と解したのであるが、和泉国守護代が荘の年貢以下を収納する理由としたと思われるこの「彼跡」は、道祐のそれとみるよりも、正成その人の「跡」とみる方がはるかに自然ではなかろうか。元弘元年（一三三一）九月は、幕府軍による笠置の天皇方攻撃の最中であり、この月の二十八日に笠置は陥っているが、まさしくそこで天皇方の武将として立った正成＝謀叛人の跡という理由があったからこそ、守護代がこれをおさえ、「今に当知行」といわれているように、事実上、没収領として知行することになっているのではないだろうか[15]。

もしもこの解釈が認められるとすれば、正成は「風聞の説」であれ、また「悪党」といわれる以上、非法なものではあれ、ともかく若松荘のなんらかの所職について、一定の主張をなしうる根拠をもっていた、ということができよう。とくに、この文書を作成した時の臨川寺の立場からすれば、謀叛人正成が荘にこうした根拠をもっているということ自体、自らの主張――守護代の行為を不法とする主張を通すうえに不利になるわけで、ここに「風聞の説により」という表現がでてくる理由を求めることもできるであろう。

しかしそれにしても、正成は臨川寺から「悪党」といわれており、また「当所を押妨」と非難されている点からみて、正成の主張が臨川寺からは非法なものと観じられていたことは間違いない。とすると、ここで新たに注目すべき人物として浮かび上がってくるのが、内大臣僧正道祐という人である。

「悪党」といわれた人々が、なんらかの所職に対する一定の主張をもちうるためには、その所職の補任権をもつ、より上級の所職保持者による保証＝補任が当然必要である。そしてその場合、その上級の所職自体、A・Bの間で争われていることが多く、AはBの補任した下級所職保持者（B′）を「悪党」といい、BはAの補任した人物（A′）を同様に「悪党」とよんで、互いに相争うというのが、鎌倉中期以降の所職相論に当ってみられる、ほとんど一般的な形である。とすれば、この場合、臨川寺（A）によって「悪党」といわれている正成は、臨川寺に対立して若松荘領家職を競望した道祐（B）につながるB′とみることが可能なのではあるまいか。

もとよりこの推定は、正成のこの荘の所職に対する権利が、道祐に綸旨が与えられた元徳三年（一三三一）二月十四日より前からのものとする見方と抵触するものではなく、豊田も指摘しているように、若松荘がそれ以前から楠木氏の勢力圏内にあった蓋然性は、むしろ大きいと考えられる。(16) しかし、たとえわずか十一日間でも、天皇の挙兵計画がまさに進行しつつあった時期に、綸旨によってこの荘の領家職を知行し、正成ともかかわりがあったとする推測も成り立ちうる、この道祐という人物については、従来、あまり注目されていないように思われる。必ずしもまだ充分に史料を集めえたとはいえないが、以下、道祐について知り得たことをのべ、その動静をさぐってみたい。

二　内大臣僧正道祐

道祐は村上源氏の流をくむ中院内大臣通重の子息である。[17] 元亨元年（一三二一）四月五日、彼は醍醐寺報恩院の門跡で、後宇多院の信任の厚かった西南院大僧正道順の付法をうけた。[18] そのころ、道祐は内大臣法眼といわれている。

翌二年（一三二二）、道順の譲によって、二条天皇の皇子遍智院宮聖尊法親王は、報恩院とその所領、蓮蔵院とその所領を管領しているが、それを確認した後宇多院の院宣の充所に現われる内大臣法眼は、道祐その人とみて間違いあるまい。[19] 聖尊法親王の下で、彼は事実上、これらの所領を管領することになったものと思われるが、一方、道祐はいつのころか、文観の付法をあらためてうけている。[20] 文観を媒介として、道祐が後醍醐天皇と密接な関係をとり結んでいたであろうことは、これだけの経歴でも明らかであろう。

さきの若松荘領家職への補任は、このことを背景において考える必要があるが、元弘三年（一三三三）六月、内乱に勝利した後醍醐が京に帰り、新政を開始するや、道祐の活動もにわかに目立ってくる。この月八日、聖尊法親王はさきの門跡領をあらためて綸旨によって安堵されているが、その綸旨は内大臣法印道祐に充てられており、[21] まもなく道祐は第六十三代醍醐寺座主に補任されて蓮蔵院を管領せしめられ、左女牛若宮別当となったのである。[22] 後醍醐の厚い信任が彼のうえにあったことは、この点からも推察できるので、座主となった道祐も、この年、多分内乱の影響で「闕如」した寺役をことごとく行って、後醍醐の信任に応えたのであった。[23] こうした、一種の経営の能力を道祐ももっていたのであろうが、以後、彼は蓮蔵院権僧正といわれ、[24] 新政の本舞台における重要な人物の一人となっていった。この年十月、道祐は護国殿において八字文珠御修法を修し、[25] 翌建武元年（一三三四）三月には、大智院領の内、赤築地跡以下の田地を、談義料足として清滝宮に永く寄附している。[26]

そして、同じ月の十八日、道祐はついに東寺二長者に補された。[27] つづいて四月一日には、日蝕御祈を奉仕し、報恩院において愛染王法を修しているが、その効験は「その例なし」とたたえられ、「叡感、比類なし」といわれるほどであった。[28] 翌年（一三三五）二月十日、中宮御産に当っても、道祐は六条若宮社において如意輪法を修しており、[29] 後醍醐の深い信任を得て、彼の得意はほとんど絶頂に達したということができよう。

しかし、新政崩壊の徴候は、この年、早くも彼の足下に現われてくる。建武二年（一三三五）三月、文観は東寺一長者に就任、恐らくこのころ、道祐は醍醐寺座主を退き、文観がこれに代わったとみられるが、七月には中先代の乱が起こり、事態は次第に急をつげてきた、八月、道祐は東国の擾乱を鎮めるべく、馬場殿において五壇法・大威徳法を修し、十一月の足利尊氏の叛逆に当っては、清涼殿二間において、聖観音法を修している。この修法のはじまる前に、天皇はみずから本尊の帳を開いたといわれるが、この本尊は醍醐天皇の本尊で、この年、醍醐寺三昧堂より内裏に移したものであった。[30] 恐らくはここにも、文観・道祐の力が働いているのであろう。

そして建武三年（一三三六）、新政は崩壊し、この年の末、後醍醐は吉野に入ったが、道祐もまた、この年の冬、門跡・所職などのすべてを捨てて、吉野の行宮に参住し、後醍醐の没後は隠遁して素金上人といったと伝えられる。[31] まさしく、道祐の生涯は後醍醐に始まり後醍醐とともに終わったといってよく、後醍醐の運命は彼の運命であるといいうるほどの密着ぶりを示している。

もとより、この両者の関係において主導的な役割を果したのは後醍醐であろう。しかし道祐は後醍醐の意志のままに動く人形のような役割を果しただけなのだろうか。もしそうであるなら、さきの元徳三年（一三三一）二月の若松荘領家職への補任、正成とのかかわりについても、彼の果した独自な役割はほとんどなかった、といわなくてはならぬであろう。しかし、もしもさきにふれたような一種の経営の能力を道祐がもっていたことを認めるならば、このような見方は成り立ちにくいものになってくるので、文観ほどのあくどさはなかったにせよ、道祐もまた、この時代に特有な強い個性をそなえた僧侶であり、そうなればこそ、後醍醐は彼を厚く信任したと考える方が自然のように思われる。そして、それをさらに裏づけるような、彼自身の積極的な活動ぶりを示すのではないかと考えられる事実を知ることができた（学友後藤紀彦氏の御教示に心から感謝の意を表する）。以下にその点をのべておきたい。

伊予国御家人で、海賊として知られた忽那氏に伝えられる文書のなかに、忽那孫次郎入道（重義）に充てられた、元弘三年四月二十三日付の感状がある。「当国の合戦」での忠勤を具さに天聴に達すべしと記されたこの感状は、日下に花押が居えてあり、その肩に「中院内大臣法眼之御房」と押紙されているので、ふつう中院内大臣法眼感状と題されている(32)。この押紙が、いつごろ、いかなる根拠ではられたかが問題であるが、「忽那一族軍忠次第」の一条に「中院内大臣法眼御房渡海事」とあり、「忽那嶋開発記」にも「従中院内大臣法眼殿賜御判同年(元弘三)四月廿三日」という記事がみられる点を参照する必要があろう(33)。この間の事情は必ずしも充分に明らかでないが、恐らくは忽那氏に伝えられた、かなり確実な所伝にもとづいてこの押紙がはられたものと考えて、ほぼ間違いなかろうと思われる(34)。

それが認められるとすれば、中院流の人で内大臣法眼を称した人は、まず道祐をおいて考えられないので(35)この感状の発給者は道祐その人ということになる(補注1)。

元弘三年（一三三三）四月二十三日といえば、後醍醐はすでに隠岐を脱出して船上山に拠っており、赤松則村が京を圧迫しているころであるが、そのころまでに、道祐はみずから海をこえて忽那島に押し渡り、忽那氏を動かして伊予国で戦っていたのであった(36)。少し思い切っていうなら、道祐は伊予を中心とした後醍醐の水軍の大将だったのである。もとよりそれは後醍醐の意をうけた行動だったろう。そこに天皇の道祐に対する信任、道祐の後醍醐に対する献身ぶりをみることができるが、道祐自身がこのように一軍の将たりうる組織力・指導力をもっていなければ、そもそもこうしたことは起こりえなかったであろう。

もちろんこれは感状の発給者を道祐とする推定のうえに立ってのことであるが、これを事実とするならば、後醍醐の挙兵直前の元徳三年（一三三一）二月の若松荘領家職への道祐の補任は、政治的・戦略的意味をもった補任であった、とする推定も成り立ちえないことではあるまい。そしてそれが、正成を後醍醐に結びつける一つの契機となつたとみることも、全く荒唐無稽の推測とはいえぬであろう。やや臆断にすぎるかもしれないが、後醍醐―文観―道祐―正成という連関をそこに想定してみることもできるので、このような補足を加えることによって、黒板説を若干は補強できるのではなかろうか。醍醐寺報恩院の存在が、ここに大きく浮かび上がってくるが、(37) それはともかく、新政時の後醍醐による道祐の重用は、以上のような彼の献身的寄与を前提としてみたときに、はじめて自然なこととして理解できよう。

内大臣の子息、「悪党」の組織者、「海賊」の大将、醍醐寺座主、東寺長者。これが道祐の経歴である。こういうと、いささかいいすぎのようであるが、しかしこの時代はまさしくこのような人々が時を得た時代であった。とくに後醍醐天皇の周辺には、こうした人々が多く集っていたのである。

播磨国法華寺の僧とも、西大寺の律僧ともいわれ、「立川流」の行法によって後醍醐の信任をかちえて成り上がり、新政下、「財宝を倉に積み……武具を集めて士卒をたくましうす」といわれるほどの奢侈・乱行を行い、(補注2) 建武三年（一三三六）の尊氏との戦いに当っては、しばしば自ら将として出陣している。あの文観（弘真）については、ここでのべるまでもなかろう。(38) それのみではない。文観・道祐と並んで、新政下の東寺長者の一人であった聖無動院道我も、歌人として知られるような一面をもつとともに、「悪党」といわれた現地の人々を駆使して荘園経営を行うような面をもった人であった。(39) 新政下の東寺長者は、このような人々が顔をつらねていたのであり、(40) そこに新政そのものの一面の特質をうかがうことができる。

日野資朝・俊基・千種忠顕などにしても、同様であろう。復古といわれ、「反動的」といわれる後醍醐天皇の政治を支え、推進したのがこのような人々であったことを、われわれはあらためて考えてみなくてはならない。建武新政のこうした一面を充分に解明することなしには、その評価や意義づけを、軽々に行うことはできないのではなかろうか。

三　正成とその所領をめぐって

前節までの推定がもしも許されるとするならば、正成は和泉国若松荘に、元徳三年（一三三一）以前か、道祐が領家職を与えられた時点かは一応保留しておくとしても、なんらかの所職を保持していたことになろう。この荘が領家一円の地であり、所職没収後、守護が年貢以下を収納したといわれている点から考えて、この所職は名主職のような部分的なものではなく、一荘全体の年貢収納権をもつ所職――恐らくは下司職か代官職であったろう。そして、この所職は正成の祖先以来相伝したものでなく、いずれにせよ、鎌倉末期近く、彼が手中にした所職ではなかったかと思われる。(41)

すでによく知られている播磨国大部荘に現われる河内楠入道が、もしも正成の先代であるならば、いまここで推定したことと考え合わせて、ここに、各地の荘園の代官職を請け負って富を積み、各種の所職を手中に集めていった、この時期の畿内とその周辺に特徴的な新しい型の武士の一族として、楠木氏を考えてゆく道が、より広く開けてくるであろう。それは、中村直勝・林屋辰三郎の説に共感をよせつつ、最近佐藤進一があらためて浮彫りにした正成の人物像――畿内西部の広い範囲を行動半径とし、商業活動にもかかわりをもった武士、「一所懸命の地にしがみついて、所領の保持だけを念とする、いわば幕府の御家人体制に安住する型の武士」とはおよそ異なる新たな型の武士の像と、重なってくる。(42)そうだとすると、正成の元弘以前の所領は、固定した相伝のそれのみでなく、かなり広く、また流動的なものになってくる可能性が強いといわねばならず、それを捕捉することは、あるいは不可能かもしれない。しかし、豊田が細かく追究した正成の一族をふくめて考えれば、まだ開拓の余地は多少とも残っているように、私には思われる。

新政下の正成の所領についても、同様なことが考えられる。少なくとも和泉・河内両国の守護であった河内守正成の手中には、この両国の守護領・国衙領が大量に掌握されていたとみなくてはならず、(43)また他の武将たちの例からみても、新政府から恩賞として与えられた正成の所領は、恐らくは全国各地に分布していたであろう。

例えば延元元年(一三三六)、常陸国久慈西郡瓜連で佐竹氏と戦った「楠木判官正成代」「左近蔵人正家」についても、(44)従来は、この地に新たに派遣された正成の代官と解されてきたが、瓜連が北条氏一門の所領であった事実を前提においてみると、(45)正成自身の新恩所領がここにあったと解する方がはるかに自然であろう。また、正成に充行われた出羽国屋代庄地頭職についても、(46)北条氏所領との関連で考えてみることも可能と思われる。(補注3)

いまの私には、もはやこれ以上、つけ加えるべきものはないのであるが、こうした方向に向って努力してみることは、決して無駄なことではないと思う。

むすび

戦前・戦後を通じて、ともすれば謎の人物であることを強調されがちな正成の人物像について、多少とも根拠のある照明をあててみたく思い、粗雑きわまる推論を重ねてきた。

しかし「悪党」といい、「散所長者」といって、正成をなにか特別の人のように考える見方は、やはりさけられなくてはならない。正成もまた、この時代、畿内とその周辺に広くみられた新しい型の武士の一人にすぎないように、私には思える。彼らは「悪党」とよばれるような立場に平然としてみずからをおき、また平然と相手を「悪党」といってのけてはばからぬ人々であり、対立する諸勢力の間に立ち、その双方を利用し、また裏切って、みずからを押し出してゆく図太さをそなえていた。諸勢力の対立が次第に権門相互の対立になり、ついに政権をめぐる争いに発展してゆくとともに、時代の波はこうした人々の中から、政権の中枢に加わるような人を生み出していった。その一人が正成だったので、その意味では、正成はたしかにこの時代のある典型であり、また一箇の「英雄」ということもできよう。

だが、治承・寿永の内乱の「英雄」、源義経が、広い範囲の庶民たちの間で、さまざまな伝説の題材となり、ついに『義経記』のような文学を結晶させていったのに対し、元弘・建武の正成は、学者たちの間ではさまざまに論議されはしても、庶民の伝説のなかには、ついに登場しないように思われる。それぞれの時代は、その時代なりの「英雄」を生み出すであろう。しかし彼がその後の時代に庶民たちからいかなる扱いをうけるか。そこに歴史そのもののきびしさが現われているとはいえぬであろうか。そのような点を考えつつ、今後も正成と彼の生きた時代について、勉強をつづけてゆきたく思う。

(1) 植村清二『楠木正成』至文堂、一九六二年、第五章「天皇と正成との関係」参照。
(2) 黒板勝美「後醍醐天皇と文観僧正」『虚心文集第二』岩波書店、一九四〇年、所収。
(3) とはいえ、両説ともにすてがたいものはあるので、前者の論証は困難であろうが、後者の「在庁官人説」は、充分ありうることとして、今後なお研究の余地が残されているように思える。
(4) 醍醐寺文書の整理の進行は、そのような意味で待望されるところである。
(5) 松本新八郎「楠正成」、川崎庸之編『人物日本史』毎日新聞社、一九五〇年、所収。
(6) 林屋辰三郎「散所　その発生と展開」『古代国家の解体』東京大学出版会、一九五五年、所収。
(7) この点については、佐藤和彦「悪党についてのノート」『月刊歴史』一三号、一九六九年、に整理されている。
(8) 豊田武「元弘討幕の諸勢力について」『文化』三一巻一号、一九六七年。
(9) 伏見宮家文書（宮内庁書陵部所蔵）にも、この文書は収められている。これは、本文書の草案で、「故大宰帥親王家御遺領目録」と題され、字句を訂正し、書き入れを行っている。「天竜寺文書」所収の目録は、それを清書したものと思われる（同文書について、詳しく御教示下さった今江広道氏に御礼申し上げたい）。

(10) 丹波国葛野荘は、元弘元年十月より女房南御方に、和泉国塩穴荘は同じく四条隆蔭に、讃岐国二宮荘は一条公有に、近江国栗津橋本御厨は女房中納言佐に、美濃国高田勅旨は氏名不詳の人に、大和国波多荘は春宮に、備後国垣田荘は式部卿宮に、給主職が与えられたといわれている。

(11) 高柳光寿『改稿足利尊氏』春秋社、一九六六年、一四四―一四五頁参照。高柳はそこで、正成は後醍醐天皇の諒解のもとで若松荘を押妨したので、その目的は来るべき戦争に備えた兵粮――米銭の徴発であったとものべている。

(12) 注(1)植村前掲書、四四頁参照。

(13) 注(8)豊田前掲論稿、七〇頁参照。

(14) これは「悪党」について、評価の分かれる点であるが、私自身はこのように考えている。もちろん「悪党」はそのような場合のみに現われるのではないが、多くはこうした主張をなんらかの意味でもっていたと思う。

(15) 元亨四年二月、幕府は本所一円地の悪党について、きわめて注目すべき法令を発し、守護人が本所にふれても事行かぬ場合は、直ちに入部して召し捕え、その所領は収公することとしている（「妙香院宮御院参引付」『続群書類従』第三十一輯下、所収）。これをその適用とみても、やはり道祐の跡とみるのは不自然のように思える。また、守護代が道祐の譲を得たという解釈は、この記事からはちょっと読みとるのはむずかしく、後述する道祐の行動からみても、到底成り立たないと思う。

(16) 前掲論稿で豊田は、この荘に楠氏の一族が住み、正成に内応したと解している。

(17) 『尊卑分脈』第三篇、五一四頁、及び『醍醐寺新要録』巻第十二、報恩院篇、同巻第十四座主次第篇など参照（以下『新要録』と略す）。

(18) 『新要録』巻第十二、報恩院篇。

(19) 『醍醐寺文書之一』、二六五号、元亨二年後五月二十六日、後宇多法皇院宣案。

(20) 『新要録』巻第十四、座主幷法流血脈篇。

(21) 『醍醐寺文書之二』、三四一号、元弘三年六月八日、後醍醐天皇綸旨案、後述するように、この年の四月二十三日、道祐がなお法眼であったとすれば、この間に法印となったことになる。

(22) 『大日本史料』第六篇之二、七二二頁、醍醐寺座主次第。

(23) 注(6)参照。

(24) 『新要録』巻第十二、報恩院篇、彼は報恩院僧正といわれたとも伝えられる（『新要録』巻第十四、座主并法流血脈篇）。

(25) 注(6)参照。

(26) 『大日本史料』第六篇之一、五〇九頁、「三宝院文書」、建武元年三月日、権僧正法印道祐寄進状。

(27) 『醍醐寺文書之六』一〇九二号、報恩院々主東寺一長者加任勘例案。

(28) 注(6)参照。

(29) 『大日本史料』第六篇之二、二五七頁、御産御祈目録。

(30) 注(6)参照。

(31) 『新要録』巻第十四、座主次第篇。

(32) 「忽那文書」乾、以下に全文を掲げる。

当国合戦致忠勤、尤以神妙、具可達天聴状如件

（押紙）中院内大臣法眼之御房

元弘三年四月廿三日　（花押）

忽那孫次郎入道館

なお、相田二郎『日本の古文書』下、二二四頁に、このような表題で収載されている。

(33) 『続々群書類従』第三、史伝部所収。

(34) ただ、「軍忠次第」の場合も、「開発記」の場合も、この条は主な文脈からややはずれたところにあげられている点が注目されるので、この事実の意味するところは、忽那氏自身のなかでも、比較的早く、理解されがたいものになっていたのではなかろうか。そしてこのことが逆に、この押紙の信頼度を高めるように思われるのであるが、この点はなお後考を期したい。また、道祐の花押と、この文書の日下の花押とをくらべることができれば、疑問は直ちに氷解するのであるが、道祐の花押をまだ見出すことができないため、一応、このように考えてみた。

(35) 父に内大臣をもつ中院流の僧は、『尊卑分脈』には見あたらない。

(36) 「忽那一族軍忠次第」に、

一府中守護参河権守貞宗館合戦後（元弘三年）二月十一日

とある合戦をはじめ、その前後の喜多郡根来城での守護宇都宮氏との合戦、さらに「開発記」にもみえる、周防長門探題、上野前司時直との三月十二日の合戦が、もしも道祐の指揮によるものとすれば、その渡海は後醍醐の隠岐脱出以前のことになる。

(37) これに関連して、参考までにつぎのことを、やや煩雑になるがのべておきたい。

『観心寺文書』七号、元弘三年十月二十六日、楠木正成自筆書状は、前日の後醍醐天皇綸旨（同文書六号）にそえた、同日付の楠木正成自筆綸旨添状（同文書二三号）とともに、早くから注目されてきた。その充所は「滝覚御房」となっており、この人物についても、さまざまな議論が古くからあるが、この人を正成の師であるとする説は、すでに中村直勝が指摘している通り、上所を欠いている点からみて、成り立たぬであろう（同『随筆楠公』星野書店、一九四三年）。ところが、たまたま『醍醐寺文書之一』二四七号に、徳治二年十一月十七日、僧滝覚等連署田地売券のあることに最近、気づいた。この文書は、滝覚が観音寺とその寺田・寺畠・寺山を「同庄住人長和寺僧聖智房」に沽り渡したときの売券で、滝覚とともに、備後賢寛、伊与滝寛が連署している。この文書はいまのところ、「醍醐寺文書」中では孤立した文書と解されるとのことで、観音寺も長和寺もその所在は明らかにしえていない（笠松宏至氏の御教示による）。しかしやや注目すべき点は、この文書が報恩院関係の文書群を収めた第二函に入っていることで、あるいは、ここでのべてきた正成と報恩院との関係に関して、なんらかの手がかりになるかもしれぬ、と思われた。もとより、さきの観心寺の「滝覚御房」と、この「滝覚」とが同一人であるとするなんらの根拠もないのであるが、参考までにここに記し、大方の御教示を仰ぎたく思う。なお、正平二年十二月に観心寺庄内の相伝の田地を観心寺法華経料田に売り渡した、僧滝賢という人がいることも、申しそえておく（同文書二九八号）。（なお、日本歴史地名大系23『大阪府の地名』II、平凡社、一九八六年、によると、南河内郡美原町に「丹南郡黒山長和寺」とよばれる寺院があった）。

(38) 文観については、前掲黒板論稿、中村直勝『日本新文化史』吉野時代、日本電報通信社出版部、一九四二年、第五章第四節、辻善之助『日本仏教史』第四巻中世篇之三、岩波書店、一九六〇年、五二頁以下など参照。

(39) 道我については、拙稿「東寺学衆方荘園の成立」『日本社会経済史研究』古代中世篇、吉川弘文館、一九六七年、で、多少ふれておいた。

(40) もう一人は、北畠親房の弟、僧正実助であった。後醍醐天皇が東寺長者をこうした側近の僧で固めていることは、天皇の密教に対する関心との関連で注目すべきことのように思われる。入京してまず東寺に入り、建武元年九月二十三日にも東寺に行幸して塔供養を行った天皇の行動とも合わせて考えるべき問題がここにあると思われる。

(41) 豊田も前掲論稿でのべているように、この荘に根拠をもつ御家人若松氏があり、正中二年にも和泉国御家人若松源次入道という人のあったことが知られている。もしも、この荘に下司職があったとするならば、この一族こそ、それを相伝の所領として保持していたものといわねばならない。あるいは前節でのべたA′にあたるのがこの一族であったかもしれないし、また、正成がこの一族と姻戚などの関係でつながっていたのかもしれないが、この点は保留するほかない。

しかし、もしもこの一族の保持する所職を正成がなんらかの理由でわがものとしたのだとすれば、正成が御家人である可能性は大きくなろう。『吾妻鏡』の楠木四郎が、正成の祖ではない、という積極的根拠はないのであり、正成が、湯浅（保田）氏をしりぞけて、阿氏河荘を知行したという『高野春秋』にみえる記事も、充分ありうることで、否定する根拠はないのである。またその点に関連して注意しておきたいのは、八木弥太郎入道法達という人のことである。八木氏は和泉国御家人であり（「和田文書」）、その流れをくむと思われる八木八郎左衛門入道信方の息女日下部氏女は、摂津国垂水庄下司職を保持している（「東寺百合文書」ケ函一五号）。法達もこの一族であろうが、建武新政下に、和泉国目代として活動した人物で（「淡輪文書」、「和田文書」、延元二年三月日、岸和田治氏軍忠状に「楠木一族神宮寺新判官正房並八木弥太郎入道法達」「当国守護代大塚掃部助惟正并（中略）八木弥太郎入道法達」として登場する。もしもこの「楠木一族」が法達にまでかかるとすれば、正成は御家人八木氏とも一族関係を結んでいたことになり、いよいよ御家人であった可能性が強まる。また、「神宮寺」を名字とする人が一族にいる点を、さきの「在庁官人説」にかかわらせることもできようが、こうした点については、なお考えてみたく思っている。

(42) 佐藤進一『日本の歴史9　南北朝の動乱』中央公論社、一九六五年、七四頁以下参照。佐藤のいう通り、御家人であるかどうかは、この点とは関係ない。

(43) 摂津国昆陽寺荘及び河内国新開荘が、元弘以後、正成の所領であったことはよく知られている（高柳前掲書、一五八頁）。そのうち、新開荘は、北条氏所領であったものと思われ（石井進「九州諸国における北条氏所領の研究」『荘園制と武家社会』吉川弘文館、一九六九年）、昆陽寺荘も平氏没官領であったとみられる（石井進氏の御教示による）。これは新恩の正成の所領が、新政によって没収された北条氏所領とかかわりが深かったことを示している。

(44) 『大日本史料』第六篇之三、六三・六四頁、常陸密蔵院蔵古文書、薬王院文書等参照。

(45) 「正宗寺本北条氏系図」に、北条時頼の子、桜田時厳の子として「苽連備前入道貞国元弘三自害」とみえる（これも石井進氏から御教示いただいた。記して厚く謝意を表する）。石井進「鎌倉時代の常陸国における北条氏所領の研究」『茨城県史研究』一五号、一九六九年、参照。

(46) 「東京大学文学部所蔵由良文書」、年未詳四月五日、後醍醐天皇綸旨（平泉澄『建武中興の本義』至文堂、一九三四年、所引）

（補注1）　この中院内大臣法眼について、道祐と推断したが、すでに僧正であった道祐が法眼の僧位にとどまっているとやはり考え難く、この臆測は一応撤回しておきたい。おのずと、ここでふれた「水軍の大将」「海賊」ということは、道祐については不適当である。ただ、この「忽那文書」の感状を発した人と全く同じ花押、文章で、元弘三年四月廿五日の感状が「三島文書」に伝わっており、道祐とは別人であるとしても、中院流の僧侶が、後醍醐の意を受けて、水軍の組織に当っていたことは間違いなく、この人物について追究してみる必要がある。なお『鎌倉遺文』はこの花押を道祐の兄中院通顕としているが、正慶二年五月八日に出家したとされる通顕をこの人にあてるのは、さらに無理ではなかろうか。

（補注2）　文観については、拙著『異形の王権』（平凡社、一九八六年）で、あらためて詳述した。

（補注3）　楠木正成が得宗被官であった蓋然性がかなり大きいことについては、拙稿「楠木正成の実像」（『週刊朝日百科　日本の歴史』第五巻、中世Ⅱ、朝日新聞社、一九八九年）参照。なお、筧雅博「続・関東御領考」（石井進編『中世の人と政治』吉川弘文館、一九八八年）に河内国観心寺地頭職が得宗領であった可能性が大であるという点から、楠木氏と得宗との関係を推測している。なお「西明寺文書」年月日未詳、某書状によって、正成が摂津国昆陽野荘の替わりに土佐国安芸荘を与えられ、その「杣山」からの材木で摂津・河内の寺社の造営を行ったことを知りうる。

（付記）　この稿を草するに当って、史料の解釈、醍醐寺文書の検索、道祐関係の史料等、あらゆる点で、東京大学史料編纂所の笠松宏至氏に御教示、御世話いただいた。もとよりここにのべたことは全く私個人の責任であるが、ここに記して、心から御礼申し上げたい。

第四章　鎌倉幕府の海賊禁圧について

——鎌倉末期の海上警固を中心に——

まえがき

鎌倉幕府が悪党とともに海賊に対してもつねにきびしい禁圧の姿勢を保持していたことについては、あらためてここにいうまでもない。しかし悪党についてはその実体、禁圧令等々に関してしばしば論議の対象となっているのに対し、海賊については悪党に准ずるものとしてとりあげられることが多く、独自にその実体を究明し、鎌倉幕府をはじめとする諸権力がこれにいかに対処したかを論じた研究は、最近では非常に少数といわなくてはならない(1)。

たしかに海賊は鎌倉幕府法のなかで夜討・強盗・山賊などと並記され、それらを合わせて悪党といわれた場合がしばしばあり、悪党は山賊とともに海賊をも包摂する用語ということもできよう。しかし鎌倉後期には山賊に対する独自な禁圧は見出されなくなり、頻々と発せられる悪党禁圧令がそれを含みこんでしまうのに対し、海賊についてはそれとは別に独自な取締りの対象となっており、むしろ鎌倉末期に近づくにしたがってその比重は次第に増してくるようにみえる。そしてさらに時代が降ると、山賊は専ら「賊」を意味する語、悪党は単に「わるもの」をさす言葉として使われるようになるが(2)、海賊の場合は一面でなお「賊」の意味も失わなかったとはいえ、周知のように「海賊衆」などといわれて海上の警固に携わる人々をさすようになり、やがて水軍そのものを意味する言葉になってくるので

ある。(3)

この意味内容の転換はほぼ南北朝の動乱を境としていると思われ、そのこと自体興味深い問題を内包しているが、その問題に近づくためには、海賊の実態をその背後にある海をおもな生活の舞台とする海民のそれをも含めて明らかにし、その実体を究明しなくてはならない。海賊をこのような人々――海民とのつながりにおいてとらえようとする見解はすでに古く明治期に主張されているが、(4)戦後の中世史研究にはほとんどこの見方は継承されず、(5)むしろ歴史学以外の分野で生かされているかにみえる。(6)

しかしすでに最近の一、二の研究(7)が注目しているように、鎌倉期以降、海賊として知られた武士団の背後には、明らかに海民というべき人々が存在していた。松浦党が宇野御厨の贄人の系譜をひき、その支配の基礎には「海夫」とよばれた人々が多数存在していたこと、渡辺党が令制の雑供戸、江人の活動舞台に起源をもつ大江御厨の渡辺惣官職を世襲している点などが明らかにされてきたことによって、そのことは証明ずみといっても過言ではあるまい。とすればさきのように海賊という語が水軍一般をさすようになったという事実そのものが、日本の民族史において、海民的な人々が長期にわたっていかに大きな比重を占めていたかを如実に物語っているといわなくてはならないので、この方面の研究は日本の社会の体質を明らかにするために、どうしても達成されなくてはならぬ課題といえるであろう。

当然、各時代の権力がこのような人々をいかなる方式で支配し、またいかにその動きに対応したかは、それぞれの時期において一個の独自な問題として十分自己を主張しうるといえよう。もとよりそれは漁業・流通・交通等々の制度・組織の問題としてもとりあげられなくてはならないが、当面、軍事・警察的な側面からみると、これは一方では水軍の組織の問題であり、他方ではここでおもにとりあげようとする海賊の取締り、海上警固等の問題であろう。しかしこの問題について、古代あるいは戦国期以降と比べ、鎌倉・南北朝期の研究にはまだかなりの空白が残されているように思われる。(8)その原因がこの面の史料の不足にあることは明らかであるが、この空白のためにこの時期の政治史・社会史の立体的把握が妨げられているように、私には思われてならなかった。用意の不十分、史料の不足による無理を重々承知しつつ、あえてこの小稿を草するのはそこに理由があるので、鎌倉末期に重点をおきつつ、それ以前の時期をも含めて気がついたことをのべ、御批判を仰いでおきたい。これが今後のこの分野の研究に若干なりとも足がかりとなれば幸いである。

一　国衙軍制と水軍

最近、十世紀以降の国衙軍制の研究は著しい発展ぶりを示しており、鎌倉期の軍制をその展開としてとらえる道もひらかれつつある。(9)とすれば、ここでとりあげる鎌倉期の海賊禁圧、水軍の問題を本当に明らかにするためには、当然、平安期にまで遡ってこれを考えてみなくてはならない。しかし、いまはそれについて全面的に展開するだけの用意をもたないので、二、三の問題点にふれ、今後を期するとともに、当面の問題を考えるための手がかりとしたい。

先年、新城常三は「国衙機構の一考察」と題する論稿を発表し、平安末期以降の国衙機構における水上輸送の問題に焦点を合わせつつ、国衙の一分課としての「船所」について詳細に論及している。(10)新城はそこで、船所は周防・安芸・隠岐・紀伊など、西国に見出されること、その独特な構成員として梶取を所属させていたこと、国衙による管国内の船舶・水手の徴発は船所を通じて行われたことなどを明らかにしたうえで、平安末・鎌倉初期の動乱に当って、船所を統轄する在庁官人の向背が重大な意義をもっていた点を強調した。これは単に水上輸送の問題にとどまらず、平安末・鎌倉期の水軍についても新しい研究の方向をさし示した注目すべき指摘であり、ここではまずこの論稿を足がかりとして、多少の補足を加えつつ問題に接近してみたいと思う。

船所については、新城があげた事例のほかに、いずれも荘園の例であるが、管見に入った限りで、あと二例を加えることができる。

その第一は讃岐国神崎荘の船所で、「森川勘一郎氏所蔵『事智間断事』紙背文書」[11]、建武二年十二月日、興福寺三面僧坊年預所下文案[12]に、つぎのような条文を見出すことができる。

一、自国司・守護方自然沙汰出来之時者、公方・田所・船所以下令談合、可致其沙汰事

この場合、船所は公文・田所と並ぶ一個の荘官として現われる。しかし神崎荘は天福元年（一二三三）十二月七日、九条道家が「三（寒）河郡神崎郷」を三面僧坊供料荘として寄進、在庁官人に命じて「不輸庄薗」としたことによって成立したのであり、それまでは国衙領だったのである[13]。とすれば、鎌倉前期までこの船所は国衙に属していたのであり、少なくともそれを国衙船所の一分枝とみることは許されてよいであろう。

第二の事例は、淡路国鳥飼荘の船所である。弘安元年（一二七八）十二月八日、鳥飼別宮雑掌地頭和与状写[14]には、以下のような条がみられる。

一、船所沙汰事

右、船所沙汰者、領家管領預所計也、但為別儀、領家地頭両方、就寛宥之儀、存撫民之計、可致其沙汰也矣

この場合も船所は荘官と考えられる。鳥飼荘には「船津」があり、またこのときの訴訟で地頭による「海上水手食物」の下行の減失が問題になっており、船所がこのような船津における海上輸送を統轄していたことはたやすく想定しうるであろう。鳥飼荘は元暦二年（一一八五）までに石清水八幡宮寺領となっており、その成立事情は明らかでないが、さきの神崎荘の場合と同様、これを国衙の船所の一分枝の後身と考えることも不可能ではなかろう。

以上の二例を新城の提示した事例と合わせてみると、そのすべてが山陰・山陽・南海道、とくに後二者に集中している点が目をひく。もとよりこれは史料の残存状況に左右されているとも考えられるので、軽々に断定はできないが[補注1]、周知のように山陽・南海両道の諸国が九世紀以来、海賊の追捕をたびたび命ぜられていることを考えると[15]、これはあ

ながち偶然とはいいきれないように思われる。恐らく追捕にからむ船・水手の頻々たる動員や瀬戸内海の活発な海上交通、つまりは海民たちの活動が最も活発であったことが、この両道諸国の国衙にこうした機関を特殊に発達させ、それがまた後述する鎌倉期のこの地域のあり方にも影響を及ぼしているのではなかろうか。

しかし平安末期の国衙機構において船・水手に関わりをもち、その徴発に当ったのは決して船所のみではなかった。承保四年（一〇七七）、近江国惣大判官代八木吉忠が嶋・津の船数、梶取などを注進している事実[16]からも明らかなように、諸国の国衙在庁は管国内の船・梶取・水手などを掌握するための体制をそれぞれに模索していたと考えられるが、なかでもこの方面に深い関係をもっていたもう一つの機関は検非違所であったと思われる。新城も源平動乱期の備前国で船舶を点定したのが国検非違所別当惟資であった可能性を示唆しているが、このほかにも肥前国の「検非違所海夫等本司職」、薩摩国の検非違所と船[17]をはじめ、治承五年（一一八一）の宣旨による「水手雑船」の動員が、伊勢国の場合、神宮検非違使によって行われたこと[18]などをその例としてあげることができる。これは恐らく検非違使の「津頭検察」の機能と関わりがあり、その交通路支配について考えてゆくためにも一つの手がかりになることと思われるが、船所の例をこれらの諸例と合わせ考えることによって、このころの水軍の二つのあり方を推測することがほぼ可能となろう。

その一は、いわば「海の領主」とでもいうべき人々による領主的水軍であり、周防・肥前・薩摩などの例からもうかがえるように、国衙の船所・検非違所などの所職は特定のこうした領主によって世襲される場合が多かったと思われる[19]。これらの領主が海夫とよばれる下人・所従型の海民を従え、専ら海をその活動の舞台としていたことは松浦党の場合からみても明らかであるが[20]、平安末〜鎌倉初期、こうした人々を番役に動員する恒常的な制度が独自に存在したかどうか、疑問というべきであろう。

水軍の他の一つのあり方は、諸国の「嶋・浦・津」から動員される百姓的水軍であり、さきの伊勢の場合からその様相を多少はうかがうことができる。これが尾張国墨俣の戦いに当っての平氏による動員であることは周知の通りであるが、その指令が宣旨によって国衙機構を通じてなされており、「神戸、御厨、御園幷びに権門勢家庄園」を論ぜず、国中のすべての「嶋・浦・津」から、いわば「平均」の課役として船・水手が動員されている点に注目しなくてはならぬ。この指令に応じて塩浜・石田・若松・焼出などの御厨から、四十八艘の船と水手二百九十八人が動員されており、それぞれ船主の名を付した船の各々に四人〜十八人の水手が乗船したことが知られるが[21]、この水手が船主の下人・所従であるとは考え難く、全体としてこれを百姓型海民の動員とみることは許されてよいのではなかろうか。

この例は戦時、いわば非常の事態に当っての動員であるが、平時、海上輸送を含め嶋・浦・津のこうした人々に対する課役が、一個の恒常的な制度として形成されていたかどうか、これもいまのところ確言するだけの根拠をもたない。しかしつぎの二点は、このことを考えるために若干の手がかりとなろう。その第一は、国の大田文のなかに「嶋・浦・津」が多少とも独自な単位として記載されているという事実である。若狭の場合にこれは最も明瞭であり、浦は他の郷・保・名とは別にまとめて記載され、「八ヶ所浦」、「七ヶ所浦」、「十二所乃浦」などと総称されることもあった。しかもこの国の場合、これらの浦々がほぼ一括して税所の支配下におかれている点に注目すべきで、若狭の場合にはさきの船所、検非違所の役割を税所が果していたとみることができよう[22]。また淡路国大田文でも荘・郷・保の内部に「浦一所」として記され、豊後国のそれにも郷・名と並んで浦・嶋が記載されている。もとより大田文自体がさきのような課役の台帳になりえないことはいうまでもないが、こうした単位が公式なものとして独自に確定されていることは、前述の伊勢の場合のような動員に当って、一つの前提になっていたと考えることができよう。第二に注目すべき点は、備中国新見荘、備後国大田荘などに見出される水手米である[23]。これらはいずれも鎌倉期の荘園の例であるが、反別に賦課されたこのような水手米を、平安末期以来嶋・浦・津を含む荘園・公領に「平均」に賦課されたものの継承とみる見方も成り立ちえないわけではなかろう。そもそも荘園と公領とをあまり截然と区別することは、必ずしも正確にこのころの事態をとらえた見方とはいえないように思われる。[24] 例えば荘園に見出される給田を与えられた梶取にしても、これをその荘園領主のみに奉仕したものとみるより、一国的な観点から考える方がより実態をとらえうると思われるので、兵士米の問題と同様、水手米についても今後さらに追究してみる必要があるのではなかろうか。

これらの点の解明はすべて今後の問題といわなくてはならないが、全体としてみれば平安末・鎌倉初期のこの方面の制度は、独自なものとしてはなお未成熟だったのではあるまいか。[25] 船の検注も臨時に、部分的に行われることはあっても徹底したものではなかったように思われる。鎌倉期の海上警固、水軍の動員のあり方も、このような状況を一応背景においたうえで考えてみなくてはならない。

二　鎌倉幕府の海賊禁圧と水軍動員

海賊に対する禁圧令は平安末期から公家新制のなかに見出すことができるが、[26] 建久二年（一一九一）の宣旨では「自今已後、慥仰前右近衛大将源朝臣幷京畿諸国所部官司等、令搦進件輩」とされ、その取締りを幕府にも命じている。[27] しかしこれに応じて幕府がいかなる措置をとったかは明らかでなく、その独自な動きが明瞭になるのは、やはり承久の乱をこえて、幕府の支配権が本格的に西国にまで及ぶようになってからのことであった。

佐藤進一によって寛喜三年（一二三一）のものと推定された指令[28]で、幕府は六波羅にあててつぎのように指示している。

一、西国海賊事

右国々被下知之趣、尤神妙、件兵士事者、有対捍之輩者、為守護人之沙汰、可被注進交名也、於同船事者、依其咎令没収、令搦進之輩可充給、其子細被仰含清賢也。

この指令に先立って国々に発せられた「下知」の内容を直接知ることはできないが、あるいはこれも「海陸盗賊」を「仰諸国司幷左近衛権中将藤原頼経朝臣郎従等、殊尋捜、宜令禁遏」と定めた同じ年の公家新制[29]に応じたものだったかもしれない。しかし守護人の催促の下に「兵士」と「船」を動員し、それに対捍したものに対する処罰を定めて海賊を搦め進めさせたこの指令は、幕府による最初の本格的な禁圧令と考えて恐らく誤りないであろう。それは一応前述した嶋・浦・津「平均」に水手・船を動員する方式を継承したものと思われ、あるいはこれと並行して国衙から指令がでていることも考えられるが、このときに果して守護の指揮下に恒常的な警備体制がつくられたのかどうかは、やはり疑問としなくてはなるまい[30]。むしろこの取締りは地頭・御家人に対して海賊の搦進をあらためてきびしく義務づけたものと考える方が自然であろう。少なくともこの時期には取締りに当るものと、禁圧される「賊」との区別はなお一応はっきりしており、このような措置でことたりたものと思われる。

これ以後、海賊の動きがとくに目立ってくるのは仁治・寛元のころで、仁治二年（一二四一）畿内西海の悪徒蜂起[33]が問題になり[31]、寛元元年（一二四三）には摂津国渡部の海賊[32]、翌二年には伊勢国阿曽山と熊野山の悪党蜂起のことが評定に付されたのである。これに対し幕府はこの年、その蜂起がとくに著しかったといわれる鎮西諸国に山賊・海賊を搦むべきことを命じ、その関東御教書をうけて、豊後国守護大友頼泰は国中の地頭などに令して船を用意させ、海賊を召し取らせている[34]。これはひとまずさきの方式の継承とみることができよう。しかしこのときには「搦進之輩」は「抽賞」すべしとされる反面、「不忠之族」は地頭職の改補というきびしい処罰を以てむくいられることになっており、翌寛元三年（一二四五）、幕府はこの趣旨をさらに繰り返し、諸国の守護・地頭に徹底・指令しなくてはならなかったのである[35]。これは一応の効果をあげたものと思われるが[36]、事態は寛喜のころとはかなり変っていたといわなくてはならぬ。起請文を出しているにも拘らず海賊を「見隠し聞隠す」人々のことがすでに問題になりはじめているので、取締るべき立場にある人が自ら「賊」として立ち現われるような状況が次第に生れつつあった。もはやここでは一般的指令によってことをすますことは不可能であった。しかもこの状況が、海上における交易往反の著しい活発化という社会の深部から起こってくる動きと密接不可分なものだったとすれば、さきのような禁圧令をたとえ何度、地頭・御家人に対して発したとしても、問題がなんら解決されるものではなかったといわなくてはならない。

この新たな事態の進行に対し、幕府が本格的に対応したのは「蒙古襲来」のとき、とくに文永の役以後に計画された「異国征伐」の用意に当ってのことであろう。建治元年（一二七五）から翌年にかけて進められたこの征伐の準備過程については、八代国治・相田二郎によってすでに詳細に明らかにされているが(37)、当面の問題に即して注目すべき点が二つある。

第一は、この準備のため、少なくとも鎮西の地頭・御家人及び本所一円地の住人に対し、所領内の船数（櫓数）、水手・梶取の交名、年齢の注進が命ぜられた点である(38)。それが計画中の異国征伐に加わりうる水軍の軍事力の調査、予想される蒙古の再襲に対処するための水軍の掌握を直接の目的としていたことはもとよりいうまでもないが、同時にこの指令によって、鎮西諸国における船及び水手・梶取が全面的に検注される結果になっている点に注目しなくてはならない。基本的な台帳が国ごとに作成されたと想定することも充分可能であり、これによって幕府は領主・百姓を含む一切の水上軍事力、浮動しがちでときに海賊に転化しうる可能性をもつ軍事力のすべてを掌握する体制を鎮西において整えたのである。とすればこの動員令は、沸騰しはじめた海賊のエネルギーを「異国征伐」の方向に向けて組織しつつ、それ自体を幕府の統制下におく効果を狙ったものといいうるのではあるまいか。

第二に注意すべき点は、建治元年（一二七五）十二月八日の関東御教書(39)にみられる動員の方式である。この御教書は異国征伐の梶取・水手が鎮西のみでは不足した場合に備えて、山陰・山陽・南海道の各国の「海辺知行」の地頭御家人や本所一円地の住人に、あらかじめ梶取・水手を用意させるという趣旨のものであるが、この「海辺」に所領をもつことを基準とする水軍の動員方式は後述する幕末の海上警固でも採用されており、いわばこれはその先蹤をなすものということができよう。

もとよりこれはいずれも外征の用意というきわめて非常な体制であるが、弘安の役の後にも「異国征伐」が再び用意されており、モンゴルの脅威が長くあとをひいたことを考えれば、こうした用意もまた少なくとも一定期間は継続したとみてよいのではなかろうか。(補注2)恐らくそれは異国警固番役の整備とともにそのなかに吸収されていったと考えられるが、いずれにせよここで「一国」平均の水軍独自の動員方式が、平安末期以来はじめて本格的に形をなしてきたということはできよう。

これに次いでこの方面に新しい方式がつけ加えられるのは正安三年（一三〇一）のことで、この年、海賊の禁圧は鎮西において一段と徹底した形を示すにいたった。その前の年、幕府は鎮西の検断のことについて特別な措置をとり、器量の仁を選んで国々の守護人にそえ、厳密の沙汰をすべきことを鎮西探題北条実政に命じているが[40]、これに応じて豊後国の検断に当たることになった島津久長に対し[41]、探題はつぎのような御教書[42]を与えている。

豊後国津々浦々船事、為被鎮海賊、不論大小、随船見在、輙難削失之様、彫付在所幷船主交名於彼船、来月中可被注申員数、且有海賊之聞者、守護地頭沙汰人等、構早船、不廻時剋可令追懸、然者、乗人者縦赴陸地、雖令逃脱、至船者令弃置之時、船主之所行歟、他人之借用歟、尋明之者可露顕之故也、又追懸之時、乍知及不合力之輩者、可被注進交名、仍執達如件

正安三年三月廿七日　前上総介（花押）

下野彦三郎左衛門尉殿

これはさきにのべたような船の検注をさらに徹底させた措置であり、活発に活動する海の領主たちの動きを一つももらさずきびしい統制下におくことによって、海賊の禁圧をはかったものということができよう。そして恐らくこれ

は豊後のみにとどまらず、鎮西諸国にこのとき置かれた検断に当る人々のすべてに与えられた指令であったろう。あるいは、このころまた表面化してきたモンゴルの脅威[43]との関連もあるかもしれないが、いずれにせよ海賊の取締り、それに伴う船の検注は、ここにまた一つの時期を画したということができる。

しかし反面、この事実はこうした措置をとらざるをえないほど海賊の動きが活発化してきたことを示している。とくに瀬戸内海を中心に西は紀伊水道、東は豊後水道に及ぶ海面は、彼らの活動が最も激しい水域であり、情勢は次第に恒常的・組織的な警固体制を幕府に強いる方向に進みつつあった。徳治三年（一三〇八）、「西国幷熊野浦々海賊」が「近日蜂起之由、有其聞」といわれ、河野通有が警固・搦進を命ぜられ[44]、翌年にはさらに、鎮西に居住していた通有に対し、伊予国に帰り賊徒を誅伐すべきことが指令されている[45]。これは十五カ国の軍兵を差し向けて鎮圧したといわれる熊野悪党の蜂起[46]に関連した指令であるが、この年にはまたしても異国蜂起の風聞[47]があり、武具・兵仗の検見が行われていることを考えると、海賊の蜂起はすでに異国の脅威以上の意味をもつようになってきたといわなくてはならない。

この時の熊野海賊鎮圧には播磨国の地頭・御家人も動員されていた。応長二年（一三一二）三月、福井荘東保宿院村地頭代澄心はつぎのようにのべている[48]。

抑於地頭者、京都関東恒例臨時御公事、重役無其隙、所謂南都北京守護、熊野発向、海上警固、流人送迎等、朝夕奔走不可勝計者也

とすると、延慶の熊野発向で動員の対象となった十五カ国には伊予・播磨が含まれることになるが、そこからこの両国の属する山陽・南海両道十四カ国にあと一カ国を加えた諸国がこのときの動員の範囲だったとする推定が可能になろう。

そしてここで恒例臨時御公事の一として、この熊野発向と区別された「海上警固」があげられている点に注意しな

くてはならない。さきの河野通有の場合も「警固」という使命を与えられていたことを考えると、ここに瀬戸内海を中心として山陽・南海両道による「海上警固」が恒常化する萌しをはっきりと見出すことができる。正和三年（一三一四）、小早川朝平が伊予国で海賊人雅楽左衛門次郎を搦めているのも[49]、もとよりこのようなことは以前から不断に行われていたとしても、やはりさきの警固の一つの現われとみることができるのではなかろうか。そして文保二年（一三一八）、幕府はこの「海上警固」の体系化に向ってさらに一歩を進めたのである。

三　元応の海上警固

文保二年十二月十日、幕府は「西国悪党を鎮められんがため」、使節を山陽・南海道の十二カ国に発遣した。この使節のうち、現在まで管見に入っているのは、

（備後）[50] 伊地知民部大夫長清
藍原左衛門入道定光
大田又次郎納
（播磨）[51] 飯尾兵衛大夫為頼
渋谷三郎左衛門尉
糟屋次郎左衛門尉

であり、備後の使節の言によれば、この使節は「本所領に於ては、直に其沙汰致すべし」という趣旨の事書を帯びていたといわれる。播磨の使節は翌元応元年（一三一九）の春のころ現地に到着しており、備後の使節は同じ年の七月二十一日まで国に滞在したうえで帰洛している[52]。

この間、使節は備後では守護代円清、播磨でも守護代周東入道など、守護・守護代と協力しつつ地頭・御家人から起請文をとり、悪党・海賊の追捕に当った。その結果、播磨では「所々ノ城廓、悪党ノ在所、二十ヶ所焼払、現在セル犯人誅セラレ、悪党五十一人注進シテ上洛」という成果をあげており、備後でも使節は大田荘の倉敷尾道浦に入部しようとし、高野山の訴えによって止められている。その帰洛後、守護代円清が「当国名誉悪党」を搦め取ると号して尾道浦に入部を強行し、民屋一千余宇を焼いたといわれるのも、もとよりこの動きの連続であったろう。またこの年閏七月、小早川朝平が海賊人弥五郎家秀を搦めとった旨、伊予国守護人（守護代カ）狩野貞宗が六波羅に注進しているのも同じ動きのなかで理解することができよう。[53]

使節の発遣はこのように一時的にせよ、かなりの効果をあげたのであるが、これにつづいて六波羅は国ごとに「有名ノ仁ヲ両使ニ定メ、地頭御家人ヲ結番シテ」、役所を定め、海上警固を恒常的に行うこととしたのである。以下、事情が多少とも判明する国についてその実情を考えてみたい。

⑴　播磨　「東寺百合文書」京函一一六号につぎの如き書状が見出される。以前全文を紹介したことがあったが、[54]なお考え残した点もあるのでここに再掲する。

先度捧愚状候き、定参着候歟、自当国守護方、海上警固事、懸矢野庄令催促候状進上之候、為本所御領、海上警固事未承先例候、可為何様候乎、不限当御領海辺三里中令結番候、仍内々相尋他領例候処、至今日未及勤仕沙汰候乎、可随御計候哉、恐惶謹言

四月五日　　　　　　覚海

進上　東寺公文所

この書状の差出者覚海は石見註記といわれる山僧で、正和四年（一三一五）東寺領矢野荘例名雑掌として同公文寺田法念とともに南禅寺領同荘別名に乱入、悪党といわれた人物である。[55]しかし東寺は、文保二年（一三一八）に信性、

翌三年（元応元）二月には源成就丸を例名・重藤名の預所職に補任しており、少なくとも文保二年以降、覚海は東寺が正式に認めた預所ではなかった。ただ彼と手を結んでいた法念が東寺によって例名から実力で排除されたのは、元応元年（一三一九）七月の前後のことなので、覚海もまた東寺の罷免にも拘らず、この年まで現地に居すわりつづけていた可能性は充分にありうる。それゆえ、ここではこの文書を元応元年のものと推定しておくが、これが認められるとすれば、この書状はさきの海上警固について重要な事実を伝えているといわなくてはならぬ。

第一に注目すべきは、この海上警固には地頭・御家人のみならず本所一円地の住人までが動員されている点である。それは守護方からの催促であり、覚海は今日にいたるまで他領では勤めてはいない模様だとして、この催促に応ずべきか否かを質問しているのであるが、前述した本所領を直に沙汰すべしとした事書や異国警固番役の実情を考えるならば、これが幕府、六波羅の正式な指令の内容だったと考えても不自然であるまい。

それとともに、この警固には「海辺三里中」に所領をもつ人々が結番されることになっている点に、注意を向けておかねばならぬ。前述した「異国征伐」に当っての水軍動員の方式は、ここでさらに具体的に発展させられているのである。

この制規が果してどの程度実行にうつされたのか明らかでないが、少なくとも正中元年（一三二四）まで、この国では守護人とともに庁直が海上警固を指揮していたことは、同年十二月二十一日の関東下知状案[56]に、

且当国守護人未補之時者、国中検断事、依為旧規、毎度所被仰付庁直也、海上警固已下又守護人相共沙汰来之条、六波羅奉書等分明之間……

とある点から間違いないことと思われる。そして播磨国の警固役所が明石・投石の二カ所であったことも『峯相記』の伝える通りであろう。

(2) 安芸　この国についてはつぎの六波羅御教書[57]によって、すでに周知の通りである。

海上警固事、自今年所結番也、安芸国亀頸警固人注文九月分并事書遣之、任彼状、塩谷左衛門入道相共、厳密可致警固、且及緩怠者、可有其咎、且召捕賊徒者、可注申交名於関東、可存知其旨之由、普可被相触也、仍執達如件

元応二年八月十七日　　陸奥守（大仏維貞）（花押）

児玉七郎入道殿

この内容からみて、児玉・塩谷はさきにふれた両使に当るものと思われるが、結番がこの年から行われたこと、この国の役所は亀頸であり、結番は一カ月単位で行われたことなどの事実がこれによって判明する。

(3) 周防　元応元年（一三一九）六月二十八日、周防国仁保荘地頭平子重嗣の書状[58]によると、重嗣の伯父で同荘一分地頭十郎重通分の関東公事、異国警固、海賊警固などは、重嗣の一月分のうち三日と定められている。この異国警固は相田二郎によって長門国の石築地の警固番役ではないかと推定されているが[59]、それとは別にあげられている「海賊警固」はさきの海上警固をさすものとみてまず間違いなかろう。ここで一月分のうち三日といわれているのは勤仕の比率を示したものともみられるが、安芸の事例と合わせてこの警固の勤仕期間を考える場合の参考とすることはできよう。この例からみると、海上警固は異国警固を勤める者も免除されなかったことになる。

以上、管見の限りで検出しえたのは僅か三カ国に過ぎず[補注3]、不明な点が多いが、その制規をあえて抽出してみればつぎのようになろう。

(イ) 山陽・南海両道十二カ国で実施された。

(ロ) 地頭・御家人、本所一円地の住人を含め、海辺三里中に所領をもつ者が結番された。

(ハ) 勤仕期間は各人一カ月、結番は一カ月単位で行われた。

(ニ) 二人の使節が直接これを指揮した。

(ホ)　各国に一〜二カ所の警固役所が置かれた。(60)

しかし、これらの点についてはなお多くの疑問が残る。(イ)については果たしてどの国が除かれたか、恐らくは内海に面しない国であろうが、明らかでない。(ロ)、(ハ)もどこまで一般化できるか問題であり、(ニ)も守護との関係が分明でない。(61)(ホ)も果してすべての国に置かれたかどうか疑う余地はある。厳密にいえば、これだけの史料からは確実なことはなにもいうことができないといわざるをえない。

それだけでなく、この海上警固が現実にどの程度の効果をあげえたかどうか、まことに疑問である。『峯相記』の伝えるところによれば、播磨ではこれによって「両三年」は静謐に帰したが、元亨四年（一三二四）、この警固体制の推進者だったとみられる六波羅探題大仏維貞の帰東後、たちまち悪党が蜂起し、正中・嘉暦のころには「其振舞、先年ニ超過」するほどの形勢になったという。とすればこの警固自体、果して幕末までつづいたかどうかさえ疑う余地は充分残されているといえよう。

だがそれは、この「警固」の実態を考えてみれば当然といわなくてはならない。さきの備後国守護代円清の尾道浦入部はまさしくその実施の一例とみられるが、高野山側からみれば、それはかねがね「船津その便を得るに依りて民烟富有」、一千余宇以上の民屋の集中するこの浦に入部せんという野望を抱いていた守護長井貞重の宿願を達成したことにほかならなかった。かねてから大船数拾艘を用意し、「仏聖人供已下資産雑物」を悉く運びとった円清の行動は、それ自体海賊の所行以外のなにものでもなかったのである。そのうえ円清は大田荘一分地頭上田左衛門四郎泰冬の所領に住む「西国名誉海賊」医師兵衛入道心覚・高王大夫・吉村孫次郎助行を扶持し、賄賂をとって憚らぬとさえいわれている。(62)このような「警固」が長続きすることは、それを負担する人も、「警固」される人も、迷惑以外のなにものでもなかったであろう。

それを幕府は強権をもって実施させているのである。もとよりそれは北条氏専制の端的な現われ以外のなにものでもないのであるが、この警固が専ら内海交通のみを対象としている事実を通して、その意図がすけてみえてくるように思える。得宗被官安東氏がこの交通路に深い関わりをもっているという石井進の指摘[63]、得宗・北条氏一門に巨利をもたらしたと思われる貨物を積載した「唐船」[64]の航路は、当然この内海だったとみられることなどを想起すれば、これは全く北条氏一門の利害を貫くために行われた警固だったのではないかという疑いをおさえることができない[65]。しかしそれはともかく、北条氏の政権と化した幕府はさらに強権的な手段をとることによって事態をのり切ろうと試みるのである。

四　元亨四年の悪党海賊禁圧令

元亨四年（一三二四）二月、関東の使節出羽判官はつぎの四カ条に及ぶ関東事書[66]を公家に申し入れた。

本所一円地悪党事
守護人可召給之由雖触申、不事行者、直遂入部可召捕之、於其所者被召上之、為公家御計、可被充行朝要臣之由、可言上者
次南都北嶺以下諸寺諸社事
子細同前、但於彼所々者、補地頭、至有限寺社役者、□別可致其沙汰者
一、僧侶住山事
間背制法有在京之聞、為事実否、可尋申之
一、諸社神人名張《(帳)》之事
毎年可被注交《(名脱)》之由、先度被仰下了、子細同前

この事書の第三条・第四条も大きな波紋を起こし、これに従って登山した門跡のあったことも知られるのであるが、とくに第一条・第二条はこれまでにないきびしさをもっていた。本所一円地や南都北嶺以下の寺社領に対しても容赦なく守護入部、収公、地頭補任という強硬手段をとることを、幕府はここに明らかにしたのである。これは幕府による全国統治の著しい強化といわなくてはならない(67)。

第一・第二条は「強盗幷海賊出入所々城墎等事」という条をはじめ、佐藤進一の推定した「使節事」についての厳重な規定を含む何箇条かの事書の形をとって六波羅に通達され(68)、守護を経由して、地頭・御家人のみならず本所一円地・寺社領の預所にも施行された(69)。そして預所もこれに応じて請文を出すことがきびしく要求されたのである。

その一例として阿波国勝浦新荘預所肥後守経家の請文(70)があげられるが、そこで経家が小松島浦の船は「唐梅」を定文にしていると答えている点に注目する必要があろう。正安のころ鎮西で行われたように、このころ各津々浦々の船には特定の目印が彫りこまれており、この請文はそれを注進しているのである。あるいはこのとき、すべての浦々に対してその徹底が要求されたのかもしれない。

またもう一つの例は、伊予国弓削嶋荘において見出される(71)。この年のはじめ弓削嶋では弁房承誉が預所職を改替され、伊勢法橋祐実の推挙で源実心という人が預所に補任されていたが、承誉はこれを不服とし、過去の功績をあげて寺家に訴えており、寺家の公文乗南とも結んで実心の使者の入部をはばむ姿勢をみせていた。百姓たちの言によれば、承誉は伊予国にもどり方々の悪党を語らっているといわれ、事実、三月二十日には数百人の大勢で島に押しよせて終日合戦が行われており、実心は訴訟をすると称して退き、百姓たちは逃散するという有様だった。六波羅御教書と守護人の施行はその最中に下ったのである。このような状況の下で御教書に請文を出すこと自体、預所としては一つの失点になりうることであったが、四月十九日の書状で、実心は出さなければ寺家のために「難治御沙汰」が出来する可能性ありとして、請文を出したことを告げる一方、「承誉海賊事、令名誉候上、先々守護人も注進仕ける様に承及候」といい、「雖為本所領、於海賊出入所々者、可被収公」という関東事書が下ったいま、これを放置すれば「為本所珍事も出来」すると考えられるので、承誉の改替を「六波羅にてもきかせ給候て」、「公方ニ可被触申」とのべている。

さきの事書のきびしさはここによく現われているといえようが、反面それは承誉と実心の争いに利用されているのであり、そのきびしさに比して効果はうすかったように思われる。いずれが海賊ともたやすくきめ難い状況の下でこのように一円領に干渉することは、むしろ本所の反撥を招き、「海賊」ときめつけられた人々の不満を幕府自らに集中させる結果を生んだであろう。

その意味で、この事書はやはり「全国の一円領を掌握し、悪党・海賊をふくむすべての武士を自己の下に組織するべく、得宗権力が試みた最後の賭」といってよかろう(72)。正中の変はその数カ月後に起こり、専制の頂点に達した得宗権力は不満のすべてを一身に集め、崩壊の道に向って突き進んでゆかねばならなかったのである。

むすび

鎌倉幕府は結局、最後まで海賊を禁圧の対象としてとらえ、それを積極的に組織する道を見出しえないまま崩壊していった。しかし後醍醐天皇の叛乱に応じた軍勢のなかにはこうした人々が少なからずあったのであり、とくに南朝は海賊といわれた海上の勢力に支えられることなしには自己を維持することができなかった。それがなぜであったのか。また室町幕府や守護もそれに対抗しつつ、こうした人々をやがて海賊衆として組織する方向に進んでいったが、そこにはいかなる新しい方式が見出されるか。これらの問題はいうまでもなく、従来の研究が集中していた倭寇と海外貿易との関係を考慮に入れなくては理解できぬ問題であろう。本稿はそれらをすべて視野の外におき、専ら国内における幕府の禁圧政策に焦点を合わせて考えるにとどめ、こうした諸問題の一切を後日の課題に残さざるをえなかった。その意味で大変かたよったものになっているが、大方の御批判、御教示をえてさらに考えつづけていきたいと思っている。

（一九七二・九・二三稿）

（1）海賊に関する研究史は、田中健夫「中世海賊史研究の動向」同著『中世海外交渉史の研究』東京大学出版会、一九五九年、に詳しい。ごく最近、『海事史研究』一六号、一九七一年は、杉山宏「古代の海賊について」、宇田川武久「海賊衆来島村上氏の性格」を収載しているが、鎌倉期については依然として空白が残されている。

（2）ただ千葉徳爾『狩猟伝承研究』（風間書店、一九六九年）が注目しているように、狩猟民自身は「山立根元記」にみられるように、近世にいたるまでふつう山賊を意味する「山立」という語で自らを表わして憚らなかった。それが海賊と同様な方向に進まなかった理由の一つは、日本の社会における海民と山民の比重の違いによるものと思われる。

（3）これについては、古く星野恒「海賊ノ顛末ト海軍ノ沿革」（『史学雑誌』第五編、一八九四年）以来周知のところであるが、相田二郎「中世に於ける海上物資の輸送と海賊衆」（『中世の関所』畝傍書房、一九四三年、再刊、吉川弘文館、一九八三年、所収）によってさらに深く追究されている。

（4）例えば日本歴史地理学会編『日本海上史論』、一九一一年、所収の久米邦武「海賊と関船」、喜田貞吉「王朝の海賊」など参照。

（5）もとより皆無というわけではなく、河合正治『瀬戸内海の歴史』（至文堂、一九六七年）のように、こうした観点から種々の問題をとらえたすぐれた概説もあり、松山宏「鎌倉中末期の尾道の領主海賊」（『月刊歴史』一九号、一九七〇年）のような興味深い論稿もあるが、全体的にみればやはりごく少数といわなくてはならない。

（6）例えば宮本常一『瀬戸内海の研究』㈠（未来社、一九六五年）をあげることができよう。民俗学の分野ではこれは古くから常識であったものと思われる。こうした仕事の場合、文献史料の分析については多くの問題が含まれているが、それは本来歴史学が負うべき課題というべきであろう。

（7）戸田芳実「御厨と在地領主」（木村武夫氏編『日本史の研究』ミネルヴァ書房、一九七〇年）、三浦圭一「中世における畿内の位置」（『ヒストリア』三九・四〇合併号、一九六五年）、拙稿「日本中世における海民の存在形態」（『社会経済史学』三六―五、一九七一年）など参照。

（8）河合前掲書に大すじはすでに叙述されている。なお古代の問題等については、注(1)論稿参照。また戦国・織豊期のこの面に関する最近の研究に、三鬼清一郎「朝鮮役における水軍編成ついて」（『名古屋大学文学部二十周年記念論集』、一九六八年）がある。

（9）石井進「中世成立期軍制研究の一観点――国衙を中心とする軍事力組織について」（『史学雑誌』七八―一二、一九六九年）、戸田芳実「国衙軍制の形成過程――武士発生史再検討の一視点」（日本史研究会史料研究部会編『中世の権力と民衆』創元社、一九七〇年）、『法制史研究』二〇号、一九七〇年、所収の共同研究「日本中世初期権力構造の諸問題」における石井・戸田及び上横手雅敬の報告、参照。

（10）森克己博士還暦記念論文集『対外関係と社会経済』塙書房、一九六八年。

（11）永島福太郎「興福寺旧蔵抄物の紙背文書――鎌倉時代の染織・為替・讃岐国神崎庄等々の史料」（『人文論究』二一―三、一九七三年）に全貌が紹介されている。

（12）この文書は永島が紹介した通り、建武新政期に並置された国司・守護の荘園に対する干渉に関して、三面僧坊集会が在地の荘官にあてて発した指令で、十四カ条からなる詳細なものである。「天下動乱之時」の地頭・預所・荘官に対する催促、得分のことについての国司・守護方よりの催促、「私意趣」を以て国司・守護に和讒する「庄内輩」等々、詳しく検討する必要のある条が多いが、ここに掲げた第一条のほか、つぎの第十四条は建武政府が前年五月に発した徳政令に関するもので、とくに注目すべき条である。本稿の論旨からははずれるが、以下に引用しておく。

一、本銭返并年記（紀）沽却地事、如近日被宣下者、以挙銭半倍之法、相当于所出之土貢、被返本主由有其聞、当庄分事悉可令注進事

この徳政令が一年半以上も経過した時点でなお貫徹されようとしている点、その内容が、当該田畠の所出土貢が挙銭の半分に達している場合に本銭返、年紀沽却地は本主に返す、というものと解されていること、広く一般の荘園まで適用されている点などをこの条から知ることができる。（なお、この文書の原本の閲覧を許された森川勘一郎翁に心からの謝意を表する。）

（13）注(11)永島論稿で合わせて紹介された「『勝軍比量』紙背文書」に、天福元年十二月七日、前関白左大臣家九条道家政所下文案、同年十二月十六日、前関白九条道家御教書案があり、それによって明らかである。

（14）『石清水文書之一』二二六号。

（15）注(1)杉山宏論稿参照。

(16) 竹内理三編『平安遺文』十―四九四二号、千鳥家本皇代記紙背文書、承保四年□五日、近江国惣大判官代八木吉忠解。船の注進を命じた国宣がいかなる事情のもとで発せられたのか、ここで船を書き上げられた大嶋、大津、宇賀津などの嶋・津が近江国のなかでいかなる位置づけを与えられているのかなど、なお考えてみるべき点が多い。

(17) 注(7)前掲拙稿参照。

(18) 『平安遺文』八―三九五二～四号、三九五六号など参照。

(19) 肥前の来嶋氏、薩摩の新田八幡宮執印など。下総国の検非違所職を相伝した千葉氏がその所領布瀬郷の内に「海船」をもっていたことも参照されてよい事実であろう。

(20) 注(7)前掲拙稿参照。

(21) 注(18)の文書参照。

(22) 石井進はその著『日本中世国家史の研究』（岩波書店、一九七〇年）II鎌倉時代「守護領」研究序説で守護領が交通上の要地をおさえている点に注目しているが、それは守護がこのような所職を継承した場合の多いことにもよると思われるので、さらに遡って考えてみてもよいのではなかろうか。

(23) 新見荘については、赤松俊秀編『教王護国寺文書』巻一、一六六号、永仁六年九月廿三日、備中国新見荘西方胡麻并水手注文、同一七四号、正安二年二月日、備中国新見荘西方麦・胡麻等算用状、大田荘については『高野山文書之一』正安三年六月廿一日、大田庄桑原方領家地頭所務和与状など参照。

(24) 荘園の年貢・公事が国衙領当時のそれを多少とも継承している場合は、むしろ一般的といっても差支えないのではあるまいか。

(25) 田中稔は「鎌倉時代における伊予国の地頭御家人について」（竹内理三博士還暦記念会編『荘園制と武家社会』吉川弘文館、一九六九年）で伊予国御家人忽那氏が本領安堵の地頭職補任の下文を得ている点に注目、それが水軍としての同氏の地位と関連があるのではないか、と推測している。松浦党の諸氏についてもこれは同様であり、今後考えられるべき問題点であろう。

(26) 『続左丞抄』第二、治承二年七月十八日、太政官符の第九条に「応慥搦進陸海盗賊放火輩事」とある。

(27) 『続々群書類従』第七、法制部、建久二年三月廿二日、宣旨、第十四条は「可令京畿諸国所部官司搦進海陸盗賊幷放火事」とあり、治承の官符をうけついでいるが、この点に時代の推移をはっきり見出すことができる。水戸部正男『公家新制の研究』（創文社、一九六一年）参照。

(28) 佐藤進一・池内義資編『中世法制史料集』第一巻、鎌倉幕府法、追加法七二一条。佐藤はこの条に関する補注（同書四一〇

～四一一頁）でこのように推定している。

(29) 注(27)所掲『続々群書類従』所収。

(30) ここで動員された兵士は、恐らく地頭・御家人がその所領内から動員したものと思われる。兵士については相田二郎が前掲書で詳細に考究しているが、前述した水手及び水手米とともに、さらに深く追究してみる必要があろう。

(31)『吾妻鏡』仁治二年十一月三日条。

(32) 同右、寛元元年十一月廿六日条。

(33) 同右、寛元二年八月廿四日条。

(34) 注(28)所掲『中世法制史料集』二二七条。

(35) 同右、二五三条。

(36) 寛元四年（一二四六）三月八日、渡部海賊同類の柴江刑部丞源綱法師が領家より所領を収公され、三月十八日には讃岐国御家人藤左衛門尉、三月二十日には市河次郎左衛門尉が海賊を搦め進めている（『吾妻鏡』同日条）。

(37) 八代国治『国史叢説』吉川弘文館、一九二五年、相田二郎『蒙古襲来の研究』（吉川弘文館、一九五八年、再刊、一九八二年）。

(38)「諸家文書纂」十、野上文書、建治二年三月五日、豊後国守護大友頼泰書下（田北学編『編年大友史料正和以前』所収）。

(39)「東寺百合文書」ア函二七号㈠。

(40)『島津家文書之一』三〇七号、正安二年六月廿四日、関東御教書案。

(41) 同右、二〇一号、正安二年十一月廿六日、鎮西施行状。

(42) 同右、二〇二号。前掲『中世法制史料集』追加法七〇二条。

(43)『中世法制史料集』七〇一条は「牒使来着時、在所幷問答法事」とともに異賊防禁の条々を鎮西探題に指令しており、その翌年、正安三年に甑島に兵船が来り、異国再襲との風聞によって、肥前国御家人白魚行覚は船を用意して博多に参集しようとしている（「青方文書」）。

(44) 前掲『中世法制史料集』参考資料三四号。

(45) 同右、三六号。

(46)「武家年代記裏書」延慶二年七月の条に「依熊野悪党事、東使南条左衛門尉上洛。被差向十五ケ国軍兵於熊野山了」とある。

(47)『中世法制史料集』参考資料補一一号。

(48)「神護寺文書」、応長二年三月九日、播磨国福井荘東保宿院村地頭代澄心重陳状。
(49)『小早川文書之一』小早川証文一、一四号、正和三年七月廿一日、六波羅御教書写。
(50)『高野山文書』金剛峯寺文書、一七号、元応二年八月日、金剛峯寺衆徒等解状。
(51)「峯相記」(『続群書類従』第二十八輯上、釈家部)。
(52)注(50)(51)参照。備後の使節伊地知民部大夫長清は「東寺百合文書」ゐ函三六号㈧、正和二年八月七日、六波羅下知状案に「伊地知右近将監長清」として現われる人であり、播磨の飯尾兵衛大夫も同文書や「参軍要略抄下紙背文書」(飯尾晴武による紹介が『古文書研究』第三号にある)元亨二年五月日、長岡荘雑掌定兼初度陳状案にみえる飯尾兵衛大夫為定の同族であろう。とすると、使節のうち筆頭の一人は六波羅の奉行人であったと思われる。播磨の場合、渋谷氏は得宗被官、糟谷氏が六波羅探題北方の被官だったことは佐藤進一『増訂鎌倉幕府守護制度の研究』(東京大学出版会、一九七一年)で明らかにされている。播磨の守護はこのころ六波羅北方の兼補であることも佐藤の考証した通りであり、あるいはこの二人はともに守護の被官であったと考えることもできるかもしれない。
(53)『小早川文書之一』小早川家証文一、一五号、元応元年閏七月廿五日、六波羅御教書写。
(54)拙稿「東寺学衆方荘園の成立」宝月圭吾先生還暦記念会編『日本社会経済史研究』古代中世編、吉川弘文館、一九六七年。
(55)これらの点については、拙稿「悪党・代官・有力名主」『歴史学研究』二九八号、一九六五年〈『中世東寺と東寺領荘園』東京大学出版会、一九七八年〉参照。
(56)「広峯神社文書」(瀬野精一郎編『鎌倉幕府裁許状集』上、関東裁許状篇、三〇二号)。
(57)前掲『中世法制史料集』参考資料四二号。
(58)『三浦家文書』(大日本古文書、家わけ第十四)九号。
(59)相田前掲『蒙古襲来の研究』一六三—四頁。
(60)この警固役所は亀頸のように、地形的にみて海の関所として好適な場所である。このような場所で警固料が徴収されるようになることも充分推測しうることであり、これを海上交通と海の関所の問題と関連させて考えることも今後必要な視角であろう。
(61)播磨の場合は守護及び庁直が沙汰していることが明らかであり、番役の催促はやはり守護によって行われたとみるのが自然であろう。
(62)注(50)文書参照。前掲河合悦治・松山宏の論稿もこの事件について言及している。

(63)「九州諸国における北条氏所領の研究」（竹内理三博士還暦記念会編『荘園制と武家社会』吉川弘文館、一九六九年、所収）。
(64) 森克己『日宋貿易の研究』（国立書院、一九四八年）。
(65) 相田前掲『中世の関所』第五、一八六―七頁に指摘されているように、正中二年（一三二五）の建長寺造営料唐船の警固は各地沿岸の御家人に命ぜられたと思われ、嘉暦元年（一三二六）、その帰着に当って勝載物京都運送兵士の催進は薩摩国地頭御家人に命ぜられている。
(66) 前掲『中世法制史料集』参考資料補二一、二二号。この書ではこれを「華頂要略」からとっているが、『続群書類従』第三十一輯下、雑部所収の「妙香院宮御院参引付」にも全く同じ法令があり、その原本は史料編纂所に架蔵されている（この点、後藤紀彦氏の御教示により、同氏の筆写本を参照させていただいた。記して厚く御礼申し上げる）。
(67) 幕府はここで本所一円地、寺社領の壁をさらに大きく破ったのであるが、このような得宗専制下の政策は建武新政における個別安堵令などを経過し、応安の半済令にいたって一応の決着をみたものと解することができるように思われる。この点については別の機会に考えてみたい。
(68)『中世法制史料集』第一巻参考資料、五一条、五二条。「使節事」については、同書四一三頁に佐藤による詳しい補注がある。
(69) 同右、五二条の佐々木範綱請文によると「城墎以下悪党退治事」は「其国之守護地頭御家人等」に命ぜられたとあるが、後述する諸例からみて預所に施行されたことはもとより間違いない。
(70) 同右、五三条。
(71) 同右、六三条にあげられている四月十九日、実心書状は以下のように考えれば元亨四年のものとみて間違いない。
まず「東寺百合文書」ハ函一六八号(一)、元亨四年正月日、僧承誉申状で、承誉は所務職を改替されたことを不法とし、正和以来の自らの功績をあげ、「悪党」といわれるのは「無跡形不実」といって還補を請うている。そのつぎに、同文書お函一五号、二月十六日、源実心書状をおいてみる。そこで実心は「弁房下人等ハ出違候て方々悪党語候と沙汰申候」といい、「公文乗南をハ改替事、預所可為計由承候しに、悪党同心結構之条、不慮之次第候」とものべている。つづいて同文書な函七八号、元亨四年三月日、伊予国弓削嶋沙汰人百姓等申状に、先雑掌弁房が「相語当国他国数百人大勢、去廿日押寄当嶋、終日合戦、驚耳目畢、而当預所殿称可致訴訟被引退之間」、悪党が乱入したため、百姓たちは逃散したとのべられている。それにつづけてさきの四月十九日、実心書状が入る。ここには本文で後述するように「承誉海賊事」などがのべられている。さらに五カ月をおいて同文書な函八〇号、元亨肆年九月日、百姓等申状は「当雑掌弁房」の新儀非法を訴え、「御使乗難房」についてもきびしく非難、逃散した理由をのべている。

このように文書を配列してみれば、以下本文にのべるような事情が不自然なく浮かび上がってくる。これまで、安田元久「定宴・承誉・弁坊・淵信」（佐藤進一編『日本人物史大系』第二巻中世、朝倉書店、一九五九年）のように、弁房と承誉とは別人と考えられていたが、こうしてみれば同一人として全く自然であり、これによって正和以来、この年にいたる弁房承誉の行動が一段と具体的に浮かび上がってくるであろう。実心はこの人と交替し、四月までは預所であったが、乗南と結んだ弁房承誉は九月までに実心を退けることに成功したのであった。周知のような収奪を行い、百二十貫もの任料を出して預所職を確保した弁房承誉の行動はこのころの海賊的代官の一典型であろうが、一方の実心も「備州」の人で、石見に山をこえて足をのばすような行動半径の広い人であった。彼は二月の書状の充所に現われる伊勢法橋祐実（東寺の公人）との結びつきで預所になったと思われ（同文書な函二〇八号、二月十三日、祐実書状）、四月の書状の充所田総左衛門尉は長井氏の一族で備後国の地頭であり、恐らく実心の請人であろう。そして『高野山文書之一』宝簡集七、正和元年十月七日、六波羅下知状に現われる備後国大田庄横坂郷地頭余三有綱の代官実心も、まず同一人物と考えてよいのではなかろうか。とすればこの人もまた、あちこちで代官職を請け負う、承誉と同じようなタイプの人と考えてよかろう。拙稿「鎌倉末期の諸矛盾」（『講座日本史』3、本書第II部第一章）で、根拠を提示することなくこの推定をのべたので、やや煩雑にわたったが、合わせて記した。

（72）　前注拙稿参照。

（補注1）「平井家本『医心法』紙背文書」保安三年三月廿五日、近江国司庁宣に「船所」が見え、同文書、年月日未詳、雑事注文に加賀国衙の「船所」が見られるように、船所は、北陸道、東山道にも見られる。また「金剛福寺文書」の文永十二年三月日、沙弥某下文は幡多本郷に充てて、僧慶心を「船所職」に補任しており、これは南海道、土佐国の事例である。これについては、新城常三の最近著『中世水運史の研究』（塙書房、一九九四年）にも言及されている。

（補注2）「武雄神社文書」弘安五年十一月九日、守護北条為宗（カ）書下案は「御制法の旨に任せ」て往反の船に煩いをなす「海賊船」の「召取」を「責平」が肥前国地頭御家人に命ぜられたとしている。

（補注3）「尊経閣蔵武家手鑑」元応三年二月十三日、六波羅御教書は河野対馬前司通有、土居彦九郎の両人に充て、伊予国海上警固については、去年から結番しており、「忽那嶋役人注文三月分弁事書」に任せて厳密に沙汰を致すべしと命じている。伊予国の両使はこの二人であり、警固所の一つが忽那嶋であったことは、これによって明らかである。これについては、松岡久人「忽那水軍と南北朝の動乱」（『河野氏と伊予の中世』財団法人愛媛県文化振興財団、一九八七年）参照。

（付記）　高尾一彦は「淡路国への鎌倉幕府の水軍配置」（『兵庫県の歴史』七号・八号、一九七二年）で、西国及びとくに東国の水軍について、大胆かつ興味深い見解を提示した。そこには本稿と関わる論点が多々あり、教えられるところ大であったが、なかんずく、「水軍は守護の指揮に従うものではなかったらしい」という指摘は鋭く的をついた見解と思う。本章注(25)でふれた田中稔の指摘をこれと合わせみれば、承久以前、あるいは文永以前までは幕府の水軍動員について、この観点を十分生かして考えなくてはなるまい。高尾の見解に導かれつつ、今後さらにこの点を追究してみたい。また、本章第一節でふれた讃岐国神崎荘の史料については『日本歴史』二九六号（一九七三年）の永島福太郎「讃岐神崎庄の伝領」で、すべて紹介・解説されている。合わせ参照していただければ幸いである。

第五章　造酒司酒麴役の成立

――室町幕府酒屋役の前提――

序

室町幕府の財政を支えた重要な支柱の一つである酒屋役については、戦前、小野晃嗣のすぐれた研究があり、いまにいたるまでこの方面の研究の堅固な基盤をなしてきた。(1)小野はそこで、この課役の源流を仁治元年（一二四〇）、洛中酒屋から屋別酒一升の上分を徴収する方式の実施を求めた造酒司解に遡り、それが「因襲に泥む公家」によって却下されたのち、臨時課税としての酒屋公事は、鎌倉末期にみられるが、「酒屋公事が禁裏経済の一財源となるに至ったのは」、南北朝時代のころであったとしており、(2)この見方は、依然として現在の「通説」であるといってよかろう。そして明徳四年（一三九三）の室町幕府による酒屋役徴収の制度化も、その前提の上に立って理解されてきたのである。

この見解は大筋において正確であるといってよい。しかし、現在、国立公文書館内閣文庫に所蔵されている「押小路文書」(3)には、中世、造酒正を世襲した中原氏の許に蓄積された、造酒司酒麴役についての多くの文書が伝来しており、これを加えてみるならば、小野の所説にかなり大きな補足を加え、酒屋役成立の道筋をより明確に辿ることが可能である。すでに早くから公開されていたこの文書が、これまでなぜ活用されなかったのか、不思議というほかないが、[4]疑いもなく、現在もなお、事実上「未紹介」といわなくてはならない[5]ので、本章では、南北朝期までの酒麴役に関係する文書の主要部分を紹介しつつ、造酒司酒麴役の源流を明らかにし、その成立過程、さらには室町幕府の酒屋役徴収の前提条件を追究してみたい[6]。

一　中世初期の造酒司とその経済

平安末・鎌倉初期、造酒司の経済を支えたのが、別表のような諸国の納物だったことは、周知の通りである[7]。注目すべきは、このように「納物を十二箇国に支配し、一箇年の公事に充て」られるようになったのが、「延久宣旨、康和抄帳」によるといわれている点で[8]、延久の新政が内廷経済の充実のうえで画期的な意義をもつという橋本義彦の指摘は、この事実によっても、さらに裏づけることができる[9]。

すでにそれ以前から、国司による諸国の請負体制の進行に即応し、諸官司はその諸用途を、多少とも独自に、こうした諸国の納物によって調達するようになっていたが、延久の新政は、それを組織化・定量化する方向に向って、重要な一歩をふみ出した、ということができよう。その完成した形の全貌は、この造酒司の諸国納物をはじめ、内蔵寮の内侍所毎月朔日供神物月充、御服月料、御殿油月充、御服紅花[10]、主殿寮の年別油、大粮米、仕丁[11]などについて知りうるが、そこにい

納物 国名	米		大粮米	嘉禄2年の状況
山　城	石 160.8			無所済
大　和	92.6			無済左右
河　内	118.2	石 50.0 68.2		甘南備保で便補不足
和　泉	81.1			土師郷で便補
摂　津	149.2	72.0 77.3 (2ヵ)		大田保で便補不足
近　江	107.16			無所済
若　狭	50.0			同　上
加　賀	57.8			同　上
播　磨	150.0			同　上
備　前	150.0			同　上
備　中	200.0		石 50.0	同　上
備　後	115.4			同　上
計	1,432.26		50.0	

たるまでにいくつかの段階があったことは、造酒司の場合の「康和抄帳」、主殿寮に関する治暦二年（一〇八六）の官符、久安年間、平治元年（一一五九）、長寛二年（一一六四）の宣旨などの存在によっても明らかである。[12]そして平安末・鎌倉初期の激動のなかで、こうした納物をめぐる諸官司の年預と諸国の雑掌との間の紛争がたえまなく起こり、朝廷がその解決に腐心しなくてはならなかったことは、久安・保元・治承・建久の新制をはじめ、[13]多くの事例によって推測することができる。[14]例えば土佐国雑掌紀頼兼と主殿寮年預伴守方の相論はこのような紛争の様相を詳しく知りうる事例であるが、[15]造酒司に即してみると、久寿二年（一一五五）十二月七日の造酒司注進状は「来十一日神今食幷月次用途料能米拾斛」について、備前国の納物が「追年、究済なし」という状況のため、その勤めが困難であるとのべている。[16]実際、諸国納物の貢進はきわめて円滑を欠いており、文治六年（一一九〇）、主殿寮の納物については、すでに多数の難済国がみられ、[17]嘉禄二年（一二二六）の造酒司の場合になれば、十二カ国中八カ国が、「無所済」といわれる状況で、諸国に依存した官司の経済体系はまことに不安定だったといわなくてはならない。

この事態を打開し、安定した経済を確立すべく、諸司・諸国が模索の末、到達した便法が、便補保の建立であった。[18]それは国司の承認のもとに、国の納物に相当する田畠をその国のなかに設定し、諸官司が直接納物をそこから徴収する方式で、官厨家・大炊寮については橋本、[19]主殿寮については奥野高広、[20]内蔵寮に関しては脇田晴子の研究によって、[21]すでにその実態は明らかにされているが、造酒司の場合も全く同様で、摂津国大田保は応保元年（一一六一）[22]に記録に現われ、河内国甘南備保は康和五年（一一〇二）[23]に便補、和泉国土師保も鎌倉初期までには造酒司領として確保されている（前掲表参照）。[24]もとより諸国の納物についても、未済の回復、徴収の努力はつづけられているとはいえ、諸官司を支えた基本的支柱の一つが、こうした便補保であったことは間違いない。

しかし官司の経済はそれのみによって維持されていたわけではない。大炊寮の御稲田供御人、[25]内蔵寮に属する各種の供御人、[26]主殿寮の小野山供御人[27]等々のような供御人集団と、その給免田畠を基軸とする、御稲田・御厨・御薗などの田畠もまた、便補保とは異なる系譜をもつ、官司領のもう一つの中世的な形態であった。便補保が諸国からの貢納物の転化した形であったのに対し、この場合は、いわば官司に直属する令制の品部・雑戸の発展・転化した形態で、人間集団に対する支配を基本としている点にその特質があり(28)、これらの二本の柱に支えられることによって、中世の諸官司の経済は、はじめて安定しえたのである(29)。

そして、つぎに掲げる蔵人所牒案（前闕）によって、造酒司の場合、後者に当るのが諸国散在の酒麹売に対する課役賦課だったことを明らかにすることができる。

〔蔵人所牒〕□□□□□　〔造酒司カ〕□□□
〔使〕□
応早□

牒、得彼造酒司解状偁、謹検案内、酒麹売等自□□勤仕本司役、経公用顧私者例也、爰近年或号諸社神人、或称権門之職、□〔不〕勤公役□□〔減諸〕用、任自由致売買□□〔之〕無謂事也、就中造酒司者、日別之公役無□□〔隙〕重、於酒麹商債之輩者、併可随造酒司者也、其故者、日次供御酒酢、斎院諸宮日貢并諸社祭礼酒、官行事所□蔵人所恒例臨時召物、道ゝ細工等二九舛等、有増無減、所進之公人、皆以無為方、仍不堪司役、然者散在酒麹売□〔等カ〕任先例可備進之由被仰下者、尤為公平歟、且是為国全無費、為民亦不可煩、只以有限身所課、為令経公用也、何有其苦乎、無此御裁許者、日次供御・諸宮日貢・恒例二九舛之勤、定及闕如歟、且為支当司之闕乏、且為断向後之凌遅、所申請也、望請牒裁、早任道理、散在酒麹売等随司役、可備進供御酒麹之由、下賜蔵人所御牒者、弥仰供御之貴、欲励司役之忠者、早可令散在酒麹売等備進造酒司供御酒酢麹之状、所仰如件、酒麹売等宜承知更不可違失、牒到准状、故牒

承元三年四月廿一日

別当

出納左兵衛志佐伯在判

蔵人散位菅原在判

左近将監藤原在判

左衛門権少尉藤原

大膳権亮高階在判

治部権少輔藤原朝臣(宗親)□

春宮権大進平朝臣(経高)□

春宮大進藤原朝臣(仲房)在判

頭左近衛権中将兼尾張介藤原朝臣(経通)在判

中宮亮藤原朝臣(清長)在判

これは案文であるが、蔵人所牒としての様式は整っており、位署を加えた蔵人頭・蔵人などの官途・人名についても矛盾はないので、十分信用するに足る文書とみてよい。造酒司がすでに承元以前から、酒麴売に対して、日次供御酒酢以下の公役を賦課[30]していたことは、これによって、たしかな事実として確認しうる。

これらの酒麴売は、恐らく大和・河内・摂津などに散在していた令制の酒戸の流れをくむ人々であろう。[31]それがここにみられるように、酒麴売供御人としての立場をかためたのは、他の供御人の事例[32]やこの文書の文脈からみて、十二世紀、あるいは十一世紀後半にまで遡ることができよう。延久の新政が、諸官司の供御人集団の組織についても重要な画期であったことは、橋本の指摘によっても明らかであり、[33]この場合もそれに準じてよかろう。しかしこれらの酒麴売が給免田畠を与えられていたかどうか、その分布の範囲等については、いまのところ不明である。[34]ただ「散在」といわれている点からみて、在京していたのではなく、[35]各地に散在し、多少とも諸国を往反、遍歴し、商売を営んでいたものと推測される。[36]

注目すべきは、鎌倉初期、酒麴売のなかに、諸社の神人となり、[37]権門の「職人」となって、司役を勤めぬ者が多く現われていることで、造酒司解、それに応じて発せられたこの蔵人所牒も、その事態に対処して、造酒司の酒麴売支配を貫徹しようとしたものにほかならない。しかしこれは、決して造酒司と酒麴売のみにみられた現象ではない。

平安末・鎌倉期にかけて、各種の非農業民集団は、それぞれ自らの立場を有利に位置づけるべく活発に動いており、それに即応し、官司をはじめ、寺社・諸権門もまたこれらの集団を自己の支配下に組織するため、激しく競合していた。別の機会にふれたように、[38]保元・治承・建久の新制は、こうした事態に対処する「神人整理令」ともいうべき性格を含むとともに、「神人交名」の注進を通じて、神人等に対する統治権的な支配を確保・貫徹しようとしたものと考えられる。[39]この蔵人所牒もまた、そのことを前提として発給されたのであった。

こうして造酒司の経済は、鎌倉初期、便補保と酒麴売に対する公役賦課を柱として、一応、確立した軌道にのったということができる。とはいえ、小野もすでに指摘しているように、酒造業の発達は「沽酒の禁」をこえて著しいものがあり、酒麴売の増加も、他の非農業民にくらべて顕著であったことは間違いない。おのずと寺社・諸権門と結びついてゆく酒麴売の新たな集団は、鎌倉中期以降、むしろいよいよ増加し、造酒司もまた否応なしに、この状況に対応して、新たな賦課方式を模索しなくてはならなかったのである。

二　元亨の洛中酒鑪役

仁治元年（一二四〇）、造酒司は諸公事用途の不足を打開するために、諸国の納物を規定通り進納するように「対捍の国々」に命ずるか、さもなければ、前述したように洛中の酒屋から一宇別酒一升の上分を造酒司が徴収することを認めてほしい、と朝廷に訴えた(40)。造酒司の解によれば、当時、酒屋は「東西両京以下、条里に相分れ、その員を知らず」といわれるほどに増加していたが、「全く本司の上分を備えず、また他役を勤めず、偏に私の業」ばかりを営んでいる状況であった。これに対して造酒司は、内蔵寮・内膳司が市辺で魚鳥交易の上分をとって日次供御を備進しているのをはじめ(41)、左右京職が京中の保々から染藍と人夫を召し、装束司がやはり市で苧を売買する輩から上分を徴収している事例をあげ(42)、これらはみな、とくに「式条」に規定されているわけではなく、「新儀」であり、それゆえ、この先例にならって、酒屋の交易上分を宇別に収取したい、と申し出たのである。

小野のいう通り(43)、このとき、公卿たちは諸国納物の励行を命じたのみで、酒屋役については「新儀」であるとして、造酒司の要求を却下した。とはいえ、造酒司の主張は、小野の理解したような意味で、全くの「新儀」だったのではない。

内蔵寮・内膳司の魚鳥交易上分の徴収が、令制以来の江人・網曳をはじめとする贄人たちからの贄貢進に淵源をもつ、生魚供御人・鳥供御人たちへの公役賦課を前提にしていたのと同様に、造酒司の主張もまた、長い歴史をもつ酒麴売への課役賦課を根拠としていたのである。

しかも、なお諸国を往反、遍歴して生業を営んでいる生魚供御人、鳥供御人、苧商人などに比べると(44)、前述したように、散在していた酒麴売の東西両京への定着・集住は顕著に進行しており、その売買屋は洛中に多数現われていた。このように定着した酒麴売に対する課役の徴収を市辺で行うことは不可能であり、屋別賦課の方式をとるほかない。もともより洛中は天皇の統治権の足下にあり、左右京職の事例に准じて、こうした賦課をなしうる根拠は十分にある。その意味で、造酒司がここで提出した賦課方式は、決して単なる「新儀」ではなく、むしろ否応のない酒屋の新たな発展に即応して案出された、新方式であったといわなくてはならない。

しかし、洛中の商工民に対する課税の方式として、これが「新儀」であったことは事実である。たしかに、六角町に四宇の売買屋をもつ粟津橋本供御人に対して、御厨子所が公役を賦課したような例はあるとはいえ、それは御厨子所に属する供御人の売買屋に限定された課役であった。[45]また魚鳥交易の輩に対する賦課は「無限定」であったとしても、[46]魚屋・鳥屋等の売買屋が課税対象となっていたわけではない。そのうえ、造酒司は「他役を勤めず」といっているが、前述した承元の牒や後年の状況からみて、この時期の洛中の酒屋のなかに、日吉社・春日社・八幡社・賀茂社等々の住京神人が少なからずいたことは間違いないと思われる。とすれば、こうした新課役の賦課によって、これら寺社権門との激しい摩擦が起こることは、当然、予想される事態であり、たとえ根拠はあったとしても、それを乗り越えるためには、強力な力が必要であった。「因襲に泥む公卿」たちに、これをあえてする意志も力もなかったことは明らかといわなければならない。仁治の造酒司の要求が却下された理由を、私はこのように考える。

しかし、酒造業の発展は鎌倉後期に入って一層著しく、それとともに、寺社権門との結びつきを強める酒屋も、ますます増加した。これに対し、造酒司は酒麴売の課役の励行を、あらためて訴えなくてはならなかったが、それはつぎの文書によって知ることができる。

(朱筆)「院宣」
酒麴売輩乍致其業、或号諸社神人・諸院宮酒殿・諸方公人、或称神社仏閣権門勢家領、有限所役不勤仕云々、事
(者脱)
実太不可然、厳密致其沙汰、可被全課役、若猶不叙用者、可停止其業之由、可被下知之旨
新院御気色所候也、可被存知之状如件
　正安四年四月三日　　　　(朱筆)「蔵人頭信経朝臣」在判
　造酒正殿

この後宇多上皇院宣案写は、後述するように江戸時代の写であり、朱筆には誤りがあると思われるが、[47]とくに疑うべき根拠もなく、このころの酒麴売の動向を示すものとして注目される。とくに「神社仏閣権門勢家領」といわれている点から、寺社の境内に売買屋を構えるようになった酒屋の存在を推測することができよう。造酒司はこのように増加した酒麴売に対し、依然として課役を賦課、「叙用せざれば、その業を停止すべし」という院宣を得たのであるが、こうした志向のなかで、仁治に却下された酒屋役賦課の動きが、再び頭をもたげてくるのは自然の成り行き、といってよかろう。

それはまず、正和のころ、新日吉社造営新足を洛中河東酒屋に充て課すという臨時課税として再現したが、[48]元亨二年（一三二二）、後醍醐天皇が一挙にこれを恒常的課役とし、賦課を強行した事実を、つぎの四通の文書によって知ることができる。

(A) 後醍醐天皇綸旨（宿紙）

洛中酒鑪事、奏聞処、停止蔵人所幷左右京職之綺、任先例可被致其沙汰者

綸旨如此、可被存知之状如件

元亨二年二月十九日　　　（異筆）「冬方」大蔵卿（花押）

造酒正殿

追申

殿上貢酒以下、任例殊可被致沙汰之由、所被仰下候也

(B)　後醍醐天皇綸旨（宿紙）（後闕）

洛中酒鑪、任先規本司可致管領之由、聖断之処、新日吉神人則重不叙用　勅裁、致濫妨之条、為事実、甚以不
可然、厳密可被下知之旨、被仰下之状如件
（押紙）「元亨二」
三月十九日　　　（異筆）「冬方」
大蔵卿（花押）

(C)　新日吉神人兄部則安申詞案

（端裏書）「新日吉神人則安申（詞）□□□記　執筆明清（坂上）」（朱筆）「酒鑪役元亨二　二通」
酒鑪役事
新日吉神人兄部則重代同兄部則安申云、件酒鑪役被付本司事相触之所〻者、所随　勅裁也、今被仰下之　勅裁
之所〻、日来不相触之間、不令存知者也、向後早可相従　勅定、於造営析所者、追可申子細圡申
元亨二年四月十三日　　則安判
被召出記六所、厳密御沙汰、解却神職、可被禁獄之由被仰下之処、如此承伏了、正文　奏聞開闔預置之

(D)　後醍醐天皇綸旨案

造酒司申酒麹供御人等役事、師彦（中原）申状如此、子細見状候歟、洛中酒鑪如旧悉被付本司候之処、尚不叙用云〻、
太以不可然、殊可令尋沙汰給之由、
天気所候也、仍上啓如件
（異筆）「元亨二」
後五月九日　　大蔵卿冬方（吉田）
謹上　別当殿（北畠親房）

洛中酒鑪に課役を賦課するという後醍醐の意志は、(A)以前、すでに固まっていたものと思われる。しかしその徴収をめぐって、造酒司、蔵人所、左右京職の三者が競合した。蔵人所は、その召物を酒麴売から徴収した先例を根拠とし、左右京職は、前述したような京中の保々への課役賦課の実績を前提として、洛中酒鑪役についても、その徴収に当るべきことを主張したのであろう。[49]後醍醐はこれに(A)の如き裁定を下したのであるが、そこで「先例に任せ」といわれているのが、造酒司の酒麴売への公役賦課であったことは、(D)に「酒麴供御人等役」と「洛中酒鑪」役とが、等置されている点からみても明らかである。

とはいえそれは、決して従来の酒麴売役の単純な継続・励行などではなく、後醍醐の強烈な意志がそこに動いていたことを見落してはならない。そのことは、いくつかの官司が徴収をめぐって争ったという事実そのものからも推測しうるが、なにより、(B)・(C)・(D)が物語る賦課の実施過程に、明瞭に現われている。

(B)・(C)によれば、新日吉神人兄部則重は、この勅裁を叙用せず、濫妨をしたとして、記録所に召し出され、神職解却・禁獄の処分をうけようとしたが、代りに同じ兄部則安を出頭させて、勅裁を知らなかったと弁明し、ようやく許されている。[50]これは、後醍醐の記録所の活動を示す、恐らく最も早い事例としても注目すべきであるが、こうした糺問を行わせることによって、後醍醐は洛中酒鑪役賦課をきびしく貫徹しようとした。そして、(D)にみられるように、洛中警察権を掌握する検非違使庁に命じて、勅定に従わぬ者を追及させ、その実力を背景に、課役徴収を強行したのである。[51]

別にのべたように、元亨年間、後醍醐は神人公事停止令を発した。[52]いわば全神人の供御人化を意図したともいうべきこの停止令と、洛中のすべての酒屋からの酒鑪役徴収令とは、全くその根を同じくするものであり、前年末以来、親政を開始した後醍醐の専制的姿勢は、そこに鮮やかに現われているといわなくてはならない。それは後年の関所停止令、[53]洛中米穀和市の法[54]などとともに、天皇の統治権を極点にまで高めようとする意志に貫かれたものであったが、これによって、仁治の造酒司の提言は、はじめて実現の緒についたのであり、後年の室町幕府の酒屋役賦課もまた、ここに重要な先蹤を得る結果になっている点、とくに注目しておく必要があろう。

しかし、この後醍醐の専制的意志、洛中酒鑪役徴収が、そのまま順調に貫徹しえたかどうかは疑問である。さきの新日吉神人の抵抗をはじめ、寺社権門の反発は、当然、きわめて強かったものと思われ、後醍醐は恐らく、かなりの妥協と後退を余儀なくされたのではなかろうか[55]。元亨年間、新日吉社造営用途が洛中河東酒屋に充て課されたことは、すでによく知られた事実であるが[56]、(C)にみえる「造営析所」がそれに当ることは確実で、洛中酒鑪役の一部、またはすべてが、一時的、あるいはかなりの期間[57]、この用途に充てられたことは間違いない。

とはいえ、後退と前進を繰り返しつつも、後醍醐が一生その専制的姿勢を保ちつづけたことは周知の通りであり、建武新政期まで、この課役がなんらかの形で継続した可能性は十分にある[58]。いまはその実情を明らかにすることはできないが、いずれにしても、後醍醐の新政によって、酒屋役賦課の歴史に一時期が画されたことは事実といわなくてはならない。

三　貞治・応安の酒麹売役興行

建武新政崩壊後、北朝の朝廷は、酒屋役について寺社権門に対し、つとめて刺激を避ける姿勢をもって臨んだ。とくに酒屋をはじめ、多くの商工民を日吉神人として支配下におき、洛中に強大な力をもつ山門に対しては、京都をその所在地とした室町幕府もまた、当初は多少とも妥協的・融和的な態度をとらざるをえなかったのである。

貞和二年（一三四六）、使庁の四座下部俸禄に酒壺役をあてようとする動きがあったとき、朝廷は山門の嗷訴を恐れて、これをおさえているが[59]、そこで「去年日吉神輿修理析足沙汰候時、重々被経群議、被免向後彼役」といわれている点に注目すべきであろう。翌年、幕府が新日吉社造営析足を、正和・元亨・建武の前例に従って、洛中河東酒屋に充て課すべしと朝廷に申し入れたときも、朝廷は一応院宣を発することを認めながら、前年の例をあげ、山門の嗷訴の起こりうることを武家に指摘しており、恐らくこれも実行されなかったものと思われる。[61] これらの点からみて、少なくともこの前後、酒屋役が山門によって徴収されていたことは、推定してまず間違いなかろう。造酒司への収入が全くなくなったとはいえないにしても、その徴収については、山門に依存していたのではあるまいか。[62]

こうした状況はしばらく続いたと思われるが、貞治元年（一三六二）、斯波義将が管領に就任、「幕府財政の充実を裏づけとする将軍の権威と権力の回復」をめざし、寺社本所に対して強硬な姿勢をとるにいたって、[63] 酒屋役の賦課についても、また新たな画期が訪れてくる。つぎの二通の文書（写）は、それを物語っている。

（朱筆）「綸旨」
造酒司酒麴売供御人役、如旧所被付本司也、致其沙汰、可被全課役者、
天気如此、仍執達如件
　貞治二年四月十七日　　治部権大輔在判（広橋）「仲光」（朱筆）
　（中原師連）大外記殿

（朱筆）「武家一行」
造酒司酒麴売供御人役、如旧可致其業之由、去月十七日　綸旨謹拝見了、可存知其旨之状如件
　貞治二年五月二日　　（朱筆）「宝篋院殿」御判
　（中原師連）持明院大外記殿

以前のように、造酒司による酒麴売役の徴収を命じた後光厳天皇綸旨は、将軍足利義詮の御判御教書によって施行され、幕府の権力による裏づけをはじめて得たのであり、これは造酒司酒麴役の安定、幕府による酒屋役賦課に向って、確実な一歩を進めたものといえよう。のちに、造酒正中原師連による「興行」といわれたのは、[64]まさしくこのことをさしている。このとき師連は、毎年二万疋を朝要として進めるという請文を提出しており、のちに酒麴役が本司分と朝要分とに分かれるようになるのも、ここにその直接の契機を求めることができる。[65]

このように、新たな局面を迎えたとはいえ、酒麴売役の徴収は必ずしも順調ではなかった。貞治四年（一三六五）四月、四座下部・左右囚守・看督長などの俸禄に窮した朝廷は、この年役を看督長の俸禄に充てることを定めた。[66]朝要分と本司分の関係は、なお不安定だったのであり、師連は六月の醴酒の進上を怠って、この措置に抗議をしている。[67]その上、貞治五年、斯波高経・義将父子が失脚するや、たちまち諸社神人の課役対捍が目立ちはじめる。翌貞治六年には、八幡神人が酒麴売役を対捍し、陳状も進めないといわれ、[68]春日社住京神人も「酒壺以下課役」について、免除を認められたものと思われる。[69]

しかし反面、朝廷の側も、この年から翌応安元年（一三六八）にかけて起こった山門と南禅寺との争い[70]の進行過程で、酒麴売役については、山門の積極的な協力を得ることに成功した。このことはつぎの「延暦寺政所集会事書」から推測することができる。

「(朱筆)酒麴役山門訴状」
応安元年三月廿三日政所集会議曰
早為寺家沙汰申入貫首、可被経御　奏聞事

山門三塔列訴者、和光七社之神襟也、然間為驚　天聴、奉動宝□〔輿〕動坐、欲達群訴、所励数度之陣参也、爰去十八日、勅神□　□奏聞之処、如　勅答者、近年為躰、至山上之訴訟者、任申請旨雖有　聖断、至公方　朝議者、更不叙用之、剰酒麴売以下根本付業之諸役等、寄事於臨時非分之課役免許之　勅裁、以公人宮仕等令抑留之条、不可然之上者、毎年不可聞召入之云〻、此段殊所驚存也、是併非満遍存知之大儀、誠於根本付業之役者、縦雖為当社之神人、何可遁其役哉、但至毎年臨時之公役者、任下預　勅裁之旨、可被停止之、将又雖向後就此題目、宮仕法師等於洛中現狼藉、令致無法之沙汰者、且被仰貫首直被召誡之、且被懸当社之惣官可被解官神職者也、此上者、今般上訴数千篇目被経早速之御沙汰、預□之裁報、被遂式日之神事之条、四海静謐之媒介、八延無為之計略、何事如之哉、将又於山門者雖応　朝儀、　勅許及予儀者、令動座所残之宝輿、可思定一山之安否之旨、満徒同心之衆議如斯

この事書は、つぎの執当法印尊兼の挙状によって、座主宮尊道法親王に披露された。

(端裏書)「尊兼法印　山訴条〻事」

就大訴幷神人商人課役等事、政所集会事書両通到来、進覧之候、可令披露給候哉、恐〻謹言

(応安元)三月廿八日　　尊兼

宰相法印御房

このうち、「神人商人課役等事」についての集会事書が前掲の文書で、「大訴」についての事書は伝わっていない。座主宮はこれを蔵人右中弁中御門宣方充の挙状[71]で朝廷に伝達したが、この動きに応じ、つぎの「後光厳天皇綸旨」が

座主宮に下った。

（被）
□進座主宮　綸旨案可被罪科宮仕以下由事

日吉神人酒麴売事、師邦申状副具書如此、〻事先度被仰之処、異義輩申子細之条、不可然、厳密可有御下知、且於宮仕以下輩者、相尋交名、可被処于罪科之由、天気所候也、以此旨可令申入座主宮給、仍執達如件

応安元四月十七日　　右中弁宣方（中御門）

謹上　太政僧都御房

この綸旨は、座主宮、執当法印尊兼によって施行され、山上に伝達された。(72) ここで「今般上訴数千篇目」「大訴」といわれているのが、南禅寺との確執に関連したものであることは、まず間違いないところであろう。とすると朝廷は、いわばこの山門の大訴を受け付ける代償として、日吉神人の酒麴売役励行を山門に義務づけたのであり、前述したように、この課役賦課の前に立ちはだかる最大の難関であった山門の壁は、これで突破されたということができる。

事実、これを境として、造酒司の酒麴役賦課は、他の寺社に属する酒屋に対してもきびしく追及されるようになってゆく。この年五月、春日社住京神人等に対しても、酒麴売役を催促すべしとの綸旨が造酒正中原師邦充に下るとともに、(73)武家執奏に対してもこの旨が伝達され、(74)武家執奏西園寺実俊の施行状が発せられた。(75)さらに翌応安二年（一三六九）四月には、八幡宮大山崎神人宗賢法師、刑部太郎入道以下の輩が課役を難渋するのに対し、これを誡めた綸旨、(76)ついで五月、賀茂境内酒麴売に対しても同様の綸旨が造酒正充に発給され、(77)仁和寺嵯峨境内酒麴売についても、綸旨が下った。(78)

難関を突破した余勢をかって、造酒司の酒麴役徴収は、武家の力を背景にしつつ、綸旨を得て順調に進みはじめた。このころまでには、課役を半分ずつ本司分と朝要分にあてるという原則も確立していたであろう。応安四年、洞院大納言実守が平野社神人に対して酒麴役を譴責しているのは、恐らくこの朝要分についてのことではなかろうか。[79]同じ年、後円融天皇の即位に当って、幕府は「洛中辺土々蔵別三十貫、酒屋壺別二百文」を「借用」している。[80]借用の形をとり、臨時であるとはいえ、幕府による課税の例もここにひらかれた。

もとより寺社の抵抗も執拗で、応安六年、春日社住京神人たちは、酒麴売以下課役の免除を、院宣と義満の御判御教書によって保証されており、[81]こうした問題はなおあとをひいているが、貞治・応安の酒麴売役興行によって、明徳の幕府新制の地ならしはほぼできあがったといってよかろう。

四　永和・永徳の大嘗会酒鑪役

永和元年（一三七五）、後円融天皇の大嘗会に当って、つぎのような綸旨が発せられた。

（綸旨案）
大嘗会酒鑪役事、任例可被致其沙汰者
天気如此、仍執達如件
（永和元）
五月廿六日　　　右中弁（裏松）資康
造酒正殿

ここで「例」といわれているのがなにをさすのか、明らかでない。[82]実際、酒麴売年役がほぼ確立している状況の下で賦課されたこの酒鑪役は、多くの酒屋たちにとって、全くの「新儀」とうけとられ、九月、再度、綸旨が下ったにも拘らず(83)、その境内に酒屋を擁する寺社の抵抗によって、徴収は難航をきわめたのである。なかでも八幡宮住京神人と、賀茂社境内の酒屋の反撥は強かったが、そのうち賀茂社については、以下のような文書がある。

賀茂社公文所氏人等謹言上
欲早且被経急速御　奏聞、且任先規、蒙免許□　□供神事御酒斳已下重役勤仕、大嘗会酒鑪役間事
右至当所酒屋等者、令専毎□日次斳酒供・月並神事所役之間、如此課役等不被准拠自余之条、古今傍例也、依之代〻無沙汰之間、　旧院御代終以不及御沙汰者也、爰先日為武家称大嘗会斳足、被懸巨多課役、無是非及譴責之間、且恐武威悉致其沙汰畢、而今又自造酒司被充行件所役、急速可致沙汰之由、依掠申歟、為左大弁殿御奉行被下　勅裁之由、度〻被成御教書之間、迷惑無極者也、所詮□〔為〕社務不□〔致〕沙汰者、恒例有限社家方所役等、皆以可令停止之由、彼等令申畢、然者日供違乱神事障㝵可為此事者哉、且以武家裁許之下、近日致其沙汰之上者、二重之課役為不便次第之上者、可被閣之、為専神用已下所役、粗謹言上如件
永和元年十一月日

さきの即位のときと同様、武家も大嘗会斳足を酒屋に賦課していたことは、これによって明らかであり、寺社に属する酒屋たちの強い反撥が、こうした「二重之課役」賦課であった事実も、これによって知ることができる。

しかし、朝廷もまた強硬であり、つぎの綸旨を検非違使別当万里小路嗣房に充てて発している。

（綸旨）同案　被成別当万里小路大納言由事

師邦（中原）申八幡神人等并賀茂社境内大嘗会酒鑪役事、難渋不可然、相副使庁下部、厳密可致催促之由、可令下知給之
旨
天気所候也、仍言上如件、資康謹言
同元（永和）　十二月十九日　　右大弁資康
謹上　別当殿

嗣房はこれをうけて、別当宣を検非違使高倉大夫判官、坂上明宗に充て下し[84]、綸旨・別当宣を帯した使庁下部は賀茂社境内の酒鑪役催促に向ったが、その結果、左のような事態が起こったのである。

造酒正師邦申大嘗会酒鑪役事、就被下　綸旨・別当宣、以下部□（等）昨日廿七日賀茂境内酒鑪役加催促之処、当社神
主光久差向氏人并所従等、致種〻狼藉、結句引破綸旨・別当宣、踏入泥土、剰及打擲蹂躙、奪取腰力之間、於国
友・包巳并友有丸者、已欲赴死門之条、神主所行言語道断之次第也、速被召出社務、於交名面□者、被召禁其身、
可被処重科者哉、且無不日之炳誡者、公役以下勤仕難治之旨、一同令申之、急速可有御奏達哉、仍言上如件

このほか、新熊野社境内・平野社境内の酒屋も、酒鑪役を難渋し、綸旨が造酒正充に下り、「此上者、可被直納」と命ぜられている[85]。
しかし、こうした寺社の抵抗[86]にも拘らず、大嘗会のさいの酒鑪役賦課は、これを境として恒例のこととなったものと思われる。永徳三年（一三八三）、後小松天皇の大嘗会に当っても、以下のような一連の文書が発せられ、酒鑪役

が徴収された。

御吹挙案　被染御筆御書案
師邦申大嘗会酒鑪役事、任先例可被申沙汰候也、謹言
永徳三
十一月四日　御判
勧修寺中納言（経重）殿

師邦申大嘗会洛中洛外酒鑪役事、相副使庁下部、厳密可致催促之由、可令下知給之旨、
新院御気色所候也、仍執達如件
同三
十一月七日　権中納言（勧修寺）経重
謹上　別当殿（裏松資康）

師邦申大嘗会洛中洛外酒鑪役事、院宣如此、可令申沙汰給之由、別当殿所仰候也、仍執達如件
十一月七日　散位重説
謹上　大判事殿（坂上明宗）
退〔追〕申
章頼朝臣相共可令申沙汰給之由、同所候也

酒鑪役の賦課が、義満の吹挙によって行われていることは、もとより注目すべきであるが、それとともに、このときには、まだ検非違使庁が課役の催促に当っている点も、見逃すことのできぬ事実であろう。しかし、この課役に使

庁が関与するのは、これが最後の所見であった[87]。嘉慶三年（一三八九）には、侍所が酒鑪役の徴収催促に当っていることを確認しうるので[88]、永徳の大嘗会酒鑪役は、いわば公家政権による最後の酒鑪役徴収となったのである。すでに佐藤進一が詳細にあとづけているように、至徳年間は、京都支配権が使庁から侍所に決定的に移行した時点であった[89]が、酒鑪役に即しても、佐藤の指摘の正確さを裏づけることができる。

このように、公家の手からは離れたとはいえ、大嘗会のさいの酒鑪役賦課は、応永二十二年（一四一五）、永享二年（一四三〇）にも行われており[90]、それが通例になったことを知りうる。その意味で、永和・永徳の時期は、酒屋役の歴史のなかで、小さな画期であったということができよう[91]。

五　明徳の幕府新制

京都支配権をめぐる至徳年間の画期が、康暦の政変によって、管領が細川頼之から斯波義将に代わり、将軍義満の専制が確立したことと深く関係していることは、もとよりいうまでもなかろうが[92]、この政変の影響は酒麹役の問題にも、はっきりと影を落としている。それは、貞治・応安以降、酒麹売役復興の主役の一人ともいうべき造酒正師邦の立場が、このころにわかに悪化してきた点に現われているように思われる。

康暦元年（一三七九）、新管領斯波義将は、北野社別当にあてた書状で、北野社西京酒麹役について、造酒正の催促を「太以濫吹」と断じ、これを停止するとともに、「為処罪科、可被経　奏聞候」とのべている[93]。ついで嘉慶元年（一三八七）、北野社御師石見法印充の管領奉書には、神人が神役を種々の理由で勤めないことをいましめつつ、「去貞治年中、造酒正師郡(邦)以下罪過事、被経　奏聞畢」といわれており[94]、このころ、北野社と造酒正師邦の間に激しい相論が起こっていたことを知りうる。しかし、貞治以来の師連・師邦父子の酒麹役復興を「罪科」ときめつけるような姿勢の管領の下にあって、必死の弁明にも拘らず、師邦の立場はきわめて苦しいものだったであろう。

この相論の裁決は、朝廷ではなく、将軍義満がその御判下知状によって下した。[95]それは、師邦の主張を「非無其謂」と一応認めつつも、結論的には北野社神人の主張を通し、麴役を一円、北野社に付し、師邦については「各別可相計也、何及異儀哉」ときめつけたもので、少なくとも北野社に関わる師邦の主張は完全に否定された。北野社神人の酒麴役免除・麴業独占の特権は、幕府によって保証されたのであるが、別の角度からみれば、北野社麴役が造酒司の酒麴役から分離されたということもできるのであり、造酒司にとって、これが大きな打撃だったことは間違いなかろう。

すでに康暦二年、臨川寺境内の土倉・酒屋は課役免除を保証されているが、[96]恐らく幕府の保護下にある禅宗寺院も、同様の特権を得たものと推測され、[97]酒麴役の賦課範囲自体、武家によって次第に限定されつつあった。

嘉慶三年正月以前に、中原師香は「洛中西京白川以下酒鑪役半分」を、子息師胤に譲り、師胤はこれを保証した院宣を与えられている。[98]これによって、嘉慶元年十二月以降、恐らく同二年に、酒麴売年役の半分（本司分カ）は、師連流から師藤流に移ったことを確認しうるので、[99]これもまた、さきの師邦の立場の悪化と無関係ではなかろう。こうして造酒司は、酒麴役賦課の主導権を完全に失っていったのである。

明徳四年（一三九三）の「洛中辺土散在土倉幷酒屋役条々」——幕府新制は、もとより土倉役については別個に考えなくてはならないとしても、酒屋役に即してみれば、こうした直接的な前提の上に立ち、これまでのべてきたような長い歴史を背景として発せられたことを知らなくてはならない。「諸寺諸社神人幷権門扶持奉公人躰」——山門をはじめとする社寺・貴族の支配下におかれていた土倉・酒屋について「悉く勘落（没収、権利の否定）」という、一見きわめて強烈にみえる第一条は、決して突如として定められたものではない。前述したような種々の先例を前提とし、貞治・応安以来、朝廷を表面に立てつつ、山門の壁をのりこえ、多くの寺社の抵抗をおさえ、公家政権の権限を吸収したうえでこの条項が定められたとみれば、その意義は、なんの不自然もなく理解しうるであろう。

酒屋役の賦課権・催徴権は、これによって最終的に幕府の手中に掌握されたのであるが、新制の第五条は、造酒司酒麹役を「自往古有限所課也」として、幕府の権威と権力によって保証することを約しており、造酒司酒麹役自体、ここではじめて安定した軌道にのった、ということもできる。(100)

そして巨視的にみるならば、後醍醐によって意図された元亨の酒鑪役賦課は、ここではじめて本当に実現されたといわなくてはならぬ。後醍醐が先取りした急進的な施策が、長い南北朝動乱を経過して、義満によって達成されたという指摘(101)は、この点でも的確といえよう。

結

明徳の新制で、一応安定した酒麹役は、戦国期には朝要分―広橋家、本司分―造酒正の形をとりつつ(102)、ともあれ多少とも実質的意味をもつ課役として継続し、天正年間に断絶する。ここでその一部を紹介した「押小路文書」に「壬生文書(103)」「京都御所東山御文庫記録」等々の諸史料を合わせてみると、この時期の問題についても小野の研究に補正を加えうる点は少なくないが、それはまた別の機会にゆずるほかない(補注)。

ただここで最後にふれておかなくてはならないのは、天正の断絶からおよそ二百五十年以上も隔った天保末年のころ、大外記師徳、大外記造酒正師身が、この造酒司酒麹役―酒造運上の復活を、幕府に願い出ている事実である(104)。師身はそこで、師徳と連署した「口上(105)」、酒造運上の具体的な「仕法(106)」とともに、「綸旨・院宣・公武奉書　十七通写」「類例書」を提出した。この十七通のなかには、現在、「押小路文書」に中世の正文・案文の伝わらぬ文書の写が若干含まれており、本章でもそれを一部紹介したのであるが（朱筆の端書のあるもの）、近世も末期近く、造酒司酒麹役がこのような形で息を吹き返そうとしていることは、やはり驚くべき事実といわなくてはならない。しかもその「類例」として、真継家による鋳物師支配の事例があげられているのも、まことに興味深い[107]。それは真継家と鋳物師のような関係が、すでに指摘されているように[108]、近世社会において、決して例外的なものでなかったことを、側面から証しているといえよう。

もとより別稿で明らかにしたように[109]、鋳物師に対する蔵人所小舎人＝御蔵の支配は、中世と近世の境において、大きな変動と断絶を経ており、近世の真継家による鋳物師支配は、中世における蔵人所の燈炉供御人に対する支配とは、まぎれもなく異質である。それは造酒司と酒屋の場合、より一層明瞭であることはいうまでもない。

とはいえ、御蔵の鋳物師支配が中世・近世を通じて連続し、三百年近くも時を経て、造酒司の酒屋支配・酒麴役に新たな生命が与えられようとしている事実から目をそむけることは、重大な問題の所在を見失うこととなろう。

もとよりそれは天皇の問題そのものである。最近、歴史学界でもようやくこの方面の論議が活発化しつつあり、古代・中世・近世・近代のそれぞれの社会における天皇の機能・位置づけの異質性、各々の過渡期における断絶の側面が究明されようとしているのは、まことに当然の方向といえよう。しかしその反面、さきのような連続性の事実を直視し、それ自体を歴史的に解明することもまた、避けて通ることのできぬ重要な課題である。もしもそうした課題に迫ろうとする試みを、なんらかの狭い意味での「政治的」顧慮から、「危険」等々として、忌避するならば、それは真の意味の科学―学問とは、およそ縁の遠い姿勢に堕するものといわなければならない。

その意味で、残された課題は余りにも多いが、本稿がその解決のために、ごくわずかでも寄与しうれば幸いである。

(1)『日本産業発達史の研究』(至文堂、一九四一年、法政大学出版局、一九八一年復刻)所収の「中世酒造業の発達」「室町幕府の酒屋統制」及び「北野麴座に就きて」。

（2）同右書、一三二―一三八頁。

（3）「押小路文書」は『改訂内閣文庫国書分類目録』下、「典例・儀式（総記）」の項に分類されており、各種の文書、記録断簡等を部類にわけて貼付した冊子本九十八冊からなる。押小路家は、いうまでもなく大外記を世襲した局務中原氏の家系で、この一族は、大炊頭・穀倉院別当・掃部頭をも世襲しており、おのずとこの文書には、掃部寮領・大炊寮領・穀倉院領関係文書も含まれている（第八十三冊）。酒麹役関係の文書はほとんどすべて第八十冊に収められているので、以下、本章で使用する文書については、原則としてとくに注記しないこととする。

（4）恐らくそれは、東京大学史料編纂所と内閣文庫とが余りにも密接な関係にあったがゆえに、かえって史料編纂所には内閣文庫所蔵史料の影写・謄写本が少なく、また前注でふれたように、この文書が目録のなかで「典例・儀式」の項に分類されていたために、余り人の目をひかなかったのではないかと思われる。

（5）橋本義彦が、すでに論稿「大炊寮領について」（『日本歴史』二九四号。同著『平安貴族社会の研究』吉川弘文館、一九七六年、所収）で、米売関係の文書を使用しているのをはじめ、もとより既知の史料であることはいうまでもないが、酒麹役に関する限り、この文書を使用した文献は管見に入らなかった。

（6）なお、拙著『蒙古襲来』（日本の歴史10、小学館、一九七四年）では、この文書群から二通の文書の写真を掲げ（三七九・三八〇頁）、拙稿「中世都市論」（岩波講座『日本歴史7』中世3、一九七六年）でも、この文書によって概略を叙述したが、いわば論証ぬきのままになっているので、重複する点も少なからずあるが、あらためてここで史料に即して考えるところをのべ、大方の御批判を仰いでおきたい。

（7）『平戸記』仁治元年閏十月十七日条所掲、嘉禄二年十一月三日官宣旨案より作成。

（8）前注文書。

（9）橋本義彦「貴族政権の政治構造」（岩波講座『日本歴史4』古代4、一九七六年）。橋本はそこで大炊寮御稲田の設定、内蔵頭に受領が任ぜられるようになったこと、勅旨田の設定などをあげている。

（10）「宮内庁書陵部所蔵文書」元弘三年五月廿四日、内蔵寮領等目録。

（11）「壬生文書」文治六年四月日、主殿寮年預伴守方注進状案。

（12）「壬生文書」治承五年正月十九日、主殿寮年預伴守方注進状。そこに「去長□四年之比、諸国成旱損之愁、死骸満道路、不及□納之数、国内百姓減少致所渋之時、同年十一月廿六日、本納之外、新被□□三十四箇国畢」とあるのをはじめ、多くの官符・

宣旨が引用されている。

(13) 治承二年七月十八日の新制の第六条、「応停止諸国済物壱年中令責催壱任所当事」に、「任久安保元符」とあり、建久二年三月十二日の第十三条にも、同じ符がとりあげられている。『本朝世紀』久安元年七月廿八日条に「左大臣奉勅、被下新制九箇条、宣旨、依彗星事也」とあるのが、あるいはこの符に当るのではあるまいか。また前注文書に「久安□年十二月廿八日□宣旨状偁、応准大炊寮例、不論異損成功国、従当年永為流例、令究済諸国寮納物事」とある点も、もとより、こうした流れの中で理解さるべきである。

(14) 建久二年三月廿二日の新制第十四条「可誡仰諸司諸国不当事」に「諸司者寄事於諸国之対捍、諸国者致訴於諸司苛責、年預非法寔繁、雑掌不当尤多」とある点が、よくその事情を伝えている。

(15) 「壬生文書」承安二年九月日、主殿寮年預伴守方解、「同文書」(承安二年九月廿二日)、土佐国雑掌紀頼兼主殿寮沙汰人伴守方問注記。

(16) 「壬生文書」久寿二年十二月七日、造酒司注進状。この備前国本司納物は毎年百五十石で、前掲表の額と一致する。

(17) 注(11)文書。

(18) 便補保は諸司領のみならず、寺社の場合にも広くみられるところであり、諸国にみられる保のなかには、建立の事情の明らかでない場合が多いが、多くの場合、というより恐らくそのすべてが、基本的にはこのようにして立てられたものと思われる。ただ納物徴収の責任を国がもつ場合と、京の諸司・寺社が直接行う場合とがあったと考えられる。

(19) 橋本義彦『平安貴族社会の研究』(吉川弘文館、一九七六年)第二部。

(20) 奥野高広『皇室御経済史の研究』(畝傍書房、一九四二年)第二章、四。

(21) 脇田晴子『日本中世商業発達史の研究』(御茶の水書房、一九六九年)第四章、第二節。

(22) 『山槐記』応保元年十二月二十六日条、「一造酒司申摂津国大田保為奈佐原庄被妨事」とあることによって、これ以前に立保されたことを知りうる。また、「勝尾寺文書」文永七年正月八日、僧慶意畠地寄進状(『箕面市史』史料編一、二五八号)に、「奉寄進　摂津国嶋下郡東条耳原村内、五条七里八坪壱町者、大田保酒造領畠也」とある点から、その所在地を明らかにすることができる。

(23) 『春日神社文書』巻三、「大東家文書」嘉禎四年十一月日、河内国竜泉寺所司等解状案によると、興福寺末寺河内国石川東条郡竜泉寺所司等は、造酒司に便補された甘南備上郷十六町を、もとの如く同寺に返付されたいと訴え、長者宣を請うているが、この地に対する国衙の妨げは、寛平六年（八九四）が最も古く、天喜五年（一〇五七）、延久年中、嘉保三年（一〇九六）と、次第にはげしさをまし、康和五年（一一〇三）六月二十四日にいたって造酒司便補の宣旨が下っている。ついで大治四年（一一二九）に再び寺領とされたが、長寛二年（一一六四）十月二十九日、国司の訴訟によって、再び便補の宣旨が下り、以後、このとき（一二三八年）まで変らなかったものと思われる。

(24) 清水正健編『荘園志料』上巻、二八九頁に「南郡渡辺氏文書曰、和泉国土師保造酒司領之内武松名（中略）応安七年十一月十一日、中務大輔」とある点からみて、史料大成本『平戸記』の註(1)文書にみえる「直師郷」は「土師郷」の誤読と思われる。

(25) 注(19)橋本前掲書参照。

(26) 小野晃嗣「内蔵寮経済と供御人」（『史学雑誌』四九―八・九、『日本中世商業史の研究』法政大学出版局、一九八九年、所収）及び注(21)脇田著書。

(27) 注(20)奥野前掲書参照。

(28) 供御人の給免田を中心に形成された御厨・御薗が、供御人の所属する官司の支配に属さず、別に相伝された場合のみられることは、このことを逆に証明する事例といえよう。

(29) 拙稿「荘園公領制の形成と構造」、体系日本史叢書8『土地制度史Ⅰ』山川出版社、一九七三年（拙著『日本中世土地制度史の研究』塙書房、一九九一年、所収）参照。

(30) このうち「道〻細工二九舛」については未考。和泉国近木荘・草部郷などに散在する御酢免は、摂関家領となっているが、この酢造も、もともとは造酒司に属していたのではなかろうか。

(31) 『令集解』巻五、職員令によると、「別記云、酒戸百八十五戸、倭国九十戸、川内国七十戸、合定百六十戸、為品部、免調雑徭、但津国廿五戸、今定十戸、客饗時役也」とある。

(32) 拙稿「中世における天皇支配権の一考察」『史学雑誌』八一―八、一九七二年〈『日本中世の非農業民と天皇』岩波書店、一九八四年、所収〉参照。

(33) 橋本前掲書。

(34) さきの便補保が、おおむね酒戸の分布と合致することからみて、あるいはこの保自体、酒麴売の給免田畠と関係があるかもしれないが、便補保と供御人の給免田畠とは、本来的には別系統のものであり、たやすく結びつけることはできない。

(35) この点については、拙稿「中世前期の『散所』と給免田」（『史林』五九―一、一九七六年）、同「中世都市論」（岩波講座『日本歴史7』中世3、一九七六年）参照。
(36) 大分のちのことであるが『七十一番歌合』（『群書類従』第二十八輯、雑部）の七番に、油売と対する女性の酒作（酒売）が現われることも、参照されてよいであろう。
(37) これについては後述するが、春日社に早くから所属している「御酒寄人」（『春日社記録』日記一、安貞三年正月二日条）などもその一例であろう。
(38) 注(35)拙稿「中世都市論」。
(39) 建長五年（一二五三）七月十二日の新制でも、神人・供御人の交名を注進させている。注(46)参照。
(40) 『平戸記』仁治元年閏十月十七日条所掲、仁治元年閏十月三日造酒司解案。
(41) 津江御厨供御人・粟津橋本供御人などの生魚供御人・鳥供御人に対して、御厨子所預が課税し、その上分（「後懸」）が内蔵寮に進納されていたことは、第一節注(26)小野論稿及び注(32)拙稿参照。内膳司は網曳御厨供御人を支配し、粟津橋本供御人に対しても関わりをもっていた。
(42) これがのちの藍座・青苧座と関係することは確実であり、豊田武の諸論稿、小野晃嗣「三条西家と越後青苧座の活動」（『歴史地理』六三—二、注(26)前掲『日本中世商業史の研究』所収）等に解説されているが、その過程をあとづける仕事は、なお残された課題であろう。
(43) 注(1)小野前掲書、一三二頁。
(44) 粟津橋本供御人・津江御厨供御人（今宮供御人）などが、市津関渡の煩をとどめる過所を得ていることから逆に推測しうる。
(45) 「山科家旧蔵大谷仁兵衛氏所蔵文書」文永十一年正月廿五日、蔵人所牒（抄写）に、粟津橋本供御人が「至于京都、借請御厨子所供御人之売買屋四宇、致売買之日、於寄宿交易之公事者、所令弁済当所也」とある点を参照。
(46) 前注の蔵人所牒で、御厨子所預紀宗信は「縦其身雖為公家仙洞已下公人幷神社仏寺神人寄人、於売買事者、不募他方之威、一向令進退奉行者也」とし、「於三条以南魚鳥精進菓子已下交易輩、為当所供御人、可備進供御者也」という、交易の輩に対する支配権を保証された。開田法親王が唐粉供御人を法親王供御人と称し、「閉女」（刀自女）たちの交易を妨げるのを不法として訴えた、「兼光卿記抄自承安元年三月二十三日至六月八日巻紙背文書」（東洋文庫所蔵）、年月日未詳（鎌倉前期）、御厨子所精進唐粉沙汰人中原末弘申状（折紙）、多武峯墓守が供御を備進せず、苟若（蒟蒻）を交易する不法を強調した「兼仲卿記自弘安六年正月一日至三月廿九日巻紙背文書」年月日不詳、御厨子所番衆等申状（折紙）には、この論理が貫徹している。後者の文書で番衆たちは、文永年中、菓子供御人が本所の成敗に従わず、日吉神人と称して濫妨したとき「雖為神人、於致交易□〔者〕、可従御厨子所之旨、被下　院宣幷□〔貫〕首御教書之間、被解却神人職、□〔被〕召出使庁畢、其外例多之」として、自らの主張を補強しているが、これももとづくところは全く同様であり、酒麹売に対する造酒司の支配を保証した承元の蔵人所牒（前掲）、後述する後醍醐の神人公事停止令も、強弱の差はあれ、究極は同じ権限に発するといわなくてはならない。さきに、神人に対する統治権的な支配といったのはこのことをさすが、こうした例は、山崎の油売、八幡宮神人に対する穀倉院の支配、寺社の大工に対する修理職の管轄など、少なからずあげることができよう。

脇田晴子は前掲書二三七―二四〇頁でこの点に言及し、「三条以南としたのは、三条以北に所在する官衙町・御倉町」を避けたのではないかと推測している。的確な指摘と思われるが、さきの多武峯墓守の交易は大和での行為であり、「都鄙供御人」といわれている点からみても、御厨子所の支配を「洛中三条以南」に限定することはできないであろう。その意味で、供御人に対する同所の支配を、「領主」の「地域」を支配に基づくものとする脇田の見解も、問題を狭く限定しすぎているように思われる。

(47) 本章「結」参照。藤原信経が蔵人頭であったのは、正安元年六月六日～同二年四月十日である。

(48) 『園太暦』貞和三年八月八日条。

(49) 京職がこのような面で保持した権限については、なお研究の余地がある。

(50) 後醍醐が親政を開始するのは前年十二月である。

(51) 使庁のこうした活動は、注(46)の如く、これ以前からみられたが、酒屋役徴収については、これが初見である。

(52) 前掲拙稿「中世都市論」で言及したが、詳細は、別稿「元亨の神人公事停止令について――後醍醐親政初期の政策をめぐって」『年報中世史研究』二号（本書第II部第六章）参照。

(53) 元徳二年六月十五日に発せられたこの法令は、神人の場合と同じく、古くからの天皇の支配権の下にあった関渡津泊について、寺社の支配が及ぶのを排除し、自らの支配を貫徹させようとしたものとみなくてはなるまい。中村直勝『南朝の研究』四、「後醍醐天皇の一綸旨」参照（星野書店、一九二七年）。

(54) 「東寺執行日記」元徳元年五月二十八日条、同年六月十一日条。米・酒の価格を定めたこの法令は、飢饉に対する緊急措置であるとともに、むしろそれを契機に、物価を自らの力で公定しようとする後醍醐の意図がひそんでいたと思われる。なおこの法令が山門においても励行されたことを示す興味深い史料（「含英集抜萃」所収）が岡見正雄校注『太平記』一、二六九頁（角川文庫、一九七五年）に紹介されている。

(55) 注(52)参照。

(56) 注(48)『園太暦』の記事参照。

(57) 注(48)の記事に「正和・元亨・建武、雖被勅許」といわれている点から、建武年間にも同じことを確認しうる。

(58) 神人公事停止令の場合と同様であろう。

(59) 『園太暦』貞和二年三月二十七日条。

(60) もとよりこれは、天竜寺供養をめぐる山門の嗷訴の結果である。

(61) 『園太暦』貞和三年八月八日、同年八月十一日条。

(62) 桑山浩然「室町幕府経済機構の一考察――納銭方・公方御倉の機能と成立」『史学雑誌』七三―九、一九六四年、が明らかにしている後年の幕府のあり方からみても、このように考えて不自然ではあるまい。

(63) 佐藤進一『日本の歴史9　南北朝の動乱』中央公論社、一九六五年、三五一頁。

(64) 「広橋家所伝文書雑纂」明徳四年、某書状案に、「後光厳院御代、去貞治年中、故師連朝臣申立子細、被興行候之刻」とある。

(65) 前注文書によると、現実には「所済不足万疋」という状況で、師連はあらためて「向後不論多少、以半分可立朝要之旨、重捧請文」なくてはならなかった。なお、本司分と朝要分の出発点は、前節でのべた後醍醐のときまで遡ることができよう。

(66) 『師守記』貞治四年四月廿一日条、同年四月廿六日条。

(67) 同右、貞治四年六月一日条。

(68) 同右、貞治六年六月廿六日条。

(69) 「閣本古文書」貞治六年六月廿一日、関白二条良基御教書案（『大日本史料』六―二十八）。

(70) 定山祖禅の「続正法論」をめぐる争いに発展した山門の大嗷訴である。

(71) (押紙)座主宮

大訴幷神人商人諸役等事、尊兼法印状副政所集会事書如此、子細見状候歟、可令申沙汰給哉之由、座主宮御消息所候也、仍執達如件

(応安元)三月廿八日　　　権少僧都道尋

謹上　蔵人右中弁殿

(72)

座主宮令旨案

当社神人酒麴売事、綸旨〈副師邦申状具書〉如此、早相触三塔、可被申散状之由、被仰下候也、仍執達如件

同元
四月十八日　　権大僧都長玄

執当法印御房

尊兼の施行状は四月廿日付であるが、省略する。

(73)

春日社住京神人等酒麴売役事、帯臨時課役免除支証雖申所存、非本役、勅免所見之上者、早任先例致催促、可被全供御役者

天気如此、可致存知之状如件

応安元
五月十四日　　右中弁在判 宣方

造酒正殿

(74)

（朱筆）「奉書」

春日社住京神人等酒麴売役対捍事、師邦状〈副申状具書〉如此、子細見状候歟之由、可仰遣武家之旨、

天気所候也、以此旨可令洩申給、仍言上如件、宣方誠恐頓首謹言

（朱）「応安元」
五月十九日　　右中弁宣方奉

進上　民部大輔殿

(75)

（朱筆）「武家一行」

春日社住京神人酒麴売役対捍事、宣方奉書〈副具書〉如斯、子細見状候歟、仍執達如件

（朱）「応安元」
五月廿六日　　（朱）「鹿苑院殿」御判

左馬頭殿

(76)

八幡宮大山崎神人宗賢法師・刑部太郎入道以下輩酒麴売課役難渋事、奏聞之処、不叙用度〻、綸旨之条、太不可然、猶早厳密相触、可被全課役之由、被仰下之状如件

（押紙）応安二
四月廿七日　　右大弁（花押）

（77）　造酒正殿

賀茂境内酒麹売課役難渋事、　奏聞之処、事実者太不可然、早任先例加催促、可被全所役者、

天気如此、可被存知状如件

応安二　五月廿七日　　右大弁（花押）

宣方卿（押紙）

造酒正殿

この「右大弁」は万里小路嗣房であり、押紙の宣方は、右大弁であったことはない。

（78）「押小路文書」の押紙は、この文書を応安三年としているが、注(77)綸旨と同日付、文言も賀茂と仁和寺嵯峨の違いのみで全く同じなので、同じ年とみるべきであろう。逆に、前者を三年とみることもできるが、いまは一応このように考えておく。

（79）「吉田家日次記」応安四年七月十三日条。

（80）『花営三代記』応安四年十一月二日条、「吉田家日次記」応安四年十一月十六日条。

（81）「古文書集」一、応安六年五月十三日、将軍足利義満御判御教書。

（82）文和三年の後光厳の大嘗会については、とくに知るところがない。

（83）九月六日付であるが、省略する。

（84）別当宣案

師邦申八幡神人等幷賀茂社境内大嘗会酒鑪役事、綸旨如此、可令申沙汰給之由、別当殿仰所候也、仍執達如件

同元　十二月廿一日　　中務権少輔忠頼

謹上　高倉大夫判官殿

追申

明宗宿禰相共可令申沙汰給之由、同所候也

一方略之

（85）新熊野社境内大嘗会酒鑪役難渋事、　奏聞之処、不叙用勅裁之条不可然、此上者可被直納之由、被仰下候也、仍執達如件

永和元　同元　十二月十九日　　右大弁資康

造酒正殿

（86）平野社境内については、同文なので略す。

なお八幡神人については、つぎのような文書がある。

八幡社務兼清返状案於大山崎神人等役者、直納之、至五座神人等役者、依中御門相公口入、出請年貢乎、当社住京神人大嘗会酒壺役事、於五座輩者、依籌策無為之処、限山城方爾宜座、社家号有申子細難渋之由、雖蒙仰候、更不存知、何様事候哉、委細重可承存候、恐惶謹言

（永和）同二
四月廿三日

造酒正殿

このほか、永和の酒鑪役については（永和元年カ）十一月四日、民部権大輔兼遠書状、年月日未詳、後円融天皇綸旨、（永和元年）十一月廿四日、賀茂社神主光久挙状があり、後二者は前掲賀茂社公文所氏人等申状に関する文書であるが、省略する。

また酒麴役そのものについても、つぎの文書が示すように、抵抗はつづいていた。

（朱筆）「綸旨」
春日住京神人酒麴売役事、任雅意難渋之条太不可然、早任傍例致催促、可被全供御役之由

天気所候也、仍執達如件

（朱筆）「永和二」
十二月廿七日　　右大弁資康

造酒正殿

仁和寺堺内酒麴売課役事、可致其沙汰之由、度〻雖被仰寺家、不帯勅免之支証、無是非難渋、太不可然、早任先例致催促、可被全供御役者、

新院御気色如此、可被存知之状如件

「同六」
九月廿九日　　（押紙）万里小路准槐家于時大納言
按察使（花押）
（万里小路仲房）

造酒正殿

この後光厳上皇院宣は、仲房の官歴からみて、応安六年の文書であろう。

(87) なお、これより一日早く、つぎの院宣が発せられている。

院宣案

師邦申八幡神人等幷賀茂社境内大嘗会酒鑪役事、難渋不可然、相副使庁下部、厳密可致催促之由、可令下知給之旨、新院御気色所候也、仍執達如件

永徳三
十一月六日　　権中納言経重

謹上　別当殿

これを施行する同日付及び十一月七日付の別当宣が、章頼・明宗に下っているが、省略する。

(88) 「壬生文書」洛中西京白河其他酒屋公役等一件文書、嘉慶三年正月十六日、後円融上皇院宣案。

(89) 佐藤進一「室町幕府論」、岩波講座『日本歴史7』中世3、一九六三年。

(90) 「押小路文書」に関係史料がある。

(91) 「押小路文書」八十三のつぎの文書は、どこの寺のものか確認していないが、参考のために、掲げる。

[　　]雑掌永宗申当寺領内酒鑪役事

□当寺領内者、為一円進止之地、雖蒙諸役免除之　勅裁、於大嘗会酒鑪□〔役〕者、御代之初御慶賀超事之際、所沙汰進也、就其不被准京都散[　　]酒屋別如形表賀礼、以毎度五百疋令備進之[　　]也、其[　　]申所存、為御奉行預切ゝ責之際、以先ゝ一倍之沙汰、玖貫陸百□〔文〕就令致其沙汰、事既落居之間、被出請取畢、然而此間[　　]被経御沙汰[　　]之次第也、所詮為御奉行、旧冬被経再往之御沙汰、令致先ゝ一倍之□□〔沙汰〕、為被止御催促、目安言上如件

至徳二年三月　日

(92) 注(63)佐藤前掲書、四〇四頁以下。

(93) 「北野神社文書」康暦元年九月廿日、斯波義将書状。

(94) 同右文書。

(95) 同右文書、嘉慶元年十二月三日、室町将軍家下知状。

(96) 「臨川寺重書案文」康暦二年五月十二日、室町幕府管領奉書。これらは延文元年の免除を受けついだものである。

(97) 康暦の政変が、五山禅院の政界進出の大きな転機になり、山門の洛中支配の退潮の契機となった点については、今谷明『戦国

期の室町幕府』（季刊 論叢日本文化2、角川書店、一九七五年）が、鮮やかに解明している。

(98) 注(88)、後円融上皇院宣案。なおこれよりさき、「京都御所東山御文庫記録」甲七十、至徳二年十二月九日、後円融上皇院宣案によって、洛中西京白川等酒麴売年役が「元の如く」一円に、造酒正に返付されている。康暦から至徳の間に、師邦の立場は、すでに動揺していた。

(99) 関連する中原氏系図を『尊卑分脈』によって左に掲げる。

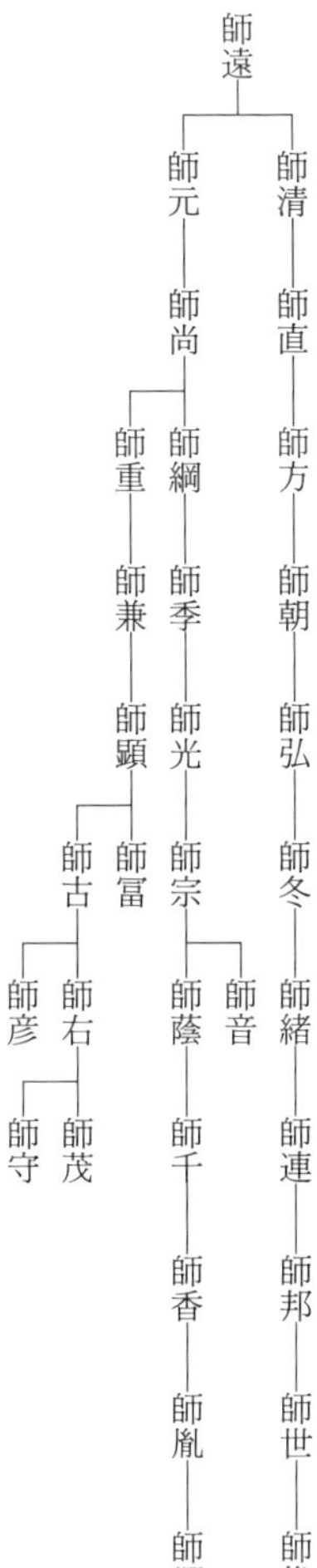

応永十七年、酒麴売年役四分の一が、師胤から師世に返され（「京都御所東山御文庫記録」甲七十）、以後、師俊・師有が酒麴役を知行しているが、また再び師冨・師象と師胤の子孫に戻っている。

(100) 同右文書、享徳元年八月日、造酒正中原師有申状に、「酒麴用途、毎年至正・七・十二月三ケ度三万疋之在所」といわれているが、応仁の乱後も一応保持されたこの形がきまったのは、このときとみてよかろう。

(101) 注(63)佐藤前掲書をめぐる座談会「〝南北朝時代〟について」『日本歴史』二三七号、一九六八年、における佐藤の発言。

(102) この形の固まるのは、注(1)小野前掲書、一三四—一三五頁でいわれているほど古くはない。小野は「広橋家所伝文書雑纂」の年月日不詳、造酒正もろかた申状を「師方」としたが、これは「師象」の誤りであり、明徳の文書ではない。注(100)文書で、師有は「先年被行半済」といっており、「御前落居奉書」永享二年十一月廿三日、室町幕府奉行人連署奉書では、中御門大納言家と造酒正とが争っている。

(103) 注(88)であげた一件文書に、ほぼまとまっている。

(104) 『地下家伝』によると、師徳は文化六年、造酒正となり、天保六年、子息師身とかわり、弘化三年に没している。

(105) 九月の日付をもち、酒麴役の由来をのべ「然処、当時追〻酒造屋共之儀ニ付様〻被　仰出候趣、時〻伝承候、勿論被　仰出候御趣意者、覚悟不仕候得共、数代宿願之儀ニ付」として、仕法及び証文を提出するとのべている。

(106) 造酒正が諸国の酒屋に、その印鑑附の株札をわたし、国々の酒造屋のうちの「慥成者」を見立てて、取締方を命じ、運上をとりたてようとする方式が、三カ条にわたってのべられている。

(107) そこに「右諸国鋳物師共支配之儀、従古今以連綿仕来候、然処、年〻御燈籠調進幷支配年八御礼等之儀、及中絶候処、寛政二年新　内裏御造営之節、往古之通御再興被仰出候事」とあり、近世を通じてつづけられた真継家の鋳物師支配が、とくに寛政にいたって、旧儀に復している事実を知ることができる。

(108) 宮地正人「朝幕関係からみた幕藩制国家の特質」(『人民の歴史学』四二号、一九七五年)。

(109) 拙稿「偽文書の成立と効用――職人の偽文書を中心に」(『書の日本史』第四巻、平凡社、一九七五年)「中世文書に現われる『古代』の天皇――供御人関係文書を中心に」(『史学雑誌』八五―十、一九七六年)参照。

(補注) 久留島典子「戦国時代の酒麴役」(石井進編『中世をひろげる』吉川弘文館、一九九一年)は、「押小路文書」の一部を所蔵する「小西康夫氏所蔵文書」によって、戦国期の酒麴役の実態を詳細に解明した力作である。

(付記) 本稿は昭和五十一年度文部省科学研究費補助金(一般研究B)による「日本中世における非農業民と天皇の研究」の成果の一部として一九七六年十月に成稿した。成稿後、勝山清次「便補保の成立について」(『史林』五九―六、一九七六年)が発表されたが、本稿第一節に関わる力作で、本来ならば第一節は改稿すべきであったが、一応、このままの形で公表することとした。失礼をおわびするとともに、同論文の参照を読者にお願いしたい。

(一九七六・一〇・三稿)

第六章　元亨の神人公事停止令について

――後醍醐親政初期の政策をめぐって――

一

元亨元年（一三二一）十二月、後宇多法皇は院政を停止し、後醍醐天皇の親政が開始される。それから元亨四年（一三二四）九月の変までの後醍醐の政治については、これまで、記録所の設置、除目についての旧儀の復活をはじめとする朝儀の復興、日野俊基の蔵人登用にみられるような家格を無視した人事等の事実があげられ、すでにそこに、後年の後醍醐の政治姿勢が姿を現わしている、と指摘されてきた。たしかに、元亨二年（一三二二）閏五月、後伏見の管領下にある安楽光院領播磨国賀屋荘で起こった相論について、綸旨を以て裁定を下し、これに反する院宣を奉じた坊城定資を処罰せんとしたこと、[1]また同年十二月、同じく後伏見の管領する法金剛院領筑前国脇本荘を、綸旨によって日野資朝の妻に与えたことなどに、[2]建武新政期の「綸旨万能主義」[3]の片鱗がはっきりとみえており、後醍醐の政治に大きな期待をかけた花園をして、「此一事、已似乱政」といい、「此君猶如此」と嘆息せしめたことも、[4]すでに周知の事実である。

そうした後醍醐の専制的な政治姿勢は、別稿でのべたように、「押小路文書」によって知られる洛中酒鑪役賦課令にも露骨に現われているが、[5]ここでは、そこでも言及した元亨の神人公事停止令に即して、後醍醐の親政初期の政策の特質について、さらに考えてみることとしたい。[6]

しかし、この神人公事停止令については、佐藤進一が正平一統期の南朝の政策に関連して、その存在を指摘しているのみで、これまでほとんど注目されることがなかったと思われる。それゆえ、まずこの停止令の存在そのもの、その発令の時期を明らかにしておかなくてはならない。(7)

二

康永二年（一三四三）五月ごろから十一月にいたるまで、祇園社に属し、顕増を年預とする綿本座神人（下居御供神人、呉綿神人）と、顕詮を年預とする綿新座神人（三月三日御供神人）との間で争われた相論については、すでに種々の角度から論じられているが、(8)その過程で、八月二十六日、検非違使別当四条隆蔭の許に参じた顕詮は、隆蔭から「先朝御代、如此神人公事被停止時者、此神人無其沙汰哉否」と質問され、「先朝御代公事免除時者、彼等雖不致其沙汰、無謂之由就仰含之、神役如形沙汰候」と返答している。(9)これは、この相論の一つの論点、新座神人が往古より果して神役を勤仕していたか否かに関わる問答であるが、当面注目すべきなのは、「神人公事」の「停止」についてであり、これが後醍醐の治政下における停止令であったことは、「先朝御代」といわれている点からみて、明らかであろう。

この停止令が南朝の京都回復、「正平一統」のときに再び息を吹きかえしたことについては、前述したように、佐藤によってすでに指摘されているが、それはつぎのような根拠によって、確実に裏づけることができる。

正平七年（一三五二）二月十八日、当時、祇園社執行であった顕詮は、「安居神人小袖座商人所役事、自吉野殿号被免諸商人公事、難渋之間」、神人の所役勤仕を証明する康永元年、同二年の院宣案を帯して、姉少路大夫判官坂上明宗の許に向った。検非違使明宗が、奉行として、商人公事は沙汰すべからずと指令した、といわれていたからである。子細を尋ねる顕詮に対し、明宗は「任先朝御代例、被免除公事之由、被下綸旨於洞院殿、仍明宗可相觸之由承之間、先日下知了」と答えている。[10]この綸旨は洞院公賢に充てて、すでに前年に下っており、そこには「如此輩有訴訟、可尋注進」ともあった。[11]閏二月一日、公賢の許には、三条・七条両座の呉綿神人が群り来って、山門使の譴責を訴えた。[12]公賢は検非違使明成をして、その「申詞」を記させているが、それによると、六条坊門高倉に居住する山僧高證坊の使者が人勢を引率し、日吉二宮御座公事を対捍したと称して呉綿商人に対して狼藉を働いたといわれ、商人たちは「至市廛公事者、今度有御免之上、件公事、元弘預勅免以来、曽以不勤仕者也」と主張して、山僧の「乱悪」の停止を要求している。[13]この呉綿商人が、さきの祇園社の綿本座神人と重なることは確実と思われるが、閏二月四日、祇園社も「里綿神人事、町商人事」などについて解状を進めようとしているところからみて、[14]本座・新座の綿神人たちは、免除の綸旨をたてにとって、祇園社に対する公事も対捍したのではあるまいか。

以上によって、佐藤のいう通り、「正平一統」のさいの南朝＝後村上の基本的主張が、後醍醐の昔にかえることであり、[15]その一つが、この商人公事免除——神人公事停止であったことは、明らかであろう。そして、さきの呉綿商人の発言から、この停止令が元弘——恐らくは建武のころも発動されていた事実を確認することができる。しかし神人公事停止令は、果して元弘三年（一三三三）にはじめて発せられたのであろうか。

文和二年（一三五三）、南朝軍は再び京都を回復するが、後村上はこのときも「正平一統」のときと同様の主張を貫徹せんとし、「京中雑務事」について、つぎの三カ条の実施を、六月二十七日に検非違使明広・章世に指令している。[16]

条々

一、可免除諸公事々

任元亨例、一切停止之

一、可閣地利催(促)役事

雖有帯近年綸旨輩、無重勅裁者、不可叙用之、有違犯輩者可参訴之

一、諸司職幷後院領以下地利事

一同沙汰以前、暫可閣之

第二条は「正平一統」のときにも指令された洛中地子停止令[17]ともいうべきものであり、第三条はその例外規定[18]なので、「任元亨例」とされた第一条こそ、まさしく神人公事停止令をさすとみることができよう。また、貞和三年（一三四七）八月二十九日、祇園社別当の諸得分を書上げた注進状[19]のなかの「小袖商神人」（安居神人）の項に、「元亨勅免以来、不及其御沙汰之処、自暦応年中為勅裁、被定置神主助重社恩欤」と注記されているのも、前述したこの神人の動きを合わせ考えれば、停止令による「勅免」であったことは明らかである。さらに祇園社執行顕詮は、その日記の観応三年（一三五二）七月三日条に、「社領往反商人上分料者（中略）、先朝御代諸商人公事勅免之時、有御沙汰、被停止了時執行顕詮」と記しているが[20]、このときより以前に顕詮が執行であった時期は、元亨三年（一三二三）前後に当っている[21]。以上の事実によって、神人公事停止令（商人公事免除令）がはじめて発せられたのは元亨年間、と断じて誤りなかろう。

では、それは元亨の何年のことであったか。元亨元年（一三二一）四月十七日、洛中殺生禁断、神事・神社の訴訟興行等を含む制符条々が定められている[22]。これは公家新制の一例として注目すべきであり、宣旨によって発せられてはいるが、なおこのころは後宇多院政期なので、そこに後醍醐の意志がどこまで入っていたか、疑問といわなければならない。神人公事停止令は、この条々には含まれていなかったとみるべきであろう[23]。

むしろ注目する必要があるのは、別稿で詳述した元亨二年（一三二二）の洛中酒鑪役賦課令である[24]。それはこれまで諸社の神人として交易に携っていた洛中の酒屋を、酒麹売供御人として天皇の支配下に入れ、酒鑪役の賦課を強行したものであったが、逆にまた、酒屋に対する諸社の公事の抑制、あるいは停止の措置を伴っていたと考えられる。

とすれば、少なくとも洛中の神人に対して諸社の賦課してきた、市廛公事、境内往反上分等を含む諸公事を停めた神人公事停止令は、まさしくこれと表裏をなす法令といえるであろう。この点から、公事停止令も酒鑪役賦課令と同様、元亨二年に発せられたとみるのが最も自然、と私は考えるが、この推定は、同じ年、後醍醐が供御人交名注進令を下している事実によっても裏づけることができる。

嘉暦元年（一三二六）、蔵人所供御人松王丸は、伊勢国吹上の畠地二反をめぐって、僧恵観と争ったが[25]、この畠地を法常住院領として押領しようとする恵観に対し、松王丸は、元亨二年、「厳重　綸旨」によって勾当内侍の統轄する伊勢国供御人[26]四十余人が注進され、自分もその一人であることを強調しつつ、反論を展開している[27]。この供御人交名の注進は、恐らく伊勢国のみならず、畿内とその周辺に散在するすべての供御人についても実施されたのではないかと思われるが、酒鑪役賦課令が洛中酒屋の供御人化を意図したものであった事実によって、それと表裏をなす神人公事停止令も、洛中神人の供御人化をめざしたものとみることが可能であるとすれば、この供御人交名注進令もまた、この両令と一連の措置と考えて、とくに不自然はなかろう。

以上の諸事実から、神人公事停止令が発せられたのは、後醍醐親政の開始後まもなくの元亨二年（一三二二）初頭であった、と私は推断する。

三

この推定が認められるならば、後醍醐親政初期の政策の特質は、より一層鮮明になってくる。綸旨万能の姿勢、家格を無視した人事の断行だけでなく、後醍醐は親政開始とともに、洛中酒屋に酒鑪役を賦課、神人に対する商人公事等々の諸公事を免除し、いわば洛中を中心に全神人の供御人化ともいうべき政策を強行しようとしていたのである。

もとよりそれはなんの根拠もなしに、後醍醐の専制的意志のみによって行われたわけではない。酒麹売などに関連して別の機会にのべたように、もともとこうした非農業民の多くは、本来、内廷諸官司に直属していたのであり、平安末期以降、寺社に属して寄人・神人となる人々が急増したとはいえ、朝廷はたびたびの神人整理令によってその統制を試みており、官司のこれらの人々に対する公役賦課権も、潜在的ではあれ、決して失われていたわけではなかった。[28] 後醍醐の政策も、そのことを根拠として実行に移されたのであり、それゆえにまた、酒鑪役を拒否した新日吉神人が使庁に禁獄されようとし、[29] 祇園社の境内往反商人上分料や小袖座神人の公事が免除された事実が示すように、[30] 実際に多少とも効果をあげることができたのであった。

しかし、すでに長い歴史をもつ寺社と神人との関係を断ち切ろうとする意図をひめたこの後醍醐の政策が、驚くべく高姿勢であり、専制的なものであったことも、また疑いない。彼は天皇の統治権的な人的支配を極点まで強めようとしていたのであり、これに対して、寺社の烈しい反撥が起ってきたのは当然であった。[31] 事実、祇園社綿新座神人の場合、先にも引用したように「先朝御代公事免除時者、彼等雖不致其沙汰、無謂之由就仰含之、神役如形沙汰候」といわれ、[32] 小袖座神人についても、「如先朝御沙汰者、現在神役者可其沙汰之由、被出記録所事書了、仍日吉・當社等神人社役無相違」と記されており、[33] 寺社側の反撃によって、後醍醐がかなりの譲歩・後退を余儀なくされたことは間違いない。

しかし、これ以後の後醍醐の全生涯を貫く、専制的・君主独裁的な政策が、すでにこの親政初期において、その全貌を露骨に現わしていたことを、われわれはここで確認しておかなくてはならない。とくに注目すべきは、酒屋にせよ神人にせよ、この時期の後醍醐の施策が、洛中—京都の直轄支配にその一つの焦点を合わせて推進された事実である。前述した洛中地子停止令が元亨年間に発せられていたかどうか、なお検討しなくてはならないが、[34] 当時、洛中の「地」の地主として地子を徴収していたのが貴族・寺社であったことを考えれば、この停止令もまた、それらの支配を排除して、洛中の「地」を天皇の直轄下に置こうとする意図をもつもので、さきの諸令とその本質を全く同じくする指令であった。建武新政下に著しく顕著になった「私宅点定」[35]も、まさしくこの延長上においてみたとき、その意味がより一層明らかになるといわなくてはならない。

後醍醐は天皇膝下の京都の「地」も人も、すべて自らの直接支配の下に置こうとしていたのである。それはやがては全国におし及ぼされる性質の動きであり、「元亨の変」は、そう考えてみれば、起こるべくして起こった事件と、あらためていうことができよう[36]。

四

こうした後醍醐の政策を貫徹させるために障害となったのは、幕府だけではない。前述したような寺社の反撥もまた、後醍醐を強く規制しつづけてやまなかったので、元亨の失敗後、第二次討幕計画の推進に当って、後醍醐が大寺院に対する工作を周到に行った理由は、そこに求められる。

しかし、こうした種々の困難の中で、周知のように後醍醐の専制への意欲は、消えるどころか、ますます燃えさかった。元徳年間に入ると、それは再び、関所停止令、米価・酒価公定令などとなって表面に現われてくるが、これらの指令についても、前述した諸令を前提においてみれば、その意義をより明らかにすることができよう。

関所停止令は、建武新政期も津料停止令として貫徹されたものと思われるが[37]、これまた鎌倉後期以降、関所を次第におさえるようになっていた寺社の支配を排除し、関渡津泊を天皇の直轄下におこうとした指令にほかならない。そして、米価・酒価の公定は、さきの洛中の「地」と人に対する直接支配の具体的な現われとみることも可能である[38]。

さらに建武新政期の諸政策についても、さきの「私宅点定」と同様、この基調の延長線上におくと、自然に理解しうるものが少なくない。例えば、一、二宮の本家職の停止などはその好例であろう。

こうした後醍醐の政策を支えた理念を、佐藤進一は宋代の君主独裁制に求めた[39]。まことに的確な本質的指摘であり、この方向は、今後さらに後醍醐の施策に即して、具体的に追究されなくてはならない。ただ、このような専制的な姿勢に対して、寺社、あるいは公家、武家等から、おのずと起こってくる反撥に対して、後醍醐は自らの分身としての諸皇子の派遣・入室等によって対処しようとしている。このような権威の分出・分割は、あるいは、宋風の君主独裁とは異なる原理にもとづくもので、それもまた、後醍醐自身の一面なのではないかと思われるが、そうした点を含めて、後醍醐の政策の全貌を明らかにすることは、後日の課題としなくてはならない。

五

ただここで考えておかなくてはならない点は、神人公事停止令が非農業民に対して、きわめて具体的に有利な結果をもたらす措置であったという事実である。酒鑪役賦課令をみれば明らかなように、もとよりそれは彼らの公事負担のすべてを停止したのではなく、これにかわる新たな公役が賦課されることになったであろうが、すべてではなかったにせよ、寺社の賦課する諸公事が免除されたことは、神人たちにとって、間違いなく負担の軽減になったものと思われる。(40)

さらにこの停止令は、さきの境内往反上分料停止のような洛中の通行税免除の内容を含んでおり、これを諸国に拡大したともいうべき元徳の関所停止令、建武の津料停止令とともに、これらの措置が、諸国を遍歴・往反する非農業民の活動を著しく容易にしたであろうことは、もとよりいうまでもなかろう。とすれば、こうした後醍醐の施策が、もともと天皇―内廷諸官司と関わりをもっていた非農業民たちを、あらためて天皇に強くひきつける効果をもたらしたと考えることは、十分の根拠があるといわなくてはならない。

楠木正成、名和長年、赤松円心など、御薗・御厨等と関係をもち、(41)非農業民と密接に結びついた「職人」的武士団が後醍醐に深く加担し、また伊賀国供御所に関わりある黒田悪党、和泉国堺の魚貝を扱う春日神人をはじめ、広範囲にわたる山・海の非農業民たちが南朝を支えつづけた理由は、決して単純ではなく、より広い視野から考えなくてはならないが、[42]そうしたエネルギーを噴出させた直接的な契機を、上述したような後醍醐の強力な政策に求めることは、恐らく的はずれではなかろう。その結果、こうした人々の野生的なエネルギーは、戦乱の中で消耗し、結局、日本の社会の構造を大きく転換させていくことになるのであるが、[43]こうした民族史的な視野の中に、後醍醐を位置づけることも、また今後の課題として残さなくてはならない。ここでのべたような推断が果して成り立ちうるかどうか、ひとまず、大方の御批判を仰いでおきたく思う。

(1)『花園天皇日記』元亨二年閏五月六日、同十二日、同十七日条。
(2) 同右、元亨二年十二月廿五日条。
(3) 佐藤進一『南北朝の動乱』(日本の歴史9、中央公論社、一九六五年)一七頁以下。
(4) 注(2)の条。「近日政道帰淳素、君已為聖王、臣又多人歟」という花園の言葉は、ふつう後醍醐の政治に対する花園の讃辞としてのみ引用されているが、じつはこの日の条の冒頭にあることを、見落すべきではなかろう。
(5) 拙稿「造酒司酒麹役の成立について――室町幕府酒屋役の前提」(竹内理三博士古稀記念会編『続荘園制と武家社会』、吉川弘文館、一九七八年(本書第II部第五章)。
(6) 拙稿「中世都市論」、岩波講座『日本歴史7』中世3、一九七六年、二八六―二八七、三〇一頁でもふれたが、根拠を十分に提示できなかったので、ここでその責を果すこととしたい。
(7) 注(3)佐藤前掲書、二六九頁。
(8) 豊田武「祇園社をめぐる諸座の神人」(『経済史研究』十八―六、一九三七年)、脇田晴子『日本中世商業発達史の研究』(御茶の水書房、一九六九年)二六九―二七三頁。「神人の座」と「商売の座」の対立というとらえ方については、祇園社内部の別当と執行、執行一族等の対立を考慮に入れると、なお大きく修正する余地が残されているが、その点に立ち入ることは、別の機会にゆずりたい(拙著『日本中世の非農業民と天皇』岩波書店、一九八四年、参照)。
(9)『八坂神社記録』上、「顕詮記」康永二年八月廿六日条。

(10) 同右、正平七年二月十八日条。

(11) 『園太暦』正平七年閏二月一日条に「如此輩有訴訟者、可注進之旨、去年被下綸旨」とも、「去年、如此輩訴事、可尋注進之由、被下綸旨候」とも記されている。

(12) 同右条。

(13) 同右条。ここに「市鄽公事」とある点に注意すべきで、この公事免除によって、洛中の町屋に対する公事が停められたことを、そこから推測しうる。

(14) 『八坂神社記録』上、「顕詮記」正平七年閏二月四日条。

(15) 注(3)佐藤前掲書、二六七―二六九頁。

(16) 『園太暦』文和二年六月廿七日条。

(17) 同右、正平七年二月廿八日条に、同月廿三日付の綸旨が記されているが、それは洛中民屋に対する地子の譴責を停止したものであった。

(18) 同右条に「於往古所役者、追可被経御沙汰」とあるのが、このような形で具体化されたものとみてよかろう。

(19) 『八坂神社記録』下、「祇園社記続録」第三、執行静晴等連署別当得分注進状。

(20) 『八坂神社記録』上。

(21) 『八坂神社文書』上、八一一号、元亨三年十二月日、執行顕詮勘文。顕詮は嘉暦三年（一三二八）ごろまで、執行の地位にあったと思われる。

(22) 『八坂神社記録』下、「祇園社記雑纂」第一、元亨元年四月十七日、官宣旨は、雑事六箇条について、感神院充に下されており、『師守記』康永三年六月廿四日条には「元亨元年四月十七日制符　宣下内」として「可禁断殺生事」をあげている。前者には、諸社祭幣物、神社の訴訟の興行、訴陳日限の確定等々の規定が含まれ、この時点で、かなり広汎な新制が宣下されたものと思われる。

(23) 注(6)拙稿「中世都市論」二八六頁で、元亨条々制符に、神人公事停止令が含まれていたと記したのは、失考であり、このように訂正したい。ただ、「常陸国総社宮文書」二四号（『茨城県史料』中世編Ⅰ）元亨二年正月廿八日、常陸国庁宣案は「米吉名内田五段」についての買主知行を停め、清原師幸に元の如く領知せしめているが、そこで「任　綸旨之趣」といわれている点に注目すべきである。佐藤進一・池内義資編『中世法制史料集』第二巻、室町幕府法（岩波書店）、追加法二一三条、嘉吉元年閏九月十日の徳政令の第一条、「永領地事」に、「任元亨例、過廿箇年者、銭主可領知、至未満者、可被返付本主」とある「元亨例」を、これに相応する法令とみれば、元亨二年、後醍醐親政下に、武家とも呼応した徳政令が発せられている可能性があるといえよう。さきの綸旨が神領に関わるところをみると、少なくとも神領回復令を後醍醐が発していることは、推定してまず誤りないと思われるので、『八坂神社文書』下、一七〇四―一七〇八号にみえる、丹波国波々伯部保に関わる「興行　綸旨」も、その線で理解することができる。神人公事停止令とこれを合わせてみれば、これらは、元亨元年の新制とは一応別の、後醍醐による新制の一環ととらえることができよう。なおこの点については、後考を期す。

(24) 注(5)拙稿参照。

(25) 「光明寺古文書」巻二に、一連の関連文書が収められている。

(26) 同右、元亨二年閏五月五日、後醍醐天皇綸旨案は、勾当内侍の注進した伊勢国供御人交名に関連して発せられたもので、そのこと自体がこの供御人に対する勾当内侍の立場を示している。「徴古文府」一、正平八年四月五日、蔵人所供御人年預幸徳丸裁許状は、磯部嶋供御人鶴王宮掌正憲跡をめぐる幸女と検校太郎の相論を裁決したものであるが、この年預幸徳丸は勾当内侍の指示によって訴訟をとり運んでおり、志摩国の例ではあるが、この供御人も伊勢国供御人と同系統であろう。「神宮雑書」建久二年閏十二月廿七日、二所太神宮神主解の「嶋抜御厨貢御人」、「玉蘂」建暦元年六月廿八日条の「斎宮寮保曽級貢御人」、「近衛家文書」八、宝治二年十一月日、某書状にみられる伊勢国益田荘内の真目賀嶋、今嶋などに根拠をもち、「蠣貢御江」で活動する貢御人、「兼仲卿記紙背文書」の随所にみえる蔵人所供御人は、みな、恐らくはこの系列に属する人々であろう。このように桑名郡から磯部嶋にいたる伊勢・志摩の海辺で室町時代にいたるまで活動した蔵人所供御人については、拙稿「中世の桑名について」『名古屋大学文学部研究会論集』史学二五、一九七八年、参照。

(27) 「光明寺古文書」巻二、嘉暦二年八月日、蔵人所供御人字松王丸代久季重申状。

(28) 注(5)(6)拙稿参照。

(29) 同右参照。

(30) 注(19)(20)参照。

(31) 注(6)拙稿、二六一頁参照。

(32) 注(9)参照。

(33) 『八坂神社記録』上、「顕詮記」正平七年二月十八日条。

(34) この停止令の性格からみて、元亨に発せられたとみても決して不自然ではないが、いまのところ、正平七年の前述した法令を確認しうるのみである。

(35) この点については『シンポジウム日本歴史8、南北朝の内乱』(学生社、一九七四年)二八頁の笠松宏至の指摘及びその報告参照。

(36) あたかも幕府は、悪党鎮圧令を発し、その権力を極度に強化しようとしていたのである。両者の衝突は当然の成り行きといわなくてはならない。

(37) 建武元年六月日、坪江郷雑々引付(『北国庄園史料』)に収められた同年七月ごろの某書状に、「諸国津料已下悉為天下一同之法、被停止候」とある点、参照。

(38) 「東寺執行日記」元徳二年五月廿六日、同年六月九日条。二条町に五十余間の仮屋を作って商買をさせたといわれる点にも、そのことはよく現われている。なお、これが山門支配下の坂本にまで徹底された点については、岡見正雄校注『太平記』㈠(角川文庫、一九七五年)二六九頁に指摘されている。

(39) 佐藤注(3)前掲書、九八—一〇一頁。

(40) 正平一統のさいの、前述した呉綿神人、小袖座神人等の動きをみれば、それは明らかといえよう。

(41) 長年が伯耆国の御厨と関係があったのではないか、という推定については、拙稿「悪党の系譜」、岡見正雄・角川源義編『太平記・曽我物語・義経記』鑑賞日本古典文学第21巻、角川書店、一九七六年(本書第II部第二章)参照。

(42) それは広い範囲に残る南朝に関する伝説をも含めて考える必要があろう。

(43) 南北朝内乱期に民族史的次元での大きな転換をみる見方については、種々の御批判をいただいているが、こうした転換は生産力の発展等によってのみ起こるのではなく、東北から九州にいたる広大な地域を、何回も大軍が移動し、多大な人間の生命を奪ったこの戦乱自体、十分その契機になりうるのではなかろうか。

第七章　倉栖氏と兼好
――林瑞栄『兼好発掘』によせて――

一　はじめに

兼好の出自については、すでにきわめて多くの研究が積み重ねられており、私などにはその研究史を十分に追い切れぬほどの厚みを持った蓄積がある。(1)ただ、鎌倉末・南北朝期の政治史に関心を持つ歴史研究者の一人として、「金沢文庫文書」によって金沢氏被官倉栖氏と兼好とのつながりを指摘した関靖の説、それを継承しつつ、さらに個々の文書の綿密な研究を通して発展させた林瑞栄の主張には、かねてから同感するところがあったのであるが、この林の説については、神田秀夫、(2)小松操の支持（後述）もあるとはいえ、なお国文学界の広く認めるところとはなっていないように思われる。

しかし、林の近著『兼好発掘』（筑摩書房、一九八三年）は、二十余年にわたる歳月をかけた兼好追究の結果の凝集として、迫力にみちており、その説の核心というべき倉栖兼雄と兼好との係わりについては、説得力があって、成立する蓋然性は非常に大きいのではないかと、私は考えている。

いまここで紹介する倉栖氏の関係史料によって、それはさらに多少とも前進するのではないかと思われるが、じつはこの史料は、すでに小松操が気づいており、決して私自身が新たに見出したものではない。小松は日本文学研究叢書『方丈記・徒然草』（有精堂、一九七一年）の解説で、『八坂神社記録』の康永二年（一三四三）七月以降の記事に、倉栖六郎左衛門という人物が見出されることを指摘し、さらに「I氏によれば高師直の家臣倉栖某は軍忠状の執筆を勤めた」らしいとものべているのである（同上書、三一三頁、この「執筆」は後述するようにやや不正確である）。ただ「師直の家来の中に倉栖某という武士がいる」ことについては、すでに佐藤進一が『南北朝の動乱』（『日本の歴史』9、中央公論社、一九六五年）で、「金沢氏の右筆をつとめた倉栖兼雄の兄弟」という「最近の研究」をあげ、兼好による師直の恋文「代筆一件はまんざらの作り話ではないかもしれない」という推定の理由として言及しており、その根拠となった史料（後掲）がI氏のいう軍忠状であることは間違いない（同上書、二一四―二一五頁）。

そして恐らくこれらの史料をも考慮に入れてであろう。小松は「兼好伝研究上、林瑞栄氏説というものが考えられるなら、同説を支持したい。理由は主に『金沢文庫古文書』が使用されている点で、よし史料解釈に訂正を要することがあっても、少なくとも偽文書研究に了ることはなく、やはり不滅性が認められるからである」[3]として、林説の支持を明言しているのである。

ただ小松がこの史料そのものについて、立ち入った考察を加えたことを、寡聞にして私は知らない[4]。あるいは私の不勉強によるのではないかとも思うが、小松は倉栖氏と下総国下河辺荘との関係については、とくにふれていないので、ここではその点を中心として、史料の所在、内容を紹介しつつ、考えるところを若干のべてみたい。

二　倉栖氏と下河辺荘

倉栖兼雄が下河辺荘築地郷を所領として保持し、子息掃部助四郎がその跡をついだことは、林も引用した「金沢文庫文書」の年月日未詳、上野国村上住人尼常阿代勝智訴状案（林著書五三頁、『神奈川県史』資料編2、古代中世2、二三六九号）によって明らかであり、これに対する陳状が崇顕（金沢貞顕）の代官円心によって書かれている点からみて、下河辺荘地頭職が金沢氏の手中にあり、倉栖氏は荘内の築地郷の地頭代職であったと思われる。

小山氏の同族で、幕府草創時の有力な御家人下河辺氏の本領であり、渡良瀬川、古利根川、太日川、古隅田川などの諸河川に囲まれた広大なこの荘が、(5)金沢氏の手中に帰したのがいつのことであったかは明確でない。しかし、文永十二年（一二七五）四月二十七日、金沢実時は同荘前林・河妻両郷と平野村を後妻藤原氏に譲与しているので（賜蘆文庫文書所収「称名寺文書」）、それが実時の時代に遡ることは確実で、恐らくは宝治合戦――三浦泰村の乱に下河辺氏は連座し、その本領を没収され、その跡が金沢氏に与えられたものと推定される。(6)

金沢氏はこの荘の諸郷の地頭代職を、その被官たちに給与したものと思われ、倉栖氏も有力な被官の一人として、築地郷をはじめとするいくつかの郷を与えられ、給主となったのであろう。林が推定したように、それは兼雄の父のとき、実時の時代に遡ることは確実である。

金沢氏は幕府滅亡まで、下河辺荘地頭職を保持したが、建武新政期をこえて、この荘は他の北条氏所領の場合と同様、足利氏の所領――御料所となったと考えられる。(7)そして、これも他の御料所の状況からみて、それを知行したのは、尊氏の執事高氏であった、と私は考える。(8)

注目すべきは、この高氏の知行下におかれた下河辺荘内に、倉栖氏が鎌倉期以来相伝してきた所領の一部をなお保持している点で、この所領の高氏による再給与を通して、倉栖氏は高氏の被官になっていったと推定されるのである。

小松が指摘したように『八坂神社記録』一（増補続史料大成）に収められた祇園社執行顕詮の日記には、倉栖氏がしばしば姿をみせる。これによってその足どりを辿ってみると、康永二年（一三四三）七月十一日、倉栖六郎左衛門が上洛、十三日に子息六郎とともに顕詮を訪れ、対面した。顕詮と倉栖とは以前から交渉があり、顕詮は前々年（暦応四年）五月十五日に、倉栖から預った皮鞦・腹巻を一条の土倉に質入れし、五文の利で四貫文を借りていたが、上洛してきた倉栖にこれらの品々を返すために、七月二十四日、倉栖から贈られた「ヒバリ毛」の馬を三貫二百文で売り、さらに翌二十五日、小袖や面などを四条坊門富小路の土倉に質に置き、六貫文を借用、さきの馬の代金を合わせて、一条の土倉に七貫五百文を返し、皮鞦と同丸を請け出した。ところが一両の同丸が破損していたので、顕詮は残った銭にさらに用途を加え、同丸を新調、廿六日に、鞦・同丸をはじめ染皮などの預り物を倉栖に返したところ、倉栖は新調の同丸よりも古い方を望んだので、顕詮は損料を払って新調のものを町人に返し、古い同丸を倉栖に渡したのである。

九月十二日、倉栖が近日、下向するというので、顕詮は預っていた具足のうち、茶碗・鉢の入った桶や碗・折敷の入った皮子、文書の入った箱等々の雑具については注文を作ってこれを残し、他はすべて返却した。倉栖は十月二日に、茶臼を顕詮に預け、同十二日、明日、「下河部に下向」することになったとして、顕詮の許を訪れ、一献くみかわしている。

当面の問題について、最も注目すべきは、倉栖六郎左衛門の下向先が「下河部」――下河辺荘であった点で、さきに倉栖氏が鎌倉期以来の所領を保持しつづけた、といった根拠はここにある。

ただ、ここでのべたような顕詮と倉栖との関係がなにによって生じたのかは全く不明というほかないが、さしあたりこれだけの史料では、しばしば上洛し京に滞在する機会のあった倉栖が、京における活動に必要な具足――武具、什器などを、親交のあった顕詮に預けた事実をひとまず確認しておくほかない(9)。

しかし一方、ここに現われる倉栖六郎左衛門と同一人、あるいはきわめて近接した関係にあるとみられる倉栖左衛門尉が『蠹簡集残編』建武五年(一三三八)八月日、目賀田五郎兵衛入道玄向軍忠状に姿を見せる。この軍忠状に証判をすえたのは高師直であり、倉栖は五月八日の和泉堺での戦闘では高氏の軍勢として戦い、七月九日から十一日にかけての八幡での戦闘では、高師冬の軍奉行として、目賀田玄向の戦功を注進している(10)。この倉栖左衛門尉が高氏の有力な被官であったことは、これによって明らかであり、さきに佐藤進一の指摘や「I氏」に関連して小松のふれた軍忠状がこの文書であることは間違いない。

そして『八坂神社記録』の倉栖六郎左衛門と、この軍忠状の倉栖左衛門尉が同一人であれば、ことは明瞭であるが、もしもそうでないとしても、前者が鎌倉末期の倉栖氏の子孫であることは、同じ下河辺荘を本拠としている点からみて確実であり、後者が高氏の有力被官であるという事実から、御料所下河辺荘を尊氏の代官として知行したのが高氏であったことを推定しうる、と私は考える。

『八坂神社記録』にはその後、観応元年（一三五〇）十月二十五日、顕詮が四条坊門で倉栖氏と会い、酒をくみかわした記事がわずかに一カ所あるのみであるが、この年の京都は高師直・師泰等、高一族の最盛期で、この二日後、足利直義は京を逐電していること、逆に高氏が没落した正平七年（一三五二）以後の顕詮の日記に、倉栖の姿が全く現われないことは、倉栖氏と高氏との切り離し難い関係を、消極的ながら物語っていると思われるのである。(11)

小松や「I氏」が、これらの史料を熟知しながら、それに立ち入ることを避けたのは、あるいは金沢氏被官倉栖氏と高氏被官倉栖氏とが同一氏族であるとみるのを躊躇したからなのかもしれないが、下河辺荘をそこに入れて考えれば、この懸念は完全に氷解するといってよい。

そして、兼好を倉栖兼雄の兄弟とする林の説に、この事実を加えてみるならば、よく知られている高師直と兼好との密接な関係――『太平記』の恋文代筆と、『園太暦』貞和四年（一三四八）十二月二十六日条の年始沙汰始に当っての「武蔵守師直狩衣以下事」についての洞院公賢との相談――は、きわめて自然な事実となってくるであろう。倉栖氏が高氏の被官であるならば、その一族兼好が師直とこうした密接な関係を持つのは、当然のことだからである。そして逆に、この事実は、なお状況証拠を一つ加えたにとどまるとはいえ、林の説が成立する蓋然性をさらに大きなものとすることができるのではなかろうか。

三　倉栖氏の出自と性格

倉栖氏がいかなる出自を持つ一族であったのかについては、当面、確実な証拠によっては明らかにし難い、といわざるをえない。

ただ神田や小松の指摘する通り、倉栖は間違いなく地名であり、少なくとも兼雄以降、この一族はそこを名字の地としたのである。しかし倉栖という地名は、神田が『日本書紀』安閑天皇元年の記事に、武蔵の多摩とともに見出した「倉樔」のほかには、いまのところ見出し難く、その地を確認することはできない。

恐らくそれは金沢氏の所領内の地名だったのではあるまいか。足利氏所領の場合をみても明らかなように、北条氏は各地の所領のそれぞれの一部を被官たちに分散的に給与しており、倉栖氏の場合も、その所領が下河辺荘以外の各地の金沢氏所領内にあったことは十分に考えられるので、倉栖が武蔵の地名であったとしても、この推測は成り立ちうるのである。

そして林の説に立つならば、倉栖氏の姓は卜部氏であったとみなくてはならない。この卜部氏が金沢氏の被官となった事情についてはさまざまなことが考えられるが、私は倉栖氏が本来京都の出身で、金沢文庫の創立者として京の文化に深い関心を持つ実時(12)が、倉栖氏のこうした出自を見込んで自らの被官とし「一家の管領」としたのではないか、と推測してみたい。

兼好の一生の歩みや、林が克明に解明した兼雄やその母の行動、さらに前述した倉栖六郎左衛門の動向を考えるならば、これは全くの的外れではなかろう。これまでなんとはなしに、京の貴族・官人、僧侶・神官と鎌倉の武家とを截然と分けて考えがちな傾向があり、それが林の説の承認を阻んでいるようにも思われるが、京と鎌倉の間の人事の交流がきわめて活発だったことは、周知の大江氏・中原氏・三善氏をはじめ、陰陽道の安倍氏、舞人の多氏、さらに主殿寮年預伴氏の一流が鶴岡八幡宮の社職となっていることなど[13]、その事例は文字通り枚挙に遑ないといってよい。倉栖氏もまたその一事例なのではあるまいか。

林が兼雄・兼好の母とした比丘尼随了の元亨四年(一三二四)五月三日の諷誦文に(「金沢文庫文書」前掲『神奈川県史』資料編2、二三七八号)、兼雄について「左文才兮論政務、右武略兮布令申」といわれている点に、兼雄自身の金沢氏の下での活動ぶりを合わせ考えるならば、この一族が本来の武人というより、幕府の文筆系職員と本質を同じくしていると見るのは、自然な見方といえるであろうし、同じ諷誦文が「伝師道以還超於師、継父業以不忝於父」とのべていることは、この一族に伝わるなんらかの「家業」のあったことを推測せしめる[14]。それがなんであったかもたやすく断定し難いが、これらの点から、倉栖氏は京の官人卜部氏の一流、と私は推測する。

四　兼好と『徒然草』に即して

もしもこのように考えることが許されるならば、兼好の生涯、『徒然草』とその思想についても、多少異なった角度から検討してみることが必要になってくるであろう。

例えば『徒然草』に、時頼の母松下禅尼の著名な逸話に関連して、その兄安達義景が現われ(第百八十四段)、それにつづけて次の段に、義景の子城陸奥守泰盛が「道を知る人」として描かれていることも、金沢氏と兼好の深い関係を主張する林の説に沿ってみれば、非常に理解しやすい。周知のように、泰盛の滅びた弘安合戦(霜月騒動)のさい、金沢顕時はこれに連座し、下総に引退させられており、金沢氏と安達氏とは、姻戚関係を通じて密接に結びついていた。おのずと倉栖氏——兼好にとっても、安達氏の人々は忘れ難いものがあったとみてよかろう[15]。

それはいずれにせよ、兼好をこのように、京・鎌倉に結びつきを持ち、それゆえ逆に、両者にかかわらぬ立場に立ち得た人とみたとき、京・鎌倉のそれぞれの世界、その間の争いから自由な立場に立って、人間の本質を見きわめようとした『徒然草』の姿勢は、より自然に理解しうるのではなかろうか。

しかし、自らその一族の一人である倉栖氏の鎌倉幕府滅亡後の動き、長年の縁のある主家金沢氏とその運命をともにすることなく、直ちに高氏を新たな主とした一族の動向が、兼好の思想にどのような影をおとしているか、また観応の擾乱に当っては、ついに高氏とともに姿を消した倉栖氏の人々の運命が、晩年の兼好にいかなる影響を与えたか等々、林の説を認める立場に立ったとき、これらの新たな問題が、われわれの前につきつけられることとなろう。

また、祇園社執行顕詮と倉栖氏が、前述したような私的な関係で深くつながっていた事実に、顕詮が頓阿と交渉があったこと（『八坂神社記録』一、観応元年五月廿七日条）などを合わせてみれば[16]、祇園社と兼好との関係についても、追究すべき余地がまだ残っているといわなくてはならないが、これらの問題の解決はすべて今後にゆだねざるをえない。

五　むすび

国文学にはもとより素人であり、『徒然草』について論ずる資格のないことは重々承知の上で、このような贅言を弄してきたのは、これまで確実な文書史料に立脚した関・林の説が、歴史学の研究者には暗黙の支持を得ながら、意外に国文学の分野では孤立した説にとどまっていることを知ったからと[17]、たまたま下河辺荘について追究している過程で、この説との関わりに気づいたがゆえにほかならない。さきにもふれたように、ここでのべてきたことは、林の説に状況証拠を一つ加えたにすぎず、この立場に立った場合、鎌田元雄が克明に追究した神祇官人卜部兼顕、同兼雄などと[18]、倉栖を名字の地とするこの卜部兼雄の関係の解明をはじめ、『尊卑分脈』などに伝わる「卜部氏系図」の徹底的な史料批判[19]等々、明らかにすべき問題が無数に残されていることはいうまでもない。

それらについても、私なりの牛歩を進めてみたいと思っているが、最近ようやく復活しつつあるかにみえる国文学と歴史学との交流の、こうした分野での活発化に、少しでも寄与しうればと考え、拙い考証を大方の御批判の前にゆだねることとした。きびしい御叱正をいただければ幸いである。

（1）福田秀一『中世文学論考』明治書院、一九七五年、「第三篇　徒然草」などによって、その状況をよく知ることができる。

（2）神田秀夫「兼好研究の一コマ」『国文学』一九六〇年十月。

（3）小松操「兼好の生　徒然草前後」『国文学』一九七二年七月（この論稿については、桜井好朗氏の御教示によって知り得た。記して謝意を表する）。

（4）さきの「解説」で、小松は「林説は多数金沢文庫古文書の有機的関連上に精密に組立てられているが、研究者は金沢貞顕の秘書倉栖兼雄⇅卜部兼雄の結付きに物足らなさを感じているらしい〝鎌倉栖栖助説〟もある様だ（傍点小松）。私は荘園の名字と見て探索、何も得られなかった」とし、さきの史料をあげ、林の説は「微妙な段階に達したと言えよう」とのべている。この「鎌倉栖栖助説」がいかなる説か、小松のいう「微妙な段階」とはなにを意味するのか、私には全くわからなかった。ただ、この文章を読む限り、以前の小松の林説に対する支持は、この史料によってむしろゆらいだようにも読みとれる。

（5）下河辺氏と下河辺荘については、湯山学「多田源氏と東国——下総国下河辺庄を中心として」『古河市史研究』三号、一九七八年、矢次京介「吾妻鏡にみられる下河辺行平」同上、六号、一九八一年、鈴木哲雄「古隅田川地域史における中世的地域構造」『千葉史学』四号、一九八四年、参照。

（6）『吾妻鏡』の下河辺氏の記事が寛元三年（一二四五）以後はみられないこと、同書、建長五年（一二五三）八月廿九日条の下河辺庄堤の築固が、幕府によって奉行人を定めて行われていること、「三浦系図」（『群書類従』第六輯上）によると、三浦義澄の子息に大河戸重澄があり、宝治合戦で自害しており、義澄の女子の一人は大河戸太郎広行の妻となっているが、この広行の祖父行光は大田とも大河戸とも名のるとともに、『吾妻鏡』には下河辺左衛門尉行光として登場する人で（『尊卑分脈』第二編）、武蔵国大田荘・大河戸御厨、下河辺荘にまたがる活動領域を持っていた点などを考え合わせると、このように見るのが最も自然と思われる。

(7) この点については、市村高男「古河公方の御料所についての一考察——『喜連川家料所記』の基礎的分析」『古河市史研究』七号、一九八二年、等参照。

(8) 例えば、北条氏所領常陸国信太荘地頭職は、足利氏の御料所となり、高師冬が知行している。

(9) 七月十一日に上洛した倉栖は「西小家に付く」とあり、祇園社のそばに小さな家を持っていた。さきのような具足のやりとりが、こうした地域的な近さによるものか、またそれ以外の要因によるのかについても今後の追究を期するほかない。

(10) 注(8)のように、関東の御料所、のちの関東公方の御料所を知行したのが師冬であるならば、この人は師冬の被官となっていたとも考えられる。

(11) 前掲『八坂神社記録』康永二年九月十二日条によると、倉栖は「文書入箱 四」をそのまま顕詮に預けている。一方、同上二所収、「社家記録一紙背文書」には、高師直に充てた一色道猷書状をはじめ、武田福寿丸申状、一色道猷申状、暦応三年卯月日、高義胤申状等、高氏の許に本来は集積されていたとみられる文書群を見出しうる。あるいはこれらの文書はその被官倉栖を通じて顕詮の手元に入ったのではなかろうか。いずれにせよこのことは、顕詮と高師直との深い関係をよく物語っており、倉栖氏と高氏との関係を考える場合の傍証とすることはできよう。

(12) 「前田家本平氏系図」によると、実時は宣陽門院蔵人であった。また、貞顕は東二条院蔵人であり、弟顕辨は寺門に入って法務大僧正となり、その子顕助・貞助はともに、仁和寺真乗院に入って、前者は大夫僧正といわれて東寺二長者、後者は大夫少僧都となった。この一族の京との関わりの深さはかくの如きものがあったのである。

(13) 千村佳代・鳥居和之・中洞尚子「主殿寮年預伴氏と小野山供御人——鎌倉期の動向を中心に」『年報中世史研究』三号、一九七八年。このほか、林のあげた前注の顕助の事例をはじめ、僧侶の世界でも京と鎌倉との人的交流はきわめてさかんであった。

(14) 中原氏、三善氏、清原氏等々、京においてそれぞれ「家業」を伝える一族の中で、鎌倉に下って文筆系職員となった人々は、周知の通り非常に多い。「家業」については、佐藤進一『日本の中世国家』岩波書店、一九八三年、参照。倉栖氏が金沢氏から高氏に主をかえたことも、倉栖氏の性格をこのように考えれば理解しやすい。

(15) 顕時の妻は泰盛の女であった。なお兼好の安達氏への注目については、すでに多賀宗隼が「秋田城介安達泰盛」(『鎌倉時代の思想と文化』目黒書店、一九四六年)で言及している。

(16) 頓阿と兼好の関わりについては、注(1)福田論稿参照。

(17) 林の説に対するさまざまな批判は、「金沢文庫文書」の諸文書についての林の解釈に対する内在的な批判にはなっていないように、私には思われる。

(18) 鎌田元雄「兼好の周辺」『文学』一九六二年十月、同「兼好の周辺(補遺)」『駒沢国文』三号、一九六四年。林の説に立てば、当然、福田のいう通り、二人の卜部兼雄の存在を認めることになるが、それも決してありえないことではない。鎌田の指摘した兼雄については、年齢の上で、鎌田が兼好の弟とせざるをえなかったような難点が、「卜部系図」によるならばでてくることになる。

(19) この系図の中の兼名流の系図は、他の部分と著しく異質であり、正四位下、神祇権大副となった兼顕を、治部少輔としている点、正五位下となった兼雄を従五位下、民部大輔とすることなど、鎌田の見出した事実とも大きく矛盾する。これは、福田のいうように「神祇官と同時に太政官としても仕え、後者の方が系図類に載せられたようである」とするだけでは到底片づかぬ問題で、この一流の系図がいついかなる理由で、「卜部系図」に書き入れられたかが明らかにされなくてはならない。兼好の官位についても虚心に考えてみる必要があろう。

付論Ⅰ　建武の所出二十分一進済令

鎌倉最末期、建武新政期の後醍醐の政策が、洛中の酒屋に対する課役賦課を恒常化しようとした洛中酒鑪役賦課令をはじめ、神人に対する寺社の公事賦課を停止し、これを供御人化することを意図した神人公事停止令、洛中支配の強化をはかった洛中地子停止令、さらに米価公定令、沽酒法、関所停止令、新貨鋳造令等々、十三世紀後半以降の貨幣の急速な社会の深部への浸透に伴って発展してきた商工業、金融活動を積極的に組織・支配しようとする基調を持っていたことは明らかといってよい(1)。

新貨鋳造令とともに発せられた紙幣発行令についても、これまで元の紙幣の模倣という点が専ら指摘されてきたが、遅くとも十三世紀末以降、為替手形が流通するほどに信用経済が発展していたことを考えれば、紙幣の発行という後醍醐の思いつきも、決して全く非現実的とのみ、きめつけ難いものがあるといわなくてはならない。

そうした視点からあらためて注目する必要のあるのは、建武元年（一三三四）十月に発せられた地頭領所出二十分一進済令である。これは諸国荘園・郷保の地頭職以下の所領について、本領・新恩を問わず、正税以下、いろいろの雑物等の所出の二十分一を「御倉」に進済すること、及びその納済の期限、難渋の輩に対する所職改易等を定めたもので、十町別一日の仕丁役の賦課とともに、雑訴決断所牒によって諸国の国衙に充てて施行された。

これまでその実施の状況については、同年十二月、備中国新見荘で国司上使と地頭代官尊介が損亡検見を行ったこと(2)がその一端を示すとされる程度にとどまっていたが、先年、『小浜市史』通史編上巻の執筆のさい、若狭国の史料を読み直していたところ、この法令の実施を明確に示す事実を見出すことができた。「東寺百合文書」は函に、年月日未詳ながら建武年間であることの確実な若狭国太興寺地頭若狭直阿申状案があり、直阿はそこで所従紀六郎入道願成とその子息景末が主人である直阿に背き、東郷地頭中野頼慶を語らい、直阿の代官右近三郎正吉を追い出し、米銭以下資材雑具等を押し取り、打擲刃傷、悪行狼藉を働いたと訴えている。(3)

この文書自体はすでに周知のところであるが、その副進具書に「七通　新御倉御公事用途徴下状案　八通　同請取案」のあげられていた点は、私もこれまで見落していた。

しかしまさしくこれこそ所出二十分一進済令の実施を示すものにほかならず、これによって賦課された所出二十分一が「新御倉御公事用途」とよばれていたことは明らかといってよい。

直阿と願成・頼慶の対立にこの用途がからんでいたことも間違いなかろう。とすると、建武元年十一月二十一日、田中掃部助入道とその子息在庁田中四郎等の多くの人勢が、太良荘の倉本百姓角大夫の許に押し寄せ、年貢以下資財物を運び取ったという、これまたよく知られた事件も、この「新御倉御公事用途」の徴収に関わる事件だったことは確実である。その訴人が太良荘地頭所務代国直であったことがそれを端的に証明している。

さらにこれにつづいて起こった、同荘百姓等の所持物を遠敷市庭で奪取した守護代信景の使者日野兵衛等の行動も、疑いなくその延長上に起こった事件で、両者合わせて、この「新御倉御公事用途」の徴収に国在庁と守護代が当っていたことを明白に物語っている。

後醍醐が並置した国司・守護を通じて所出二十分一の徴収を強行し、各地で激しい摩擦をよび起こしていたことを、これによって推測するのは容易であるが、この「御公事用途」についてとくに注意すべき点が二つある。

その一つは、用途が後醍醐の新たに設定した「新御倉」に納入されることになっていることで、その実態は不明であるとはいえ、これが後年、室町幕府が京都の土倉を「公方御倉」としてその財政を運用させた方式の先駆であることは、まず間違いないと私は考える。[4]とすれば、後醍醐には酒屋役と合わせ、土倉をその財政の基盤にとりこもうとする意図があったことになる。

他の一つはすでに指摘されているように、[5]所出二十分一という課税方式が、やはり室町幕府の実施した地頭御家人に対する五十分一あるいは二十分一の武家役の先取りである点で、それが貨幣経済の浸透を背景とした年貢―所領の貫高表示を前提としているのは明らかである。

これらの点に、発展する商品貨幣経済を積極的に掌握しようとする後醍醐の意図を読みとることはたやすい。

このようにあらゆる点から見て、後醍醐がその王権の基盤を、発展しつつある貨幣流通、商工業、金融業に求めようとしたことは明瞭で、従来の天皇と大きく異なる後醍醐の政権の特異性はまさしくここにある。とはいえ、それが無から有をつくり出すような特異さでなかったのも、もとよりいうまでもないことで、早くから佐藤の指摘している得宗被官と借上の結びつき、地頭御家人による富有な輩への所領の預け置き、[6]さらに最近紹介された、「六条八幡宮造営注文」(「田中穣氏旧蔵文書」)の建治元年(一二七五)の御家人交名に見られる造営役の貫高表示等、十分の先蹤を鎌倉後期の得宗専制期に持っている。

そしてまた、そうした同質性を持っていたことこそが北条氏と後醍醐との激烈な対立の背景だったのであるが、それに勝利した後醍醐の王権がその主要な基盤の一つを商業・金融業等に置いた室町王権の、短命で早熟な先取りであったことを、ひとまずここに確認しておきたいと思う。

(1) 拙著『異形の王権』平凡社、一九八六年。
(2) 「東寺百合文書」ク函二四号。
(3) 『東寺文書之一』は、一二二号。

（4）桑山浩然「室町幕府経済機構の一考察」『史学雑誌』七三—九、一九六四年。
（5）佐藤進一『日本中世史論集』岩波書店、一九九〇年。
（6）佐藤進一・笠松宏至・網野『日本中世史を見直す』悠思社、一九九四年。

付論2　建武新政府における足利尊氏

これまで『梅松論』の「無高氏」という言葉を一つの根拠として、足利尊氏は「建武新政府の中央機関のいずれの部門にも入らなかった」と説かれてきた。

しかし、つぎの後醍醐天皇綸旨（『島津家文書之一』四七号）と足利尊氏施行状（同書四八号）は、いかに解すべきか。

鎮西警固事、於日向・薩摩両国者、致御沙汰、殊可抽忠節者、天気如此、悉之以状

（建武元年）九月十日　左衛門権佐（岡崎範国）（花押）

嶋津上総（貞久）入道館

鎮西警固幷日向・薩摩両国事、任　綸旨可致其沙汰之状如件

建武元年九月十二日　（足利尊氏）（花押）

嶋津上総（貞久）入道殿

尊氏は、元弘三年（一三三三）四月二十九日、伯耆より「勅命」を得たことを大友貞宗・阿蘇惟時に伝え、六月十日、合戦の次第の注進を貞宗・島津貞久に命じ、同十三日、召人・降人について、預人及び警固の計沙汰を貞宗に命

ずるなど、鎮西に指令しているが、綸旨を正式に施行したのは建武新政期を通じてただ一回、前掲施行状のみである。

この綸旨は文面からみて、日向・薩摩のみならず、鎮西諸国のすべてについて、恐らく各国守護充に発せられたであろう。それは正安二年（一三〇〇）、同三年、島津久長充に幕府が指令した検断事及び海賊追捕の如き権限[1]に、異国警固を加えた使命と推測して大きな誤りはあるまい。とすれば、それを施行した尊氏は、まさしく鎮西警固を統轄する公式の立場に立ち、鎮西軍事指揮権を掌握していたといえるのではあるまいか。

すでに前月、雑訴決断所には尊氏の家人が大量進出しており、尊氏にこうした権限が与えられても決して不自然ではない。そしてこう考えれば、建武二年（一三三五）十一月二日の直義軍勢催促状を鎮西守護が関東御教書とうけとったこと、尊氏・直義が敗走西下しながら、短時日のうちに鎮西の軍勢を集めて再挙東上しえたこともきわめて自然に理解しうる。さらにこれは西国と東北との結びつきに対する東国と鎮西とのつながりを考えるうえにも、一つの手がかりとなるのではなかろうか[2]。

（1）本書第II部第四章二、参照。
（2）拙著『東と西の語る日本の歴史』そしえて、一九八二年。

付論3　青方氏と下松浦一揆

はじめに

ここで取り上げようとするのは、いわゆる松浦党——とくに南北朝期に姿をあらわす下松浦一揆についてであり、しかもそのなかで青方氏の動きを中心としたごく部分的な問題である。これについては最近、瀬野精一郎によって新しい角度から精力的な検討がはじめられようとしている(1)。

瀬野がそこで提唱した観点の一つは「党」の本来のあり方を平安末から鎌倉期に求め、従来、党の典型的な形とされていた南北朝期の一揆契諾には、むしろその変質した姿を見出そうとした点にある。これは惣領制についての最近の論議にからんで、初期の武士団の性格を考えてゆく上での重要な論点になるものと思われる。しかし鎌倉初期の党について、いま私は深く立ち入るだけの力をもたないので、ここでは、瀬野が南北朝期の一揆にとくに強い軍事的政治的性格を認め、それを成立せしめた動因を「未組織軍事力の組織化」に苦慮する時の中央勢力の努力のなかに求めている点について考えてみたい。たしかにこの指摘によって、かつての長沼賢海の論稿(2)になかった新しい視点が定まってきたといえる。この側面の研究をさらに深めることなしには、この一揆契諾の意味を真に明らかにすることはできないと思う(3)。ただ、瀬野がここで一揆成立のいわば他発的な側面についてとくに注意を払った結果、かえってその視野からはずれていった事実があり、そのために長沼の見解が充分に生かされることなしに終っているように思えた。

すでに瀬野には自明の事実を繰り返すことになるのを恐れるのであるが、この点について二、三気づいた点にふれてみたいと思う。

一方、瀬野は鎮西御家人についての研究も別に精力的におしすすめているが、その出発点になったといえる論稿のなかで(4)、この一揆の構成単位の一つであった青方氏についてふれている。これもまた瀬野によって校訂の行われた『青方文書』(九州史料叢書、史料纂集古文書編)をたどって、一揆の形成過程を考えてゆくうちに、この論稿の論旨にも若干の疑問がでてきた。その点もここに合わせてのべて瀬野の教示を仰ぎたいと思う。

一

肥前国宇野御厨の小値賀島地頭職の帰属については、鎌倉期の当初から複雑な主張がもつれていた。嶋の開発領主といわれる清原是包の流れをくむ人々と、それに姻戚関係でつながる松浦一族の人々の争いがいろいろにからんでいるのであるが、これについてはすでに長沼・瀬野によって紹介されているので、ここではあらためてのべない。

結局それは、承久元年(一二一九)に当初の相論の当事者であった値賀十郎連(松浦直の子)と藤原通高(是包の甥〈姪婿〉、尋覚の子)が、ともに峯源藤次持(直の孫、連の甥)にこの地の権利をゆずったことから急速に解決の方向にむかい、もう一人の権利主張者山代三郎固(是包の姪と直との孫)と持との相論が裁許された安貞二年(一二二八)に一応大局的な解決をみたのである。

のちの平戸松浦氏、持の地頭職がここに確定したのであるが、別に浦部嶋を父尋覚から譲られたと称する通高の弟家高(青方氏の祖)の地位が(5)、この嶋も小値賀の内であるとする持との間であらためて問題となり、約十年おいて暦仁元年(一二三八)ようやく両者の間に和与が成立した。ここで地頭持に対する、「下の沙汰」家高の地位が確認されたのである。瀬野がすでに問題にしているように、この下沙汰職の内容は必ずしも明らかでない。後の解釈ではある時には地頭の代官といわれ、あるときには地頭そのものともいわれるのであるが（瀬野は他の例によって前者の解釈をとっている）[6]、恐らくこれは惣地頭に対する小地頭にあたるものと考えてよいのではなかろうか（これについては後述したいと思う）。ともあれ、ここでは峯持と青方家高の間に一定の公事奉仕をともなった一種の主従関係が結ばれた事実を確認しておきたい。

この島の支配はこれではじめて終局的に安定したといえるのであるが、約二十年後、建長の前後のころには早くもこの関係は動揺しはじめる。いつのことか家高は持によってこの地位を改易されようとしているのであるが、その契機になったのは持のもとに従者としてさし出されていた家高の子能高・弘高兄弟の行動であったといわれる。すでにこの世代の人々は父の結んだ関係におちついていない動きをはじめているようで、家高自身これに対して、このごろは「子供は皆親にそむく」[7]といって嘆かなくてはならなかった。しかもまたその家高自身、地頭をはじめとするさまざまな公事の過重を訴え、地頭への進物の少ないことを弁解せざるをえなかったのである。その理由がつねに「飢渇」であり、「すごしがたく」「わびしく」「平らかならざる」世間であり、さらにはそこからくる百姓の逃散であったということは、この動揺の原因が社会の根底にねざしたものであることを示しているように思われる。そしてその点でも家高は「入道なむとには百姓は申候事も不聞候、何事に付候ても宿人なむとの様に候」という嘆きを発しなくてはならなかった。

暦仁の和与により安定したかにみえた主従関係は、こうして急速にくずれてゆこうとしているのであるが、それは峯（平戸）氏、青方氏がともに次の世代に入るに及んでさらに新しい段階に入った。若干の曲折を経たのち[8]、持の孫湛と家高の子能高とは、百姓からの公事収取をめぐって正面から衝突したのである。湛は能高の公事収取を「農作三日狩三日」に限定しようとし、要用によって召仕うことを主張した能高と決定的な対立に入った。

この相論は「元寇」を間にはさんで長く続くのであるが[9]、ここで注目しなくてはならない点は、湛が能高を非御家人ときめつけ、これを「悪口」として反駁する能高と争っている事実である（一の五四）。すでにここに、のちの白魚行覚（能高の甥）と平戸貞（湛の孫）との相論について瀬野が指摘しているのと全く同じ論点がでていることが注意されるのであり、対立がこうした形をとって現われてくる点、のちにのべるように考える必要のある問題があると思われる。

しかしそれは一応おいて、こうした対立動揺の起ってくる原因について、さきに社会の根底からの動揺にあるといったが、それはより具体的にどこに求めたらよいのだろうか。

周知のように、この地域の生活は農業によってのみでは立ちがたく、漁業・製塩・狩猟・放牧などがかなりの比重をもっていた(10)。さきにみた「飢渇」という事態は、こうした状況からその一面を理解しうると思うが、他面ここで家高・能高のあげている公事のなかに津料銭、水手（銭納されている）などがみられることも見落とせぬ事実である。「例入候船」と能高自身がいっているように、こうした船を通しての貨幣収入がこの時期のこの地ではかなり大きかったのではなかろうか。事実、これより少しあとには、少なくとも二艘の船をもち、船賃をとるようなこの島の住人も現われてくる（後述）。恐らくは外国貿易にも関連して、新たに活発化しつつある貨幣流通にのってのびてゆこうとする人々が生まれつつあったのであり、こうみてくると、さきの動揺は単純な「飢渇」にもとづくというだけでは片づかない面をもっているといわなくてはならない。

恐らくは漁場も塩釜も、いままでとちがった新しい動きのなかで、新たな意味をもって見直されはじめているのではなかろうか。この島の漁業がとくに目につくようになるのが、まさにこのころからであることは偶然ではないと思われる。田畠の開発もまた推し進められようとしている(11)。百姓の支配はこうした面から真に切実なものになってきたのではなかろうか。この前後に浪人が招きよせられ、「四嶋」から百姓が移り住んでいることに(12)、支配者の意図の一面が窺われるのであるが、しかも「公事が密」なため、これらの人々はよく島に落ちつこうとせず、「少々出」ることとなっているのである。ここに百姓からの公事収取をめぐって能高と湛の争点のでてくる理由があった。事態の進行に対して新たな対処の仕方が必要になってきたのであり、暦仁の体制はくずれてゆかなくてはならなかった。

二

もはや青方地頭と称してはばからなかった能高の子、四郎高家は、こうした動揺から起こってきた混乱のさなかに生きた人であった。彼の動きを年を追って列挙してみると、

(1) 正応二年（一二八九）父能高と隙があったらしく、一旦与えられた地頭職を器量なしとしてとりあげられている（それは波佐見親平〔彼の甥か、兄弟か？〕と高継〔高家の子〕に与えられた）。（一の五七）

(2) 正応四年（一二九一）売買のために青方に来た人を殺害し、所持物を奪ったとして訴えられている。（一の六五）

(3) 永仁二年（一二九四）青方の住人から船二艘を借り、船賃を出さぬと訴えられている。（一の六六）

(4) これよりさき、平戸答（湛の子）と対立し、実力衝突を起こしている。（一の六六）

(5) (4)の問題にからんで波佐見親平と対立し、さらに所領の相続問題もからんだ訴訟を起こしている。（一の六九、一三三）

(6) 永仁六年（一二九八）有河で破船した関東の唐船の積荷を運びとり、その返却を催促されている。（一の七五）

(7) 嘉元三年（一三〇五）青方住人の住家、塩屋を焼き、相模守（師時）の梶取（肥後国宇土庄住人）の所持物をはじめ、多くの銭貨を奪いとったと峯（平戸）貞（答の子）に訴えられている。（一の一〇五）

(8) 延慶三年（一三一〇）ころ、有河性心の所従をうばい、また彼の所従が性心から多くの銭貨を借りて返さぬと訴えられている。（一の一二四、一二五）

(9) 正和元年（一三一二）子息高継と所領相続についての相論を起こしている。（一の一三八）

以上のすべてを彼の実際の行為とすることはできないが、ともあれ彼の身辺には事の起こらなかった時はなかった。ここに当時のこの地方の動揺がいかに深刻であったかがうかがわれるとともに、高家の立場がいかに不安定なものであったかもまた明らかである。悪党ないし海賊（倭寇といわれる人々をふくめて）という言葉は、まさにこのような彼の行動に最もふさわしいものといえよう。それは富――貨幣はいまその重要な形になろうとしている――に対する貪婪な欲望にもえて、一方では新たにのびてゆこうとする人々に武力をもっておそいかかり（(2)、(3)、(7)）、非法な掠奪を行うとともに（(6)、(8)）、他方では自己の所領と百姓を確保し、拡大するためには父の譲状にそむき、自らの子息をはじめ一族の多くを敵にまわすことも辞さない性質のものであった（(1)、(5)、(9)）。そしてそれは決して彼高家のみのことではない。恐らくそこで彼と争い、彼を訴えた人々の多くが、また彼と同じ動機に動かされているとみなくてはならない。彼の古くからの敵平戸答、貞父子の動き一つをとってみても、そこには無理を力でおし通そうとする面のあったことは否定できない[13]。

さきにふれた貞と白魚行覚（高家の従父弟）の相論はこうした状況のなかに起こってきたものであった。それはもちろん行覚の積極的な訴えに起因する相論であったが、すべてをそれに帰することは、やはり一面的といえるであろう。この相論に非御家人行覚の御家人の地位をねらう野心と、その失敗の過程を見ようとする瀬野の見解に対する疑問は、一つにはそこからでてくる。瀬野はさらにその視点をすすめて、モンゴル襲来における幕府の非御家人動員の一つの意義が、行覚のような非御家人成長の足がかりになった点にあることを指摘するとともに、そこから起こってくる相論の裁決にあたって、終局的には御家人の側に立った幕府の政策にその滅亡の原因をさぐろうとしている[14]。

たしかに弘安の役に出陣してついに恩賞をかちとり、正安三年（一三〇一）のモンゴル襲来の風聞にも、いち早く船を用意して博多に馳せ参じようとしている行覚の動きは[15]、注目すべきものがあったといえよう。そしてそこにはさきにのべた高家と同じ性質の動機が動いていたとしなければならない[16]。

こうした人々に、モンゴル襲来は絶好の機会を与えたといえるので、「元寇」の意義を考えてゆく緒口をここに見出すことができる。幕府の非御家人動員は、広くこうした動きをとらえたものと一般的にはいえるであろうが、しかし行覚についてすぐそう結論できるかどうかはやはり疑問としなければならない。

いま「非御家人行覚」といったが、じつは瀬野もこの点については最近の論稿のなかで「微妙な問題」としている[17]。さきにふれたように、下沙汰人行覚を非御家人ときめつける貞の主張は、すでに弘安のころ、青方能高との相論にあたっての湛の主張に全く同じ形で現われているのである。しかもそこで能高が幕府からの下知によってその地位を保証され、その子高家は自ら地頭と称してはばからなかったことが考えられなくてはならない[18]。とすると、青方氏の庶流として、その立場は能高・高家の場合よりも弱かったとはいえ[19]、同じ下沙汰人行覚の地位を非御家人とすることは通らないことになってくる。幕府の裁決もその点は認めているので、たしかに地頭の地位は承認されなかったとはいえ、瀬野とは逆にこれによって行覚の御家人としての地位はかえって固まってきたということができよう。それは、行覚に「地頭に対する名主の礼儀を存ぜよ」といった裁許の言葉（一の一五六）の理解にかかっているが、これは九州における惣地頭と小地頭の地位とくらべて考えることが許されるのではないかと思う。とすると、この点に非御家人の幕府に対する不満を見ようとする瀬野の見解は成り立たないことになってくる[20]。

むしろここでは、にもかかわらず、能高や行覚が平戸氏から非御家人という「悪口」をうけなくてはならなかった理由が考えられなくてはならない。下沙汰職の性格が必ずしも明らかでない今日、一概にいい切ることはできないが、そこに初期の鎮西御家人の地位の不明確さをみることは誤りであろうか。個々に幕府の下文を与えられなかった人々の存在は周知の事実であるが、能高も行覚もそうしたケースにあてはまる人と考えることができるように思う[21]。とすると、すでに佐藤進一の指摘したように[22]、幕府はモンゴル襲来を契機にこれを明確にする方向に動いているので、この点も瀬野とは逆に、この相論における行覚の動きはむしろそれに支えられる結果になっているといえよう。

しかもこのような幕府の政策自体、「嶋住人」などといわれる非御家人・凡下の新たな成長のなかで起こってきた高家や行覚のような人々の動きをおさえていることにならず、一種名状しがたい混乱がはじまってきているのである。

三

それはすでに実力によってでなければ解決されない対立に、なお過去の権威が深くからんでいたことから起こってきた混乱でもあった。高家・行覚のころのもつれは次代に入ってもほどけず、高家の子高継と高光の相論に平戸貞、波佐見親平などもからんで、訴訟は果てしなくつづき、鎌倉末期にいたって混乱は一面さらに深まったかにみえる。しかし他面、このころからそれを克服する方向もまた形をとりはじめたのである。

所領の分割にあたって相続者が分限に従って惣領に寄合う形がはじめて現われてきた。それは青方・白魚両氏に共通しており、同時に所領の分散が極度に警戒されている。[23]これはこの時期の武士団に一般的に採用されている方向がここにも現われてきたことだともいえよう。しかしこの地域の場合、それとともにとくに注目されるのは、惣領の管理の下にある入会地――山林、牧、漁場などの利用を通して、相続者相互の間に切りはなし難い関係が結ばれるようになっている点である。[24]しかもそれが単に青方氏の内部のみにとどまらず、近隣の堺氏（のちの鮎河氏、宇久氏の一族）や恐らくは白魚氏などとの間にも生れようとしており、網の使用についてはすでに一定の使用上の契約すら結ばれている事実が確認できる。[25]この時期に新たな生産上の意義を獲得した入会地が、一族をこえた領主相互の結合の紐帯になりはじめているのであって、この地域では混乱の克服が、こういう方向でもなされようとしている点が注意されねばならぬ。

宇久氏と青方氏との関係は、一つには姻戚の関係を通じて、一つには堺氏を媒介とするこうした生産上の関係を基礎として結ばれていったものと思われる。(26)そしてこれが青方氏のその後の動きを決定することになった。

南北朝の動乱に入って、この方向はすでに別に進みつつあった下松浦一族の新たな結合とつながり、青方氏は松浦宇久青方の名のりのもとに、宇久氏とともに動乱に加わってゆく。(27)長沼の指摘以来周知のような、一族以外のものをふくめた松浦一族のこうした動きについて、瀬野は「中央勢力の末組織軍事力の組織化のための苦慮」と、これに対する「在地武士団の迎合、もしくは反映」を見ている。そしてそこから、下松浦一揆のような軍事的政治的な「大一揆」と、いま私のふれてきた青方・宇久などの生産に結びついた「小一揆」とが「全く異質的なもの」として区別されることになってきた。さきにふれたように、この指摘はきわめて重要であり、この区別がされたことによってこの一揆の意味を真に理解する道はひらかれたといってよい。しかし瀬野がここで両一揆の性格の区別を特に強調したため、恐らく自明の前提としたのであろうが、両一揆の関連を示す事実がかえって考慮の外にでてしまう結果になっている。それは瀬野の強調した一揆の他発的な側面に対する自発的な側面の問題ともいえるが、この点をあらためて考えに入れてみると、かえって瀬野の指摘の意味が生きてくるように思われる。蛇足になるのをおそれつつ、以下気のついた点をのべてみたい。

松浦一族の動きに新しいものがみられるのは、やはり「元寇」の直後、二十数人の御厨地頭たちの所領一円の訴訟という周知の事実からである。(28)下松浦一揆の直接の出発点は一応ここに求められよう。戦闘を共にし、互いに証人になり合い、恐らくは恩賞の要求をともにする共同の組織ができてきたのであるが、それは青方をはじめ一族以外の人をも含めるようになった南北朝動乱のなかでさらにその性格を明らかにしてくる。建武三年(一三三六)の戦闘を経てこれらの人々は恐らく共同の恩賞地、安富庄・河副庄をかちとり、その配分をもある程度まで行っているのである。(29)たしかにそれは瀬野のいうように、党そのものに対して与えられたものではなかったろう。しかし暦応二年(一三三九)青方高直(高継の子)が一族一揆に支えられて恩賞を要求し、安富庄の地を得ている事実、また相知蓮賀等五人が「一族中所務以下安富・河副条々御沙汰事、被定於衆中、向後可有沙汰之由、当参一族被申候、御器量人之御出候、可有御沙汰候、御出之人者、可注給御名字候」という書下に対し、「当村」の代表として相知秀をおくり、一族一同の沙汰に「異儀」を申さずとのべている点、[30]さらに知りうる限りでも青方氏のほかに山代、中村、石志、佐志などの人々がいずれもこの地に恩賞をえていることなどは、[31]形式的にはともあれ、実際には配分にあたっての松浦一族の関与を示しているものといえよう。

のちの「大一揆」につながる形は、すでにこの時期に姿を現わしたといえる。しかしここで注意されなくてはならないのは、この動きがその最初から戦闘と恩賞についての共同行動として出発している点であろう。先述した青方氏の一揆への参加は、一方で進みつつあった生活上の結びつきを前提にしなければ理解できぬものがあり、単なる「迎合もしくは反映」と言い切ることをゆるさぬ面をもっていたとはいえ、直接の動機はやはり恩賞の要求にあったとしなくてはならない。南北朝内乱期にこの組織に結びついていった人々を動かしていた動機は、その点では共通していたといってよいであろう。

瀬野の指摘したような個々の家督の主体的判断と独自性にみられる一揆結合の弱さは、まさにこの動機そのものにねざすものであったといわれよう。自らの力によって立つのではなく、なおも権威になにものかを期待する姿勢が、はてしない動揺とやむことない相互の対立をよびおこしているのであった。すでにある形をとりつつあったとはいえ、それはなお現地に対する彼らの支配の弱さの現われであったといわなくてはならぬ。鎌倉末期の動きはここにその一面を現わしているのであるが、まさにこの点を通してはじめて、「中央勢力」の働きかけは可能に、また有効なものになってくるのである。

一族一揆に恩賞地の配分をある程度ゆだねることによって、幕府は巨大な武力組織をその支配下に導き入れることができるのである。逆にまた一揆の結合はこれによってはじめて表に現われ、また促進される結果になってゆくであろう。ここに、ついに最後までこうした方向をとりえなかった鎌倉幕府とはちがった、この幕府の新しい一面がでているのではなかろうか。これについてはさらに考えつづけてゆきたく思っているが、瀬野の指摘は一応こう考えると新たに生きてくるように思われる。

一方この一揆に結びつき、その一つの支えともなっていた宇久・青方の新たな結合もまた、この動乱のさなかでさらにその組織性をましてきた。康永二年（一三四三）、青方高直がその所領を三人の子息にわけゆずって、惣領を定める一方、網の得分、海夫、山野などは三人で共同に知行すべきことを定めている点[32]、また康永三年（一三四四）彼が宇久氏の人の仲介で、このころ北朝に帰服した平戸理と、網代などの所領について和与していること[33]（完全な解決は一三五二年〈観応三〉にもちこされた）がまず注目される。ここで鎌倉末期には「網一帖」というふうに譲与の行われていた漁場が、すでに網代という形に固まっていることに注意がはらわれねばならぬ。入会地の分割はそこまで進み、漁場をめぐる協定がかなり組織的になってきたことが知られるのであるが、さらに延文六年（一三六一）になると、高直の子重がその叔父神崎能と田畠、網の得分を相搏しており[34]、貞治五＝正平二一（一三六六）には重と能阿（能の法名であろう）が鮎河氏の直、進（堺氏のあとの人）両人と網代についての相論を起こしている[35]。そしてそのどちらの場合にも宇久・有河の人々が介入し、前の場合には相搏に保証を与え、後の場合には相論の裁決（左博《さはく》）を行っている事実が確認できる。これらのことはすべて瀬野のいわゆる「小一揆」の成立を明らかにしているといえよう[36]。と同時にそれはまたこの一揆のよって立っている基礎をもよく明らかにしている。それは端的にいって入会地——主としてここでは漁場——の支配を中心に成立した小領主たちの連合であった。鎌倉末期の混乱はなお完全におさまったとはいえないにせよ、ついにそのなかからこうした組織が生み出されてきたのである。そこでこの時期のこの地域の生産に決定的な比重をもつようになっていたと思われる漁場について、個々の小領主間に結ばれていた使用上のとりきめが、綜合的なものにまでなっていたかどうかは一つの問題といえよう。それは今は知るよしもないが、羽原又吉によってすでに指摘されているように、[37] 網代がいくつかの番に分かれていることから、その輪番使用とこれにともなう一定の慣習があったことを推測することは可能であると思われる。

そして著名な応安の一揆契諾（応安六年（一三七三））は、まさにこの組織の政治的完成であり、あえて推測を加えれば明徳の番立（明徳三年（一三九二））[38] は漁場使用についての綜合的契約成立の一端を示すものではなかったろうか、従来、長沼以来この契諾は後の永徳・嘉慶・明徳の三契諾と同様、下松浦一揆のものとして疑われていないが、契諾自身の端書にあるように、これは地域としては小さい宇久・有河・青方・多尾一族の契諾であり、のちのそれとは同一視できぬ面をもっている。[39] さきにのべたように、この前後しばしば訴訟の左博などにその姿を現わす宇久・有河・青方の人々の活動はまさにこの一揆そのものの活動であった。それは瀬野のいわゆる「小一揆」の契諾であったわけで、一面またそれがのちの三回の契諾とその形式、内容において無視できぬ関連をもっている事実を考えると瀬野の区別はそのままの形では成立しがたくなってくる。むしろここで新たに応安の契諾と後三回の契諾との関係如何という問題がでてくるが、瀬野の区別はここで再び生かすことができるように思われる。

それは瀬野の指摘した今川了俊をはじめこの時期の政治的軍事的な動きを細かくたしかめることなしには解決しえぬ問題であろう。いま私にはそれを果たす力はないが、ただこの両者を比べてみた場合、すぐに気づかれる点は、前者（応安契諾）がいわば一揆の団結を規定した比較的単純なものであるのに対して、後者はむしろ一つの法令といってもよいほどの性格が加わり、従来の武家法の影響が明らかである点であろう。しかも後三者の間には、永徳の契諾を基準として、嘉慶のそれを頂点に、明徳にいたって一段と精彩を失うというような関係がみられ、[40] 室町期に入るとついにその存在すら疑われうるようなものになってしまうという事実が考えられなくてはならない。ところが一方、応安の契諾に現われた宇久・有河・青方の一揆はこの時期にかえって活動は軌道にのり、組織は安定しているのである。瀬野の区別はまさにこの対照的な事実にもとづくものであったが、いままでのべてきたような観点から、それはどう考えたらよいのであろうか。

細かい点に立ち入る力はいまはないが、この一連の契諾はそれまでの一揆活動の頂点であったという一面とともに、他面そこにさきにふれたような室町幕府の政策が、この地域においてゆきついたところに現われた一つの形をみることもできるのではなかろうか。それを守護領国制の変種、ないし前身とする清水三男の見解[41]が成立しうるかどうかはなお検討してみなくてはならないが、さきにみてきた下松浦一揆の当初からもっていた側面は、三回の一揆契諾にその最も整った形を見出すとともに、結局は室町幕府の体制そのもののなかに解消していったとすることができるのではなかろうか。それは本来そうした性格のものであったといえる。長い動乱期のなかで余計なものは洗いおとされ、真に生活そのものにねざしたもののみが生き残ることになったのであろう。そしてここでさらに宇久・有河・青方一揆のような組織と、室町幕府との関係が問われねばなるまい。恐らくこの幕府にはその力をとらえることはできていないと思われるが、これらの点はすべて今後を期するほかはない。

ただこの一揆が直接生産者の成長に対抗するためのものであったとする考え方は[42]、一般的にはもとより当然のことであろうが、この地域内部の問題として一揆成立の直接の契機にそれを考えることは、瀬野の批判したように当たっていないと思われる。もちろんこの地に即して考えても、新田畠がひらかれ、漁場が網代という形に固まり、室町期には百姓網が現われている点、一揆契諾のなかに百姓の年貢対捍、逃散などに対する規定のあることなど、すべて直接生産者の成長を示すものであるといわれよう。しかし一方この地域の漁業に重要な役割を果したとみられる海夫がなお売買譲与の対象になっている点[43]、また江戸時代になっても武士の漁場所有が広く残っていたという宮本常一の報告[44]などから考えると、やはり余り直線的にそれを考えることはこの地域の特殊な問題を見失うことになると思う。

例ははなれるが、若狭湾の漁村においてみられたような漁場の輪番使用[45]は、もちろん同じ形でないにせよこの地域でも予想してよいと思うが、それが若狭の場合のように百姓の間のことにならず、全く小領主間の協定という形以上にでていない点にこの地域の特殊性が見出されるのではなかろうか。

むすび

室町期に入って軌道にのった宇久・有河・青方一揆の活動については、すでに長沼による詳細な紹介があるので、ここでは一、二気づいた点を加えるのみにとどめて結びにかえたい。

南北朝末期、青方重の譲状にはじめて、軍忠の時、あるいは西浦部の公事の時には惣領に対して一定の負担を合力するという規定が現われてくる（永徳二年〔一三八二〕二の三四一）。これはこの譲状に関する限り、青方氏一族の内部のみの規定のようにみられるが、明徳四年（一三九三）には小さな一揆規定のなかで各地域の合力の額が定められるところまで進んでいるので、必ずしも一族にかぎらぬ「浦のうち」といわれたより広い範囲の一揆の規定となっているることが推測される（二の三六三）。分限に従って公事を惣領に寄合うという鎌倉末期の相続一般にみられた規定が、ここではこういう形に発展している。この「浦のうち」がどの程度の地域をふくむかは明らかでないが、有河・鮎河・青方など、現在の中通島に住む人々をふくんでいるのではないかと思われる。長沼の指摘のように、恐らく宇久にはこれとは別に同様の形ができているのであろう。応永一八年（一四一一）、この負担合力の規定は再び固め直されている（二の三八七）。

一方、網代その他をめぐる小領主間の堺相論も「浦のうち」によって「左博」されるのが全く通例になってきた。青方と鮎河（二の三六六、三七〇）、青方と松田（二の三七一、三七二）[46]の場合のように、問題が「浦のうち」に限定されている時はその寄合で協定が行われるが、志佐と有河（二の三三九、三四〇）[47]平戸と青方（二の三九七）の相論のように、問題がその範囲をこえる場合にはさらに広い範囲の人々の寄合を必要としたように思われる。その場合の範囲も明らかでないが、もしこの時期にもなお下松浦一揆の生きている部分があったとすれば、恐らくこのような場合の活動のみであったろう。[48]

その間、漁場をめぐる協定も詳細の度を加え、鮎河と青方、松田と青方の場合には相互に網代を平等に使用できるような網の引き方もきまってきている。[49]しかし綜合的な「浦のうち」全体の規定は、ついにその内容をうかがうことはできない。またこの時期にいたって網の下作職が現われ、百姓の間における漁業の進展の一端がうかがえるが、その独自な漁場使用の組織もやはり知ることができない。

すべては近世の状況の研究の進展をまつほかないので、ここではこの程度にとどめておく。

この時期の政治の情勢には応永二〇年(一四一三)ころ、宇久氏をめぐって動揺があったとみられる、宇久・有河・青方の一揆衆(二の三九〇)、宇久浦中(二の三九一)は、ともに大きな集会をひらいて宇久松熊丸をとりたてることを定め、有河・青方の浦中ではさらに翌年再び一揆契諾を行って応安以来のそれを固め直している(二の三九三)。喧嘩両成敗とみられる規定をふくんだ五カ条が、ここで新たに規定されており、[50]応永二九年(一四二二)の平戸氏と青方氏の相論には、宇久松熊丸が中に入ってかなり広範囲な人々が集まっていることから考えて、この時期の動揺は一揆の組織を弱めることにはならず、かえって宇久氏を中心とする形を強く表に押し出しながらその結合を強めてきていることが知られる。

戦国期に宇久氏=五島氏によってこの地域が統一される素地はすでにこのころつくられつつあったといえようが、そこにいたる過程は『青方文書』では到底たどることはできない。

(1)「松浦党の一揆契諾について――未組織軍事力の組織化工作」『九州史学』第一〇号、一九五八年、「中世における党」『歴史教育』七の八、一九五九年。

(2)『松浦党の研究』(九州史学叢書II、一九五七年)。

(3) 同様の問題についてふれたものに、川添昭二「今川了俊の南九州経営と国人層」(『九州史学』第一〇号、一九五八年)がある。
(4) 「肥前国御家人白魚九郎入道行覚について」『九州史学』創刊号、一九五六年。
(5) 通高と家高の間には対立があったのではないかと思われ、尋覚のこの両者への譲与は前後矛盾したものになっている(『青方文書』一の七、八。以下『青方文書』はすべて『史料纂集』の番号のみをあげる)。
(6) 注(4)『九州史学』創刊号論稿。
(7) 一の一〇三、これは行覚との相論の際の貞の陳状であるが、このなかで貞の引用している家高、能高の書状は大体このころのものではないかと思われる。以下の引用は多くこの文書による。
(8) 湛と家高の間には暦仁の和与を確認する契約が建長八年(一二五六)に行われているが、その数年後、正元二年(一二六〇)の湛と鷹島満(湛の従父弟〔松浦家世伝一〕)との小値賀嶋地頭職をめぐる相論にあたって、満が家高と結んでいるように思われる(一の一六)。とすると、家高自身このころから微妙な動きをしていたことになる。
(9) 相論は文永五年(一二六八)に双方ともに非ありとされ、地頭職は闕所になったが、文永九年(一二七二)にいたって湛が還補され(一の三〇)、その翌年能高の下沙汰も幕府の下知によって安堵されている(一の三四)。この下知状は能高の地位を幕府が保証した意味をもつ点で重要であるが、弘安元年(一二七八)ごろから再び相論はもつれ、刃傷問題まで起こって、ついに弘安年間を通して解決しなかったと思われる(一の五四)。その余波は次代までつづいていて(後述)、結末は明らかでないが、南北朝期に青方高直が「西浦目半分」を平戸貞跡として要求していることからみて(二の二三八)、あるいはいつのころか中分という形でおさまったとも考えられる。
(10) 注(7)にのべた家高・能高の書状によると、地頭に対して送られている公事に、鹿皮、猪、塩、魚などがみえ、それに紙、津料銭、水手などがみられる、また別に麦四〇石を本地子として上げていることも参考になろう。
(11) 少しあとのことであるが、元応二年(一三二〇)の高継・高光和与状(一の一八二)に、「山口の新田」がみえ、その後の譲状にしばしば「某のひらき」という田島が多くみえるようになっている。
(12) 一の三八、百姓等連署起請文案、及び一の一〇三に「佐保白魚にも人者少々四嶋より移て候えとも、余に公事密く候えは猶々安堵せむとも申候はす」とある。
(13) 例えば荅が浦部の百姓を追い出そうとしていること、貞もまた行覚の船をおさえて刃傷したといわれている点などがあげられるが、なにより行覚との相論にあたって貞が暦仁の和与状の「末が末までも」を「末は末までは」といいかえ、強引に行覚の下沙汰の権利まで否定しようとしている点によくあらわれているといえよう。
(14) 注(4)『九州史学』創刊号論稿。
(15) 一の一五七。「いんし正安三年ふゆのころ、いこくのきをいきたる事れうらいのよし、ふもんのあひた、はかたへさんしょうせんかためにのりふねをようゐせしむるところに」とあることから知られる。
(16) 周知の竹崎季長の動きなどもそこに参照される必要があろう。
(17) 「肥前国における鎌倉御家人」『日本歴史』一一七号、一九五八年。そこで三七頁の表の末尾に白魚氏は御家人として掲げられているが、それは「元寇」以後の瀬野のいわゆる「自称御家人」ないし「戦後派御家人」として考えられているのではないかと思われる。これとは別に「鎌倉幕府滅亡の歴史的前提」『史淵』第七五輯、一九五八年、でも御家人と非御家人の区別にふれている。
(18) 青方氏が御家人であることは瀬野も当初から疑っていない(『九州史学』創刊号、『日本歴史』一一七号の論稿、参照)。
(19) 行覚の父弘高(能高の弟)は、貞の主張によると、自ら地頭代と称していたといわれる。しかしもちろん弘高にしても第一節でのべたように、またそののちも再三地頭ともつれを起こしていたのである。
(20) 一般にこうした不満がなかったというのではない。また行覚にしてもこの裁許に不満をのこし、彼を名主といったことをふくむ数カ条をあらためて訴えているが、(一の一六二)、それは非御家人と裁許されたことに対する不満ではなかった。
(21) この問題については、五味克夫「中世社会と御家人」『歴史教育』八の七、一九六〇年、にふれられている。
(22) 「鎌倉幕府政治の専制化について」『日本封建制成立の研究』吉川弘文館、一九六〇年、所収。
(23) 青方氏の場合は一代前の能高が一旦は高家に、のちには高継に「一分ものこさず」にゆずり、他の子には「一分も与うべからず」としているが(弘安一〇年(一二八七))、これでは落ちつかず、むしろのちの相論を起こすもとをつくる結果になっている。その経験を経た上で、元応二年(一三二〇)の高継・高光和与状(一の一八二)以後この方法がとられるようになっている。白魚氏の場合は元亨五年(一三二五)の行覚譲状に(一の二一〇)こうした文言がみられる。
(24) 山野河海、牧などの使用は『惣領せいのかぎりにあらず』という文言は、このころから譲状にほとんど常用されるようになっている。また元徳二年(一三三〇)の高継(覚性)譲状案(一の二二二)には、子息高直と高能の網、牧、塩屋などの使用についてかなり具体的に規定している。そこで網については高能領内にたてた網の場合は一帖の得分を折半し、惣領高直の領内にたてた網は五分の一を高能がとることになっている。また注(23)の高継・高光和与状に、西浦部の「そうの事」については分限に従って寄り合って沙汰することを定めている点も注目される。

(25) 一の一六三、一九一参照。最初高継は亀法師を養子として所領の一部をゆずっているが（文保二）、元亨二年（一三二二）に、あらためて同じ所領を堺兵衛四郎深に沽却している。その際、鮎河の網一帖は惣領の内に「ところをきらわずたてられ候べく候」という契約がなされている。白魚氏と青方氏の間では、堺について嘉暦二年（一三二七）に和与が行われている（一の二一六）。

(26) 二の二六二の青方高直・高能申状案に、この二人は宇久五郎厚の孫とある。厚の娘がその父高継の妻になっていたと思われ、高継は宇久嶋に居住していたこともあった（一の一三四）。またしばしば高継の代官に立っている堺兵衛四郎深は注(25)のような関係を高継と結んでいるが、一方では高継の妻の兄弟であった（一の一七九）（系図参照）。

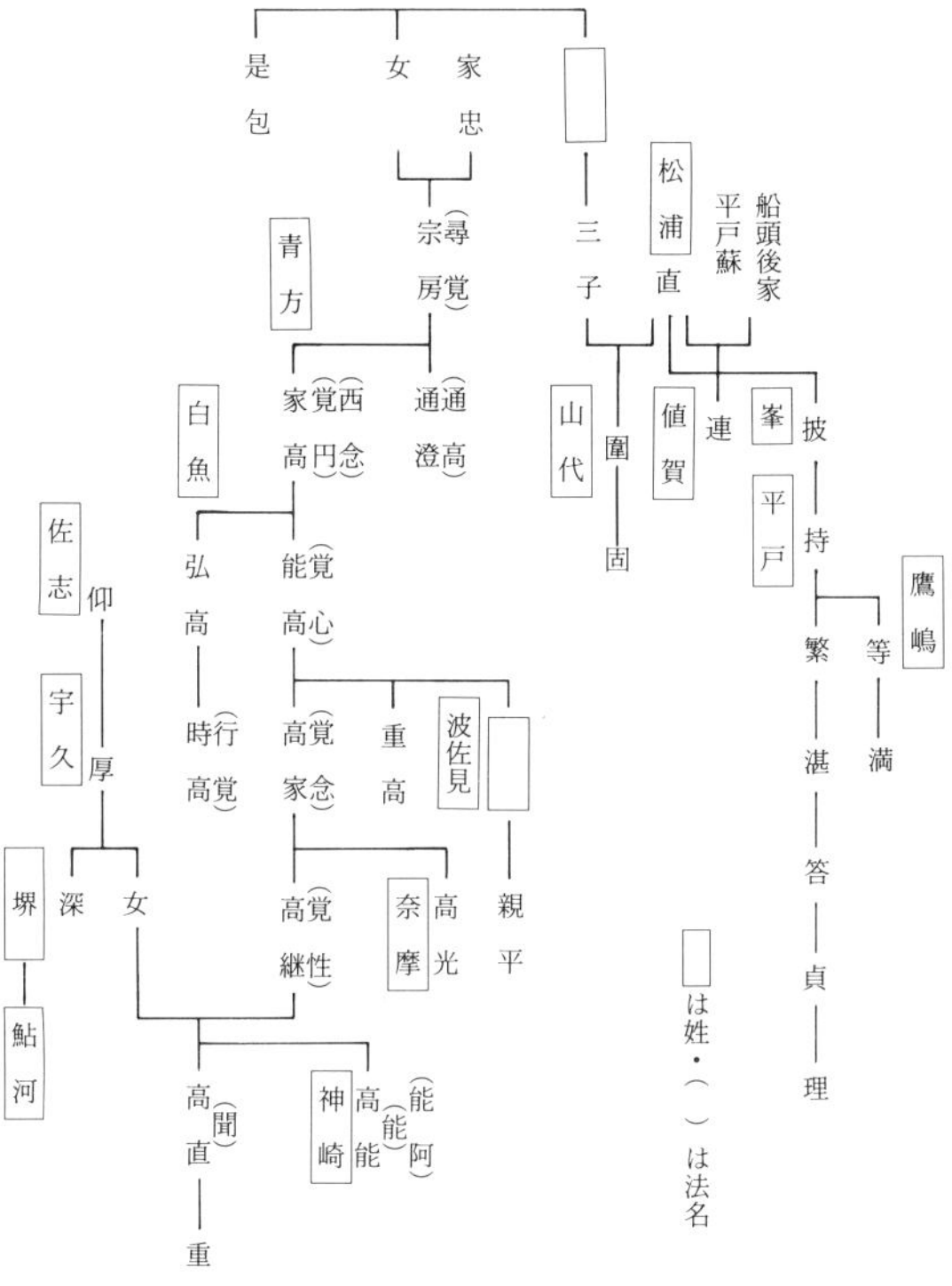

(27) 宮本常一は「五島列島の産業と社会の歴史的発展」（『西海国立公園候補地学術調査書』一九五二年、『宮本常一著作集』11、未来社、一九七二年、所収）という興味深い報告のなかで、これをこの地域の母系制の伝統と関連させて考えている。それは宮本の一揆結合という形そのものの理解の基礎になっている。たしかに鎌倉初期の相論にあたって、母方の発言が非常に大きな意味をもっていることがそこで注目されてくるが、こうした傾向をどこまでこの地域の特殊性とみることができるのかが考えられなくてはならない。また同

じ母方の重視といっても鎌倉初期とこの時期とでは違った意味がでてきている点が注意されねばならぬ。ここではそれは自らの地位を強めるための根拠づけに持ち出されているのであって、そこにこの時期の特殊な問題があったといえよう。こうした問題については、今後も宮本の驥尾に付して勉強してゆきたく思っている。

(28) 「山代文書」三三（『松浦党諸家文書』九州史料叢書）。

(29) 二の三六、三七。

(30) 『平戸松浦家資料』所収「松浦文書」。建武五年四月二〇日、松浦相知蓮賀等連署書状。

(31) 「山代文書」六五、源弘譲状、「中村文書」（中村令三郎氏所蔵）一九。中村近申状（以上『松浦党諸家文書』所収）。『平戸松浦家資料』所収「石志文書」。沙弥定阿譲状。なお「有浦文書」三に肥前国河副庄配分松浦一族交名があり、孔子による配分が行われ、佐志源三郎披をはじめ二三人の名があげられている。また同文書二に貞和二年八月一七日源某起請文があり、「依河副庄支配事、七月十日御書下同廿日到来、如状者、云次第証文同面々知行名々□地美甲乙、云得分員数、載起請文之詞可被注申云々」といわれている点も注目されよう。

(32) 二の二七五、二七六。

(33) 二の二八〇、二九六。ここで中に入っている寂念は恐らく宇久氏の人であろう。

(34) 二の三〇三、三〇四。ここで問題になったのは注(24)でのべた高能（神崎能）と高直の網の得分についてであり、神崎氏の領内の網の得分のうち青方氏の取分は三分の一となった。

(35) 二の三一七。この直、進が鮎河氏であり、堺深のあとの人であることは二の三三二、三三三の文書によってわかる（なお九州史料叢書にこの三三三号を「青方進沽却状」としてあるのは誤りであろう）。

(36) これよりさき観応元年（一三五四＝正平五）に青方重・神崎能の兄弟の伊万里建に対する訴訟を一揆がとりあつかっている事実がある（二の二九八、二九九）。これを長沼は「一揆の抗議」と征西宮府よりの書下に対する建の請文とみている。なお断定はなしえないが、むしろこれは一揆そのものの訴訟取扱いの事例ではなかろうか。そうだとすると、ここで一揆したのは伊万里氏をふくむ下松浦一揆と考えることができ、すでにこのころ素地は充分つくられていたことになってくるが、これは後考をまちたい。

(37) 『日本漁業経済史』上巻、岩波書店、一九五七年、第二篇第一章、「西北九州沿岸住民と中世漁業」。この論文ははじめてこの地の漁業にメスを入れたものとして注目すべき先駆的業績である。史料の誤読、そこからくる結論の飛躍のあることはおおうべくもないが、全体としてこの地の漁業をとらえるのにはやはりこの論文の批判からはじめなくてはならぬのであろう。ただ八一一八二頁の正平二年一一月の史料は、恐らく中世末か近世初期のものと考えられるが、そうして見た場合、きわめて注目すべき文書であろう。

(38) 二の三五六、結番注文。「定番立事」として六番に番をわけているが、そこに青方、有河、多尾、神崎、江、などの姓がみられる。また網代について「番立」ということのいわれている例が室町期に入ってからみられる(二の三七〇)。

(39) 形式的にみても応安の契諾の署名者は官名を署していない点が注目される。またその名字を前後の文書の署名者とくらべたしかめてみると、明らかに知りうるもののみでも有河、青方、神崎、鮎河、奈留、松尾、宇久などがあり、それ以外の地域の人は確認できない。また後の三回の署名には神崎、鮎河などは見出されない。

(40) 長沼前掲書、三〇頁以下参照。重複をあえてして要点をのべると、応安の規定は大よそ軍忠の同心、一族内の所務弓箭などの相論、沙汰の起こった時の処置にかぎられているのに対し、永徳のそれには公私にかかわらず一味同心することのほか、不慮の珍事、夜討強盗山賊海賊、盗人、対捍逃散する土民、堺相論、逃亡下人、放入牛馬のことなどで、それぞれについての処置が細かく定められている。嘉慶の契諾は、それをさらに細かく修正したものであり(長沼によれば、永徳の式目に対する式目追加に比される)、明徳のそれには新たに、公方に申す事のある時の処置、大犯三ヶ条の事などが加えられ、他の規定はぐっと簡略になっている。これはこの契諾が「先日の契諾状」の補足の意味をもっていたところからきたことともいえるが、そこで補足された事項の性格から考えて、一揆自身の生命力の衰えはおおうべくもない。

(41) 『日本中世の村落』日本評論社、一九四二年(『清水三男著作集』第二巻、校倉書房、一九七四年復刻)三五五頁。

(42) 佐藤進一「守護領国制の展開」『中世社会』朝倉書房、一九五四年、所収。

(43) この海夫といわれる人々がいかなる人なのかは一つの興味深い問題である。いま私の知りえている事例はこの松浦一帯と、霞ヶ浦・北浦沿岸のみであり、地理的に全くはなれている両者が同じ性質のものと考えてよいかどうか疑問がある。史料に則して知りうるこの地域の海夫は最初から譲与の対象となっており(『青方文書』・「伊万里文書」)、「党」という集団をなしている場合(「伊万里文書」)、「検非違所海夫等本司職」という形で出てくる場合(「来嶋文書」)、「海夫船」と出てくる場合(「斑嶋文書」、「有浦文書」)のあることが知られる。これらの事実から推測すれば、この人々は別に「船党」という形で現われる人たち(『青方文書』、「深堀記録証文」)とも当然関係あるものと思われ、船を中心に生活する人々であったことが想像される。「津」といわれる場所がこれらの人々と関係深いように思えることもそこで注目されてくる(『青方文書』に津料銭の出てくることは前にふれたが、別に「津泊《つとまり》」という語も現われ、また霞ヶ浦の場合も海夫の居住地はすべて「津」といわれている)。一種の海上生活者ではないかという想像も出てくるのであるが、これは全く推測の域を出ないので、今後を期したい(この想像は一つには渋沢敬三氏の霞ヶ浦についての談話にヒントをえている点もあるが、なおそれをたしかめる機会をえていない)。

(44) 注(27)参照。

(45) 五味克夫「中世開発漁村の変遷——若狭田烏浦の場合」(『鹿児島大学文理学部研究紀要』第八号、史学篇第五集、一九五九年)参照。

(46) ここには「ますた殿」とでてくるが(応永七)、大分のうちの二の四〇四(文安二)の押書状には「松田殿」とあり、その内容はこれと関連してくるのでこうしておいてよいと思う。なお応永の時に百姓網二人前と出てくるのが、文安には網二人前の下作職となっている点が注目を引く(本文参照)。

(47) これは永徳三年(一三八三)のことであり、南北朝末期にぞくするが、その協定にあたって青方・有河の人々に宇久・奈留の人が加わっている。

(48) しかしそれは具体的には何らたしかめることはできない。長沼は「来嶋文書」の永享八年(一四三六)の契約から、平戸にも青方・宇久の「浦のうち」と同様の組織の存在を考えておられるが、この時期の活動の主体はやはりこうした「小一揆」にあったことはいうまでもない。

(49) 鮎河との場合には応永五年(一三九八)に番立のことは日替しと定まったが、応永一九年(一四一二)には、これが二回にわたって数カ条の規定に契約されている(二の三七〇、三八八)。松田との場合には、応永七年(一四〇〇)に二つの網代を毎年交替に引くことになっている(二の三七二)。

(50) 石母田正「解説」『中世政治社会思想』上、岩波書店、一九七二年。

終章　悪党と海賊

はじめに

十三世紀後半から十四世紀にかけて、社会・政治の中での大きな問題となった悪党・海賊については敗戦前の中村直勝、戦後の石母田正・松本新八郎がとりあげて以来、中世史研究者にとって、避けて通れない重要な課題とされてきた。これらの史家の見方については、序章の付論2「悪党の評価をめぐって」でふれたように、石母田が「頽廃」と見た悪党に、松本が全く逆の「革命的」という評価を与えたことは周知の通りである。

一九五五年以降、悪党の問題はおおよそこの枠組の中で議論されてきたが、悪党を地域的な結合を遂げつつあった在地領主の、鎌倉幕府、荘園体制への直接的反逆とする永原慶二の主張にそって、佐藤和彦・小泉宜右等の研究が展開される一方、これを領主層の動きとしつつも、四一半打、天狗、時衆とのつながりに着目した黒田俊雄のユニークな見方も現われてくる。そして一九八〇年代に入るころ、小泉の『悪党』[1]、佐藤の『南北朝内乱史論』[2]がまとめられ、一九七〇年代までの総括が行われた。すでにその中で、佐藤は在地領主の地域支配となお関連させつつも、流通路支配という見方を押し出し、銭貨に対する追究に悪党の動きの特質を見出そうとするとらえ方を肯定しつつあったが、一九八〇年代以降、悪党の研究は次第に在地領主制の観点から離れ、新井孝重『中世悪党の研究』[3]のように、悪党を山伏、漂泊民、手工業生産者などとの関連でとらえ、渡辺浩史「流通路支配と悪党」[4]のように、流通路、交通路と悪党との関係に着目するようになってきたのである。

このように七〇年代までの研究は、在地領主による農民支配に専ら焦点を合せて進められたことは間違いないところで、八〇年代に入ってからの研究は明らかにそこから離れようとする志向を見せはじめているとはいえ、未だ新たな悪党についての理解が打ち出されたとはいい難い。(5)

しかし、別の機会にたびたびのべてきたように、(6)「百姓」を頭から農民と思いこんできた誤り、そこから日本の社会を農業社会ときめつけていた偏った見方から決別し、あらためて海賊までを視野に入れて悪党の問題を考え直してみることによって、八〇年代以降の新たな研究の方向をさらに発展させうるように思われる。すでに議論しつくされているかに見える悪党について、ここでとりあげたのは、一つにはそのように考えたからであるが、それとともにこの時期、悪党、悪僧、悪人などのように、「悪」がとくに問題にされたのはなぜかについても、そこからもう一度、考え直し、(7)本書の終章にかえたいと思う。

一　十三世紀までの流通と神人・悪僧

これまで、先述したような「百姓＝農民」という思いこみのためもあって、荘園公領制の確立するまでの社会は、ときに「自給自足経済」といわれるほどに農業的な色彩の強い社会とされ、流通・交通が問題とされても、せいぜい京都、畿内中心のそれに限られていたといってよかろう。

しかし、塩や魚介、そして鉄製品の交易が古く遡ることは間違いないところであり、とくに受領による貢納物の請負体制が軌道に乗る十世紀以後、その調達に関わる交易が、京都とその周辺のみならず、各地域で活発だったことは、すでに明らかにされている通りである。またそのころは河海の交通が交通体系の基軸となり、瀬戸内海、日本海、太平洋、東シナ海を通じての船による物資の輸送がさかんに行われたのも、間違いないことと思われる。(8)そしてその中で、貢納物の納入に伴う金融――出挙もまた、広く見られるようになってきた。

こうした十世紀後半から十一世紀にかけての徴税制度については、すでに大石直正[9]、勝山清次[10]、大津透等[11]によって明快に解明されてきたが、それらの研究を継承しつつ、佐藤泰弘は「十一世紀日本の国家財政・徴税と商業」[12]で、諸司・諸家・諸国の発給する切下文、返抄、仮納返抄、国下文、国符等の徴税令書ないし請取が、為替手形、信用手形の機能を果しており、それが流通業者、問丸、商人、そして国家によって保証されていたと指摘し、とくにそこで蔵の機能が重要であった点に着目している。

これは非常に重要な問題を提起した論文であるが、さらにそこに神人・悪僧が借上・出挙を通じて深く関わっていたことも、借上の初見史料として阿部猛[13]、戸田芳実等[14]の注目している保延二年（一一三六）九月の明法博士勘文案（『壬生家文書』）によって明らかである。ここでは日吉大津神人による日吉上分米の借上、出挙が問題となっているが、それを借りた人々の中に能登守、三河守、讃岐守、美作守、越中国庁官、大膳進、内匠助が見え、そのさい、庁宣、返抄、請文が質物、証文とされている点に注目しなくてはならない。日吉神人はこのように、手形の機能を持つ庁宣、請文等を集め、それによって取立を行っていたのであるが、その活動範囲は九州、瀬戸内海から北陸に及んでおり、神人の広域的な組織がこうした上分米の出挙、金融活動の背景にあったことは明らかといってよかろう。

そして十三世紀にかけて日吉大津神人は北陸道諸国神人といわれる広域的な組織を定着させていくのであり[15]、佐藤の指摘した手形の流通、商業・金融等の活動は、荘園公領制の形成期には、こうした海上交通等を基盤に広い地域にわたって組織された神人等のネットワークによって保証されていたと考えることができよう。その活動はすでに十二世紀、国家の統制を大きくこえて展開するにいたっていた。保元元年（一一五六）の新制が諸社神人、諸寺諸山の悪僧、諸国寺社の神人・講衆等の濫行をいましめ、治承二年（一一七八）の新制はさらに「遊手浮食の輩」の殺生、出挙の利の一倍を上回ることを禁ずるとともに、諸社神人、諸寺悪僧が京中を横行し、訴訟を決断し、諸国で田地を侵奪することをとくにきびしく禁じており、延暦寺・興福寺の悪僧、熊野山先達・日吉社神人等を名指しで抑制している。

笠松宏至が『日本中世法史論』で鮮やかに指摘しているように[16]、公権力の行う裁判とは全く違った場で、沙汰を請け取って決断し、神仏の権威を背景に沙汰を寄せた者の自力救済を代行する行為を実力で行い、負累を乱責し、運上物を点定する神人・山臥・悪僧（山僧）等の行動は、寛喜三年（一二三一）の新制によっても知られるように、荘園、屋舎、在家、行路の別なく展開され、それは公権力の側からすれば、まさしく緑林・白波―山賊・海賊そのものにほかならなかった。しかし神人・山臥・悪僧の立場に立てば、これは当然の金融、交易活動の実現、執行にほかならず、流通・交易を保証するその広域的な組織の正当な機能の発現だったのである。

公権力―王朝はさきのようにたびたび新制を発して、この組織の度を外れた動きを抑制する一方、神人に定員の枠を定めるなどして神人・供御人制ともいうべき制度を軌道にのせることにつとめ、雑訴を興行して、神仏の権威を背景とした神人・悪僧―商人・金融業者の独自な動きをおさえようとした。その結果、この制度は十三世紀前半までに、ともあれ確立するが[17]、それも束の間、宋銭の大量な流入による銭貨の社会への浸透は、十三世紀後半に入ると本格的になり、それとともにこうした商人・金融業者などの動きもさらに深い根を社会にひろげつつ、新たな展開を見せはじめる。悪党・海賊の問題はまさしくその中に起こってきたのである。

二　十三世紀後半以降の社会の転換と悪党・海賊

この時期、貨幣が社会に深く浸透しはじめ、その「魔力」が人々の心を広くとらえるようになったことは[18]、すでに一応認められているが、これも「農本主義」的な史観に強く影響され、それが社会の根本である田畠―農業をとらえるまでにいたっていない表層的な動きにとどまっていることが、強調されてきたきらいがある。しかしこれも早くから明らかにされているように、このころになると先述した原初的な手形の流通を背景として、商人・金融業者たちのネットワークに保証された為替手形が活発に流通し、送金の手段としてふつうに用いられていた。[19] また一方、鎌倉幕府の御家人の公事は銭高で表示され、[20] やがて所領自体が貫高で示されるようになりつつあり、[21] 貨幣の社会への浸透度は従来、考えられていたよりもはるかに深刻なものだったと見なくてはならない。

こうした状況の中で、山僧や神人、山臥などの金融・商業活動もさらに一段と発展し、その独自な組織のネットワークもより緊密かつ広域的になるとともに、海・山の「領主」ともいうべき武装勢力、さらには「遊手浮食の輩」といわれた博奕をこととする集団、「非人」、犬神人などとも結びつき、王朝はもとより、鎌倉幕府の統制をこえて、その基盤である地頭、御家人を大きく動揺させるにいたったのである。[22] 十三世紀中葉、幕府が四一半打―博打をきびしく停止するとともに、神人の寄沙汰を制止し、山僧を地頭代、預所とするのを禁止して、山賊・海賊を抑制しているのは、もとよりこうした動きに対応した処置にほかならない。

しかし『一遍聖絵』の詞書に、十三世紀の後半、一遍に帰依した美濃・尾張の悪党たちが札を立て、一遍の布教・遊行に対する妨げを禁制した結果、三年間、一遍は山賊・海賊の妨害をうけることなく平和に伝道を行うことができたとあるように、[23] 悪党たちは交通路の平和・安全を自らの実力で保ちうるほどの組織を持つにいたったのである。

この『聖絵』の詞書は、甚目寺での施行の場に続いているが、その場面に現われる尾張国萱津宿の「徳人」が、黒田日出男の「ぼろぼろ」と推定したような、[24] 女性を従えた異形な人物だった点に注意すべきで、この「徳人」が悪党と重なる蓋然性は大きい。[25] 実際、周知の『峯相記』の記述にもあるように、海や山の交通路を中心に、海賊、寄取、強盗、山賊などともいわれた悪党は、柿帷に六方笠を着し、烏帽子・袴を着けず、人に顔を見せない「異類異形」の姿をしていたのであり、非人、山臥にも通ずる衣装で、博奕を好むこうした人々こそが、さきの商業・金融・流通のネットワークの末端にあってその機能を実力で保証していたと考えられる。[26]

そこにはなお呪術的な、人の世界をこえたものの力を背景としている一面があり、交通路の安全を保証するためにこうした人々が収め取った関料は、神仏に対する上分の名目によって正当化されていた(27)。

実際、十三世紀後半以降、勧進上人によって寺社修造等の名目で、幕府・天皇に公認されて津・泊に設定された関も、やはり上分を名目にしており、状況によっては悪党・海賊ともいわれたこれらの人々の力に支えられて関料徴収が実現していたのである。正和四年（一三一五）十一月、兵庫関所において守護使と合戦した山僧を中心とする悪党の実態(28)はこのことをよく物語っており、摂津・山城にわたる広域的な地域に根拠を持ち、巨倉池、淀川から大阪湾一帯に分布する悪党・海賊のネットワークにより、関は維持されていたと考えなくてはならない。そして、「籠置悪党交名注進状案(29)」の交名に、「悪党関所」とあるのを「悪党」自身の立てた関と考えるならば、そこに「得万女」という女性の姿が見える点にも注意すべきで、想像をめぐらせば、この人を含む交名に現われる女性たちは、女商人、あるいは遊女の世界にもつながる人であったかもしれない(30)。それはさておき、このように海民・山民を従えた海・山の領主、それらと重なる廻船人、商人、金融業者、倉庫業者などの独自なネットワークによって流通・交通が支配されることに対して、モンゴル襲来という事態にも直面した幕府は、その主導権を自らの手に掌握すべく全力をあげなくてはならなかった。

文永から弘安にかけての頻々たる悪党禁圧令、さらに西国新関停止令、沽酒禁令等は、農本主義的な基調に立つ徳政の興行を通じて、対外的な緊張を背景に、こうしたネットワークを押えこもうとする幕府の懸命な努力であったが(31)、その路線を推進した安達泰盛が霜月騒動によって倒れてからは、むしろこのネットワークの一部を取りこみ、その中に自らの力を扶植するために悪党・海賊の禁圧を強行する得宗—北条氏の専制的な路線が主導的になってきた。しかしこうした専制的な強圧は、否応なしに悪党・海賊—海上勢力との全面的な激突をよびおこすこととなる。

十四世紀初頭、延慶・徳治の西海、熊野浦の海賊の大蜂起はまさしくそれであり、承久の乱以来ともいうべき十五カ国の軍兵を動員して、幕府はようやくこれを鎮圧したのである。それだけではない。文永ごろから始まったといわれ、十四世紀に入り、文保年間から幕末にかけて最高潮に達した東北北部・北海道南部の「蝦夷」を含む悪党の蜂起も、また同様の性格を持つものと考えられるので、これはアイヌの北東アジア交易とも関連し、日本海交易とも結びついた北の海の領主、海民たちのネットワークと深く関係していたのではなかろうか(32)。

この熊野海賊の蜂起を境として、北条氏は西国の海上警固を強化する一方(元応の海上警固(33))、海の領主の組織をその中にとりこみ、列島外にまで及ぶ海の交通・交易のネットワークの押えこみに全力をあげるが、これまた『峯相記』によって周知の通り、悪党・海賊の広域的な活動は、正中・嘉暦のころになると、「先年ニ超過シテ、天下ノ耳目ヲ驚カス」といわれるほどになっていた。但馬・丹波・因幡・伯耆にいたる広域的なネットワークを持つ播磨の悪党は、飛礫・撮棒を用いた戦法を駆使し、「山ゴシ(34)」と称する事前の賄賂をとり、後日に報酬をとる契約を結んで、「沙汰」を請け取り、実力で所々を押領し、海・山の交通路をおさえた。その姿も金銀をちりばめた鎧・腹巻をつけた、「ばさら」ともいうべき出立ちで、五十騎・百騎という大きな軍勢にまでなるにいたっていたのである。

後醍醐天皇はこのような北条氏の強圧に反撥する商人・金融業者・廻船人のネットワーク、悪党・海賊を組織することに、少なくとも一時期は成功し、北条氏を打倒した。実際、悪党・海賊の中に供御人・神人のいたことは間違いないが、後醍醐はこれを武力として動員しただけでなく、そのネットワークを掌握すべく、神人公事停止令、洛中酒鑪役賦課令、関所停止令等を発し、政権の基礎をまさしく商業・流通に置こうとした(35)。建武政府の中枢である内裏に商人や「非人」と見られる人々が出入したのは、こう考えれば当然のことであり、後醍醐の紙幣発行の試みも、手形の流通という実態に応じたものと見ることができる。また「新御倉」を設定し、地頭の所領の所出二十分一を「新御倉御公事用途」として賦課したのも(36)、土倉を公方御倉とした室町幕府の政策の先取りと考えてよかろう。

後醍醐の政権がごく短期間で崩壊したのちも、南朝がしばらくは海賊—海の領主の支持をえて存続したのは、このような背景があったのであるが、十四世紀後半以降は、もはや悪党・海賊のネットワークを統制する求心的な公権力の力は失われ、それとともに「悪党」という言葉自体、社会問題に関わる語としては用いられなくなり、「海賊」はむしろ積極的なプラス価値を含む言葉になってゆく。(37) それはこのネットワークが商人や「船道者」とよばれた廻船人たちの独自な組織となり、「商人道の故実」「廻船の大法」などを持つ自立的な秩序として確立されてゆく過程でもあったが、いまはそれに立ち入る暇はない。

三　「悪党」の悪とはなにか

「党」とは広域的で強力な中心を持たない結合体をさす言葉といってよい。松浦党、渡辺党、隅田党等々の武士団の党はみなそうした特質を持っているが、「悪党」はまさしく「悪」で結ばれた広域的な結合体であった。そしてその「悪」は、まさしく十三、四世紀に特徴的な「悪」だったのである。(38)

平安後期のころの「悪」の語は、粗野で荒々しく、人の力ではたやすく統御し難い行為と結びついて用いられていた。悪源太、悪左府のような用例は、むしろそこに積極的な意味を与えた場合であるが、漁撈・狩猟などの殺生、濫妨・狼藉、殺人につながる行為、さらに人の意志によっては左右できない博打・双六、そして「穢」も「悪」としてとらえられた。それとともに、商業・金融によって利を得る行為もまた「悪」とされたので、「悪僧」はまさしくそうした「悪」の用法を示している。

とはいえそれは、なおこの時期にはこれらの行為を神仏と結びつけることによって正当化され得たのであり、こうした生業に携わる主だった人々が、神仏に直属する神人・寄人になり、王朝が前述したように神人・供御人制を軌道にのせることのできたのは、そこに理由がある。しかし、さきにものべた通り、十三世紀後半以降の社会の大きな転換の中で、未開で野生的な力とも結びつきつつ、貨幣の魔力は社会を広くとらえ、「悪」と結びついた荒々しい力を社会の表面に噴出させた。(39) いまや政治も宗教も、否応なしに「悪」と正面から立ち向わなくてはならなくなってきたのである。

そして政治の動きの中に、二つの路線の顕著な対立・葛藤があったように、宗教もまた「悪」に直面して大きく二つの流れに分かれたといってよい。悪人こそが往生しうるとする「悪人正機」を説いた親鸞、信・不信、浄・不浄、善人・悪人を問わず、すべての人が阿弥陀の本願によって救われるとする一遍は、「悪」の世界に積極的な肯定を与え、商工業者、さらに非人、博打、遊女を含む女性にまで、支持者を広くひろげていった。(40)

これに対し、親鸞に対する弾圧、一遍の行動についての『天狗草紙』『野守鏡』のはげしい非難に見られるように、非人・河原者や女性を「穢」と結びついた「悪」として徹底的に排除しようとする、主として大寺社側の動きも、一方に顕著に現われてくる。律宗・禅宗は北条氏の権力と密着しつつ、商業、貿易、金融、建設事業等に自ら勧進上人として積極的に動き、非人に対する救済に力をつくしつつも、むしろ大寺社の中にそれを組織的に位置づける方向に進み、日蓮は逆にこうした律宗・禅宗等と結びついた権力と戦闘的に対決することによって新たな道をひらこうとしたのである。

十三世紀後半から十四世紀にかけて、いわば徹底した一元論に立つ時宗が、新たに形成されてきた都市及び都市的な場に広くその教線をひろげてゆくが、十五世紀以降、非人・河原者、遊女、博打に対する社会の差別が次第に定着しはじめ、都市自体の光と影が明確になってくると、これに代わって真宗・日蓮宗が都市民の間に大きな力を持つようになってゆく。(41)

もはやそれに立ち入る力は私にはないが、少なくとも「百姓＝農民」という思いこみから、これまで農民と国人の一揆と考えられてきた一向一揆が、すでに井上鋭夫(42)・藤木久志(43)が指摘しているように、むしろ都市民に幅広く支えられていたことは確実である。そして、織豊権力によってそれが徹底的に弾圧され、キリスト教も江戸幕府によって完全に抑圧された結果、建前の上で「農本主義」を掲げた近世の国家権力の下で、「悪」はきびしい差別の中に置かれ、商人・金融業者も低い社会的地位に甘んずるようになってゆくが、これもまた今後の課題として残さなくてはならない。

むすび

非常に粗雑で、詳しい論証抜きの議論をすすめてきたが、これまで「百姓」は農民という誤りの上に描かれてきた偏った日本史像は、きわめて根深くわれわれの中に浸透しており、そこから脱出するためには容易ならざる力を必要としている。ここで、多少の冒険をあえてして、このようなことをのべてきたのも、そうした日本史像を多少なりとも修正するための一つの試みであり、当然、多くの御批判もあろうと思う。しかしわれわれが正確な自己認識をわがものとすることなしに、われわれの将来に向かって進むべき道を誤りなく見出すことはできないのであり、日本人の自己認識に責任を持つ歴史研究者の一人として、このような試論を提出してみた次第である。

(1) 教育社、一九八一年。
(2) 東京大学出版会、一九七九年。
(3) 吉川弘文館、一九九〇年。
(4) 『年報中世史研究』一六号、一九九一年。
(5) 最近、近藤成一は「悪党召し捕りの構造」(永原慶二編『中世の発見』吉川弘文館、一九九三年)において、十三世紀の七〇年代ごろ以後、本所の側から領内の「悪党召し捕り」を幕府に求めてくる場合が多くなり、違勅院宣と六波羅探題の衾御教書によって、本所の注進した「悪党人交名」にのせられた「悪党」を、両使の実力行使によって召し捕る手続きが確立したことを明らかにした。そしてそれが正応五年（一二九二）の伏見の発した新制を契機とし、それと連動して制定された「関東平均御式目」、「関東御事書」によって、この手続きが軌道にのったと指摘した。

これをうけて海津一朗は『中世の変革と徳政——神領興行法の研究』（吉川弘文館、一九九四年）の第九章で「悪党」について論じ、「悪党」は徳政の名の下に行われた神領興行法によって排除された人々の反撃であり、反権力的な響きを持つ「悪党蜂起」は、実は職から排除された甲乙人による既得権回復のための抵抗に対する「国家的な統制の標語」であったとのべている。海津はさらに、モンゴルとの戦争後、「神国思想」「神領興行」の昂揚の中で、「悪党」は「神敵国敵」であり、「異類異形」の「不浄の者」「觸穢のもと」として排除されたという、重要な指摘をしているが、この両者の見解は、十三世紀末から十四世紀にかけて、六波羅探題の管轄下の西国において確立した検断システムの中で用いられた「国家的な統制用語」としての「悪党」のあり方を明らかにした点で、大きな収穫であったといえよう。とくに東国、九州において「悪党」の問題がさほど表面に現われてこない事実を、直ちに社会の実態と結びつけがちだったこれまでの見方に対し、「悪党人交名」の成立の手続きをふくめて、「悪党」の問題、その地域的な特質が、国制のあり方、その展開と不可分の一面を持つことが明証された意義は大きく、これによって、今後の研究がより地についたものになることが可能になったといってよかろう。

ただ、いうまでもなく「悪党」の語は、こうした検断のシステム、制度が成立する以前から現われ、この制度の崩壊した鎌倉幕府滅亡後も、なおしばらくは用いられており、決して制度上の用語にとどまるものではない。また「悪」という語についても、当時の社会に即してみれば、近藤がこれまでは支配者と被支配者との対立の中でのみとられえられてきた、と批判したような、単純かつ観念的な用いられ方をしていたわけではなく、生きた意味を持っていたのである。

近藤が「一三世紀末から一四世紀に固有なのは『悪党処分のシステム』に過ぎず、実態の有無とは無関係の可能性がある」と明言したことに対し、海津が「本質を衝く提言」と支持したのは当然であろう。にも拘らず、海津は「悪党」に「実態無しとして新概念を立てる」のを躊躇している。なぜ海津は「戦後の中世史学の蓄積」に脅えるのか。必要なことは、戦後歴史学の「悪党論」を実証的・科学的に批判し、そのとりあげてきた「悪党」の無内容、空虚さを徹底的に暴き出し、その上でなお残る内実がもしあるならば継承しつつ、「新概念」を大胆に提出することではないのか。海津や近藤は、まさかそうではないと思うが、「蓄積」の「重さ」と自らにふりかかる批判をおそれて、当然なすべき営為を怠るならば、そうした「歴史学」は狭い専門家集団の中で停滞し、やがて現実から見離されて滅び去るしかないので、かつて石母田正のいったような「大胆さ」ではなく、真に事実を深くくぐりぬけた不退転の「大胆さ」をもって、「新概念」が続々と提出されることを期待したいと思う。

もとより、本書にまとめた私の拙ない仕事についても、完膚なきまでの批判を待望するが、ここでものべるように、私は近藤・海津が明らかにしたような制度的な側面を十分に考慮に入れたうえで、なお「悪党」の実態をさらに追究し、「悪」の持つ意味についても、より深く掘り下げて考える道を進みたいと思う。

(6) 拙著『日本社会再考』小学館、一九九四年。
(7) 拙稿「『悪』の諸相」『海と列島の中世』日本エディタースクール出版部、一九九二年、所収。
(8) 注(6)前掲拙著。
(9) 大石「平安時代後期の徴税機能と庄園制」『東北学院大学論集』歴史学・地理学1、一九七〇年。
(10) 勝山「受領貢物・荘園年貢・代銭納——伊勢国の場合」『ふびと』四五号、一九九三年。
(11) 大津『律令国家支配構造の研究』岩波書店、一九九三年。
(12) 『新しい歴史学のために』二一〇九号、一九九三年。
(13) 阿部『中世日本荘園史の研究』新生社。一九六六年。
(14) 戸田『初期中世社会史の研究』東京大学出版会、一九九一年。
(15) 拙稿「北陸の日吉神人」楠瀬勝編『日本の前近代と北陸社会』思文閣出版、一九八九年。
(16) 東京大学出版会、一九七九年。
(17) 拙稿「中世前期における職能民の存在形態」永原慶二・佐々木潤之介編『日本中世史研究の軌跡』東京大学出版会、一九八八年。
(18) この点は、本書の第I部付論1・2・3などで指摘してきた。
(19) 拙稿「貨幣と資本」、岩波講座『日本通史』第9巻、中世3、岩波書店、一九九四年。
(20) 「田中穣氏旧蔵典籍古文書」建治元年五月日、六条八幡新宮造営用途支配状案などによって、これは明らかである。
(21) 佐藤進一・笠松宏至・網野『日本中世史を見直す』悠思社、一九九四年、の四三頁で、佐藤がいわゆる『平政連諫草』(じつは中原政連の諫草)の第五条に即して指摘している。
(22) 拙著『蒙古襲来』小学館、一九七四年。
(23) 拙稿「一遍聖絵」、岩波講座『日本文学と仏教』3、「現世と来世」岩波書店、一九九四年。

(24)「ぼろぼろ（暮露）の画像と『一遍聖絵』」『月刊百科』三四五号、三四七号、一九九一年。
(25)拙著『中世の非人と遊女』明石書店、一九九四年、第Ⅰ部第三章。
(26)拙著『異形の王権』平凡社、一九八六年。
(27)拙稿「初穂・出挙・関料」『増補無縁・公界・楽』平凡社、一九八七年。
(28)『東大寺文書之五』［摂津国古文書］八〇号(一)、正和四年十一月日、兵庫関合戦悪行輩交名注進状案。ここには、注記、竪者の称号を持つ多くの山僧をはじめ、都賀河、河原崎、賀嶋、西宮、兵庫、輪田荘、尼崎、今市、打出などの摂津の各地、さらに山城の淀、下津、水垂、芋洗など、巨倉池から淀川に沿う河辺の要地に根拠を置く多くの人々の名前があげられている。
(29)同右、八〇号(二)。
(30)「悪党関所」を立てたのは得万女のほかに、入道五郎、大蔵丞が見えるが、ここにあげられた十四名のうち、得万女、犬女、きぬや、姫鶴女、若菊女の五名が女性と推測される。この中に商人・金融業者のいたことはまず間違いなかろうが、遊女との関わりも、決して荒唐無稽な憶測とのみはいい難い。
(31)本書第Ⅰ部第二章、第Ⅱ部第四章参照。
(32)注(6)前掲拙著。
(33)本書第Ⅱ部第四章。
(34)なぜこれを「山ゴシ」というのか、考えてみる必要がある。『日本国語大辞典』（小学館）によると、盗人仲間の隠語で、「垣根・壁などを乗り越えて忍び込むこと」、あるいは「強姦」を「山越」といったといわれるが、恐らくこうした意味の源流はこの「山ゴシ」であろう。
(35)注(21)前掲『日本中世史を見直す』参照。また拙稿「後醍醐――王権の経済的基盤」、週刊朝日百科・日本の歴史別冊『歴史を読みなおす3　天武・後白河・後醍醐』朝日新聞社、一九九四年。
(36)本書、第Ⅱ部付論1。前注『日本中世史を見直す』参照。
(37)海賊については、勝俣鎮夫「山賊と海賊」週刊朝日百科・日本の歴史4、中世1『徳政令――中世の法と裁判』朝日新聞社、一九八六年）、桜井英治「山賊・海賊と関の起源」『中世を考える　職人と芸能』吉川弘文館、一九九四年などに、新しい視点からの的確な指摘がされている。なお、注(6)前掲拙著でも随所で言及した。
(38)注(7)前掲拙稿。

(39) 注(19)前掲拙稿。

(40) 注(23)前掲拙稿。

(41) 拙稿「真宗教団の社会的基盤」『蓮如上人に学ぶ』真宗大谷派宗教所、一九九三年、「中世の庶民――親鸞・蓮如の時代」『白道』四号、一九九四年。

(42) 井上鋭夫『山の民・川の民』平凡社、一九八一年。

(43) 藤木久志『日本の歴史15　織田・豊臣政権』小学館、一九七五年。

あとがき

モンゴル襲来＝「元寇」に私が関心を持ったのは、一九五一年、歴史学研究会が「民族の問題」を大会テーマとしたころにまで遡る。元・高麗・日本・ヴェトナム等の「民族」の間の葛藤について石母田正氏に示唆されたのが、たしか一つのきっかけだったと思うが、全く観念的にこれを「民族」の独立の問題と関連させて、「元寇」についてあれこれと発言していた自分を、いまもボンヤリと思い出す。

この年、歴研の委員として私が主に関係していた学生歴研協議会は「全国の青年歴史家のみなさんへ」という書き出しで、「世界青年学生平和祭に当り、平和に関する歴史論文を募集する」という訴えを行っている。そのビラが私の手許に残っているが、もともと思いつきで、準備らしい準備も全くなかったこの企画が成功するはずはなく、論文募集の期限までに集った原稿は、発議した責任から私が慌てて書いたものを含めて二、三本しかなかったため、審査委員の一人だった石母田氏の忠告で、企画は流れた。それ故、表に出ることはなく、記憶も定かではないが、このとき私は「元寇」について、なにか全く問題にもならないたわごとを書いてしまったのである。

それからしばらくして、そのような観念的で思い上がった自分自身を断ち切り、すべてを始めからやり直す決心をどうやら固めるようになっていた私に、平凡社を通じて『世界歴史事典』史料編の「元寇」の部分を担当するようにと勧めて下さったのが、佐藤進一氏であったと思う。さきの苦い失敗の記憶を振り切りつつ、どうやらこの責を果す過程で、私ははじめて本当に、モンゴル襲来に関する論文を読み、史料を蒐集して勉強をはじめた。

この史料編は一九五五年に刊行されたが、それにつづいて一九五六年、私は河出書房の発行していた雑誌『特集知性』2の「よみもの日本史」という特集に、「元寇」について書く機会を与えられた。なぜ私にこのような依頼があったのか、いまもわからないが、ともあれ「元寇の一断面」と題し『竹崎季長絵詞』に即して私の書いた拙い文章は「蒙古襲来す」という主題を付けて掲載された。

このように一九五三年後半以降のモンゴル襲来に関する私の勉強は、それ以前の数年間の自分の行った恥ずべき所業を償うために積み重ねてきたものであったが、平行して進めていた荘園の勉強と相俟って、関心は次第に十三世紀後半から十四世紀にかけての転換期の全体、さらに鎌倉末・南北朝期の政治史に拡がっていった。そしてやはり同じころ、漁村・海民について細々と勉強を続けていたこととも関連して、悪党・海賊について、おのずと考えるようになり、いくつかの拙い思いつきを文章にしていった。

読売新聞社の刊行による『人物・日本の歴史』の第四巻「鎌倉と京都」(一九六六年)は永原慶二氏の編集であるが、永原氏からさそっていただいて、そこに「花園天皇」「悪党の群像」(『史話　日本の歴史12　二つの王権』作品社、一九九一年に再録)を書いたのもその一つである。しかしそれらの仕事を通じてうっすらと見えるようになってきた、十三世紀後半から十四世紀にかけての社会の動き、鎌倉後期史の筋道について、小学館版の『日本の歴史』第十巻として『蒙古襲来』(一九七四年、小学館ライブラリーとして一九九二年再刊)の一巻を担当し、そこで思い切って書き下ろしてみたのが、私にとって、一つの重要な転機になったことは間違いない。

これも永原氏のお勧めに従って決心したのであるが、第I部の付論2も、永原氏が執筆の機会を与えて下さった。またとくにこの前後、しばらく幸運にも名古屋大学で御一緒することのできた佐藤進一氏、しばしば史料の閲覧に通った東京大学史料編纂所の古文書室で、いつもお世話になった笠松宏至氏から、折にふれて適切かつ貴重な御教示をいただくことのできたのは、大きな幸せであった。こうしたことがなければ、このような仕事をここまで進めることは到底できなかったと思う。この三氏をはじめ、多くの方々からいただいた学恩に対し、ここに心からの御礼を申し上げたいと思う。

こうしてこの仕事を通じて多くの新しい問題を見出すことができたと考えたので、以後、これに即していくつかの小論をまとめてきたが、それらのうち、前著『異形の王権』(平凡社、一九八六年、平凡社ライブラリーとして一九九三年刊)に収めたもの以外の、鎌倉末・南北朝期に関する論文を二部に編成し、問題の所在を模索していたころの一九六〇年代の拙文を付論の一部として付して一書にしたのが、本書である。

終章とした「悪党と海賊」は、決して結論ではなく、本書全体の示しているように、あれこれと考えあぐねてきたこうした人々について、最近ようやくはっきりと見えてきた実態を描いてみたもので、これを新たな出発点として、今後、さらに追究をつづけたいと思っているが、当面、これまでの仕事に一つの区切りをつける意味で、本書を大方の御批判にさらすことにした。

このような論文集を編むとき、いつも、果してどれほどの意味があるのだろうかという疑問が頭をよぎるが、そうした躊躇をふり切らざるをえないところに私を追いこんだのは、二十年以上前から、一書をまとめるように強く勧めつづけて下さった法政大学出版局の稲義人氏と平川俊彦氏であった。何回も何回も酒の酔いの中で繰り返してきた空約束を、ようやくこのような形にして実現することのできたのは、偏えに両氏の辛抱強いお勧めによるので、長年にわたっておかけした御迷惑をお詫びするとともに、衷心からの謝意を表したいと思う。

一九九五年一月十六日

網野善彦

初出一覧

序　章　南北朝動乱の評価をめぐって（『歴史学研究』第五六一号、一九八六年一一月）
付論１　大会にふれて――「悪党」の評価の変遷を中心に（『歴史学研究』第二八三号、一九六三年一二月）
付論２　悪党の評価をめぐって（同右、第三六二号、一九七〇年七月）

第Ⅰ部　鎌倉後期の社会と政治

第一章　「関東公方御教書」について（『信濃』第二四巻第一号、一九七二年一月）
第二章　文永以後新関停止令について（『年報中世史研究』第九号、一九八四年五月）
第三章　豊後国六郷山に関する新史料（『大分県立宇佐風土記の丘歴史民俗資料館紀要』第六号、一九八九年三月）
付論１　元寇前後の社会情勢について（『歴史学研究』第二三一号、一九五九年七月）
付論２　農村の発達と領主経済の転換（永原慶二編『日本経済史大系』２中世、一九六五年三月、東京大学出版会）

第Ⅱ部　鎌倉末・南北朝期の社会と政治

第一章　鎌倉末期の諸矛盾（歴史学研究会・日本史研究会編『講座日本史』３、一九七〇年七月、東京大学出版会）
第二章　悪党の系譜（『太平記・曽我物語・義経記』〔鑑賞日本古典文学21〕一九七六年八月、角川書店）
第三章　楠木正成に関する一、二の問題（『日本歴史』第二六四号、一九七〇年五月）
第四章　鎌倉幕府の海賊禁圧について（同右、第二九九号、一九七三年三月）
第五章　造酒司酒麴役の成立――室町幕府酒屋役の前提（竹内理三博士古稀記念会編『続荘園制と武家政治』、一九七八年一月、吉川弘文館）
第六章　元亨の神人公事停止令について――後醍醐親政初期の政策をめぐって（『年報中世史研究』第二号、一九七七年

五月）
第七章　倉栖氏と兼好——林瑞栄氏『兼好発掘』によせて（『文学』第五二巻第七号、一九八四年六月）
付論1　建武の所出二十分一進済令（『歴史読本』六〇〇号、一九九三年八月）
付論2　建武新政府における足利尊氏（『年報中世史研究』第三号、一九七八年五月）
付論3　青方氏と下松浦一揆（『歴史学研究』第二五四号、一九六一年六月）
終　章　悪党と海賊（『大谷学報』第七十三巻第二号、一九九四年一月）

人名索引

あ　行

藍原左衛門入道定光　257
青方氏　338-340,344-352,355-358
青方家高　339,340,353
青方重　348,351,355,356
青方進　356
青方高家　342-345,354
青方高継(覚性)　342,343,345,347,353-355
青方高直　346,348,353-356
青方高光　345,353-355
青方弘高(＝白魚弘高)　340,354
青方能高　340-342,344,345,353-355
赤松円心(入道,則村)　210,221,224,227,316,323
赤松氏　225,228
赤松貞範　210,224
赤松則祐　224
赤松範資　210,224
明成　311
明済(豊前阿闍梨)　155
秋山光政　218
悪源太　368
足利氏　323,330,
足利尊氏　10,235,237,323,325,336,337
足利直義　91,325,337
足利持氏　18
足利義詮　286
足利義満　4,11,14,16,287,292,294,295,304　→鹿苑天皇
阿蘇惟時　336
安達氏　72,327,330
安達盛宗　73
安達泰盛(城泰盛)　72-74,79,80,327,330,366
安達義景　327
安倍氏　327
鮎河氏　345,348,352,357,358
鮎河直　348,356
鮎河進(＝青方進)　348,356
新井白石　17
有河氏　348,349-351,357
有河性心　342
有綱(余三)　271
安閑天皇　326
安東景綱　65,66,77
安東氏　196,200,262
安藤氏　216
安東平右衛門入道　76
安東蓮聖(蓮性)　90,96,197
家秀(弥五郎)　258
家安(右馬允)　153
石志氏　347
伊勢祐実　263,271
市河次郎左衛門尉　268
伊地知長清　257,269
一条公有　241
一山一寧　84
一色道猷　330
一遍　365,369
糸永(次郎)昌重　100,105,106
犬女　373
飯尾為定　269
飯尾為頼　257,269
伊万里建　356
伊美(兵衛次郎)永久　111
石見房　172,181
石見法印　293
因州　109
右衛門尉　60,61
右京大夫　65
宇久氏　345,346,348-352,355-358
宇久(五郎)厚　355
宇久松熊丸　352
右近三郎正吉　333
雅楽左衛門次郎　257
裏松資康(右大弁,右中弁,別当)　289,291,292,304
卜部兼顕　328,331
卜部兼雄　328,329,331
卜部兼名　331
卜部氏　326,327
瓜連備前入道貞国　244
恵観　313
海老名氏　224
円位　97,108,109,113
円豪　99,100,106,112,113
円清　258,261
淵信(和泉法橋)　157,207,270
円増　111
円仁　110
円然　113
塩谷左衛門入道　260
大井美作五郎　85
大江氏　327
大門傔仗　195
大河戸重澄　329
大河戸広行　329
大蔵丞　373
多氏　327
大田納　257
大塚惟正　244
大友氏　77,112
大友貞親(出羽守)　98,109
大友貞宗　336,337
大友親秀(寂秀,豊前大炊助入道)　99,100,105,106
大友統運　103
大友能直(豊後左衛門尉)

103,105
大友義直　103
大友義述　103,104
大友吉統　103,104
大友義康　103
大友頼泰(前出羽守)　75,76,78,102,108,253
小串氏　228
小串範行　225
押小路家　297
大仏維貞(陸奥守)　260,261

か　行

快深(順良房)　181
加賀権守　60
開田法親王　300
覚阿　94
覚海(石見註記)　157,258,259
覚秀(石見房)　122,153,155,157,181
柏木正家(左近蔵人)　239
糟屋次郎左衛門尉　257,269
金沢顕時　327,330
金沢貞顕(崇顕)　323,329,330
金沢貞助　330
金沢実時　323,330
金沢実政(前上総介)　99,109,255
金沢氏　321,323,325-328
金沢政顕(前上総介)　98,103
包枝進士光全　64
包直(兼直)法師　99,100,105,106
兼遠(民部権大輔)　305
包巳　291
狩野貞宗　258
竈門孫次郎　103,110
亀法師　355
亀山天皇　14,83
菅家　224
神崎能(能阿,高能)　348,355,356
神崎氏　355-357
勧修寺中納言(経重)　292
勧心　163-165,190
感晴　83
木内氏　113
北畠親房　16,22,243,282
きぬや　373
紀景末　333
紀宗信　300
紀頼兼　298
紀願成　333
岐部円如　102,110
岐部成末(円妙)　110
行円上人　90
教顕　82
京極為兼　210
刑部太郎入道　287,303
行遍　196
清原氏　330
清原師幸　318
久下弥五郎　218
日下部氏　244
久代氏　207
医師心覚　261
楠河内入道(＝河内楠入道)32,222,238
楠木氏　225,233,238,241,244,245
楠木四郎　244
楠木正成　9,11,32,44,51,210,218,221,222,225,227,229-232,235,237-241,243-245,316
楠木正儀　18
忽那氏　236,242,267
忽那孫次郎入道(重義)　236,242
工藤杲禅　77
工藤右衛門入道　61
国友　291
国直　333
国安　153,171
久野左近将監　109
熊野八庄司　218
蔵人右中弁(宣方)　303,304
倉栖兼雄　321,322,325-327,329
倉栖掃部助四郎　322
倉栖左衛門尉　324,325
倉栖氏　321,322,326-328,330
倉栖某　322
倉栖六郎　323
倉栖六郎左衛門　322-326
来嶋氏　267
慶意　298
慶心　271
釼阿　87,94
賢寛(備後)　243
検校太郎　319
兼好　72,210,321,325-328,330,331
顕助　330
憲静(願行上人)　90
顕詮　310,312,318,323,325,330
顕増　310
厳増　309
顕尊法印　94
顕辨　330
江氏　356
幸阿　181
高王大夫　261
高氏　323,325,328,330,336
高澄坊　311
幸尊　113
後宇多天皇(大覚寺殿)　83,93,210,280,308,312
勾当内侍　313,319
幸徳丸　319
河野氏　110,208
河野四郎　103,110
河野通有　256,257,272
高師直　183,322,324,325,330
高師冬　324,330
高師泰　183,218,325
高義胤　330
後円融天皇　289,305-307
後光厳天皇　286,287,302,304,306
後小松天皇　291
後嵯峨天皇　14,190

後醍醐天皇　8,10-12,15,16,21,34,91,209-211,222-225,227,229,231,232,234-237,243,245,264,281-284,295,302,309,310-318,332-334,336,367
児玉七郎入道　260
五島氏　352
後鳥羽天皇　14,105
小早川朝平　257,258
後深草天皇　93
後伏見天皇　231,312
後村上天皇　311
小山氏　323
惟資　250
惟村　65,77

さ　行

西園寺公経　197
西園寺実兼　83
宰相法印　287
左衛門権少尉(藤原)　277
左衛門尉　61
堺氏　345,346,348
堺深　355,356
坂上明宗(大判事,明宗宿禰)　291,292,304,310
桜田時厳　244
左近将監某　97,109
左近将監(藤原)　277
佐々木道誉　11,183
佐々木範綱　270
佐志披　355
佐志氏　347
左大弁　290
貞国　178
貞継(又太郎)　110
佐竹氏　239
貞宗(参河権守)　242
佐東西念(沙禰西念)　61,77
散位(菅原)　277
実助　243
真利　163,165
実長(信阿)　153
左兵衛志(佐伯)　277
左馬頭　203
式部卿宮　241
重説散位　292
重真　153,171
志佐氏　351
執当法印　303
斯波高経　286
斯波義将　285,286,293,306
重永　163,179
慈源　107
四条隆蔭　241,310
実円(輔房)　122,153,179
実融　94
柴江綱法師　268
渋谷三郎左衛門尉　257,269
渋谷経重　64
島津貞久　336
島津貞之　336
島津氏　224
島津久長　255,337
下河辺行光　329
下河辺氏　323,329
下野彦三郎左衛門尉　255
寂念　356
重舜　153
常阿　322
浄意(又五郎入道)　103,111
乗違　181
定宴　164-166,174,178,180
定什　103,111
勝智　322
乗南　263,270
浄妙　180
白魚行覚　268,341,343,344,345,353,354
白魚氏　345,354,355
白河院　190
尋覚　339,353
信性　258
親鸞　269
随縁　87
随了(比丘尼)　327
助国　164,177
周東入道　257
角大夫　333
駿河守　59,62
聖宴　123,178
晴顕　83
性算(理教坊)　209
聖智房　243
清喜法印　93
聖尋(東南院僧正)　222,229
聖尊法親王(遍智院宮)　234
禅勝　122
暹尋　196
全村(因幡竪者)　218
宗賢法師　288,302
曾歩々々清重　206
素金上人(道祐)　235
尊兼法師　287,302,303
尊道法親王　287

た　行

醍醐天皇　235
大膳権亮(高階)　277
平氏　251
平政連　121,124
平光清　157
平頼綱　206
多尾　349,356
高倉大夫判官　291,304
鷹嶋等　355
鷹嶋満　353,355
竹崎季長　72,74,79,123,354
武田信玄　226
武田福寿丸　330
太政僧都　288
田中　217
田中掃部助入道　333
田中四郎　333
田総氏　207
田総左衛門尉　271
胤長　103,111,113
知栄　207
値賀十郎連　339,355
千種忠顕　210,237
知元　94
千葉氏　111,267
中納言佐　241
長玄(権大僧都)　303
経家(肥後守)　263

経高　277
世良親王(大宰帥親王)　230,
231
都甲氏　110
都甲惟遠(妙仏)　110
鶴王宮掌正憲　319
寺田法念　157,207,210,258,
259
出羽判官　262
土居彦九郎　272
洞院公賢　310,311,325
洞院(大納言)実守　289
道我(清閑院大納言僧都,聖無
動院僧正)　210,237,243
藤左衛門尉　268
道順(西南院大僧正)　229,
234
道尋(権少僧都)　302
道祐(内大臣僧正,蓮蔵院権僧
正,報恩院僧正)　210,222,
231-238,241-245
得万女　366,373
時真(藤三郎)　122,130
時沢　163,165,178
時直(上野前司)　243
土岐頼遠　183
常葉範貞　225
頓宮氏　217,224
豊臣秀吉　104
友有丸　291
伴氏　327,330

な　行

長井氏　271
長井貞重　207,261
中務大輔　299
中院通顕　245
中院通重(内大臣)　234
中院内大臣法眼(＝中院通重)
236,245
中院(家)　242,245
中野頼慶　333
中原氏　222,297,327,330
中原章頼　292,306
中原政連　372
中原師顕　307
中原師有　307
中原師右　307
中原師緒　307
中原師香　294,307
中原師蔭　294,307
中原師方　307
中原師象　307
中原師兼　307
中原師清　307
中原師邦　288,291-294,303,
304,306,307
中原師郷　307
中原師茂　307
中原師重　307
中原師胤　294,307
中原師千　307
中原師綱　307
中原師連(持明院大外記)
285,286,293,294,302,307
中原師遠　307
中原師俊　307
中原師冨　307
中原師朝　307
中原師尚　307
中原師直　307
中原師音　307
中原師徳　295,307
中原師彦　307
中原師秀　307
中原師弘　307
中原師冬　307
中原師古　307
中原師身　295,307
中原師光　307
中原師宗　307
中原師元　307
中原師守　307
中原師世　307
中御門大納言家　307
中御門宣方　287,288
永宗　306
中村氏　347
中村近　356
名越氏　198
名越時章　77,198
名越時長　77
名越時輔　198
名越教時　198
名越光時　189
名張八郎　218
名和氏　224,225
名和長年　210,214,221,222,
225,316
南条左衛門尉　268
奈留　357,358
二条天皇　234
二条良基　302
日蓮　87,121,122,369
新田義貞　218,
入道五郎　373
忍性　87
信景　333

は　行

波佐見親平　342,345
花園天皇　210,211,309,317
久季　319
久光　291,305
備前々司　65,77
日野資朝　210,211,237,309
日野俊基　222,229,237,309
日野兵衛　333
姫鶴女　373
平子重嗣　260
平子(十郎)重道　260
平戸答　342,343,353,355
平戸氏　344,351,352,355,
358
平戸繁　355
平戸持　355
平戸湛　340,342,344,353,
355
平戸貞(峯貞)　341-343,345,
353,355
平戸理　348,355
平戸松浦氏　339
広橋仲光(治部権大輔)　285
広橋家　295
伏見天皇(持明院殿)　14,93,
210

藤原清長(中宮亮)　277
藤原隆信　159
藤原経長　83
藤原氏女　123
藤原仲房(春宮大進)　277
藤原信経　280,301
藤原範親　157,159
藤原冬綱　157
藤原通高　339,353
藤原宗親(治部権少輔)　277
藤原頼経(左近衛権中将)
253
藤原頼長(悪左府)　368
冬方(大蔵卿)　281,282
平氏→た行を見よ
弁房承誉　122,207,263,264,
270,271
宝篋院殿　285
法住　87
坊城定資　309
北条兼時(修理亮,賀古河殿)
76,77
北条貞時(最勝園寺入道,相模
入道)　72,77,80
北条氏　65,66,70,73,79,198,
200,227,261,262,326,334,
367
北条重時(相模守)　101,102,
107
北条高時　227
北条為宗　271
北条経時　108,118
北条時定　75
北条時直　66,77
北条時房(相模守)　98-101
北条時政　65
北条時宗(相模守)　59,60,64,
72,79,90,108,119,198,200
北条時頼　76,108,187,189,
191-194,244,327
北条宣時(陸奥守)　60
北条業時(駿河守)　62,63
北条英時(修理亮)　103
北条政村(左京権大夫)　64
北条師時(相模守)　342
北条泰時(武蔵守)　98-101,
107,118,190,194
北条義時　65
細川頼之　293
本田久兼　218

ま　行

ますた殿　358
松尾　357
松王丸　313,317
真継家　296
松田　351,352,358
松平氏　96
松山九郎　218
松浦直　339
松浦一族　339,346,347,356
松浦宇久青方　346
松浦相知蓮賀　347,356
万里小路嗣房　290,304
万里小路仲房　306
三浦泰村　323
三浦義澄　329
造酒正　280,281,289
三角入道　218
密厳　123
南御方　241
源実朝　105,107
源実心　207,263,264,270,
271
源成就丸　259
源太子　100,105,106
源為朝　219
源弘　355
源義経　240
源頼朝　18,72,87,252
峯氏　340
峯持　339,340,355
峯披　355
宮川　157
三善氏　327,330
三善倫長(前対馬守)　102,
107,108,113
民部大輔　303
武藤資頼(大宰小弐)　103,
105,112
武藤時定　197
宗清　178
宗氏　171
宗尊親王　108
宗安　178
村上源氏　234
明治天皇　4,15
目賀田(五郎兵衛入道)玄向
324
毛利氏　226
盛範　65,66,77
護良親王　221,224,225
文観(＝弘真)　12,87,210,
222,229,234,235,237,243,
245

や　行

八木氏　244
八木(八郎左衛門入道)信方
244
八木(弥太郎入道)法達
244
八木吉忠　250
益信　210
八坂氏　111
八坂(孫五郎入道)道西　103,
111
安川　178
保田氏　244
保田庄司　227
安富左近将監　109
矢野兵庫允　65
山神(大夫)定範　218
山代(三郎)固　339
山代氏　347
大和守　99,107,108,113
弥六入道　130
湯浅氏(＝保田氏)　244
祐舜　80
祐尊(上総法橋)　155
幸女　319
吉河氏　224
吉野殿　310
吉村(孫次郎)助行　261

ら　行

律明上人　85
竜光法師　169
良全　113
滝覚(伊与房)　243
滝賢　243
鹿苑院殿　303
鹿苑天皇(＝足利義満)　11

わ　行

若菊女　373
若狭直阿　333
脇袋彦太郎　155,157
脇袋国治　181
脇袋範継(瓜生範継)　64,181

地 名 索 引

（寺社名・荘園名を含む）

あ　行

青方（肥前）　342
青保（若狭）　342
明石（播磨）　259
赤間（長門）　86,88
安芸国　197,208,224,248,260,
安芸荘（土佐）　245
芦屋（摂津）　219
阿曽山（伊勢）　253
阿氏河荘（紀伊）　201,244
尼崎（摂津）　84,373
鮎河（肥前）　351,355
有河（肥前）　342
有馬（肥前）　226
淡路国　251,271
粟津橋本（御厨,近江）　202,241,300
安追名（若狭）　179
飯島（鎌倉）　87
伊賀国　28,218,224,316,319
石黒荘山田郷（越中）　196
石田（伊勢）　251
和泉国　232,239,243,244,274
伊勢海　207
伊勢神宮　108
伊勢国　224,250,251
伊豆国　59,60
稲津浦（伯耆）　223
稲積荘（伯耆）　223,227
新《いま》熊野社　291,304
今嶋（伊勢）　319
今こゆ（摂津）　373
伊美郷（豊後）　103,111
芋洗（山城）　373
伊予国　208,236,256-258,263,267,272
入来院（薩摩）　154
石見国　207,216,218,271
インド　19
宇賀津（近江）　266
宇久浦（肥前）　352
宇久嶋（肥前）　355
宇佐八幡宮　105,106,108
歌島（備後）　207
内海（瀬戸内海）　196,207
打出（摂津）　373
宇土荘（肥後）　342
宇野御厨（肥前）　247,339
「裏日本」　196
浦部（肥前）　353
浦部嶋（肥前）　339
瓜生荘（若狭）　64
瓜連（常陸）　239
叡山（山門）　34,197,198
越前国　216
近江国　224,250,266,271,274
大江御厨（河内）　224,247
大折山（豊後）　110
大河戸御厨（武蔵）　330
大嶋（近江）　266
大隅国　66,67
大田荘（備後）　154,157,207,208,251,258,261,271
大田（武蔵）　328
大田榎坂郷（備後）　207
大田保（摂津）　274,275
大津（近江）　266,363
大成荘（尾張）　209
太日川　323
大部荘（播磨）　32,222,238
大曲（羽後）　220
大山荘（丹波）　130,149,153,154,156,173,209
岡安名（若狭）　124
隠岐　236,243,248
小城山（肥前）　97
沖縄　17
巨倉池　366,373
愛宕（山城）　218
小多田保（丹波）　197
小値賀島（肥前）　339,353
遠敷（若狭）　61,333
尾道浦（備後）　207,258,261
小野山（山城）　275
小浜（若狭）　153,157,181
尾張国　210,365

か　行

加賀国　271,274
垣田荘（備後）　241
神楽岡（山城）　218
賀古河（播磨）　76
笠置（山城）　232
賀嶋（摂津）　373
鹿島社（常陸）　108
春日社　280,288,300,303
霞ヶ浦　358
勝浦新荘（阿波）　263
葛川（近江）　195,202
葛野荘（丹波）　241
金崎城（越前）　218
河原崎（摂津）　373
鎌倉　72,190-192,326,328,329,330
竈戸（周防）　88
竈門荘（豊後）　110
上桂荘（山城）　210
上久世荘（山城）　182
亀頸（安芸）　259,260,269
賀茂社（山城）　223,280,288,291,304,306
萱津宿（尾張）　365
賀屋荘（播磨）　309
河副荘（肥前）　346,347,356

河(川)内国　225,239,245,274,277,299
観音寺　243
歓喜寿院　147
神崎(摂津)　82
神崎荘(讃岐)　249,272
感神院　318
観心寺(河内)　243,245
観心名(若狭)　153,155
関東　61,83,87,88,90,97,106,109,110
甘南備上郷(河内)　299
甘南備保(河内)　274,275
紀伊水道　256
紀伊郡(山城)　135
紀伊国　218,248
祇園社　93,221,310,311,314,317,328
北九州　86
北野社　293,294
畿内　5,206,230,238,362
——近国　39,219
——周辺　116
——西海　253
——西部　238
岐部浦(豊後)　110
岐部荘(豊後)　103,110
清滝宮　234
京都(京)　9,11,17,234,236,243,293,300,310,311,314,315,326-328,330,362,363
一条　324
二条町　320
三条　300,301,311
四条坊門　325
四条坊門富小路　324
七条　311
六条坊門　311
六角町　280
清貞名(若狭)　124
九州　11,16,17,72,76,198-200,320,344,363,371
草戸千軒(備後)　207
草部郷(和泉)　299
忽那嶋(伊予)　236,272
久慈西郡(常陸)　239
国東郡(豊後)　103
熊野(紀伊)　208
能野浦(紀伊)　256,366
熊野山　253,268
久米田寺(和泉)　90
倉樔(=倉栖,武蔵)　326,329
黒田荘(伊賀)　21,24,28,32,35,36,55,316
桑名(伊勢)　319
京畿諸国　252
上野国　60
興福寺　159,206,221,298
高麗　86,103
五畿七道　88
近木荘(和泉)　299
極楽寺　87
護国殿　234
甑島　268
五島列島　355
小松島浦(阿波)　263
小山(伊予)　207
是光名(若狭)　124
金剛山　222
金剛寺　229
金剛砂御園(大和)　222
金剛峯寺　207
昆陽寺荘(摂津)　244,245

さ　行

西国　9,17,36,84,85,87,88,89,90,95,190,192,194,195,208,217,219,224,248,252,256,257,261,271,337,367,371
西海　366
西大寺　237
堺(和泉)　316,324
貞国名(若狭)　178
薩摩国　84,250,267,269,336,337
讃岐国　268,272
佐保白魚(肥前)　353
左女牛若宮　234
佐用荘(播摩)　224,225,227
——赤松上村　227
——江川郷　227
——太田方　224,225,227
——下得久　227
——弘岡方　224
——広瀬方　227
——本位田　227
——三川村　227
山陰(道)　199,203,249,254
山陽道　208,249,254,256,257,260
椎田(豊後)　103
塩穴(和泉)　241
塩浜(伊勢)　251
志川滝山(備後)　226
四国　16
信太荘(常陸)　328
小童保(備後)　83
信濃国　87,218
嶋戸(長門)　88
志摩国　224,319
下総国　22,322,328
下河辺荘(下総)　323,324,326,328-330
——河妻郷　323
——筑地郷　322,323
——前林郷　323
下津(山城)　373
慈門寺　153
称名寺　87
白河(京都)薬院田　195,221
新開荘(河内)　244
新勅旨田(安芸)　123,147,158,197
甚目寺(尾張)　365
末武名(若狭)　123,179,181
周防国　78,208,248,250,260
助国名(若狭)　153,173,179
隅田川　323
墨俣(尾張)　251
住吉社　223
駿河国　59,60
摂河泉　211,224
摂津国　59,63,76,77,85,211,245,274,277,366
瀬戸内海　250,256,257,362,363

千燈嶽(豊後)　103,110
泉涌寺　90
彼杵荘(肥前)　77

た　行

醍醐寺　158
——三昧堂　235
——報徳院　222,229,234,235,237,243
太興寺(若狭)　333
大善寺(甲斐)　87
太平洋　362
台明寺(大隅)　65,66
高田(豊後)　103
高田勅旨(美濃)　241
高雄　218
多烏(若狭)　182
但馬国　367
高野川(下総)　87
高野山　258,261
武松名(和泉)　299
立石村(豊後)　110
多摩(武蔵)　326
太良荘(若狭)　122,124,127,128,130,147,149,153,154,156-159,161,171,173-175,179,181,190,195,204,333
垂水荘(摂津)　244
丹波国　210,367
千早城　218
中国(地方)　86
中国(China)　51
朝鮮　103
長和寺　243
鎮西　72,73,84,86,110,119,198,199,208,253-256,263,337
——九国　69,71
津江御厨(摂津)　300
都賀河(摂津)　373
津軽(陸奥)　203
恒枝保(若狭)　124
津国　299
津波戸山(豊後)　110
坪江郷(越前)　320
敦賀(越前)　93,216
鶴岡八幡宮　327
汲部浦(若狭)　182
出羽国　87
天台無動寺　101,102,107
天竜河(遠江)　87
天竜寺　302
東海道　87
道後(伊予)　122
東郷(若狭)　333
東国　5,6,11,14,16,17,78,86-89,95,219,235,271,337,371
東山道　216,271
東寺　23,90,94,124,157,181,190,196,197,207,243,258,259
東大寺　24,27,28,33,35,36,82-85,183
——南院　222
——八幡宮　85
東福寺　85
東北　11,17,320,337,367
都甲荘(豊後)　110,113
土佐国　271,275,298
利枝名(若狭)　124
利根川　323
鳥飼荘(淡路)　249
鳥飼別宮　249

な　行

長岡荘(尾張)　269
中郡荘(常陸)　96
長坂口(山城)　85
長渚御厨(摂津)　210
長洲御厨(摂津)　224
中津川(播磨)　224
中通島(長崎県)　351
長門国　260
投石(播磨)　259
奈佐原荘(摂津)　298
名和荘(伯耆)　223
名和湊(伯耆)　223,224
南海道　208,249,256,257,260,271
南禅寺　157,286,288
新見荘(備中)　154,155,156,182,251,267,332
西浦目(＝西浦部,肥前)　351,353,354
西宮(摂津)　373
新田八幡宮　267
二宮荘(讃岐)　241
仁保荘(周防)　260
日本海　208,211,223,362
仁和寺　288,305
——嵯峨院　304
——勝功徳院　231
——真乗院　330
——菩提院　122,196-198,206
沼河郷白山寺(越後)　65
根来城(紀伊)　243
野坂経政所(越前)　83,93
能登国　216

は　行

博多(筑前)　84,268,343,354
馬場殿　235
播磨国　59,76,77,206,208,219,256-258,269,274
白山寺　65
走湯山　87
長谷寺　82
波多荘(大和)　241
幡多本郷(土佐)　271
八幡(山城)　218,324
八幡社　280
土師郷(和泉)　274,299
土師保(和泉)　275,299
波々伯部保(丹波)　319
坂東　97
日吉社　197,280,314
東アジア　47,367
東シナ海　362
肥後国　60,73
久永御厨(伯耆)　223,227
備州　271
肥前国　63,75,113,250,267,268,271,351

――島原藩　96
備前国　218,250,274,275,298
常陸国　22,218
備中国　59,76,274
日向国　336,337
兵庫(摂津)　82,84,85,91
――関　156,157,366
平野社　289,291,304
平野殿荘(大和)　55,122,153,157,158,201,206
広谷荘(但馬)　70
琵琶湖　207
備後国　208,210,257,258,261,269,271,274
敏満寺(近江)　76,108
吹上(伊勢)　313
福井荘東保宿院村(播磨)　208,256
福泊嶋(播磨)　85,90
藤島城(越前)　218
布瀬郷(下総)　267
両子山　106
豊後水道　256
豊後国　63,75,98,103-106,109,110,112,208,253,255,256
平泉寺　218
伯耆国　216,223-225,227,320,336
伯耆御厨　223,224,227
法勝寺　105
北陸(道)　87,88,203,216,271,363
北海道　17
法華寺(播磨)　237
本州　16

ま　行

益田荘(伊勢)　319
松浦(肥前)　357
真目賀嶋(伊勢)　319
摩耶(播磨)　224
三尾(出雲)　88
三国湊(越前)　82,84
御来屋(伯耆)　223
水垂(山城)　373
美濃国　87,365
美作国　59,60,85,363
耳原村(摂津)　298
明通寺　77
弥勒寺　103,110
武蔵国　59,60,80,218
陸奥国　87
六浦(武蔵)　87
宗安名(若狭)　178
村上(上野)　322
門司(豊前)　86,88

や　行

焼出(伊勢)　251
八坂本荘(豊後)　111
屋代荘(出羽)　239
安川名(若狭)　178
安富荘(肥前)　346,347
矢野荘(播磨)　55,149,154,155,157,159,182,207,210
――別名　206,258
――例名　258
山口(肥前)　353
山崎(山城)　300
山城国　200,224,274,366
大和国　200,274,277,301
弓削嶋荘(伊予)　122,153-155,157,158,181,207,263,270
――鯨　80
吉野(大和)　235
淀川　366,373
米吉名(常陸)　318
ヨーロッパ(西欧)　36-38

ら　行

洛中　279-283,301,312-314,332
――河東　281,284,285
――西京白川　294,306,307
――辺土　289,294
竜泉寺(河内)　298,299
臨川寺　231-233,294
蓮蔵院　234
六郷山(豊後)　75,96-98,100-105,107-111
六郷満山(豊後)　106
六条八幡宮　334
六条若宮社　235

わ　行

和賀江(鎌倉)　87
若狭国　59-62,76,158,183,199,251,274,332,350
若狭湾　202,350
若松(伊勢)　251
若松荘(和泉)　222,231-233,238,241
脇本荘(筑前)　309
渡部(摂津)　82,84,253,268
輪田荘(摂津)　273
渡良瀬川　323
倭国　299

事項索引

あ行

藍座　300
愛染王法　235
アイヌ　216,367
合奉行　72,73
青苧座　300
悪　66,193,194,220,362,368-372
悪行狼藉　333
悪僧　218,219,221,362-364,368
悪徒　195,196,200,253
悪党　3,5-7,12,14,20,21,23-28,30-37,39,41,43-45,48,49,53-55,72,73,117,119,121,130,141,154,156,157,174,175,183,193,194,196,198,200,202,205-212,217,219,220,222,225,226,228,230-233,237,239,241,246,257,258,261,263,264,270,320,343,359,361,362,364-368,370-372
——海賊禁圧令　261
——海賊鎮圧令　205,208
——禁圧(令)　192,195,200,246,366
——関所　366,373
——退治　270
——鎮圧(令)　198,200,320
——追捕　207
——人交名　371
——蜂起　253,371
悪人　362,369
——正機　369
アジア社会　26
アジア的　152,153
足利氏所領　326
足軽　12
網代　348-352,358
足手公事　149
預所　61,115-117,122,123,136,146,150,157,158,177,181,203,207,209,249,263,266,270,271,365
——職　122,207,259,271
——代　122,181
——名　179,181
悪口　341,344
押書状　358
充行　159,177,209,239,262,290
充所　63,64,108,234,243,271
後懸　300
案内者　178
油売　300,301
溢者　130,220,221
海人　202
網　220,345,348,352,354-358
——人　210
網曳　279
——御厨供御人　300
粟津橋本供御人　202,280,300
安居神人　310,312
安堵　78,100,234,353,354
案文　104,231,277,295
安楽光院領　309
異形　21,225,365
軍奉行　324
異元号　18
異国警固　89,198,260,337
——番(役)　199,255,259
異国降伏　60-63,75,76,97,102,108
——御祈　77
——祈禱　104,108,109
——祈禱令　84,108
異国再襲　268
異国襲来　85
異国征伐　97,106,254,255,259
異国蜂起　256
石疵　226
石投げ隊　226
石築地　260
——役　120,199
石礫　218
石棒　220
石弓　218
出雲社領　197
伊勢信仰　8,16
伊勢国供御人　313,319
異賊　86,89,98
——警固　76,84
——降伏　59,60,63,98
——襲来　84,110
——蜂起　110
——防禦　268
磯部嶋供御人　319
異損　298
いたずらもの　220,221
市　151,210,279
一円　307,346
——化　140,203,209
——進止　306
——地　205
——的土地支配　139,140
——領　150,201,203-205,209,264
一字体　225
一族　110,111,130,131,138,204,207,222,238,244,271,297,317,325-328,330,345-347,357

—— 一揆　347,348
——組織　136
——的関係　199,200
壱任　298
一宮　60,61,69,84
——・国分寺興行令　200
——造営役　204
——,二宮本家職　315
市庭(場)　117,128,130,141,174,333
一倍之沙汰　306
一分地頭　260,261
市辺　279
一枚楯　219
一味　170,191,192,356
——神水　131,144
——同心　357
一門　65,66
違勅院宣　370
一類　128,189,202
一揆　6,8,24,28,34,39,145,192,226,338,339,346-351,356,357
——契諾　158,338,349,350,352
——結合　355
——衆　352
一向一揆　369
一向専修　12
一国平均　255
——役　199,203
一献　324
一色　179
——分　165,166,178
一色田　136,168-170,177-181
——作人僧　163,169,170
一所懸命　222,238
一方地頭　103,111
射手　219
犬神人　365
新日吉神人　282,284,314
新日吉社造営用途　284
新日吉社造営析足　281,285
今宮供御人　300
異民族　19,22
鋳物師　88,296,308
——支配　308
入会地　132,154,172,174,345,348
異類異形　194,225,315,371
祝棒　220
鰯売　222
石清水八幡宮寺領　249
石屋　99,105,106
院　90,158,183
——中　190
——庁　227
——評定制　190,210
印地(いんぢ)　195,219
→飛礫もみよ
——の党(白河印地)　221,227
院主(職)　77,99,100,106
院政(期)　309,312
姻戚(関係)　191,244,327,339,346
院宣　82,83,85,87,88,90,234,285,289,294,295,301
——案　281,306,307,310
隠遁　235
魚　353
——屋　280
請負　132,143
——人　77
——代官　222
——体制　274,362
請所　71,122,137
請取　363
——状　147
請人　207
請文　65,80,98,101,103,106,107,110,111,113,209,263,270,302,356,363
請料　134
宇佐宮領　100
氏人　106,209,291
臼　143
宇都宮党　218
有徳　129,130,132,133,135,142,144,154,201,202,221,222
——交名　32
——人(徳人)　210,365
——銭　7,32
海　236
——の交通路　367
——の関所　269
——の非農業民　317
——の領主　250,255,365-367
浦　182,189,202,208,223,250,251,253,261,351
——刀禰　200
——のうち　352,358
卜部(氏)系図　329,331
沽り渡し　243
運上(物)　308,365
永仁徳政令　206
永領地　319
絵詞　74
荏胡麻商人　224
絵図　103,110
蝦夷　367
——管領　216
夷千島王　17
江戸時代　50,96,281,350
江戸幕府　12,17,370
江人　247,279
烏帽子　153,194,365
延喜・天暦の治　211
延久の新政　274,277
延暦寺政所集会事書　286
応安の半済令　270
王権　14,334
横行　363
往古根本の輩　191,192
皇子　231,234
王朝　6,16,364,365,368
——国家　5,15
応仁の乱　152,307
往反　278,279,316
——商人　312
押妨　231-233,241
押領　177,208
大炊頭　297
大炊寮　275,298
——御稲田　297

――領　297
大田文　78,191,203,204,251
大船　207,261
大御厩　69
大山崎神人　224,305
御倉　332
御倉町　301
送文　147
桶　324
押買　69,201
押紙　236,242,304
折敷　324
押募　179
御酢免　299
越訴(制)　71,79,80,206
――奉行　80
お伽草子　7,41
鬼の金棒　226
小野山供御人　275,330
親子契約　71
下居御供神人　310
御使　72,270
恩賞　72,119,123,141,199,206,239,344,346,347
――地　346,348
――問題　120,200
女商人　366
陰陽道　327

か　行

改易　340
海外(外国)貿易　264,341
開闔　282
海上水手食物　249
海上(の)警固　208,246,247,252,254,256-261,272,367
海上交通　203,210,223,250,269,363
海上生活者　358
海上(の)勢力　264,366
海上輸送　249
海船　267
廻船　202
――の大法　368
――人　366-368
海賊　72,82,117,121,141,193-195,200,206-209,211,222,236,237,245,247,249,252-257,261,263-265,268,270,343,357,359,361,362,364-368
――禁圧　246,248,252
――警固　260
――衆　208,246,264
――船　271
――的代官　271
――同類　268
――人　257,258
――蜂起　208
掻楯　218
開発　127,130,341
――地主　136
――領主　339
海夫　247,250,348,350,357
――船　357
――等本司職　250
海辺　254,319
――三里中　258-260
――知行　254
海民　16,194,207,223,224,247,250,265,366,367
海陸盗賊　253
返リ忠　206
花押　107,108,225,236,242,245
家格　193,309,313
柿帷　153,194,365
蠣貢御江　319
書下　355,356
――案　271
家業　327,330
学衆　156,210
革命(的)　131,151,175,176,187,211,230,361
水手　248,250,251,253,254,267,341,353
――雑船　250
――米　251,252,267
過差　119,195
菓子　300
――供御人　301
借上　117,135,142,157,182,196,334
加地子　135,181
――名主職　135
過所　81,88,300
――発給　87
――発給権　81
春日神人　316
春日社住京神人　286,288,289,303,305
家族的(な)共同体　133,136,138,153,154
加徴分　166,175,180
加徴米　136
合戦　206,218,224,236,242,243,263,270,337,373
家督　347
看督長　286
家内奴隷(制)　6,171,176
金挙　219
カナサイ〔金撮〕棒　217,218
金沢文庫　326
――文書　321,322,329,331
金棒　217
仮納返抄　363
家風　133
家父長制家族　153
家父長的(家内)奴隷制　26,42,152,156
株札　308
貨幣　115,117,132,133,141,151,174,179,183,205,332,341,343,364,365,369
――経済　7,32,39,334
――流通　34,126,132,135,138,140,152,172,334,341
金属――　156
鎌倉大番役　50
鎌倉期　22,24,26,30,82,159,182,247,248,250,252,265,323,324,339
鎌倉公方　87,92
鎌倉後期　66,118,157,158,161,164,204,209,246,280,315,334

鎌倉時代　59,96,104,105,111,114,160,174,179
鎌倉初期　117,158,161,164,171-173,202,248,275,278,338,355,356
鎌倉新仏教　7
鎌倉政権　53
鎌倉中期　126,135,137,145,146,172,187,203,233,278
鎌倉殿　98,100,101
——御下知　99
鎌倉幕府　6,12,13,17,20,21,25,26,45,54,66,87,105,109,111,137,145,175,187,246,252,264,328,348,361,371
——法　156,246
鎌倉(最)末期　18,46,122,126,128,130,134,139,140,146,148,151,155-158,179,187,196,200,202,205,208,211,221,225,246,248,273,325,345,347,348,351
鎌倉末・南北朝(期)　134,135,139,145,146,148,150,154,161,171,185,188,189,203,217,220,221,247,321
紙　353
賀茂社神主　305
鴨社供祭人　224
賀茂社公文所氏人　305
加茂社境内　288,290
鴨社領　224
賀茂社領　223
鴨御祖社供祭人　210
掃部頭　297
掃部寮領　297
課役　158,251,273,279-281,289,290,292,295,303
——対捍　286
——徴収　283
——賦課　140,193,276,288,332
——免除　294
唐梅　263
唐粉供御人　300
空佃　127
唐櫃　206
唐船　110,261,342
苧　279
——商人　279
搦進　256,267
——之輩　253
狩　218,340
狩衣　325
苅田狼藉　209
仮屋　320
借宿　103
家令　64
賀札　306
皮子　324
河下所々関所　85
皮鞦　323,324
為替手形　332,363,365
河手　69,78,83,86,88,89,200
河原者　195,369
灌漑　136,154,173
官衙町　301
官行事所　276
官司　252,267,274-278,314
——領　276,283
感状　236,245
官人　326,327
勧進　82,83,87,93
——上人　89,90,94,366,369
——認可権　81
——聖　90
貫主　286
——御教書　301
貫首　287
巻数　60,98-102,108,112
——返事　106-109
——目録　108,109
巻子本　104
官宣旨　297,318
旱損　297
貫高　334,365
官途　224,277
官厨家　275
梶取　117,122,200,248,252,254,342
関東公事　260
関東公方　59,330
——御教書　59,61,63
関東(御)下知状　84,87,99,100,106,259
関東御祈禱所　65,66
関東御沙汰　82
関東御制禁　101,107
関東(御)事書　90,83-85,208,262,264,371
関東御分　72
関東御料所　330
関東御領　69-71,73,79,200,201
関東新制　123
関東平均御式目　371
関東の使　262
関東の法廷　165
関東御教書　63,64,66,75-77,83,85-87,97,102,104-106,108,123,253,254,337
関渡地頭　88
関渡津泊　301
神主　59,60,76,291,312
勧農　133,136,139,144,154,155,160,163,166,169,178-180
——権　160,167,179
——帳　162,168-170,178-180
観応の擾乱　10,328
旱魃　128
官府　267,275,298
神戸　251
還補　270
勘落　294
管領　69,234,282,285,293,294,309
——奉書　293,307
祇園社執行　310,312,323
祇園社別当　312
飢渇　340,341
飢饉　91,115,118,119,127,129,301
紀元節　11,38

寄宿　195,300
起請之詞　103
起請文　165,209,253,353,356
寄進　107
——状　298
紀清党　218
貴族　145,158,162,231,294,314,326
——政治　190
北野社御師　293
北野社麹役　294
北野社神人　294
北野社別当　293
祈禱　61-63
畿内荘園　158,166
偽文書　322
旧院　290
旧儀の復活　309
九国社領回復令　67,69,200
究済　298
給主　70,83,143,157,196,205,224
——職　142,151,231,241
——代　122,157,205
九州御家人所領安堵令　200
弓箭　206,357
給田　252
牛馬　126,143,202,357
旧名　155,161,173,182
給免田　299
——畠　275,277,299
給与　323,326
凶悪犯人　193,194
経王行法　97
経蔵　107
狂言　7-9,11,19,25,41,44,45
強剛名主　201
京識　301
行者　87
京中　279
共同体　131,133,170,172,189,195
——的結合　188
京都関東恒例臨事御公事256
京都支配権　293
交名　69,73,252,254,255,259,262,288,291,300,356,366
——注進状案　373
魚貝(介)　316,362
漁業　127,202,247,341,352,357
局務　297
挙状　287
漁場　127,172,174,341,345,348-350,352
——所有　350
——輪番使用　202,351
漁村　19,132,172,173,203,351
魚鳥　300
——交易(の輩)　279,280
挙兵　237
——計画　233
清目　221
去留　180
漁猟(漁撈・狩猟)　195,368
キリスト教　370
切下文　363
器量　255,342
——人　347
記録　219,275
——断簡　297
記録(六)所　282,283,309,314
禁圧　193,205,255
——政策　264
——令　221,246,252,253
禁遏　196
金銀　367
禁獄　282,283,314
禁制　103,192,201,365
近世　26,176,182,183,226,265,296,370
近世初期　357
近代　176,296
——化論　38,51
禁断　318
均等田　162,163,177,180
均等(な)名　163,165-168,178
——体制　159,182
金融　133,202,221,332,362-365,367,369
金融業(者)　334,364-367,370,373
禁裏経済　273
公事　71,127,129-132,134,136-138,145,146,148,149,154,159,165,175,182,189,203-205,267,274,300,310,311,313,314,318,332,341,342,351,353,365
——収取　340
——体系　158
——負担　316
——奉仕　340
——免除　310,318
——用途　278
孔子　356
公役　277,280,291,316
——賦課　278,279,283,287
——賦課権　313
公卿　279,280
公家　6,13,14,17,43,82,92,97,145,188,194,204,205,209,229,262,273,293,300,316
——議定制　190
——貴族　150
——新制　195,253,312
——政権　39,176,293,294
——的所職　152
——殿上人　219
供御　300
——酒麹　276
——所　224,316
——役　303,305
供御人　7,189,191,192,195,221,224,277,280,283,299-301,313,319,367
——化　332
——交名　319
——交名注進令　313

具書(案)　101,104,178,303
九条家領　224
楠木軍　219,224
供僧　65,75,122,156,158,178,196
供僧供料　158
具足　324,330
下文　69,71,78,112,267,271,345
口入　90,305
公田　74,191,193,194,203,204
国　254,275,276,279
——下文　263
——御家人　192,206
——在庁　191,333
——侍　191
——雑掌　275,298
公人　36,271,276,287,300
公平　74,205,276
公武奉書　295
公方　64-70,73,74,80,205,249,263,287,357
——御祈禱所　65,66
——御倉　302,333,367
——年貢　74,80
——引付　77
——御教書　59,60,63-66,68,70,77,80
熊野悪党　256,268
熊野海賊　256
熊野山先達　363
熊野発向　256
公文　124,136,153,157,207,258,263,270
——職　150
——名　179
公文所　258,290
——書下　77
——御施行　61,63
——奉書　64,70,77
——御教書　60
倉(蔵)　207,237,363
倉敷　207,258
内蔵頭　297,301
倉本百姓　333
内蔵寮　85,274,275,279,300
呉綿神人　310,311,320
蔵人　222,277,287,309
——頭　277,301
蔵人所　222,276,281,283
——供御人　313,319
——小舎人　296
——出納　222
——牒　88,276-278,300,301
——燈炉供御人　296
——燈炉作手　88
黒田悪党　224,316
群議　284
郡郷荘園　23
郡郷荘保政所　64
君主独裁(制)　314-316
軍勢　324,337,367
——催足状　337
軍忠　351,357
軍忠状　226,244,324,325
——執筆　322
軍兵　256,268,367
軍役勤仕　198
群訴　287
解　279,282,289
警固　208,256,257,262,337
——所　272
——体制　256,261
——人注文　259
——番役　120,260
——役所　259,261,269
——料　269
境内　290
——往反　313
——往反商人　314
——往反上分料停止　316
契諾　349,350,357
芸能　11
——史　15
——民　16
競望　82,178,231,232
契約　143,345,353,355,358,367
穢　368,369
解官　287
解却　301
下行　249
下作職　201,202,204,352,358
下作人　177,181
下司　136,203
——職　150,206,238,244
——名　179
下手張本　103,105
解状(案)　102,276,298,311
下知　80,83,89,103,253,306,311,344,353
——状　102,353
結番　208,258-260,272,357
血縁(的)　118,126
闕所　71,83,150
決断　363
結党　195
家人　155,197,209,337
下人　122,128-131,133,134,136,181,188,190,192,201,202,270
——・所従　250,251
検非違使　291,310,311
——庁　83,292
——別当　290,310
神宮——　250
検非違所　250,251,357
——職　267
検見　100,103,110,149,256
——目録　180
家来　322
家領　197
元(軍)　120,123,225
——帝　84
——の紙幣　332
喧嘩両成敗　352
建久の新制　278
元寇　114,118,120-122,182,340,344,346,354
元弘の変　122,231
元亨の変　315
元亨例　311,312,319
見参　99,102
——に入る　108
原始(的)　219-221,226

原始(の)共同体　131
原始社会　126
譴責　290,311,318
検断　255,259,337,371
　――権　132
　――沙汰　66
検地　50,103,104
検注　139,148,149,156,159,
　173,204,252,254,256
建長寺造営料唐船　269
兼補　269
顕密　59,76
建武式目　10,20,71,78
建武新政　4,10,13-15,21,22,
　91,237,244,266,284,270,
　309,315,323,332,337
建武(新)政府　8,266,336,
　367
建武政権　20,21,34,39,54
　――論　55
建武中興　33
減免　115,132,175
権門　185,197,203,207,209,
　240,278
　――寺社　221,222
　――勢家荘園　251
　――勢家領　280,281
　――体制論　13,46
　――之職　276
　――扶持奉公人躰　294
後院領　312
講　34,55
郷　50,251,323,332
弘安合戦　79,327
弘安の役　49,120,199,255,
　343
弘安の改革　72,200
交易　300,301,362,364,367
　――往反　254
　――上分　279
甲乙人　6,25,192,371
強姦　373
合議訴訟機関　72
合議訴訟制度　69
興行　284,286,289,302,312,
　318,319,364,366
公権力　364,368
嗷々の沙汰　192
皇国史観　5,8,10,15,19,230
耕作権　154,169
麴　276
　――業　294
　――役　294
講衆　363
強訴〔嗷訴〕　131,284,285,
　302
　――逃散　155,156
皇族将軍　185
郷村制(度)　51,154
交通　151,191,207,247,362,
　366,367
交通体系　362
交通路　200,208,250,361,
　365,366
　――支配(権)　87-91,93
強盗　32,35,119,122,130,
　141,193,208,209,246,263,
　356,365
勾当内侍　319
貢納物　276,362
興福寺領(荘園)　159,180,
　182
公民　29
高野山領荘園　182
高麗征伐(計画)　49,199,200
高利貸　129,142,144,145
合力　255,351
公領　158,188,203,231,251
恒例臨時(御)公事　208,256
恒例臨時召物　276
康暦の政変　293,307
行路　364
康和抄帳　275
御恩　71,197
五月五日節句　226
御祈禱(所)　97-99,108
沽却　193,195
　――質券状　71
　――質券地　78
国王　13
国衙　69,136,145,158,163,
　208,249,250,253,271,299,
　332
　――機構　150,199,204,
　248,250,251
　――軍制　248
　――在庁　250
　――支配権　205
　――分　199
　――領　34,49,55,124,145,
　150,156,158,239,249,267
国検　178
国司　61,64,249,253,266,
　274,275,299,333
　――上使　332
　――庁宣　88,271
国書　84
国人　29,157,158,182,369
　――一揆　192
　――(的)領主制　27,139,
　175,183
国宣　266
穀倉院　301
　――別当　297
　――領　297
国敵　371
国府　263
国文学　321,328,329
国分寺　60,61,69,84
　――一宮興行令　69
国民的科学　55
国民的歴史学　41-45,53,55
御家人　19,20,61,64,68,86,
　87,71-74,102,110,116,119,
　121,123,189-193,197-200,
　206-208,231,236,243,244,
　253,254,256-259,263,267-
　271,323,334,343,344,354
　――跡　123
　――跡復興　190
　――交名　334
　――所領保護令　190
　――制(度)　190,193
　――体制　197,200,201,
　206,238
　――保護政策　206
　――領　119,199
沽券　71

後嵯峨院政　190
五座神人　305
五座輩　305
五山禅院　307
腰刀　291
故実　368
——屏　206,219
沽酒　69,192,200
——禁(令)　122,278,366
——法　332
御酒寄人　300
小正月　220
御所奉行　113
挙銭半倍之法　266
小袖　324
——座禅人　310
——商神人　312,314,320
古代　5,13,16,22,33,37,39,183,196,265
——国家　20,55
——社会　25,176,187
——政権　25,54
——的　12,24,26,27,45,46,52
五壇法　235
国家　371
——機構　137,145,155
——権力　370
——史　11
——財政　363
——組織　136
骨嵬　216
乞食　12
——法師　195,219-221
小地頭　340,344
御殿油月充　274
事書　63,93,208,257,259,263,264,272,287,314
詞書　365
近衛家貢御人　319
兄部　282
御判下知状　294
御判御教書　286,288,289,304
小百姓　128-134,136,153,154,162,167,168,170-172,181,192,201
御分唐物　208
御服月料　274
御服紅花　274
個別安堵令　270
胡麻　267
米　129,141,156,197,301
——売　297
御料所　323,325,330
勤行　101,102,106
金剛砂　222
——御園供御人　222
勤仕　258,260,280,311
苟若(蒟蒻)　300
権別当　97,98,109,113
紺灰　202
根本下文　78
根本付業之諸役　287

さ　行

座　7,34,55,317
——的構造　169
斎院諸宮日貢　276
罪科(過)　169,181,193,293
裁許　111,276,290,339,344,354
在京　137,262,278
西京酒麴役　293
在京神人　280
在京人　67
裁許状　319
斎宮寮保曽級貢御人　319
在家(役)　154,180,190,201
——農民　180
裁決　111,294,319,343,344,348
西国新関河手停止令　86
西国新関停止令　366
細々公事　136,137
税所　124,158,251
——代　77
在所　208,255,257
催促　258,259,266,305,306,342
西大寺流律宗　90
在地武士(団)　35,346
在庁　64,190,333
——官人　65,229,240,244,248,249
在地領主　5,6,12,13,27,35,36,43,135,136,139,142,145,146,148,149,152,157,189,204,217,361
——経営　135
——経済　137,140,142
さいでん棒　219
サイの神　220
裁判　364
ザイフリ棒　220
サイ棒(＝撮棒)　154,218-221,226,367
サイマル棒　220
左右京職　279,281
左右囚守　286
境(堺)　82
——相論　87,351
——相論裁断権　88
酒屋　280,283,288-291,296,306,308,312
——公事　273
——公役　306
——役　273,274,279,281,284,285,293-295,301,334
作職　153,168,172,179,181,201,204
作人　170,179
酒作(酒売)　300
酒壺(役)　284,286
座主　101,102,224,234
——宮　287,288,302
沙汰人　129,210,224,270
定文　263
殺害　35,197,342
雑供戸　247
雑戸276
雑掌　65,82,100,123,157,162,178,196,197,222,249,269,270,298,306
——解　106
殺人　368
雑訴　364

——決断所　337
——決断所牒　332
雑務　311
里綿神人　311
左博　348,349,351
左方燈炉作手　88
侍所　393
左女牛若宮別当　234
山海民　202
三月三日節供神人　310
散仕田　177
散所　9,53,54,195
——(の)長者　9,11,210,230,239
——民　44
山上　288
——之訴訟　287
散状　99,101,102,106,303
山僧　48,142,149,157,195,196,205,206,209,218,221,258,311,364-366
山賊　35,72,82,141,193-195,217,246,253,364,365
山訴条々　287
三丁つぶて　219
散田　136,167
——作人　192,
三塔　303
——名誉　218
三分一済　151
三分(の)一名　134,156,173
山民　194,265,366
三面僧房供料荘　249
三面僧房集会　266
山門　107,197,209,284-286,288,294,301,302,307,320
——三塔　387
——使　311
——大衆　197
山野　348
山野河(江)海　132,154,193,218,220,355
散(算)用状　147,157,267
山林　157,345
椎　163
四一半打　46,361,365
塩　122,247,353,362
塩釜　341
塩屋　342,354
鹿皮　353
職　146,201,202,214
——の重層的体系　203
——の秩序　151,152
——務　136,137,143
職制国家　11,12
式日　67-70,72,287
式条　279
直状　107,109
職人　190,217,219,221,224,278
——的武士(団)　222,225,316
——的武装集団　226
直納　291,304,305
施行　64,83,88,90,100,105,106,108,306,337,365
——状　76,108,109,113,336
寺家　103,175,188,204,263,286,305
——本所一円領　74
地子　314,318
資材雑具　333
資材物　333
四座下部　286
——俸禄　284
地侍　24,27
四至　103,105,110
使者　72,263,311,333
寺社　82,84,108,145,245,278,288-291,298,301,314-316,332,363
——一円仏神領　150
——権門　221,280,284
——事　80
——修造　366
——修理料　87
——造営　89
——惣官　98
——本所(領)　85,284
——本所一円地　204
——領　67,203,262,263
時宗　46,369
時衆　361
支証　303,305
治承・寿永の内乱　340
市津関料　88
市津関渡　88,300
市津料　88,200
使節　208,257,258,263,269,270
氏族共同体　170,182
時代区分　160,161
私宅　136
下沙汰　353,339
——職　339,344
——人　344
下地　70,137-140,148,151,156,177,203
——進止　138,139
——中分　138,148,156,159,203
——分割　138,139,156,203
質　324
——入　71,117,119,130,138,323
質券　71
——所領　123,198
——売買　123,198
質物　122,363
仕丁(役)　274,332
使庁　195,284,293,301
——下部　291,306
執権　62,64-66,68,72,77,187,196,198
——政治　72,73,189-191
実検　164,178
——取帳　162-164,169,170
——取帳目録　162,164
——名寄帳　179
——目録　162,163,180
執行　83,97,98,100-103,106-111,113,156,158,224,317,318
——領　99
執事　65,323

執奏　206
執当　287
史的唯物論　37,50
市鄽公事　311,313,318
寺田　243
地頭　8,34,40,50,61,65,70,88,89,101,102,110,111,115-119,130,136,153,155,157,168,174,177,179,189-191,195,199,202-204,206,207,208,224,231,249,255-260,269-271,333,334,340,342,344,346,354,365,367
——職　110,150,200,203,225,239,245,323,332,339,342,353
——職相伝系図　113
——制　20
——代　65,123,164,170,208,256,332,354,365
——代職　323
——佃　178
——方　156
——領　332
——領主制　180
品部　276,299
神人　34,36,48,50,55,189,191,192,195,205,219,278,283,287,293,294,300-303,310,313,314,316,317,332,362-365,367,368
——交名　278
——拒捍使　192
——・供御人制　364,368
——公事停止(令)　283,301,302,309-313,316,318,319,332,367
——職　301
——商人課役　287
——整理令　278,314
——名帳　262
寺奴　24,36
地主　25,34,314
紙背文書　96,330
寺畠　43
紙幣発行(令)　332,367
四分一名　134,156
仕法　295
四方発遣人　67,69
島(嶋)　250,251,253,266,270,339-341
——住人　345
嶋抜御厨貢御人　319
島原の乱　226
持明院統系　231
除目　309
霜月騒動　73,74,120,201,266,327,366
下松浦一揆　338,351,356
死門　291
寺門　330
社会経済史　11,25
社会構成　9,125,212
社会構成史　25,187,188
社会構成体　187,188
社会史　19,230,248
社会的分業　115,126-129,172-174,182,201
借物　197
借金証文　122,130
司役　276,278
社家　105
——本所一円領　74
——方　290
写本　96,104,105,111
社務　290,291
社役　314
社領　312
自由　152,155,168,170,181,193,276
自由請文　103
十一カ条新御式目　71,72
執印　267
重科　291
収公　209,241,263
重事　206
従者　130,174
修造料　84,85
——所　90,93
重代(の)所職　171,179
衆中　347
衆徒　66,82,85,102,207,210
十二所乃浦　251
住人　153,157,181,199,207,208,224,254,259,260,322,341,342
自由民　180
酒価公定令　315
酒麴売　277-281,283,287-289,313
散在——　276
——課役　304,305
——供御人　277,282,283,312
——供御人役　285
——年役　289,294,307
——役　283,286,293,303
酒麴役　273,274,294,293,296,297,305,308
酒麴用途　307
酒狂　206
宿紙　281,282
宿人　340
宿主　195
酒戸　299
守護　49,50,61,66,69,72,75-77,88,89,105,106,108,109,112,115,120,123,124,150,198,199,200,207,208,216,225,238,239,243,249,251,253,255,257,261,264,269,270,333,337
——書下　113
——方　259
——職　73,199
——大名　11
——人　62,63,72,75,241,252,255,258,262
——政所　60
——役　49
手工業(者)　115,118,128,361
酒肴料　141,143
守護所　99
——下文　106,112
——方施行　97
守護制度　19
守護代(官)　60,64,66,73,76,

77,101,102,107,109,123,197,231-233,241,244,257,258,261
——施行状　77
守護領　24,239
守護領国(制)　8,34,36,157,350
朱砂　210
主従関係(主従制)　19,78,117,118,134,135,138-140,143,155,165,168,170,174,179,182,188,218,340
主従制的関係　199,200,204
主従制的支配権　9
呪術　200,219
主人　333
酒造運上　295
酒造業　278
酒造屋　308
酒造領　298
朱筆　281,295
狩漁　220
狩猟　101-103,105,110,111,265,341
修理料所　83
修理析足　284
酒鑪　281,282
酒鑪役　281,282,290-295,305,306,314
——徴収令　283
——賦課令　316
諸院宮酒殿　280
荘　146,164-166,168,169,171-174,181,182,195,232,233,238,241,243,251,323
小一揆　346,348,358
正員　138,143
荘園　28,32-35,37,49,50,55,69,74,114,115,117,119-122,124,136,137,142,143,145,148,155,158,160-162,167,188,193,198,204,222,230,238,248,251,252,266,329,364
——経営　168,237
——公領　205
——公領制　201,205,230,363
——支配者　149
——所有者　135,138,141,148,150
——制(度)　11-13,20,34,48,50,211
——整理令　85,93
——体制　26,27,30,45,49,157,187,361
——体制社会　26,152
——徴税請負人　143
——領主　34,154,163,166,182,252
——領主経済　145
貞応弘安式目　67
正嘉の飢饉　115,127,193,195
城廓　257,263,270
荘官　33,117,129,134,137,167,249,266
——的領主制　156
聖観音法　235
承久以後　116,118
承久の乱　88,165,187,194,252,366
商業　6,202,238,363,367,369
——資本　36
将軍　19,65,67,68,70,71,74,81,86-88,108,193,200,285,286,288,293,294,304
将軍家　62-65,69-71,78,97
——御祈禱巻数目録　106
——(御)祈禱所　66,98-100,104,106,107
——下文　94
——政所下文　88
商工業　114,117,151,191,192,220,221,332,334
成功　298
商工民　284
勝載物　269
上司　203
上所　243
精進唐粉沙汰人　300
正税　204,332
——物　77
商船　82,83,85
上訴　287
正中の変　264
抄帳　274
上人　40
商人　6,25,115,118,142,144,149,302,311,363-368,373
——道　368
商人公事　310,313
——勅免　312
——免除(令)　311,312
商農分離　182
小農民(層)　116,161,163,172
——経営　125,128,129,131,132
商品貨幣経済　334
商品流通　117,118,141,158
菖蒲形　218
上分　273,279,300,313,366
——物　157
——米　363
——料　312
正平一統(期)　310-312,320
正米　147
升米　85,90,91,93
正文　104,295
証文　356,363
荘務　148,178
——権　146,149,159,197
譲与　178,232,348,350,357
上流　193,258,323,324,330
条里　279
小領主　145,348,349,351
青蓮院門跡　197
初期封建制(社会)　158,187
初期領主制　139
織豊権力　370
諸国　316,332,337,363
——納物　279
——々分寺一宮興行令　67
——酒屋　308
——寺社祈禱令　199
——流浪　202

所済　302
所司　99, 103, 105, 298, 299
庶子　116, 120, 193, 199
諸司　298, 363
——職　312
——領　298
所職　128, 134, 136-138, 140-143, 145, 149-151, 153, 182, 203, 230, 232, 233, 235, 238, 244
——の重層的所有体系　159
——改易　332
諸社　262, 312
——神人　280, 286, 263
——神人名帳　208
——祭　195
——祭礼酒　276
所従　128-131, 133, 134, 153, 155, 165, 169-172, 188, 190, 192, 291, 333, 343
所出二十分一　334, 367
——進済令　332, 333
所出之土貢　266
書生　190
書状　245, 259, 271, 306, 320, 353
女性　137, 220, 300, 365, 369, 373
——史　54
所当　166, 179
——米　180
諸方公人　280
庶民　226, 240
——的所職　152
所務　80, 267, 347, 356
——職　80, 142, 270
——代　333
——狼藉　66
所役　304, 310
諸役　302
——免除　306
庶流　344
所領　67, 71, 110, 119, 124, 139-141, 143, 191, 197, 198, 209, 222, 230, 234, 238, 239, 241, 243, 244
——一円化　199
——回復令　119, 197, 198
——無償回復令　206
——目録　231
白河院政　190
白波　364
寺領　231, 299, 306
——荘園　158
新院　292, 305, 306
新御倉　333, 367
——御公事用途　333, 367
新恩　244, 332
——所領　239
神祇官(人)　331, 328
神官　100, 106
新儀　279, 290
——非法　138, 179
——狼藉　88
神国思想　8, 371
神今食　275
新座　311
進止　36, 190, 204
神事　106, 287, 290, 312
新(御)式目　66-72, 78, 80
進止権　198
神寺田　169
神職　282, 287
——解却　283
神社　85, 123, 157, 280, 281, 312
真宗　369
親政　91, 301, 313, 319
新政　234, 235, 239, 244, 284
新制　93, 275, 295, 298, 318, 319, 363, 364, 371
——三カ条　79
新関　83, 84, 86
——停止令　85, 86
新内裏御造営　308
新立荘園　93
新田畠　127, 149, 350
薪炭　192
新田　128, 170, 204, 353
津泊市津料　69, 78, 89, 200
陣夫　141
神仏　150, 364, 366, 368
新名体制　134, 182
人民闘争　47, 55
進物　340
神役　293, 310, 314
神用　290
信用経済　332
信用手形　363
神領　223, 319
——回復令　319
親類　128, 201
——下人　169
純粋封建制　29
吹挙　292
出挙　362
——利銭　144, 154
水軍　236, 245-248, 250, 252, 255, 259, 267, 272
出納　277
周防長門探題　243
犂耕　126
双六　368
図田帳　110, 111
炭　122
隅田党　193, 368
受領　143, 297, 362
修理職　301
姓　326, 357
製塩　341
聖王　317
制規　259, 260
生産関係　127, 133
生産力　115, 127-129, 133, 135, 152, 169, 172, 320
——発展　130, 149
政治史　13, 14, 105, 247
征西宮府　356
聖断　87, 282, 287
政道　210, 317
制度史　9, 13, 14, 105
成敗　100, 106
制符　318
——条々　312
制法　262, 271
清涼殿　235
世界史　51, 152, 160

関　141,151,366
——手　83,86,87
——米　83,87
——務　85
——料　81,366
関市舛米　83
関所　81-87,89,90,92,95,269,315,353
——沙汰人　87
——政策　82
——停止(令)　91,92,283,315,316,332,367
関々泊々沙汰人　87
摂関家領　299
摂関政治　176
殺生　194,195,220,363
——禁断　312
接待所　95
銭　115,116,129,141,144,151,196,324
銭高　365
銭貨　129,172,342,342,361,364
銭主　129,130,319
前近代(史)　126,152,211,226
前近代社会　188
戦国家法　5
戦国期　18,145,187,247,352
戦国時代　13,26
戦国・織豊期　265
戦国大名　5,53
戦国の動乱　226
戦後歴史学　371
宣旨　84,87,250,252,298,299,312
禅宗(寺院)　294,369
船主交名　28
専制(的)　192,193,199,293,309,313,314,316,366
先朝御代　310,312
仙洞　300
銭納　130,137,146,147,341
——化　149,173,182
賤民(集団)　44,220
宣陽門院蔵人　330
先例　283,294,304
惣　116,131
造営　82,83,85
——役　334
——料所　93,107,282,284
宋学　7
惣官　88,222,287
雑公事　131,162
雑事　318
——注文　271
——奉仕　138
惣地頭　340,344
惣荘一揆　13
惣荘百姓　132,133
宋銭　364
相続　342,343,345,351
惣村　8,161,163,173
惣追捕使　224
相伝　136,169,172,181,238,299,323
惣田数帳　178
僧徒兵仗　195
走湯山五堂燈油料船　87
雑人　195
相撲　348
惣百姓　116,131,132,135,152,154,181
艘別津料　90
雑免　134
雑物　84,332
奏聞　282,286,287,290,293,304,309,310
雑徭　299
雑用　147
僧侶　137,236,262,326
惣領　116,345,348,351,354,355
——職　204
——制　6,19,114,138,145,199,338
——制度　25,39
相論　131,134,138,140,146,155,177,178,181,293,319,339,341,343-345,348,351-355,357
賊　194,254
——徒　256,259
族縁的(な)共同体　131,133,138,154
損色　100,106
訴訟　120,122,124,130,138,141,143,145,166,169,178,190,197,206,249,263,311,312,319,342,345,346,349,356,363
——制度　191
——費用　146
訴状(案)　82,101,102,130,286,322
袖判御教書　64
訴陳状　77
訴陳日限　318
訴人　120
杣(山)　189,245
染藍　279
染皮　324
損田　180
損亡　115,128-130,137,146,153
——検見　332
——減免　116,117,127,174,180,203
損免　127,130,131,149
村落　144,170,202
——共同体　131-133,154,163,169
——構造　160
——秩序　192
損料　324

た　行

大一揆　346,347
大威徳法　235
大開墾　127
大覚寺統　210
大覚寺門侶　210
対捍　127,131,137,252,253,278,298,303,357
代官　100,105,106,111,129,131,138,143,144,152,196,205,207,210,239,271,323,

325,340,355
——職　142,151,238,
239,271,323,325,340
大勧進　90
大工　301
大講堂　210
醍醐寺座主　234,235,237
大寺院　190,315
大寺社　369
大嘗会　292,293,304
——酒壺役　305
——酒鑪役　289-293,340,
306
——会役　204
大膳進　363
大訴　287,288,302
大智院領　234
台帳　254
大犯三ヶ条　357
大名領国制　11,12
内裏　235,367
大粮米　274
鷹　218
高シコ　153
高櫓　218
竹ナガエ　154,219
大宰少弐　105,112
太政官　331
——符　267
太刀　153,192,217
立川流　12,237
田所　190,249
谷々　99,106
——別院　106
頼母子(憑子)　133,156
田文　64,119,123,189,190,
198
——調進(令)　69,78,198
手向け　82
他役　279,280
太良荘斗　153
談義料足　234
談合　249
探題　109,255
——府　111
単独相続　205
段別賦課　204
地　314,315
地域的(一円)支配　139,203
地域的封建制(支配)　24,36,
139,140
地域的封建領主　157
地域的(領主)連合　43,145
地縁的(な)共同体　170,172,
173,182
地縁的(な)村落　131,173,
203
知行　13,79,199,203,204,
231-233,244,307,318,323,
325,330,348,356
知行国　158
築料升米　85
地下代官　149
治水　136,154
茶臼　324
着岸升米　93
茶の湯　52
茶寄合　8,11,54
虫害　128
註(注)記　157,209,373
中宮　235
中司　203
抽賞　253
注進　254,258,266,278,311,
324,337,371
——状　99,180,275,297,
312
中世　35,38,51,125,176,180,
190,195,276
——公家政権　190
——後期　157-159
——国家　6,9,11,13,15,
155
——史学　371
——史研究　247
——社会　6,30,40,42,45,
49,50,125-127,146,151,
152,160,161,188,189
——荘園制　162
——初期　127,139,143,
145,149,203
——政治史　191
——的　36,37,39
——的世界　183
——農民　180,181,189
——村落　169
——末期　357
中分　139,157,353
注文　76,103,105,324,357
調　299
牒　88,94,280
——栽　276
——使　268
庁官　363
朝議　287,309
徴下状　333
長講堂領　158,223
逃散　131,144,171,263,270,
340,350,356
長者　189
——宣　299
徴税請負(人)　135,207
徴税制度　363
徴税単位　134
徴税令書　363
庁宣　318,363
逃脱　255
聴断(制)　206,210
打擲蹂躙　291
打擲刃傷　333
庁直　259,269
朝廷　83,84,86,88-91,275,
279,284-287,290,294
町人　324
重役　256,290
朝要　286,302
——(の)臣　209,262
——分　286,289,295,302
長吏　189
長老　87
勅　298
直営地　136,143
勅許　287,302
勅裁　199,283,287,290,304,
312
勅旨田　297
勅定　282,283
勅答　287

勅命　336
勅免　303,305,311,312
地利　312
——催足　311
陳状　165,286,323,353
鎮西軍事指揮権　337
鎮西警固　123,336,337
鎮西下知状　110
鎮西御家人　338,344
鎮西社領回復令　78
鎮西探題　109,110,111,206,255,268
——御教書　77,109,110,113
鎮西奉行　105,112
鎮西引付　109
津　189,250,251,253,266,357,366
追捕　119,249,250,257
杖　154,219
津江御厨供御人　300
月次神事所役　290
月次用途料　275
佃　162,177
作手職　155,162,171,181
辻冠者　219,220
辻祭　195
土一揆　35
津々浦々　208,255,263
堤　329
津頭検察　250
津泊　358
飛礫　194,195,206,210,218-221,226,367
——疵　226
壺　218
壺別　289
坪寄　180
津料　82-84,88,89,93,95,320
——銭　341,353,357
——停止令　91,315,316
兵　219
手形　363,364,367
鉄製農具　126,128
鉄砲　226
手取　219
天下　210
——一同立法　91,75,320
——一統　210
——動乱　265
天狗　12,46,218,226,361
点札　123
田積　157
点定　119,123,364
殿上貢酒　281
田数　163,173,177,178,180,189,204
伝説　226,240
天台教学　11
天台座主　107
田地　162,165,179,183,191,197,234,243,363
——売券　243
殿中　79
天聴　236,287
天皇　6,11,13-16,20-22,55,85,86,88,90,182,210,211,229,233,235,243,279,283,296,312,314-316,334,366
——方　232
——家　108,158
——家の御厨　223
——家領　223
——制　12,13,21,22,34,37,39
——直領　224
——の即位　289,290
田畠　69,172,190,204,266,275,276,341,348,364
伝領　271
典例　297
土居　191,204
問丸　117,363
党　6,24,28,145,189,193,194,202,338,347,357,368
春宮　241
——御厨　224
塔供養　243
東国御家人　78
東国支配権　87,88
東国政権　189
東国御牧　69
東西両京　279
東使　72
東寺学衆　210
東寺供僧　23,122,150,155,174,190,197
東寺供僧供料荘　146,157,158
東寺執行職　210
東寺長者　235,237,243
東寺領(荘園)　23,157,158,181,258
同心　270,357
盗賊　130,194,217
——騎士　12
同族　230,269,323
道祖神　195,196,220
統治権　68,69,71,81,85,89,189,279,383
——権者　70
——権的支配(権)　9,74,78,204,278,301,314
多武峯墓守　300,301
塔婆　83
——造営　90
倒幕挙兵　231
倒幕計画　209,315
逃亡　129,130,169,177,193,202
——下人　357
——百姓　153
燈油料　102,110
動乱　346,350
道理　138,184
徳政　69,122,130,366
——之御使　69
——令　120,266,319
得宗　64-66,68,70-72,74,76,77,80,121,152,153,157,196,198,200,205,206,209,245,261,366
——公文所奉書　63,70,77
——権力　79,80,264
——御内人　90,193,196,208
——実検使　204

――専制(体制,期)　70,74,196,200,206,270,334
――代官　156
――被官　122,124,196,245,261,269,334
――分国(目録)　61,64,76,121
――領　124,196,245
得分　139,140,148,151,152,199,205,266,312,348,354,356
――権　133-135,139,142,150,151,223
土豪　34,193,213
都市　6,9,19,22,125,132,151,162,172,225,369
土倉(蔵)　289,294,323,333,334,367
――役　294
斗代　136,149,179
土代　82
土地緊縛規定　168,180
土地私有　165-167,169,179
土地所有(権)　153,154,188
土地保有(権)　131,169-171
刀禰　182
主殿寮　274,275,327,330
――沙汰人　298
――年預　297,298
都鄙供御人　301
泊　366
土民　357
鳥　219,220
――供御人　279,300
――屋　280
奴隷(制)　9,19,20,29

な　行

内閣文庫　75
内検注進状　180
内検帳　180
内侍所　274
内膳司　279,300
内大臣　237,242
内廷経済　274
内廷諸官司　314,316
内免　166,167,170,179
流毒　195
中先代の乱　235
長刀　218,220
梨本門跡　198
七ヶ所浦　251
生魚供御人　279,300
平均　251,253
難済国　275
南禅寺領　157,258
南朝　3,4,16,18,21,32,44,224,264,310,311,317,320,367
――中心史観　4
――中心主義　7,18
南都北京守護　256
南都北嶺　208,263
南北朝　32,44,114
――期　21,24,29,48,49,81,118,130,131,134,135,139-141,144,145,149,150,153-156,158-160,173,176,178,179,182,187,196,274,338,353
――合一　16
――時代　11,18,22,273
――初期　145,146,148,149
――正閏論　4
――(の)動乱　3-9,11,13,14,16-18,22,54,125,151,187,226,247,272,295,346
――内乱期　320
――封建革命説　9,176
――末期　157,351,358
――・室町期　48,149,154,183
贄　223
――貢進　279
――殿御菜　69
贄人　247,279
二月騒動　198
二季彼岸　195
二九舛　276,299
二石佃　127,177
二所太神宮神主　319
日蓮宗　369
日記　312,323,325
日供　290
日本　118,156,176,183,198,211,226,247,317
――史像　370
――社会　126,200,362
――民族　17
二毛作　115,126,132,201
入部　84,209,258,261-263
如意輪法　235
女院御領　223,227
女房　231,241
庭銭　95
任国　150
刃傷　35,207,353,354
人勢　311,333
任免権　145
任料　134,141,143,168,179,182,207,271
仁和寺嵯峨境内　288
盗人　195,373
禰宜　61
年紀沽却　266
年貢　67,71,115,117,127-132,136-138,144-146,148,149,151,152,154,159,173,181,182,196,197,201,203,204,231,232,238,267,305,333,334
――塩　207
――収取体系　158
――収納権　238
――銭納化　202
――対捍　350
――米　119,147
年始沙汰始　325
年中行事　226
年八御礼　308
年別油　274
年役　286
年預　275,298,310,319,327,330
農業　188,341,364
――技術　201

——社会　189, 362
——生産力　127, 182, 201
——的支配秩序　194
——的秩序　205
——部門　203
——民　195, 196, 203
農具　143
農工商　226
農作　340
農書　158
納銭方　302
農村　132, 172, 202, 203, 225
農奴　33, 161, 168
——制　9, 42, 152, 160, 161
農本主義　364, 366, 370
能米　275
農民　160-162, 164, 167, 170, 175, 179, 182, 188, 195, 205, 362, 369, 370
——の分解　155
——支配　361
納物　274, 275
農料　136, 154
野伏　8, 34, 130, 141, 182
野武士　12
のりふね〔乗船〕　354

は　行

拝金思想(主義)　32, 122
売買　119, 181, 191, 197, 202, 207, 222, 276, 278, 279, 300, 320, 342, 350
——屋　279-281, 300
売買地　78, 123, 197
——無償取戻令　201
博多御教書　98, 109
袴　153, 365
博奕(博打)　72, 73, 194, 195, 206, 365, 369
幕府　10, 43, 49, 61, 62, 64, 68, 71, 72, 75, 83-86, 88-92, 106-108, 116, 118-121, 145, 190-192, 194, 197-199, 204, 206, 208, 209, 211, 216, 238, 241, 252-254, 256, 257, 259, 261, 264, 271, 285, 286, 289, 294, 295, 302, 315, 320, 323, 327, 329, 337, 343-345, 348, 353, 366, 367, 370
——軍　232
——新制　289, 293, 294
——体制　189
——法　193, 194, 196, 199
箱楯　219
「ばさら」(婆沙羅)　11, 141, 220, 221, 225, 367
橋　82, 87
端書　295, 349
ハシリ(走木)　194, 206, 210, 211, 218, 219
畑　103, 110, 111
畠(地)　111, 149, 173, 181, 188, 298, 313
「畑に切る」　111, 113
畠作　201, 202
——生産物　182
畑作　126
——物　127
旗印　222
畑山　103, 110
八ヶ所浦　251
八字文珠御修法　234
八幡宮大山崎神人　288, 303
八幡宮在京神人　290
八幡(宮)神人　286, 291, 301, 304-306
八幡社務　305
八幡大菩薩　97
初穂　82
腹巻　154, 206, 323, 367
半済　150, 151, 159, 307
反荘園(制)　48, 49, 157, 211
番立　349, 357, 358
坂東御教書　104
番文　109
半名　134, 153, 156, 173
番役　189, 193, 250, 269
叛乱　226, 264
日吉大津神人　363
日吉神人　284, 288, 301, 363
日吉上分米　363
日吉二宮御座公事　311
日吉二宮彼岸物　197
日吉神輿　284
——修理料足　284
東二条院蔵人　330
被官　123, 133, 159, 199, 200, 225, 229, 269, 321, 323, 325, 326, 330
引馬　206
引付　109, 206
——衆　71, 109, 112, 189, 190
非御家人　71, 73, 119, 121-123, 192, 199, 340, 343-345, 354
被差別部落　6, 8, 9, 12, 19
被差別民　13
聖　82
卑賤視　154
日次供御　279
——酒酢　276, 277
日次料酒供　290
日下　236, 242
非人　12, 16, 154, 195, 221, 365, 367, 369
非農業的　55, 217
——生産　202
——世界　205
——生業　220
非農業部門　203
非農業民　20, 182, 188, 189, 193-195, 202, 206, 278, 314, 316
——集団　221
非農奴的性格　180
非農民的　194
ヒバリ毛馬　324
非分　231
非法　118, 143, 144, 189, 190, 195, 232, 233, 298
百姓　36, 115, 122, 127, 128, 130, 135-138, 140, 142-144, 148, 149, 154, 163-166, 168, 174, 175, 177-180, 182, 189-193, 195, 201, 202, 217, 254, 263, 270, 298, 333, 340-343,

351-354,362,370
——網　350,358
——請　131
——型海民　251
——職　204
——的水準　250
——之習　170
——名　155,164,165,167,168,178
兵具　154,206
兵士　252,253,267,269
——米　252
兵仗　256
評定　190,253
——衆　108,112,200
兵船　268
漂泊民　361
屏風楯　219
兵法　218
表裏證文　71
兵粮(米)　86,129,207,241
平野社神人　289
平場懸　219
肥料　126,132,201
貧道　71
——御家人　71,72
便補　274,299
——保　275,276,278,298,299
符　298
富貴　202
風俗　225
風聞　231-233,256,268,344,354
諷誦文　327
風流　195
武技　219
父業　327
奉行　65,70,141,290,300,306,310
——人　71,269,327
不均等名　180
武具　237,256,324
武家　9,13,17,21,71,82,85,92,145,150,188,196,204,209,285,288-290,294,303,316,319,326
——貴族　150
——政権　39
——的所職　152
——の都　190,191
——法　349
——役　334
——領　140,199,203
——両使　84
分限　71,345,351,355
武士　120,142,183,209,222,225,226,238,239,264
——団　193,194,224,247,338,345,368
武将　239
不浄　369,371
武人　327
衾宣旨　48
衾御教書　370
札　365
譜代　190
府中　242
不忠　253
——不善　165
仏寺　85,123,300
仏聖　207,261
仏陀施入之地　231
船賃　341,342
船津　207,208,249,261
船所　248-251,271
船道者　368
船主　251,255
補任　135,143,179,182,205,233-235,237,263,267
——権　233
——状　166-168,172,174,179
船　103,208,250,251-253,255,256,263,268,271,341,342,344,354,357,362
——党　357
舞人　327
付法　234
撫民　143,249
麓地頭　101,102,107,111
夫役　131,137,138,143,144
富有　73
——之輩(の者)　71,72,123,199,334
武勇　193,194
不輸庄薗　249
無頼　35
部落史　54
負累　364
部類　297
古証文　138,141
無礼講　210
浮浪(人)　32,35,193,202,220
文永以後新関停止(令)　81-84,90,91
文永の役　199,254
文永四年令　198
分業(体系)　127,146,151
文筆系職員　327,330
分米　177
平安期　248
平安後期　219,222
平安末・鎌倉(初)期　224,248,250,252,275,278,338
平安末期　166,187,194,221,223,248,250,252,255,314
米価　315
——公定令　315,332
米穀(経済)　7,199
平氏没官領　244
米銭　241,333
兵農分離　182
幣帛　195
平民　192
——百姓　188,190-192,204,205
幣物　318
別院　102
別当　59-61,76,250,292,304,306,317
——宣　291,304,306
別納之地　70
別名　157,207,258
返抄　363
遍歴(性)　217,221,278,279,316

保　50,146,155,177,178,197,251,279,283,298,332
棒祝　220
法印　83,241
放火　267
蜂起　197,211,224,225,253,256,366,367
伯耆様　225
法眼　83,241
封建王政　13,15
封建革命　39,42-44,52,54,183
封建関係(第二次)　158
封建国家　11,175
封建支配　29
封建社会　11,26,45,125,152,160,176,187
封建制(度)　27,51,52,55,180,183
封建制再編成説　125,152
封建的　6,41
——小農民　6,39,162
——知行関係　159
——村落共同体　125
——土地所有者　161
保元の新制　278
封建領主　30,125,156
——制　53,139,155,180,203
——経済　125,156
法金剛院領　309
蓬左文庫　75
保司　136
房仕　138
宝治合戦　189,323,329
奉書　63,64,108,109,303
北条氏一門(領)　206,225
北条氏所領　70,200,225,239,244,323,330
北条氏専制　261
法常住院領　313
法親王供御人　300
傍輩　191
放牧　341
法務大僧正　330
宝輿　287
放埒無体　209
法令　270,301,320,333
傍例　64-66
古今——　290
俸禄　286
帆掛け舟　222
北朝　3,4,18,284,348
北陸道諸国神人　363
母系制　153,355
法華経料田　243
法師　195
菩提院領　196
法橋　102
堀内　191,204
「ぼろぼろ」　365,373
本願　369
凡下　71,119,121,345
本家　70,146,150,203,231
——職　146,150,203
本座　311
本司　279,282,285
——職　375
——分　286,289,294,295,302
——役　276
本地子　353
——納物　298
本神人　191
本主　71,266,319
本所　103,115,146,150,158,208,241,263,264,301,370
本所一円　198
——地　198,205,209,241,254,259,260,263,270
——知行地　150
——領　70,198,208
本所領　199,203,208,209,257-259,263
——家一円地　89,199
本銭返　266
本尊　235
本宅敷地的直属地　143
本納　98
本年貢　74
凡卑の輩　192
本百姓　128,129,131,132,136,153,155
本名　165,173
——体制　114,116,163
本役　303
本領　323,332
——安堵　267
本領主　71

ま　行

毎月朔日供神物月充　274
牧　345,354
鉞　218
町商人　311
町屋　318
末寺　107,110,298
末陣　103
松平文庫　96
末代御器　175
松茸　202
松浦党　158,193,247,250,267,338,352,356,368
祭　220
マナー　34,37
マルクス主義　32,40,41,52
政所　79
——集会　286
——集会事書　287,302
——例郷　70
満徒同心　287
御稲田　275
——供御人　275
御内　70,78-80
——御領　79,201,205
——人　73,121,196,206
——法　79
未開(性)　189,212,369
「見穏し聞隠す」　253
御公事用途　333
造酒正　273,284,286,288,289,291,293-296,304-306,308
造酒司酒麹役　274,286,288,289,294,295
造酒司解　273,278,300
造酒司領　275,299

御教書　60,63-66,76,77,83,97,102,107,109,110,113,199,254,255,263,290
御厨　223,224,227,251,275,299,316
神輿造替料　84
未進　70,115-117,122,129,130,137,146,174,180,202,203
——徴符　181
御厨子所　280,301
——預　300
——供御人　300
——番衆　300
御園　251,275,299,316
道　327
道々細工　276,299
密教　210
港　82
身分(制)　21,162,181,191,192,203
未補　259
ミミヲキリ,ハナヲソギ　201
宮座帳　232
宮仕　197,287,288
——法師　287
名　123,134,146,149,154,156,161,163-166,169,172,173,175,176,178,179,205
——体制　134,149,154,173,175,181,192,193
名字　329,346,357
——の地　326,329
——分限　123,198
名主　8,24,29,34,35,45,69,71,115-117,122,129,130,134,135,161,162,165-172,174,178-182,190-192,202,204,344,354
——得分　135
——百姓　155
——身分　162,163
——連合　163
名主職　122,129,131-135,140,142,143,149,150,155,162,163,168,171,172,178,179,181,204,238
——補任状　155
名田　129,136,154,169,174,181
——経営　51
民意　180
民烟富有　207
民屋　258,261
民族　4,8,16,17,19,22,25,28,38,40-42,47,51-53
——意識　20
——芸能　25
——の文化　38,40,52
民俗学　50,220,265
民族史(的)　9,188,189,211,247,317
——的次元　320
——的転換　16
民謡　7,25,41
民話　7,9,25,41,226
無縁　71,72
むかへ〔え〕つぶて　219
麦　110,267,353
無尽銭　192
棟別拾文銭　87
棟別銭　87,93
謀叛(人)　91,232,233
村　50
——掟　132
村君　189
室町王権　334
室町期(時代)　16,22,25,29,48,49,59,81,92,126,134,144,145,149,152,157,159,173,176,182,183,204,222,226,284,349-351
室町公方　92
室町幕府　6,9,18,20-22,81,91,158,159,176,199,273,284,307,333,334,350,367
名誉　207,217,263
——悪党　206,207,258
——海賊　207,261
召人　337
召仕　340
召取　271
召物　283
目安　108
免　179
免除　286,307,311
免田　69,134
蒙古襲来　68,74,123,254
申詞　311
申沙汰　292
申状　65,66,270,288,300,305,330,333,356
間人　154,168,180,192,195
目銭　82,83,85,91
目代　65,80,244
目録　61,106,163,165,166,179,180,231,241,297
没収　244,252
——領　206,232
モンゴル(蒙古)　119,198,199,201,206,254-256,371
——襲来　64,69,70,72,89,141,156,187,197,200,206,216,343-345,366
第一次——　86,89,198
第二次——　89
文書　219,231,236,259
——史料　328
問注記　298
問注所　87
文殊楼　107
門跡　23,235,263
——領　234
門弟　210
問答法　268

や　行

焼狩　195
矢疵　226
焼畑　110,111,202
役所　208,258
役人注文　272
役夫工米　204
矢倉　206,219
屋敷地　188
屋別　273,279
野性　226,317,369

山　182,201,206,210
――の神　219
――の交通路　367
――の非農業民　317
――の領主　365,366
「山ゴシ」 367,373
山城方禰宜座　305
山立　130,265
山臥(伏)　142,149,157,361,364,365
鑓疵　226
湯浅党　193
有限所課　295
有限所役　280
遊手浮食の徒　195,196,219,363,365
遊女　16,366,369,373
「有名ノ仁」 258
遊行　365
譲状　71,204,343,351,354,356
養子　159,355
夜討　32,119,141,193,246
用水　132,154,157
用途　274,324,333
傭兵　217
抑留　287
吉野朝　4,32
寄沙汰　195,365
寄手　206
寄取　365
寄合　196,200,345,351,355
寄人　189,300,313,314,368
鎧　154,206,367
――武者　217

ら　行

洛中河東酒屋　284,285
洛中警察権　283
洛中酒屋　273,279
洛中酒鑪役　278,283,284
――賦課令　309,312,332,367
洛中地子停止令　320,312,332
洛中支配　307
洛中米穀和市の法　283
洛中民屋　318
洛中洛外酒鑪役　292
濫行　363
濫吹　293
乱政　309
濫妨　99,106,283,301,368
陸海盗賊　267
立花　11
律師　210
竪者　373
律宗　40,369
律僧　90,237
率分　85
律令国家　5,15,155,193
略押　130
掠奪　141,343
琉球王国　17,18
流出民　195
流通(過程)　151,196,203,217,247,332,362,364-366
――機能　144
――業者　363
――路　225,361
領家　70,115,116,118,119,146,155,157,158,164,179,203,204,231,249,267,268
――一円地　231,238
――方　151
――職　142,146,150,151,233-235,237,238
領国(制)　20,104
領作　71
両使　260,272
令旨　303
領主　34,35,50,111,125,127,128,130,136-139,141-145,155,157,158,163,188,205,254,301,361,367
――階級　158
――交名　123,198
――制　5,34,39,40,47,144,158,159,172
――層　27,45,46
――的水軍　250
――的所職　139,142,143,149
――名　167,179
料所　100,106
令制　247,276,277
領知　319
両統　198
――対立　211
――迭立　148
寮納物　298
緑林　364
林業　127
綸旨　83,85,90,231-234,281,285-291,295,301,304,305,309-313,318,319,336,337
――万能(主義)　309,313
臨時課税　273,281,303
臨時公事　67,71
臨時非分　287
臨川寺領　230,231
流罪　197
流人送迎　256
流例　298
例郷　70
霊山　103,111
霊寺窟仏　106
醴酒　286
例名　159,207,258
列訴　287
連座　323
連署　62-65,77,132,135,182,243,295,353,356
郎従　155,199,253
狼藉　77,87,101,102,107,110,195,287,291,311,368
浪人　192,193,341
牢籠　231
六郷山供僧　108
六郷山権現　97
六郷山執行　97,98
六郷山所司　100
六郷山年代記　106,112,113
六斎日　195
六波羅　76,83,84,86,90,258,259,263,269
――北方　77

――北方探題　225
――下知状　269,271
――裁許状　165
――施行　85
――施行状　76
――探題　107,111,261,370,371
――探題過所　88
――探題北方　269
――の法廷　165
――奉書　259
――御教書　107,259,263,272
六角式目　80
六方笠　153,194,365

わ　行

賄賂　206,261
和学講談所　62
若党　123
若者頭　220
脇在家　128,201
倭寇　177,264,343
和光七社　287
和讒　266
綿神人　311
綿新座神人　310,314
渡辺惣官職　247
渡辺(部)党　193,224,247,368
綿本座神人　310,311
和与　123,339,340,353,355
――状　249,267,354
藁　122
蕨　130
わるもの　246

網野善彦（あみの・よしひこ）

1928年，山梨県生まれ．1950年，東京大学文学部史学科卒業．日本常民文化研究所研究員，東京都立北園高校教諭，名古屋大学助教授，神奈川大学短期大学部教授を経て，神奈川大学経済学部特任教授．専攻，日本中世史，日本海民史．2004年，死去．主な著書：『中世荘園の様相』（塙書房，1966），『蒙古襲来』（小学館，1974），『無縁・公界・楽』（平凡社，1978），『中世東寺と東寺領荘園』（東京大学出版会，1978），『日本中世の民衆像』（岩波新書，1980），『東と西の語る日本の歴史』（そしえて，1982），『日本中世の非農業民と天皇』（岩波書店，1984），『中世再考』（日本エディタースクール出版部，1986），『異形の王権』（平凡社，1986），『日本論の視座』（小学館，1990），『日本中世土地制度史の研究』（塙書房，1991），『日本社会再考』（小学館，1994），『中世の非人と遊女』（明石書店，1994）．

＊叢書・歴史学研究＊
悪党と海賊　日本中世の社会と政治

1995年５月26日　　初版第１刷発行
2013年５月16日　新装版第１刷発行

著　者　網　野　善　彦

発行所　財団法人　法政大学出版局
〒102-0071 東京都千代田区富士見2-17-1
電話（03）5214-5540／振替 00160-6-95814
製版・印刷／三和印刷　製本／誠製本

ISBN 978-4-588-25060-6

土井正興著　スパルタクス反乱論序説〔改訂増補版〕＊　五一四頁　八〇〇〇円
誉田慶恩著　東国在家の研究＊　四一六頁　六〇〇〇円
鬼頭清明著　日本古代都市論序説＊　三一六頁　七五〇〇円
浅香年木著　古代地域史の研究　北陸の古代と中世1　四四四頁　七八〇〇円
浅香年木著　治承・寿永の内乱論序説　北陸の古代と中世2＊　四八八頁　七〇〇〇円
浅香年木著　中世北陸の社会と信仰　北陸の古代と中世3　四二八頁　七五〇〇円
杉山宏著　日本古代海運史の研究　二七二頁　四七〇〇円
柚木學著　近世海運史の研究＊　四七〇頁　七〇〇〇円
小早川欣吾著　日本担保法史序説　五〇〇頁　五八〇〇円
平山敏治郎著　日本中世家族の研究＊　四四八頁　七〇〇〇円
秋山國三著　近世京都町組発達史　新版・公同沿革史　五一六頁　九五〇〇円
村瀬正章著　近世伊勢湾海運史の研究＊　四五六頁　八五〇〇円
周藤吉之著　高麗朝官僚制の研究　五六四頁　七八〇〇円

小野晃嗣著　日本産業発達史の研究……………三三〇頁　五八〇〇円
新村拓著　古代医療官人制の研究　典薬寮の構造＊……………四四六頁　八七〇〇円
丹治健蔵著　関東河川水運史の研究＊……………四七八頁　七二〇〇円
仲村研著　中世惣村史の研究　近江国得珍保今堀郷……………五七八頁　九五〇〇円
江村栄一著　自由民権革命の研究＊……………五二八頁　八〇〇〇円
新村拓著　日本医療社会史の研究……………四五六頁　七五〇〇円
岡藤良敬著　日本古代造営史料の復原研究　造石山寺所関係文書……………五六〇頁　六八〇〇円
船越昭生著　鎖国日本にきた「康熙図」の地理学史的研究……………五五八頁　一〇〇〇〇円
浜中昇著　朝鮮古代の経済と社会　村落・土地制度史研究……………三九八頁　八〇〇〇円
田端泰子著　中世村落の構造と領主制＊……………三四二頁　六七〇〇円
今谷明著　守護領国支配機構の研究……………五二八頁　八九〇〇円
前川明久著　日本古代氏族と王権の研究＊……………四八〇頁　八五〇〇円
山口隆治著　加賀藩林制史の研究……………三〇二頁　四五〇〇円

小野晃嗣著　日本中世商業史の研究……三二六頁　六八〇〇円
牧野隆信著　北前船の研究＊……四五八頁　八七〇〇円
米沢康著　北陸古代の政治と社会……四四四頁　六八〇〇円
前川明久著　日本古代政治の展開……三三六頁　四八〇〇円
小野晃嗣著　近世城下町の研究〔増補版〕……三七〇頁　七八〇〇円
土井正興著　スパルタクスとイタリア奴隷戦争……四八〇頁　一一六〇〇円
網野善彦著　悪党と海賊　日本中世の社会と政治……四二四頁　六七〇〇円
川添昭二著　中世九州地域史料の研究……三一八頁　七三〇〇円
山内譲著　中世瀬戸内海地域史の研究……四〇四頁　七一〇〇円
宇佐美ミサ子著　近世助郷制の研究　西相模地域を中心に……四一〇頁　九〇〇〇円
笠谷和比古著　近世武家文書の研究……三四六頁　五三〇〇円
賀川隆行著　江戸幕府御用金の研究……三八〇頁　七七〇〇円
山口隆治著　加賀藩林野制度の研究……五一二頁　八八〇〇円

村瀬正章著　伊勢湾海運・流通史の研究……三八〇頁　六八〇〇円
松薗斉著　王朝日記論……二二六頁　四五〇〇円
丹治健蔵著　関東水陸交通史の研究……五八四頁　一〇〇〇〇円
川嶋將生著　室町文化論考　文化史のなかの公武……三三六頁　五五〇〇円
安野眞幸著　楽市論　初期信長の流通政策……三四〇頁　六三〇〇円
澤登寛聡著　江戸時代自治文化史論　一揆・祭礼の集合心性と地域・国制の秩序……四三二頁　五八〇〇円